Annual Report on Development of Journalism in China:
Current Status and Recent Trends

中国新闻传播的发展

——现状与趋势报告（2013~2014）

中国社会科学院新闻与传播研究所创新工程
"新闻传播发展趋势研究"项目组　编

中国社会科学出版社

图书在版编目(CIP)数据

中国新闻传播的发展:现状与趋势报告:2013～2014/"新闻传播发展趋势研究"项目组编. —北京:中国社会科学出版社,2015.1
ISBN 978-7-5161-5767-1

Ⅰ.①中… Ⅱ.①新… Ⅲ.①新闻学—传播学—研究报告—中国—2013～2014 Ⅳ.①G219.2

中国版本图书馆 CIP 数据核字(2015)第 058954 号

出 版 人	赵剑英	
选题策划	陈肖静	
责任编辑	陈肖静	
责任校对	刘 娟	
责任印制	戴 宽	

出　　版	中国社会科学出版社	
社　　址	北京鼓楼西大街甲 158 号(邮编 100720)	
网　　址	http://www.csspw.cn	
发 行 部	010-84083685	
门 市 部	010-84029450	
经　　销	新华书店及其他书店	
印　　刷	北京君升印刷有限公司	
装　　订	廊坊市广阳区广增装订厂	
版　　次	2015 年 1 月第 1 版	
印　　次	2015 年 1 月第 1 次印刷	
开　　本	710×1000　1/16	
印　　张	29.75	
插　　页	2	
字　　数	505 千字	
定　　价	96.00 元	

凡购买中国社会科学出版社图书,如有质量问题请与本社联系调换
电话:010-84083683
版权所有　侵权必究

编委会

主　任　唐绪军
副主任　宋小卫
委　员　(以姓氏笔画为序)
　　　　　卜　卫　王怡红　孙五三　刘晓红
　　　　　时统宇　孟　威　杨瑞明　姜　飞
　　　　　赵天晓　殷　乐　钱莲生

目　录

壹　制度环境

习近平的新闻宣传与文化传播理念 …………………… 张满丽(3)
意见报告：人大代表与政协委员的媒介主张(2013—2014) ……… 陈雪丽(24)
刑案报道的规则与内容标准
　　——以2013年热点刑事案件报道和《刑事诉讼法》修改内容
　　　为视角 …………………………………………… 张文祥(69)
中国媒体涉讼裁判报告(2013—2014) ………………… 张冬冬(84)
中国传媒业治理与制度建设记事(2013—2014) ……………… (99)
中国新闻传播制度调整与政策动态(2013) ………………… (138)

贰　行业基础

中国报刊现状及未来发展情况分析 …………………… 卓宏勇(159)
中国新闻类期刊出版情况概述 ………………………… 张泽青(178)
中国主流媒体的社会绩效观
　　——基于11家媒体社会责任报告的文本分析 ………… 丁和根(184)
台湾新闻传播的发展
　　——现状与趋势(2013—2014) ………………………… 佘绍敏(198)

叁　内容供给与表达样态

治理　提升　融合
　　——中国公民新闻实践分析(2013—2014) ……………… 申金霞(225)
中国新闻生产的新样态与新词语(2013—2014) ……… 王超慧　曾庆香(241)

新闻舆论监督:凝聚反腐败的民意支撑 ………… 宋小卫　向　芬(258)
人民日报新闻传播发展报告(2013—2014)………… 戴莉莉(280)
人民网:融合与创新 ………………………………… 许　雯(296)
引导社会热点　加强舆论监督
　　——《中国青年报》新闻表达报告(2013) ……… 邱春燕(306)
中美主流媒体的国家利益观差异
　　——基于《华盛顿邮报》、《人民日报》(海外版)斯诺登事件
　　　报道的分析 ………………………… 梁　虹　张　敏(318)
我国对农电视频道品牌化建设研究报告
　　——以湖北电视垄上频道为例 ………………… 马　凯(329)
政务微博对报纸媒体的议程设置报告 ……… 邵　立　龚喜谜缘(343)
媒体从业者个人微博的新闻表达 ………………… 郑青华(361)

肆　公众获享

议题属性的传导、互动与合议
　　——"东莞扫黄"事件的网络舆情分析报告 …… 张晓家(373)
传统媒体舆论引导效能评估报告
　　——指标体系的建构及应用 ………… 詹新惠　高春梅等(407)
微博意见领袖舆情活动分析 ……………………… 王　艳(431)
近年来抗议性谣言的传播特点及其应对建议 ……… 雷　霞(449)

壹　制度环境

- 习近平的新闻宣传与文化传播理念
- 意见报告：人大代表与政协委员的媒介主张（2013—2014）
- 刑案报道的规则与内容标准
  ——以2013年热点刑事案件报道和《刑事诉讼法》修改内容为视角
- 中国媒体涉讼裁判报告（2013—2014）
- 中国传媒业治理与制度建设记事（2013—2014）
- 中国新闻传播制度的调整与政策动态（2013）

习近平的新闻宣传与文化传播理念

张满丽[①]

习近平同志2012年11月就任中国共产党中央委员会总书记以来,围绕党和国家中心工作,针对党和国家前途命运、内政外交、国计民生方方面面的问题发表了一系列讲话,展现了新一届中央最高领导层对新形势下党和国家事业发展的重大理论与现实问题的认知与判断,及其治国理政的基本理念与方略;其中有关新闻宣传与文化传播理念的阐述,较为集中地体现于习近平2013年8月19日在全国宣传思想工作会议上的讲话中,这是他任职总书记以来首次就宣传思想工作发表讲话。《人民日报》评论员文章《把宣传思想工作做得更好——一论学习贯彻习近平总书记8·19重要讲话精神》认为,讲话"站在党和国家全局的高度,深刻阐述了事关宣传思想工作长远发展的一系列重大理论和现实问题,进一步明确了新形势下宣传思想工作的方向目标、重点任务和基本遵循。讲话统揽全局、思想深刻,蕴含着一系列新思想、新观点、新要求,体现了新一届中央领导集体的执政理念和执政方略,是一篇纲领性文献。"[②] 本文以这篇讲话为核心文本,结合习近平就任总书记以来的系列讲话,对其新闻宣传思想与文化传播理念作一初步梳理。

习近平总书记的《全国宣传思想工作会议上的讲话》(以下简称8·19讲话)首先厘清了中心工作和意识形态工作的关系,并在此基础上就宣传思想工作的根本任务、党性与人民性、正面宣传与舆论引导、总结经验和改革创新、中国特色和国际比较、全党重视与部门负责等问题作了具体的

[①] 张满丽,中国社会科学院新闻与传播研究所副研究员。
[②] 人民日报评论员:《把宣传思想工作做得更好——一论学习贯彻习近平总书记8·19重要讲话精神》,《人民日报》2013年8月21日第1版。

阐释，对宏观把握宣传态势、宣传工作的基本方针、传播的方式方法以及宣传工作者的政治素养提出了明确的要求。

一 宣传思想工作的地位任务与宣传思想工作者的政治素养

习近平8·19讲话从中心工作与意识形态工作关系的角度论证了宣传思想工作的重要地位与作用，明确提出"经济建设是党的中心工作，意识形态工作是党的一项极端重要的工作。"[①] 这一论断是基于对当前国情及意识形态领域复杂形势的清醒认识与理性判断，以及对经济建设与意识形态工作辩证关系的全面把握做出的。

十八届中共中央政治局就历史唯物主义基本原理和方法论进行第十一次集体学习时，习近平就经济基础与上层建筑的相互关系作了比较集中的阐释，他说：物质生产是社会历史发展的决定性因素，但上层建筑也可以反作用于经济基础，生产力和生产关系、经济基础和上层建筑之间有着作用和反作用的现实过程，并不是单线式的简单决定和被决定逻辑[②]。

与此相应，习近平认为党的群众基础和执政基础包括物质和精神两方面。社会主义的根本任务是解放和发展社会生产力，从根本上说，没有扎扎实实的发展成果，没有人民生活不断改善，空谈理想信念，空谈党的领导，空谈社会主义制度优越性，空谈思想道德建设，最终意识形态工作也难以取得好的成效。所以，自十一届三中全会以来，中国共产党始终坚持以经济建设为中心。当前，我国仍处于并将长期处于社会主义初级阶段的基本国情没有变，人民日益增长的物质文化需要同落后的社会生产之间的矛盾这一社会主要矛盾没有变，我国是世界最大发展中国家的国际地位没有变。这就决定了经济建设仍然是全党的中心工作。[③] 同时，历史和现实反复证明，能否做好意识形态工作，事关党的前途命运，事关国家长治久安，事关民族凝聚力和向心力。中国当前正处于全面深化改革的攻坚期，社会结构处于深刻变革阶段。世界范围内各种思想文化交流交融交锋更加

---

① 倪光辉：《习近平在全国宣传思想工作会议上强调 胸怀大局把握大势着眼大事 努力把宣传思想工作做得更好》，《人民日报》2013年8月21日第1版。

② 《习近平在中共中央政治局第十一次集体学习时强调 推动全党学习和掌握历史唯物主义 更好认识规律更加能动地推进工作》，《人民日报》2013年12月5日第1版。

③ 习近平：《切实把思想统一到党的十八届三中全会精神上来》，《人民日报》2014年1月1日第2版。

— 4 —

频繁,国际思想文化领域斗争深刻复杂;在我国社会深刻变革和对外开放不断扩大的条件下,各种社会矛盾和问题相互叠加、集中呈现,人们思想活动的独立性、选择性、多变性、差异性明显增强,思想道德领域出现了一些不容忽视的现象,一些错误观点时有出现。面对改革发展稳定复杂局面和社会思想意识多元多样、媒体格局深刻变化,我们在集中精力进行经济建设的同时,一刻也不能放松和削弱意识形态工作,必须把意识形态工作的领导权、管理权、话语权牢牢掌握在手中,任何时候都不能旁落,否则就要犯无可挽回的历史性错误。要按照高举旗帜、围绕大局、服务人民、改革创新的总要求,做好宣传思想工作,加强社会主义文化建设,壮大主流思想舆论,重点推动统一思想、凝聚力量[1]。

习近平认为文化体制改革也是一样,要在继续大胆推进改革、推动文化事业全面繁荣和文化产业快速发展、建设社会主义文化强国的同时,把握好意识形态属性和产业属性、社会效益和经济效益的关系,始终坚持社会主义先进文化的前进方向,始终把社会效益放在首位。无论改什么、怎么改,导向不能改,阵地不能丢[2]。

基于此,习近平提出,虽然宣传思想工作的环境、对象、范围、方式发生了很大变化,但宣传思想工作的根本任务没有变,也不能变。宣传思想工作就是要巩固马克思主义在意识形态领域的指导地位,巩固全党全国人民团结奋斗的共同思想基础[3]。

习近平要求意识形态工作一定要把围绕中心、服务大局作为基本职责,胸怀大局、把握大势、着眼大事,找准工作切入点和着力点,做到因势而谋、应势而动、顺势而为。这就对宣传工作者的政治素养提出了更高的要求,习近平认为,做好舆论引导工作,一定要把握好时、度、效,这需要相当的思想政治素质、大局意识、判断能力和业务水平。

8·19讲话中强调的宣传思想工作者的政治素质主要有坚定的理想信念和尽职尽责的担当精神两个方面。

---

[1] 习近平:《在中共十八届三中全会第一次全体会议上的讲话》,中共中央文献研究室编:《习近平关于全面深化改革论述摘编》,中央文献出版社2014年版,第86页。
[2] 习近平:《在全国宣传思想工作会议上的讲话》,中共中央文献研究室编:《习近平关于全面深化改革论述摘编》,中央文献出版社2014年版,第85页。
[3] 倪光辉:《习近平在全国宣传思想工作会议上强调 胸怀大局把握大势着眼大事 努力把宣传思想工作做得更好》,《人民日报》2013年8月21日第1版。

习近平一直强调理想信念是共产党人的命脉与灵魂。2012年11月17日，在十八届中共中央政治局第一次集体学习时的讲话中，他就曾指出：坚定理想信念，坚守共产党人精神追求，始终是共产党人安身立命的根本。对马克思主义的信仰，对社会主义和共产主义的信念，是共产党人的政治灵魂，是共产党人经受住任何考验的精神支柱。形象地说，理想信念就是共产党人精神上的"钙"，没有理想信念，理想信念不坚定，精神上就会"缺钙"，就会得"软骨病"。[①] 2013年1月，在新进中央委员会的委员、候补委员学习贯彻党的十八大精神研讨班开班式上的讲话中，他再次强调共产党员特别是党员领导干部要做共产主义远大理想和中国特色社会主义共同理想的坚定信仰者和忠实践行者。革命理想高于天，没有远大理想，不是合格的共产党员；离开现实工作而空谈远大理想，也不是合格的共产党员。[②] 8·19讲话中他再次强调：党员、干部要坚定马克思主义、共产主义信仰，脚踏实地为实现党在现阶段的基本纲领而不懈努力，扎扎实实做好每一项工作，取得"接力赛"中我们这一棒的优异成绩。同时，他明确指出崇高信仰、坚定信念不会自发产生，必须用科学理论武装头脑，不断培植我们的精神家园。对领导干部特别是高级干部来说，要把系统掌握马克思主义基本理论作为看家本领，老老实实、原原本本学习马克思列宁主义、毛泽东思想、邓小平理论、"三个代表"重要思想、科学发展观。通过坚持不懈学习，学会运用马克思主义立场、观点、方法观察和解决问题，坚定理想信念，提高辩证思维能力。唯有如此方能胸怀大局、把握大势、着眼大事，找准工作切入点和着力点，做到因势而谋、应势而动、顺势而为。

关于责任意识与担当精神，习近平认为，宣传思想部门承担着十分重要的职责，必须守土有责、守土负责、守土尽责。宣传思想部门工作要强起来，首先是领导干部要强起来，班子要强起来。各级宣传部门领导同志要加强学习、加强实践，真正成为让人信服的行家里手。同时，做好宣传思想工作必须全党动手，各级党委要负起政治责任和领导责任，加强对宣传思想领域重大问题的分析研判和重大战略性任务的统筹指导，不断提高

---

① 习近平：《紧紧围绕坚持和发展中国特色社会主义 学习宣传贯彻党的十八大精神》，《人民日报》2012年11月19日第2版。

② 《毫不动摇坚持和发展中国特色社会主义 在实践中不断有所发现有所创造有所前进》，《人民日报》2013年1月6日第1版。

领导宣传思想工作的能力和水平。要树立大宣传的工作理念，动员各条战线各个部门一起来做，把宣传思想工作同各个领域的行政管理、行业管理、社会管理更加紧密地结合起来。①

二　宣传思想工作的党性与人民性

习近平8·19讲话专门阐释了宣传思想工作的党性与人民性问题，可以视为对长期以来有关此二者关系问题的某些争议与模糊认识所作的明确回应。

追根溯源，党的舆论宣传机关的党性与人民性问题，源自于马克思的人民报刊思想与列宁的党报理论。但是在理论界与学界，一直以来对此二者的关系都存在争议，曾经有过人民性高于党性的观点；也有过完全否认人民性，主张以党性取代人民性的论调。这种认识上的模糊也导致了实践中的混乱，以至于某些基层党员干部对记者"替党讲话，还是替老百姓讲话"、"站在党的一边，还是站在群众的一边"的质问成为轰动一时的雷人语录。

实际上，在党性与人民性关系的问题上，党的出版物以及党的领导人都有明确的、比较一致的表述。

对于党报的党性与人民性关系问题，早在新华日报时期就有过明确的阐释。1947年1月11日重庆《新华日报》在创刊九周年之际发表的编辑部文章——《检讨和勉励——读者意见总结》中就明确宣称："新华日报是一张党报，也就是一张人民的报，新华日报的党性，也就是它的人民性。新华日报的最高度的党性，就是它应该最大限度地反映人民的生活和斗争，最大限度地反映人民的呼吸和感情、思想和行动。"人民日报1956年7月1日社论《致读者》中同样强调，《人民日报》是"党的和人民的报纸"，它"一直是为党和人民的利益服务的"。②

新时期以来，党的领导层对此问题也有过明确的论述。1989年11月，江泽民同志在新闻工作研讨班上发表《关于党的新闻工作的几个问题》的讲话，其中第三个问题就专门论述了新闻工作的党性问题，他说："我们

---

① 倪光辉：《习近平在全国宣传思想工作会议上强调　胸怀大局把握大势着眼大事　努力把宣传思想工作做得更好》，《人民日报》2013年8月21日第1版。
② 李世同：《关于新闻党性和人民性的辩证关系》，《贵阳师专学报》（社会科学版）1990年第3期。

的新闻工作是党的整个事业的一个重要组成部分。因此不言而喻,必须坚持党性原则。"而在谈到党性与人民性的关系问题时,他指出:"我们党是工人阶级的先锋队,代表工人阶级和最广大人民群众的根本利益,除了工人阶级和人民群众的根本利益以外,没有自己的任何私利。坚持党性原则,也就是坚持工人阶级和人民群众的根本利益的原则,两者是完全一致的。""坚持党性原则,就要求新闻宣传在政治上必须同党中央保持一致。各级党报要这样,部门的和专业性的报纸也要这样。""坚持党性原则,就要求新闻工作者必须同人民群众保持最广泛最深刻的联系,从群众的实践中汲取智慧和力量。"[①] 就在同一个研讨班上,李瑞环同志也就党性与人民性作了专门阐述,他在题为《坚持正面宣传为主的方针》的讲话中指出:"社会主义新闻宣传的党性,概括起来说,就是无产阶级的阶级性和马克思主义的革命性、科学性的集中表现。""我们的新闻事业是党的新闻事业,是社会主义国家的新闻事业,新闻的党性同新闻的人民性,两者是统一的。我们党的宗旨是全心全意为人民服务,除了人民的利益以外,党没有自己的私利。党是人民利益的最集中的代表者。因此,党的耳目喉舌当然是人民的耳目喉舌。新闻工作对党负责与对人民负责是完全一致的。"[②]

8·19讲话中,习近平再次强调党性和人民性从来都是一致的、统一的。同时,他还进一步对党性与人民性分别作了具体的阐释。他说,坚持党性,核心就是坚持正确政治方向,站稳政治立场,坚定宣传党的理论和路线方针政策,坚定宣传中央重大工作部署,坚定宣传中央关于形势的重大分析判断,坚决同党中央保持高度一致,坚决维护中央权威。所有宣传思想部门和单位,所有宣传思想战线上的党员、干部都要旗帜鲜明坚持党性原则。坚持人民性,就是要把实现好、维护好、发展好最广大人民根本利益作为出发点和落脚点,坚持以民为本、以人为本。同时,党性和人民性都是整体性的政治概念,党性是从全党而言的,人民性也是从全体人民而言的,不能简单从某一级党组织、某一部分党员、某一个党员来理解党性,也不能简单从某一个阶层、某部分群众、某一个具体人来理解人民性。只有站在全党的立场上、站在全体人民的立场上,才能够真正把握好

---

① 江泽民:《关于党的新闻工作的几个问题》,新华网(http://news.xinhuanet.com/ziliao/2005 - 02/21/content_2600239.htm),2014年1月6日查阅。
② 李瑞环:《坚持正面宣传为主的方针——在新闻工作研讨班上的讲话》,《新闻战线》1990年第3期。

党性和人民性①。

从以上引述可以看出,"新闻宣传工作的党性与人民性应该是一致的、统一的"是党内对这一问题的明确判断,而这一判断是通过对党的性质与宗旨(阶级性质与根本宗旨)以及党与人民关系的逻辑推演而形成的。关于党的性质,马克思恩格斯在《共产党宣言》中指出,"共产党人不是同其他工人政党相对立的一个特殊政党。他们没有任何同整个无产阶级的利益不同的利益"②。中国共产党党章总纲开篇第一句即宣示:"中国共产党是中国工人阶级的先锋队,同时是中国人民和中华民族的先锋队,是中国特色社会主义事业的领导核心,代表中国先进生产力的发展要求,代表中国先进文化的前进方向,代表中国最广大人民的根本利益。"③ 因此,党是人民根本利益的忠实代表就成为党性与人民性相统一这一论断的合法性基础。十八大以来习近平的多次讲话中都表达了对人民利益和愿望的高度关注。

2012年12月4日,在首都各界纪念中华人民共和国宪法公布施行30周年大会上的讲话中,习近平强调指出,我国宪法以国家根本法的形式,反映了我国各族人民的共同意志和根本利益。宪法与国家前途、人民命运息息相关。维护宪法权威,就是维护党和人民共同意志的权威。捍卫宪法尊严,就是捍卫党和人民共同意志的尊严。保证宪法实施,就是保证人民根本利益的实现。④

2012年11月15日,在新一届中共中央政治局常委首次同中外记者见面时,习近平就强调"我们的党是全心全意为人民服务的政党。人民对美好生活的向往,就是我们的奋斗目标"。⑤ 其后他在不同场合的讲话中,亦多次强调了党与人民的密切联系。2013年6月,在中共中央政治局第七次

---

① 人民日报评论员:《坚持党性和人民性相统一——四论学习贯彻习近平总书记8·19重要讲话精神》,《人民日报》2013年8月27日第1版。
② 马克思、恩格斯:《共产党宣言》,中共中央马克思恩格斯列宁斯大林著作编译局编:《马克思恩格斯选集》第1卷,人民出版社1995年版,第285页。
③ 《中国共产党章程》,中国政府网(http://www.gov.cn/test/2008-08/01/content_1061476.htm),2014年3月6日查阅。
④ 《习近平在首都各界纪念现行宪法公布施行30周年大会上发表重要讲话强调恪守宪法原则弘扬宪法精神履行宪法使命把全面贯彻实施宪法提高到一个新水平》,《人民日报》2012年12月5日第1版。
⑤ 《习近平在十八届中共中央政治局常委同中外记者见面时强调,人民对美好生活的向往就是我们的奋斗目标》,《人民日报》2012年11月16日第4版。

集体学习时，习近平指出："我们党之所以得到人民拥护和支持，从根本上说，就是因为能始终代表中国最广大人民根本利益。我们要始终坚持人民利益高于一切，紧紧依靠人民，全心全意为人民服务，尊重人民首创精神，最广泛动员和组织人民投身到党领导的伟大事业中来。"[1] 同年12月，在中共中央政治局第十一次集体学习时，他再一次强调："要学习和掌握人民群众是历史创造者的观点，紧紧依靠人民推进改革。人民是历史的创造者。要坚持把实现好、维护好、发展好最广大人民根本利益作为推进改革的出发点和落脚点，让发展成果更多更公平惠及全体人民，唯有如此改革才能大有作为。"[2] 12月31日，在十八届三中全会第二次会议上的讲话中，他又一次强调紧紧依靠人民推动改革。他说，改革开放之所以得到广大人民群众衷心拥护和积极参与，最根本的原因在于我们一开始就使改革开放事业深深扎根于人民群众之中。全会决定归纳了改革开放积累的宝贵经验，其中很重要的一条就是强调必须坚持以人为本，尊重人民主体地位，发挥群众首创精神，紧紧依靠人民推动改革。没有人民支持和参与，任何改革都不可能取得成功。无论遇到任何困难和挑战，只要有人民支持和参与，就没有克服不了的困难，就没有越不过的坎。我们要贯彻党的群众路线，与人民心心相印、与人民同甘共苦、与人民团结奋斗。推进任何一项重大改革，都要站在人民立场上把握和处理好涉及改革的重大问题，都要从人民利益出发谋划改革思路、制定改革举措。[3] 2014年5月在新疆考察时，习近平深入维吾尔族村庄看望干部群众，在维吾尔族村民阿卜都克尤木·肉孜的家中，他再次提到"凡是符合人民群众愿望的事，就是我们党奋斗的目标"。[4]

正是基于对党和人民意志愿望与根本利益这种一致性的认识，习近平对党性与人民性的关系问题也延续了党的一贯立场：共产党代表人民的根本利益，除此以外没有自己的私利，因此，党性与人民性应当是一致的，

---

[1] 《在对历史的深入思考中更好走向未来 交出发展中国特色社会主义合格答卷》，《人民日报》2013年6月27日第1版。

[2] 《习近平在中共中央政治局第十一次集体学习时强调 推动全党学习和掌握历史唯物主义 更好认识规律更加能动地推进工作》，《人民日报》2013年12月5日第1版。

[3] 习近平：《切实把思想统一到党的十八届三中全会精神上来》，《人民日报》2014年1月1日第2版。

[4] 李斌、霍小光：《把祖国的新疆建设得越来越美好——习近平总书记新疆考察纪实》，《人民日报》2014年5月4日第1版。

壹 制度环境

统一的，而不是相互割裂的、对立的。正如人民日报评论员文章对8·19讲话所作的解读中强调的：中国共产党是全心全意为人民服务、代表中国最广大人民根本利益、来自人民为了人民的马克思主义政党。本质上说，坚持党性就是坚持人民性，坚持人民性就是坚持党性，党性寓于人民性之中，没有脱离人民性的党性，也没有脱离党性的人民性[①]。

三 宣传思想工作的基本方针与方式方法

习近平8·19讲话指出，坚持团结稳定鼓劲、正面宣传为主，是宣传思想工作必须遵循的重要方针。他认为全面深化改革面临的挑战和困难前所未有，必须充分发挥正面宣传鼓舞人、激励人的作用，坚持巩固壮大主流思想舆论，弘扬主旋律，传播正能量，激发全社会团结奋进的强大力量。

中国特色社会主义、中华民族优秀传统文化、社会主义核心价值观与中国梦这几个相辅相成的方面，是习近平在讲话中多次强调的正面宣传的主要内容。

在8·19讲话中，习近平要求深入开展中国特色社会主义宣传教育，把全国各族人民团结和凝聚在中国特色社会主义伟大旗帜之下；加强社会主义核心价值体系建设，积极培育和践行社会主义核心价值观，全面提高公民道德素质，培育知荣辱、讲正气、作奉献、促和谐的良好风尚。同时，他还强调宣传阐释中国特色，要讲清楚每个国家和民族的历史传统、文化积淀、基本国情不同，其发展道路必然有着自己的特色；讲清楚中华文化积淀着中华民族最深沉的精神追求，是中华民族生生不息、发展壮大的丰厚滋养；讲清楚中华优秀传统文化是中华民族的突出优势，是我们最深厚的文化软实力；讲清楚中国特色社会主义植根于中华文化沃土、反映中国人民意愿、适应中国和时代发展进步要求，有着深厚历史渊源和广泛现实基础。中华民族创造了源远流长的中华文化，中华民族也一定能够创造出中华文化新的辉煌。独特的文化传统，独特的历史命运，独特的基本国情，注定了我们必然要走适合自己特点的发展道路[②]。

[①] 人民日报评论员：《坚持党性和人民性相统一——四论学习贯彻习近平总书记8·19重要讲话精神》，《人民日报》2013年8月27日第1版。

[②] 倪光辉：《习近平在全国宣传思想工作会议上强调　胸怀大局把握大势着眼大事　努力把宣传思想工作做得更好》，《人民日报》2013年8月21日第1版。

中共中央政治局第十二次集体学习时,习近平特别强调了中华民族优秀传统文化、社会主义核心价值观与中国梦的传播对提高国家文化软实力的重要意义。他说,提高国家文化软实力,要努力夯实国家文化软实力的根基。要坚持走中国特色社会主义文化发展道路,深化文化体制改革,深入开展社会主义核心价值体系学习教育,广泛开展理想信念教育,大力弘扬民族精神和时代精神,推动文化事业全面繁荣、文化产业快速发展。夯实国内文化建设根基,一个很重要的工作就是从思想道德抓起,从社会风气抓起,从每一个人抓起。要继承和弘扬我国人民在长期实践中培育和形成的传统美德,坚持马克思主义道德观、坚持社会主义道德观,在去粗取精、去伪存真的基础上,坚持古为今用、推陈出新,努力实现中华传统美德的创造性转化、创新性发展,引导人们向往和追求讲道德、尊道德、守道德的生活,让13亿人的每一分子都成为传播中华美德、中华文化的主体。提高国家文化软实力,要努力传播当代中国价值观念。当代中国价值观念,就是中国特色社会主义价值观念,代表了中国先进文化的前进方向。提高国家文化软实力,要努力展示中华文化独特魅力。在5000多年文明发展进程中,中华民族创造了博大精深的灿烂文化,要使中华民族最基本的文化基因与当代文化相适应、与现代社会相协调,以人们喜闻乐见、具有广泛参与性的方式推广开来,把跨越时空、超越国度、富有永恒魅力、具有当代价值的文化精神弘扬起来,把继承传统优秀文化又弘扬时代精神、立足本国又面向世界的当代中国文化创新成果传播出去。要系统梳理传统文化资源,让收藏在禁宫里的文物、陈列在广阔大地上的遗产、书写在古籍里的文字都活起来。同时他还强调,中国梦意味着中国人民和中华民族的价值体认和价值追求,意味着全面建成小康社会、实现中华民族伟大复兴,意味着每一个人都能在为中国梦的奋斗中实现自己的梦想,意味着中华民族团结奋斗的最大公约数,意味着中华民族为人类和平与发展作出更大贡献的真诚意愿。中国梦的宣传和阐释,要与当代中国价值观念紧密结合起来。①

在省部级主要领导干部学习贯彻十八届三中全会精神全面深化改革专题研讨班开班式上的讲话中,习近平再次强调,推进国家治理体系和治理

---

① 《习近平在中共中央政治局第十二次集体学习时强调　建设社会主义文化强国　着力提高国家文化软实力》,《人民日报》2014年1月1日第1版。

能力现代化,要大力培育和弘扬社会主义核心价值体系和核心价值观,加快构建充分反映中国特色、民族特性、时代特征的价值体系。坚守我们的价值体系,坚守我们的核心价值观,必须发挥文化的作用。民族文化是一个民族区别于其他民族的独特标识。要加强对中华优秀传统文化的挖掘和阐发,努力实现中华传统美德的创造性转化、创新性发展。只要中华民族一代接着一代追求美好崇高的道德境界,我们的民族就永远充满希望。[1]

中共中央政治局第十三次集体学习时,习近平对社会主义核心价值体系与中华民族优秀传统文化的内在联系作了具体阐释。他说,继承和发扬中华优秀传统文化和传统美德,广泛开展社会主义核心价值观宣传教育,积极引导人们讲道德、尊道德、守道德,追求高尚的道德理想,不断夯实中国特色社会主义的思想道德基础,要讲清楚中华优秀传统文化的历史渊源、发展脉络、基本走向,讲清楚中华文化的独特创造、价值理念、鲜明特色,增强文化自信和价值观自信。要认真汲取中华优秀传统文化的思想精华和道德精髓,大力弘扬以爱国主义为核心的民族精神和以改革创新为核心的时代精神,深入挖掘和阐发中华优秀传统文化讲仁爱、重民本、守诚信、崇正义、尚和合、求大同的时代价值,使中华优秀传统文化成为涵养社会主义核心价值观的重要源泉。要处理好继承和创造性发展的关系,重点做好创造性转化和创新性发展。[2]

关于新闻宣传的方式方法,习近平 8·19 讲话强调,我们党在宣传思想工作的长期实践中积累了十分丰富的经验。这些经验来之不易、弥足珍贵,是做好今后工作的重要遵循,一定要认真总结、长期坚持,并在实践中不断丰富和发展。而发展离不开创新,习近平指出"明者因时而变,知者随事而制。"宣传思想工作创新,重点要抓好理念创新、手段创新、基层工作创新,努力以思想认识新飞跃打开工作新局面,积极探索有利于破解工作难题的新举措新办法,把创新的重心放在基层一线[3]。

习近平认为,要充分发挥正面宣传鼓舞人、激励人的作用,关键是要

---

[1] 《习近平在省部级主要领导干部学习贯彻十八届三中全会精神全面深化改革专题研讨班开班式上发表重要讲话强调 完善和发展中国特色社会主义制度 推进国家治理体系和治理能力现代化》,《人民日报》2014 年 2 月 18 日第 1 版。

[2] 《习近平在中共中央政治局第十三次集体学习时强调 把培育和弘扬社会主义核心价值观作为凝魂聚气强基固本的基础工程》,《人民日报》2014 年 2 月 26 日第 1 版。

[3] 倪光辉:《习近平在全国宣传思想工作会议上强调 胸怀大局把握大势着眼大事 努力把宣传思想工作做得更好》,《人民日报》2013 年 8 月 21 日第 1 版。

提高质量和水平，增强吸引力和感染力。要改进形势宣传、成就宣传、典型宣传、主题宣传等，让群众爱听爱看、产生共鸣。

在多次讲话中，习近平特别强调榜样的力量，格外看重典型宣传。在8·19讲话中，他强调：要树立以人民为中心的工作导向，把服务群众同教育引导群众结合起来，把满足需求同提高素养结合起来，多宣传报道人民群众的伟大奋斗和火热生活，多宣传报道人民群众中涌现出来的先进典型和感人事迹，丰富人民精神世界，增强人民精神力量，满足人民精神需求[1]；在会见第四届全国道德模范及提名奖获得者时，习近平指出：伟大时代呼唤伟大精神，崇高事业需要榜样引领。精神的力量是无穷的，道德的力量也是无穷的。道德模范是社会道德建设的重要旗帜，要深入开展学习宣传道德模范活动，弘扬真善美，传播正能量，激励人民群众崇德向善、见贤思齐，鼓励全社会积善成德、明德惟馨，为实现中华民族伟大复兴的中国梦凝聚起强大的精神力量和有力的道德支撑[2]；在同中华全国总工会新一届领导班子成员集体谈话时，习近平要求：在全社会大力弘扬我国工人阶级的优秀品质，大力宣传劳动模范和其他典型的先进事迹，加强对广大青少年的教育，让劳动最光荣、劳动最崇高、劳动最伟大、劳动最美丽的观念蔚然成风，让全体人民进一步焕发劳动热情、释放创造潜能，通过劳动创造更加美好的生活[3]。

在同全国劳动模范代表座谈时，习近平指出：在我们党团结带领人民进行革命、建设、改革各个历史时期，劳动模范始终是我国工人阶级中一个闪光的群体，享有崇高声誉，备受人民尊敬。在革命战争年代，"边区工人一面旗帜"赵占魁、"兵工事业开拓者"吴运铎、"新劳动运动旗手"甄荣典等劳动模范，以"新的劳动态度对待新的劳动"，积极参加义务劳动，全力支援前线斗争，带动群众投身中国共产党领导的人民解放事业；新中国成立后，"高炉卫士"孟泰、"铁人"王进喜、"两弹元勋"邓稼先、"知识分子的杰出代表"蒋筑英、"宁肯一人脏、换来万人净"的时传祥等

---

[1] 倪光辉：《习近平在全国宣传思想工作会议上强调　胸怀大局把握大势着眼大事　努力把宣传思想工作做得更好》，《人民日报》2013年8月21日第1版。

[2] 《习近平在会见第四届全国道德模范及提名奖获得者时强调深入开展学习宣传道德模范活动　为实现中国梦凝聚有力道德支撑》，《人民日报》2013年9月27日第1版。

[3] 《习近平在同中华全国总工会新一届领导班子集体谈话时强调　竭诚服务职工群众维护职工群众权益　为实现中国梦再创新业绩再建新功勋》，《人民日报》2013年10月24日第1版。

一大批先进模范，响应党的号召，带动广大群众自力更生、奋发图强。王进喜以"宁肯少活20年，拼命也要拿下大油田"的气概，带领石油工人为我国石油工业发展顽强拼搏，"铁人精神"、"大庆精神"成为激励各族人民意气风发投身社会主义建设的强大精神力量；在改革开放历史新时期，"蓝领专家"孔祥瑞、"金牌工人"窦铁成、"新时期铁人"王启明、"新时代雷锋"徐虎、"知识工人"邓建军、"马班邮路"王顺友、"白衣圣人"吴登云、"中国航空发动机之父"吴大观等一大批劳动模范和先进工作者，干一行、爱一行、专一行、精一行，带动群众锐意进取、积极投身改革开放和社会主义现代化建设，为国家和人民建立了杰出功勋①。

此外，雷锋、焦裕禄、杨善洲、郭明义、罗阳，沂蒙精神、延安精神、井冈山精神、西柏坡精神等都是习近平一再倡导的精神楷模。2013年人大、政协两会期间，习近平参加辽宁代表团审议时指出：雷锋、郭明义、罗阳身上所具有的信念的能量、大爱的胸怀、忘我的精神、进取的锐气，正是我们民族精神的最好写照，他们都是我们"民族的脊梁"。要充分发挥各方面英模人物的榜样作用，大力激发社会正能量，为实现"中国梦"提供强大精神动力②。在山东考察时习近平强调，沂蒙精神与延安精神、井冈山精神、西柏坡精神一样，是党和国家的宝贵精神财富，要不断结合新的时代条件发扬光大。③ 在河南兰考调研指导党的群众路线教育实践活动时，习近平表示："我们这一代人都深受焦裕禄精神的影响，是在焦裕禄事迹教育下成长的。我后来无论是上山下乡、上大学、参军入伍，还是做领导工作，焦裕禄同志的形象一直在我心中。""我之所以选择兰考作为联系点，一个重要考虑就是因为兰考是焦裕禄同志工作和生活过的地方，是焦裕禄精神的发源地。我希望通过学习焦裕禄精神，为推进党和人民事业发展、实现中华民族伟大复兴的中国梦提供强大正能量。""很多东西存在的时间虽然短暂，但这短暂铸就了永恒，焦裕禄精神是这样，井冈山精神、延安精神、雷锋精神等革命传统和伟大精神都是这样。"④

---

① 习近平：《在同全国劳动模范代表座谈时的讲话》，《人民日报》2013年4月29日第2版。
② 《习近平李克强俞正声分别参加全国两会一些团组审议讨论》，2013年3月7日，中国共产党新闻网（http：//cpc.people.com.cn/n/2013/0307/c64094-20702958.html）。
③ 《认真贯彻党的十八届三中全会精神　汇聚起全面深化改革的强大正能量》，《人民日报》2013年11月29日第1版。
④ 《大力学习弘扬焦裕禄精神——习近平总书记在河南兰考调研指导党的群众路线教育实践活动纪实》，《人民日报》2014年3月19日第4版。

四 重视文明交流互鉴的文化传播理念

2012年11月习近平在十八届中央政治局常委首次与中外记者见面时即强调：中国需要更多地了解世界，世界也需要更多地了解中国。并呼吁中外记者为增进中国与世界各国的相互了解做出努力和贡献。[①] 8·19讲话进一步指出，在全面对外开放的条件下做宣传思想工作，一项重要任务是引导人们更加全面客观地认识当代中国、看待外部世界。对我国传统文化，对国外的东西，要坚持古为今用、洋为中用，去粗取精、去伪存真，经过科学的扬弃后使之为我所用。[②]

相比于前几代领导人，习近平对对外传播与文化交流给予了较高的重视，进行了较多的阐述。这或许是基于新一代领导集体对当前国际国内形势的基本认识与判断，同时，也与习近平所秉持的文明交流互鉴的文化传播理念不无关系。

习近平在周边外交工作座谈会的讲话中明确指出：要把握国际国内两个大局。国内大局就是"两个一百年"奋斗目标，实现中华民族伟大复兴的中国梦；国际大局就是为我国改革发展稳定争取良好外部条件，维护国家主权、安全、发展利益，维护世界和平稳定、促进共同发展[③]。正如他在中国国际友好大会暨中国人民对外友好协会成立60周年纪念活动上的讲话中所说，"随着世界多极化、经济全球化、社会信息化不断发展，各国利益交融、兴衰相伴、安危与共，形成了你中有我、我中有你的命运共同体。面对复杂多变的国际形势和严峻突出的全球性问题，各国人民需要加强友好交流，携手合作，同舟共济。"因为"人民友好是促进世界和平与发展的基础力量，是实现合作共赢的基本前提，相互信任、平等相待是开展合作、实现互利互惠的先决条件。各国人民只有用友好的理念、友好的情谊凝聚起来，才能实现和平与发展的共同心愿。"[④] 而"纵观人类历史，

[①] 《习近平在十八届中共中央政治局常委同中外记者见面时强调 人民对美好生活的向往就是我们的奋斗目标》，《人民日报》2012年11月16日第4版。

[②] 倪光辉：《习近平在全国宣传思想工作会议上强调 胸怀大局把握大势着眼大事 努力把宣传思想工作做得更好》，《人民日报》2013年8月21日第1版。

[③] 《习近平在周边外交工作座谈会上发表重要讲话强调 为我国发展争取良好周边环境，推动我国发展更多惠及周边国家》，《人民日报》2013年10月26日第1版。

[④] 习近平：《在中国国际友好大会暨中国人民对外友好协会成立60周年纪念活动上的讲话》，《人民日报》2014年5月16日第2版。

把人们隔离开来的往往不是千山万水，不是大海深壑，而是人们相互认知上的隔膜"①。所以，他在不同场合多次强调"国之交在于民相亲，民相亲在于心相通。"② 主张加强民心相通，加强人民友好往来，增进相互了解和传统友谊。③

习近平这些观点与其所秉持的平等交流、文明互鉴的文化传播理念是一致的。2013年6月，在墨西哥参议院的演讲中，习近平引用费孝通先生关于文明共存的16字箴言——"各美其美，美人之美，美美与共，天下大同"——表达了尊重文化多样性，倡导不同文明交流互鉴的基本理念。他希望：中拉要加强文明对话和文化交流，不仅"各美其美"，而且"美人之美，美美与共"，成为不同文明和谐共处、相互促进的典范④。2014年3月，在联合国教科文组织总部的演讲中，习近平更进一步阐释了人类文明交流互鉴的基本理念。他提出，文明因交流而多彩，文明因互鉴而丰富。文明交流互鉴，是推动人类文明进步和世界和平发展的重要动力，而推动文明交流互鉴的正确态度和原则应当是尊重、平等、包容。他说：文明是多彩的，人类文明因多样才有交流互鉴的价值。一个国家和民族的文明是一个国家和民族的集体记忆。人类在漫长的历史长河中，创造和发展了多姿多彩的文明。不论是中华文明，还是世界上存在的其他文明，都是人类文明创造的成果。文明交流互鉴不应该以独尊某一种文明或者贬损某一种文明为前提。中国人在2000多年前就认识到了"物之不齐，物之情也"的道理。推动文明交流互鉴，可以丰富人类文明的色彩，让各国人民享受更富内涵的精神生活、开创更有选择的未来；文明是平等的，人类文明因平等才有交流互鉴的前提。各种人类文明在价值上是平等的，都各有千秋，也各有不足。世界上不存在十全十美的文明，也不存在一无是处的文明，

---

① 习近平：《在德国科尔伯基金会的演讲》，《人民日报》2014年3月30日第2版。
② 习近平：《在中国国际友好大会暨中国人民对外友好协会成立60周年纪念活动上的讲话》，《人民日报》2014年5月16日第2版；习近平：《顺应时代前进潮流 促进世界和平发展——在莫斯科国际关系学院的演讲》，《人民日报》2013年3月24日第2版；习近平：《促进共同发展 共创美好未来——在墨西哥参议院的演讲》，《人民日报》2013年6月7日第2版；习近平：《在中法建交50周年纪念大会上的讲话》，《人民日报》2014年3月29日第2版。
③ 《习近平在哈萨克斯坦纳扎尔巴耶夫大学发表重要演讲 弘扬人民友谊 共同建设"丝绸之路经济带"》，《人民日报》2013年9月8日第1版。
④ 习近平：《促进共同发展 共创美好未来——在墨西哥参议院的演讲》，《人民日报》2013年6月7日第2版。

文明没有高低、优劣之分。要了解各种文明的真谛，必须秉持平等、谦虚的态度。如果居高临下对待一种文明，不仅不能参透这种文明的奥妙，而且会与之格格不入。历史和现实都表明，傲慢和偏见是文明交流互鉴的最大障碍；文明是包容的，人类文明因包容才有交流互鉴的动力。海纳百川，有容乃大。人类创造的各种文明都是劳动和智慧的结晶。每一种文明都是独特的。在文明问题上，生搬硬套、削足适履不仅是不可能的，而且是十分有害的。一切文明成果都值得尊重，一切文明成果都要珍惜。历史告诉我们，只有交流互鉴，一种文明才能充满生命力。只要秉持包容精神，就不存在什么"文明冲突"，就可以实现文明和谐[1]。

正是基于这种平等交流、文明互鉴的理念，习近平一再强调客观全面认识中国与世界，全面、真实、立体地传播阐释不同文明文化特征。他指出"我们要通过推动跨国界、跨时空、跨文明的交流互鉴活动，促进各国人民相互了解、相互理解、相互支持、相互帮助，在世界各国人民心灵中坚定和平理念、坚定共同发展理念，形成防止和反对战争、推动共同发展的强大力量。"[2]

在8·19讲话中，习近平还强调要精心做好对外宣传工作，创新对外宣传方式，加强话语体系建设，着力打造融通中外的新概念新范畴新表述，讲好中国故事，传播好中国声音，增强在国际上的话语权。同时对世界形势发展变化，对世界上出现的新事物新情况，对各国出现的新思想新观点新知识，也要加强宣传报道，以利于积极借鉴人类文明创造的有益成果[3]。

关于如何"传播好中国声音，讲好中国故事，向世界展现一个真实的中国、立体的中国、全面的中国"[4]，习近平在8·19讲话中提出了宣传阐释中国特色的"四个讲清楚"。中共中央政治局第十二次集体学习时，他专门就提高国家文化软实力在对外传播方面需要注意的问题作了具体阐述。他指出：提高国家文化软实力，要努力传播当代中国价值观念。我国

---

[1] 习近平：《在联合国教科文组织总部的演讲》，《人民日报》2014年3月28日第3版。
[2] 习近平：《在中国国际友好大会暨中国人民对外友好协会成立60周年纪念活动上的讲话》，《人民日报》2014年5月16日第2版。
[3] 习近平：《在全国宣传思想工作会议上的讲话》，中共中央文献研究室编：《习近平关于全面深化改革论述摘编》，中央文献出版社2014年版，第85页。
[4] 习近平：《在中国国际友好大会暨中国人民对外友好协会成立60周年纪念活动上的讲话》，《人民日报》2014年5月16日第2版。

成功走出了一条中国特色社会主义道路，实践证明我们的道路、理论体系、制度是成功的。要加强提炼和阐释，拓展对外传播平台和载体，把当代中国价值观念贯穿于国际交流和传播方方面面。同时，中国梦的宣传和阐释，也要与当代中国价值观念紧密结合起来；提高国家文化软实力，要努力展示中华文化独特魅力。要以理服人，以文服人，以德服人，提高对外文化交流水平，完善人文交流机制，创新人文交流方式，综合运用大众传播、群体传播、人际传播等多种方式展示中华文化魅力；要注重塑造我国的国家形象，重点展示中国历史底蕴深厚、各民族多元一体、文化多样和谐的文明大国形象，政治清明、经济发展、文化繁荣、社会稳定、人民团结、山河秀美的东方大国形象，坚持和平发展、促进共同发展、维护国际公平正义、为人类作出贡献的负责任大国形象，对外更加开放、更加具有亲和力、充满希望、充满活力的社会主义大国形象。要加强国际传播能力建设，精心构建对外话语体系，发挥好新兴媒体作用，增强对外话语的创造力、感召力、公信力，讲好中国故事，传播好中国声音，阐释好中国特色。对中国人民和中华民族的优秀文化和光荣历史，要加大正面宣传力度，通过学校教育、理论研究、历史研究、影视作品、文学作品等多种方式，加强爱国主义、集体主义、社会主义教育，引导我国人民树立和坚持正确的历史观、民族观、国家观、文化观，增强做中国人的骨气和底气[①]。

  同时，习近平认为："中华文明是在中国大地上产生的文明，也是同其他文明不断交流互鉴而形成的文明。"[②] "中华民族是一个兼容并蓄、海纳百川的民族，在漫长历史进程中，不断学习他人的好东西，把他人的好东西化成我们自己的东西，这才形成我们的民族特色。"[③] "不拒众流，方为江海。当今世界，经济全球化、信息社会化所带来的商品流、信息流、技术流、人才流、文化流，如长江之水，挡也挡不住。"所以，"任何一个民族、任何一个国家都需要学习别的民族、别的国家的优秀文明成果。中国要永远做一个学习大国，不论发展到什么水平都虚心向世界各国人民学

---

  ① 《习近平在中共中央政治局第十二次集体学习时强调　建设社会主义文化强国　着力提高国家文化软实力》，《人民日报》2014年1月1日第1版。
  ② 习近平：《在联合国教科文组织总部的演讲》，《人民日报》2014年3月28日第3版。
  ③ 《习近平在省部级主要领导干部学习贯彻十八届三中全会精神全面深化改革专题研讨班开班式上发表重要讲话强调　完善和发展中国特色社会主义制度　推进国家治理体系和治理能力现代化》，《人民日报》2014年2月18日第1版。

习，以更加开放包容的姿态，加强同世界各国的互容、互鉴、互通，不断把对外开放提高到新的水平。"① 正如他在联合国教科文组织总部的演讲中所说："文明如水，润物无声。我们应该推动不同文明相互尊重、和谐共处，让文明交流互鉴成为增进各国人民友谊的桥梁、推动人类社会进步的动力、维护世界和平的纽带。我们应该从不同文明中寻求智慧、汲取营养，为人们提供精神支撑和心灵慰藉，携手解决人类共同面临的各种挑战。"②

五 确立"尊重规律、依法规制"的网络与新媒体治理原则

新一届领导集体对网络与信息化建设与管理极为重视，习近平与李克强、刘云山分别担任中央网络安全和信息化领导小组正副组长。习近平有关网络与新媒体发展的多次讲话中都表达了尊重网络传播规律，制定立法规划、依法管理的治理理念。

2013年11月，习近平就十八届三中全会《中共中央关于全面深化改革若干重大问题的决定》作出说明时，提出了国家的互联网管理方针——积极利用、科学发展、依法管理、确保安全。强调为应对现行网络管理体制存在的多头管理、职能交叉、权责不一、效率不高等明显弊端，应加大依法管理网络力度，完善互联网管理领导体制，以整合相关机构职能，形成互联网管理合力，确保网络正确运用和安全③。

2014年2月，中央网络安全和信息化领导小组第一次会议召开，会议审议通过了《中央网络安全和信息化领导小组工作规则》、《中央网络安全和信息化领导小组办公室工作细则》、《中央网络安全和信息化领导小组2014年重点工作》。习近平亲自主持会议并就网络发展、网络安全、管理以及网络舆论引导等问题发表讲话，明确提出了网络发展目标——努力把我国建设成为网络强国。他说：当今世界，信息技术革命日新月异，对国际政治、经济、文化、社会、军事等领域发展产生了深刻影响。信息化和经济全球化相互促进，互联网已经融入社会生活方方面面，深刻改变了人

---

① 《习近平在同外国专家座谈时强调中国要永远做一个学习大国》，《人民日报》2014年5月24日第1版。

② 习近平：《在联合国教科文组织总部的演讲》，《人民日报》2014年3月28日第3版。

③ 习近平：《关于〈中共中央关于全面深化改革若干重大问题的决定〉的说明》，《人民日报》2013年11月16日第1版。

们的生产和生活方式。我国正处在这个大潮之中，受到的影响越来越深。我国互联网和信息化工作取得了显著发展成就，网络走入千家万户，网民数量世界第一，我国已成为网络大国。同时他也指出，我们在自主创新方面还相对落后，区域和城乡差异比较明显，特别是人均带宽与国际先进水平差距较大，国内互联网发展瓶颈仍然较为突出。因此，他强调要总体布局，统筹各方，创新发展，向着网络基础设施基本普及、自主创新能力显著增强、信息经济全面发展、网络安全保障有力的目标不断前进，努力把我国建设成为网络强国[①]。

对于如何建成网络强国，习近平既强调了制定发展战略与完善网络立法的重要意义，又从技术创新和基础设施建设、网络安全保障、信息服务与网络文化、人才队伍建设等方面提出了具体的途径和举措。

习近平强调，建设网络强国的战略部署要与"两个一百年"奋斗目标同步推进。要制定全面的信息技术、网络技术研究发展战略。要抓紧制定立法规划，完善互联网信息内容管理、关键信息基础设施保护等法律法规，依法治理网络空间，维护公民合法权益。中央网络安全和信息化领导小组要发挥集中统一领导作用，统筹协调各个领域的网络安全和信息化重大问题，制定实施国家网络安全和信息化发展战略、宏观规划和重大政策，不断增强安全保障能力。同时他还指出：网络信息是跨国界流动的，信息流引领技术流、资金流、人才流，信息资源日益成为重要生产要素和社会财富，信息掌握的多寡成为国家软实力和竞争力的重要标志。信息技术和产业发展程度决定着信息化发展水平，要加强核心技术自主创新和基础设施建设，提升信息采集、处理、传播、利用、安全能力，更好惠及民生；没有网络安全就没有国家安全，没有信息化就没有现代化。建设网络强国，要有自己的技术，有过硬的技术；要有丰富全面的信息服务，繁荣发展的网络文化；要有良好的信息基础设施，形成实力雄厚的信息经济；要有高素质的网络安全和信息化人才队伍；要积极开展双边、多边的互联网国际交流合作。习近平强调，建设网络强国，要把人才资源汇聚起来，建设一支政治强、业务精、作风好的强大队伍。"千军易得，一将难求"，要培养造就世界水平的科学家、网络科技领军人才、卓越工程师、高水平

[①] 《习近平主持召开中央网络安全和信息化领导小组第一次会议强调 总体布局统筹各方创新发展 努力把我国建设成为网络强国》，《人民日报》2014年2月28日第1版。

创新团队。①

　　对网络媒体的发展与管理，习近平提出了完善互联网管理领导体制，加大依法管理网络力度，加强网络法制建设和舆论引导的治理原则，以及遵循新闻传播规律和新兴媒体发展规律，推动传统媒体和新兴媒体融合发展的发展战略。在对十八届三中全会《中共中央关于全面深化改革若干重大问题的决定》的说明中，习近平指出：随着互联网技术和应用飞速发展，互联网媒体属性越来越强，网上媒体管理和产业管理远远跟不上形势发展变化。特别是面对传播快、影响大、覆盖广、社会动员能力强的微客、微信等社交网络和即时通信工具用户的快速增长，如何加强网络法制建设和舆论引导，确保网络信息传播秩序和国家安全、社会稳定，已经成为摆在我们面前的现实突出问题。全会决定提出坚持积极利用、科学发展、依法管理、确保安全的方针，加大依法管理网络力度，完善互联网管理领导体制②。2014年8月18日，中央全面深化改革领导小组第四次会议审议通过了《关于推动传统媒体和新兴媒体融合发展的指导意见》。习近平在会议上强调，推动传统媒体和新兴媒体融合发展，要遵循新闻传播规律和新兴媒体发展规律，强化互联网思维，坚持传统媒体和新兴媒体优势互补、一体发展，坚持先进技术为支撑、内容建设为根本，推动传统媒体和新兴媒体在内容、渠道、平台、经营、管理等方面的深度融合，着力打造一批形态多样、手段先进、具有竞争力的新型主流媒体，建成几家拥有强大实力和传播力、公信力、影响力的新型媒体集团，形成立体多样、融合发展的现代传播体系。要一手抓融合，一手抓管理，确保融合发展沿着正确方向推进③。

　　对于网络舆论，习近平也给予了高度关注，他提出了尊重网络传播规律，强化互联网思维，加快传统媒体和新兴媒体融合发展，充分运用新技术新应用创新媒体传播方式，占领信息传播制高点的舆论引导原则。在8·19讲话中，习近平指出，互联网已经成为舆论斗争的主战场，要把网

---

　　① 《习近平主持召开中央网络安全和信息化领导小组第一次会议强调　总体布局统筹各方创新发展　努力把我国建设成为网络强国》，《人民日报》2014年2月28日第1版。
　　② 习近平：《关于〈中共中央关于全面深化改革若干重大问题的决定〉的说明》，《人民日报》2013年11月16日第1版。
　　③ 《习近平：共同为改革想招一起为改革发力　群策群力把各项改革工作抓到位》，《人民日报》2014年8月19日第1版。

上舆论工作作为宣传思想工作的重中之重来抓。他说：宣传思想工作是做人的工作的，人在哪儿重点就应该在哪儿。我国网民有近六亿人，手机网民有四亿六千多万人，其中微博用户达到三亿多人。很多人特别是年轻人基本不看主流媒体，大部分信息都从网上获取。必须正视这个事实，加大力量投入，尽快掌握这个舆论战场上的主动权，不能被边缘化。要解决好"本领恐慌"问题，真正成为运用现代传媒新手段新方法的行家里手。要依法加强网络社会管理，加强网络新技术新应用的管理，确保互联网可管可控[①]。在中央网络安全和信息化领导小组第一次会议的讲话中，习近平再次强调做好网上舆论工作是一项长期任务，要创新改进网上宣传，运用网络传播规律，弘扬主旋律，激发正能量，大力培育和践行社会主义核心价值观，把握好网上舆论引导的时、度、效，使网络空间清朗起来[②]。

  习近平18大以来系列讲话中有关新闻宣传与文化传播的多方面的论述，承继了改革开放后党在上述领域长期坚持的一贯立场与主张。而在网络与新媒体建设与管理以及国际传播与交流方面，他给予了更多的重视，也与时俱进地提出了切合时代发展需要的新要求、新理念。

---

  ① 习近平：《在全国宣传思想工作会议上的讲话》，中共中央文献研究室编：《习近平关于全面深化改革论述摘编》，中央文献出版社2014年版，第83—84页。
  ② 《习近平主持召开中央网络安全和信息化领导小组第一次会议强调 总体布局统筹各方创新发展 努力把我国建设成为网络强国》，《人民日报》2014年2月28日第1版。

意见报告：人大代表与政协委员的
媒介主张(2013—2014)

陈雪丽[①]

当今社会，大众传播媒介对国家政治、经济、社会、文化等各领域的辐射日益加强，对人们思想、工作、生活等各方面的影响日益深入。各类媒体只有获得民意的广泛支撑，积极回应人民群众的媒介诉愿，遵守新闻从业基本准则，才能被公众广泛接受、受到社会广泛尊重，不断提高自身的公信力和影响力。

在当代中国，人民代表大会（以下简称人大）和人民政治协商会议（以下简称政协）都是与我国基本政治制度相关联的享有全国性体制保障的重要公共组织。前者是国家权力机关，在国家政权组织体系中处于主导和中心地位，各级人大代表属于国家权力机关组成人员，参与行使国家权力；后者是在执政党领导下，民主党派、无党派人士、各人民团体和社会力量参与政治协商，发挥民主监督、参政议政职能的公议机构[②]。所有人大代表和政协委员的履职活动都具有较为广泛的代表性，他们在履职行为中表达的关涉新闻传播以及其他各种大众传播活动的意见与主张，往往从不同方面代表或反映着民众的诉求和愿望，并且可以经由体制化的传导渠道在公众与大众媒体之间建立起富有意义的联系，进而充实新闻媒体及大众传播的民意基础，巩固、加强和谐互动的传受双边关系。

总的来看，2013年以来，我国各级人大代表和政协委员就新闻媒体与大众传播问题表达的利益诉求和建言主张，包涵以下六个方面的内容，即：一、履行媒体责任，优化内容供给；二、规范传播秩序，保障公众知情权和媒体近用权；三、完善传媒公共服务及其基础设施建设；四、提升媒体的国

[①] 陈雪丽，中国社会科学院研究生院新闻学与传播学系博士研究生。
[②] 参见宋小卫、姜宏等《媒介消费诉愿管理研究》，科学出版社2013年版，第101—102页。

际传播能力；五、加强媒体职业道德建设；六、推动传媒的法制化进程。

本文根据对公开报道和相关人大、政协网站的检索，考察了2013年以来我国人大代表和政协委员在上述六个方面的意见表达，现将考察结果报告如下：

一 履行媒体责任，优化内容供给

大众传播媒介是公众获取信息的重要来源，同时也是开展社会宣传和舆论监督的重要载体。2013年以来，各级人大代表和政协委员在该议题领域的意见表达主要涵括四个方面的内容，即：规范媒体的新闻报道活动，促进和改善媒体的宣传教育和舆论监督，完善电视频道和栏目建设，鼓励影视艺术作品多元、健康发展。

（一）规范媒体的新闻报道活动

近年来，在媒介竞争日益激烈的背景下，传统媒体吸收借鉴网络媒体相关经验的同时，也出现了一些不值得提倡的做法，如不合规范的网络语言在新闻报道中频繁运用、某些新闻报道欠缺客观性等，由此引起了一些政协委员的关注。

关注报道用语的规范和净化问题

媒体语言日渐丰富是社会和媒体发展的必然结果，其对社会语言和文化生活具有较大影响。新闻媒体使用规范、准确的语言从事报道活动，对引导公众正确使用语言和丰富社会语言具有积极作用，反之则会造成负面影响。针对不合规范的网络用语在新闻报道中频繁运用的现象，省政协委员李向东在2013年江苏省政协第十一届一次会议提案第0285号《关于规范、净化媒体语言环境的建议》中建议相关管理部门对网络语言在媒体中的使用做出明确规定。

示例-01

随着网络交流的普及，网络语言铺天盖地般涌来，如"灌水"、"MM（妹妹）"、"菜鸟"、"恐龙"、"粉丝"等。近年来网络语言频频在电视、广播、报刊、杂志等媒体中亮相，连《人民日报》这样的严肃的报纸也出现了"给力"、"正能量"等网络词汇，可见其影响力正日益增强。

……

汉语言有很强的生命力和包容力，在几千年的发展过程中不断包容、吸收外来和自创的语言。我们对网络语言应该抱着开放、引导和规范的态度，既尊重通俗、中性的网络语言的生存空间，也要坚决抵制部分低俗、明显背离传统道德和认知心理的网络语言。然而，令人担心的是，部分媒体的编辑、记者或出于无知，或出于炫耀的心理，在撰写文章和编辑版面时往往不加区分地使用网络语言，包括诸如"2B 青年""屌丝"等脏字、词也频频见诸于我省报端、刊物，丧失了媒体应具有的职业道德，对广大读者特别是语言鉴别能力不强的青少年造成了负面影响。

　　建议相关管理部门及时跟踪网络语言的发展，对网络语言在媒体和中小学教育教学中的使用做出明确规定，对违规的媒体和个人严肃处理，责令其迅速改正。①

　　此外，在谈论保持语言文化规范性的问题时，全国政协委员朱星在 2014 年两会科技 30 组小组讨论会场的发言中指出当前传播媒体存在不注意词语正确表述的现象，认为汉语在与时俱进的同时还要严格执行国家的语言规范。

示例-02

　　作为全国科学技术名词审定委员会物理分会的主任，朱星表示他平时对用词非常谨慎，因为在他看来这事关一个民族的文化传承。

　　……

　　更让朱星感到不理解的是，目前作为权威的传播媒体，电视、报纸也非常不注意词语的正确表述。"比如，负增长一词频频见诸报端，如果增长可以用负来表述，那么，是不是也可以说'正减少'？"

　　朱星为此表示，汉语要与时俱进，但要严格执行国家语言规范，以此来保证我们民族语言文化的纯净性。②

---

　　① 李向东：《关于规范、净化媒体语言环境的建议》，2013 年 3 月 28 日，江苏政协网（http://wypt.jszx.gov.cn:8080/cppcc/public/p/view.do?code=0000001374），2014 年 4 月 15 日查阅。

　　② 王菡娟：《请保持汉语的"原汁原味"朱星委员呼吁保持语言文化的规范性》，《人民政协报》2014 年 3 月 15 日第 4 版。

壹　制度环境

新闻报道应该客观、公正

客观、公正是新闻媒体的报道准则。当前，一些媒体对相关事件进行报道时往往求新求快，甚至不加细致核实便编发信息，或置新闻的真实性于不顾，或将新闻事件与其他无关的事项随意牵连。

针对近年来频发的医患冲突事故，全国政协十二届一次会议提案第0337号《关于提高医务人员参与公立医院改革积极性的提案》中，全国政协委员侯建明建议规范媒体报道，维护新闻真实性，加大对失实"医疗事故"新闻报道的查处力度。

示例-03

医务人员是当之无愧的医改主力军，医改的各项要求要靠他们去实践去落实，各项改革成果也要靠医务人员的服务去传递去体现。为进一步调动医务人员参与公立医院改革的积极性，引导他们主动参与和支持改革，我提出建议如下：

1. 创造良好的执医氛围和更加宽容的执业空间。一是提高待遇，保护医务人员的合法权益。……二是规范媒体，维护新闻真实性。对报道医疗事故或医务人员的过失，要有证据，要讲科学道理，要由专业人员对其专业性负责，不能仅凭患者、家属和媒体撰稿人的单方面猜测和臆断。建议加大对失实"医疗事故"新闻报道的查处力度，对个别新闻记者为吸引眼球作的有偏向性的失实报道，应严厉追究其责任。……①

又如，关于云南昆明发生的严重暴力恐怖事件的报道问题，在全国政协十二届二次会议新闻出版界委员小组讨论中，一些委员从新闻出版工作者责任的角度提出了建议。

示例-04

"只有任何敏感话题都能从主流媒体听到真实客观的声音，人们

---

① 《全国政协第十二届一次会议提案第0337号　关于提高医务人员参与公立医院改革积极性的提案》，中国政协网（http://www.cppcc.gov.cn/zxww/2013/03/07/ARTI1362628727687101.shtml），2014年4月15日查阅。

才能从容应对冲击。"全国政协委员、香港商报社长黄扬略认为，在重大敏感问题的报道上，要让主流媒体主动发声，并在内容上正视现实，占领舆论主阵地。他建议，新闻出版界别委员应集中力量搞一些重大题材的调研，为新闻出版界做点实事，壮大主流舆论。

"一个地域、一个族群与恐怖主义是没有任何关联的。"全国政协委员、中国作家出版集团党委副书记艾克拜尔·米吉提从媒体关于昆明严重暴力恐怖事件的报道，谈及现在新闻报道中存在的一些不恰当用词的问题。他认为，在这样的事件报道中，要强烈地谴责恐怖主义分子，而不要跟族群、地域相关联。对此，全国政协委员、中央电视台主持人白岩松也深表赞同。[①]

(二) 借助媒体进行宣传教育和舆论监督

在促进社会和谐发展方面，新闻媒体肩负着重要的责任，发挥的作用也越来越大。媒体传播有利于社会发展的信息，能够对公众起到引导和教育作用，帮助其正确决策；媒体积极揭露不良社会现象，展开舆论监督，可以遏制腐败现象的蔓延，推动国家民主政治和治理方式的不断发展和完善，助力公权机关的廉政建设，维护公众利益。

发挥媒体的宣传教育作用

媒体的正面宣传报道对公众具有较强的教育和引导作用。2013年以来，一些人大代表和政协委员对媒体的社会宣传功能给予了较多肯定，提出要充分利用现代网络、广播电视、报刊等媒体，加强对各类科学知识的宣传，例如：利用媒体宣传艾滋病防治知识，宣传建筑节能门窗知识，宣传和普及预防、避险、自救、减灾的知识，等等。

示例-05

今年两会上，全国政协委员尚红提出了关于督促广播电视和网络等新闻媒体落实艾滋病防治知识宣传政策的建议。

尚红说，普及艾滋病防治知识，倡导健康、文明的生活方式，减少高危行为，既是预防控制艾滋病的首要环节，也是减少社会歧视的

[①] 王坤宁、李婧璇：《"政协在文化建设方面可大有作为"——全国政协十二届二次会议新闻出版界委员首日讨论侧记》，《中国新闻出版报》2014年3月5日第1版。

一项重要手段。与防治形势相比,我国艾滋病防治宣传教育活动的覆盖面还不足,宣传教育深度还不够,缺乏持久性,一些宣传教育活动针对性不强、有效性不高。

……

尚红建议,宣传部门应协调指导广播影视、新闻出版等部门,加大刊播艾滋病综合防治知识和公益广告的力度,将"艾滋病日"的重点宣传和日常宣传相结合。①

利用媒体开展舆论监督

媒体是公众意见和社会舆论得以广泛传播的重要渠道,媒体充分发挥舆论监督的作用,公开揭露和批评各种不良社会现象,对解决关系公众切身利益的问题与维护社会的稳定和谐具有重要作用。2013年,致公党中央在全国政协十二届一次会议提案第0326号《关于完善食品安全监管方式的提案》中强调,实现食品安全监管工作要充分发挥新闻媒体的舆论监督作用。

示例-06
食品安全法及其实施条例实施以来,国家有关部门和各省地方立法都先后出台了配套法规、规章,但食品安全问题依然层出不穷,已经成为困扰中国经济发展和影响社会和谐稳定的重要因素之一。

……

三、完善食品安全监管制度的对策和建议

美国的食品安全监管体制对我们具有启示意义。市场主体的逐利本性使我们不能把希望寄托在生产经营者的道德自律上,政府需要创造这样一个制度环境:一是要加强常态化监管,及时发现问题解决问题;二是要适时发布信息,解决食品安全信息不对称问题。具体有以下几个方面的建议:……

(四)促进和加强社会媒体监督。充分发挥新闻媒体的舆论监督作用;充分发挥社会服务机构如研究所、调查机构等的专业监督作

---

① 卜令伟:《尚红委员:防控艾滋病宣传媒体要有担当》,《人民政协报》2014年3月10日第13版。

用；充分调动消费者的监督和举报积极性。由此形成一个协调、有组织、有序有机的社会监督系统，从而保障食品安全监管工作良性运转。……①

（三）完善电视频道和栏目建设

近年来，随着卫星电视的普及，电视频道和电视栏目的数量呈逐渐增多之势。然而，相对于综合性的电视频道和电视栏目而言，专业化的电视频道和电视栏目仍然较少，尚不能满足公众对于电视节目的个性化需求。

增加电视频道的建设

电视频道的建设无外乎是从两个方面满足公众的需求。其一，全面满足大多数公众对于某些重要节目内容的需求，如气象信息。通过气象频道获取最新的天气信息，可帮助公众及时采取措施应对即将到来的气象灾害，将气象灾害带来的损失降到最低。就此，在2014年全国两会上，王兆海、孙怀山、马军胜等32位委员联名建议"将中国气象频道作为开路电视频道播出，利用气象信息的电视平台让更多群众在第一时间能够了解气象信息"②。

示例-07

中国气象频道是中国气象局主办的专业电视频道，自2006年5月18日开播以来，一直作为开路电视频道播出，受到广大人民群众的热烈欢迎。但根据原国家广电总局要求，自2009年11月25日对中国气象频道实施加密收费，只有接入有线电视网络的数字电视定制用户才能收看中国气象频道。而订制用户主要集中在城市，那些因地处偏远而使用模拟电视，却又最需要实时获取天气信息的广大农民、渔民、牧民、林农因无法进行数字电视接收，被关在了中国气象频道的门外。

为此，王兆海、孙怀山、马军胜等32位委员联名建议，国家新闻出版广电总局应将中国气象频道作为开路电视频道进行播出，实现24

---

① 《全国政协十二届一次会议提案第0326号　关于完善食品安全监管方式的提案》，中国政协网（http://www.cppcc.gov.cn/zxww/2013/03/07/ARTI1362626015265143.shtml），2014年4月20日查阅。

② 照宁：《32名全国政协委员联名建议：将中国气象频道作为开路电视频道播出》，《中国政协报》2013年3月14日第4版。

小时不间断、免费向全国、全社会播发我国涉灾部门发布的灾害监测预报预警及服务信息，使各类防灾减灾信息及时送达广大公众，不断扩大气象服务信息覆盖面，为我国经济社会发展提供及时有效的气象保障服务。①

其二，集中满足某些公众对特定领域节目内容的个体化需求，如戏剧节目。我国不同省份在文化积淀和传承方面各有独特之处，根据自身优势开办具有本地特色的频道，既能充分满足当地公众的精神文化需求，又可在众多电视频道中凸显自身的文化特色。在2013年江苏省政协第十一届一次会议第0353号提案《关于我省电视开通戏剧频道的建议》中，提案人该省政协委员陈澄建议，江苏省应开通一个专属的戏剧频道，以满足本地戏迷朋友的需求。

示例-08

我省是一个戏剧大省，戏剧强省，各地方剧种繁多，各剧种观众及戏迷居多，老一辈艺术家，青年名家及梅花奖演员也居全国前列，并且全国仅有的六位梅花奖大奖演员也有一位（顾芗老师）是出自我省。但是多年来我省电视众多频道中还没有一个专属的戏剧频道，（如中央十一台戏剧频道、上海东方台的"七彩戏剧"频道等），就我们淮剧剧种而言，在盐城地方上也同样遇到此问题，尽管目前有了一个时间段的戏剧栏目，但如此篇幅远远达不到理想的要求！……

为此建议开辟专属戏剧频道，考虑以下版块为之商讨：

一、设立大戏平台。（略）

二、安排类似上海戏剧"光影留声"的版块。（略）

三、设置各剧种艺术流派代表人物或各剧种中青年名家的名段赏析，让更多戏迷朋友通过此频道了解更多剧种艺术家的风采，这将对我省的戏剧发展有很大好处。

四、设立"跟我学"小型版块。（略）②

---

① 照宁：《32名全国政协委员联名建议：将中国气象频道作为开路电视频道播出》，《中国政协报》2013年3月14日第4版。

② 《0353—关于我省电视开通戏剧频道的建议》，2013年3月28日，江苏政协网（http：//wypt.jszx.gov.cn：8080/cppcc/public/p/view.do？code=0000001334），2014年4月15日查阅。

扶持电视栏目的创办

虽然专业化电视频道和电视栏目都强调节目内容的对象性和服务性，但是相对于专业化电视频道的建设而言，电视的栏目化操作要相对容易。比如，在创建电视频道的条件尚未成熟时，采取先开办一档电视栏目的方式，亦能在某种程度上满足特定公众的信息需求。在2013年江苏省政协第十一届一次会议第0499号提案《关于加强我省农业电视平台建设的建议》中，省政协委员张坚勇建议创建本省的省级农业电视媒体，满足江苏农民对三农信息的需求。

示例-09

据了解，江苏省目前还没有农业电视频道，农业电视栏目的数量也在减少。2012年，江苏电视台公共频道的《江苏新农村》栏目停办。2012年年底，由于江苏教育电视台并入江苏广播电视总台，原先在教育电视台播出的我省唯一一档省级农业电视栏目《走进新农村》也从电视荧幕上消失了。我省农业电视的现状与江苏农民对三农信息的迫切需求不适应，与江苏在全国率先基本实现农业现代化的任务要求不适应。

建议加大对农业电视媒体的扶持力度，加快建立农业电视平台建设。

一、依托财政扶持，广电部门与农业部门共建省级农业电视媒体

建议在财政的必要扶持下，省广播电影电视局、省电视台与省农委联合创建省级农业电视媒体。由广电部门指导协调，电视台提供电视频道时段和技术支持，省财政提供基本制播经费，发挥省农委、农业高等院校和科研院所等单位的资源优势，组织节目制作。农业行政管理部门与公共电视台联合创办农业电视媒体的模式已经在中央电视台第七套节目的运营中实践多年，并且实现了中国农业电影电视中心与中央电视台的互利共赢。[①]

（四）鼓励影视艺术作品及其创作的多元、健康发展

影视艺术作品是传播社会文化的重要载体。依据现实生活的发展和公

[①]《0499—关于加强我省农业电视平台建设的建议》，2013年3月28日，江苏政协网（http://wypt.jszx.gov.cn:8080/cppcc/public/p/view.do?code=0000001526），2014年4月15日查阅。

众的需要，一方面，在影视艺术作品的创作需要积极拓展其题材和丰富其形式；另一方面，既要促使影视艺术作品充分地满足公众精神文化生活的欣赏和消费需求，又要充分发挥其正确引导公众的教化和教育功能。

拓宽影视艺术作品的题材

针对我国反腐题材的影视作品跟不上党中央不断加大的反腐力度这一实际情况，在2014年全国两会上政协委员高满堂发表了自己的见解。

示例-10

"大约快10年了，几乎看不到有反腐题材的影视作品搬上荧幕，这很不正常。"正在参加两会的全国政协委员、大连广播电视台国家一级编剧高满堂接受记者采访时表示，党中央反腐力度不断加大，老百姓举双手拥护，反腐题材的文艺作品理应乘势跟上，为之助力。

……

在高满堂看来，真善美与假丑恶的斗争，历来是文艺创作的主题之一，而当今的腐败与反腐败的斗争，正是这一主题的延续。反腐倡廉要常抓不懈、警钟长鸣，同样需要直面现实、激浊扬清的文艺作品相呼应。放宽电视剧审查制度，让文艺作品跟上反腐的脚步，既是文艺工作者的心愿，也是时代的呼唤。①

丰富影视艺术作品的形式

影视艺术作品具有多种形式，衡量其好坏的标准是公众是否接受并喜欢收看。对于国家新闻出版广电总局要求穿越剧退出"黄金档"这一做法，在2014年全国两会上政协委员雷献禾以《来自星星的你》为例，就国家当前对该形式影视艺术作品的规制提出了不同意见。

示例-11

"如果穿越剧能给现实生活增添正能量，那'穿越'也就只是影视剧的一种艺术形式，所以国家相应的管理部门是不是应该适当调整相关政策？目前管理部门对艺术作品的限制过于具体，不利于艺术作

---

① 吕东浩：《高满堂委员认为："文艺作品要跟上反腐的脚步"》，《人民政协报》2014年3月8日第10版。

品的创作,也不利于我们的艺术作品到国际市场中去竞争。"雷献禾表示,影视剧的购买方不是政府,也不是电视台,而是老百姓;影视剧是通过政府的审查、批准,通过电视台的播放,最后由老百姓收看。影视剧实际上是非常大众化的艺术作品,不管是拍摄、审查还是播放,其实都是中间环节。只要老百姓喜欢看,且作品内容不违法、不违反基本道德观念、不违反伦理道德要求,国家就应该鼓励播放。①

注意影视艺术作品的内容

当前一些历史题材影视剧娱乐化倾向严重,创作内容把关不严,阻碍了我国影视艺术作品的健康发展,陈道明委员在2014年全国两会上就该类现象表达了自己的观点。

示例-12

针对目前将抗日影视剧娱乐化的现象,全国政协委员陈道明说,据他了解,在侵华日军中女人是不上前线的,但目前部分抗日剧为了"养眼",对历史肆意修改。这不仅是对历史的娱乐化,"甚至是歪曲","我们可以演绎历史,但不能扭曲历史。"

陈道明认为,"这是价值导向的问题",大量与历史不符的抗日剧的泛滥,将对青少年产生错误的引导。②

二 规范传播秩序,保障公众知情权和媒介近用权

满足公众获知与传播各种信息的需求是大众传媒的重要职责。网络等新媒体形式出现以来,公众了解和发布信息的渠道较以往更为畅通,但是由此也衍生了一些不好的现象,如网络谣言的侵扰和垃圾短信的泛滥等。此外,如何规范传媒广告活动,扩大政务公开、增进信息共享,保障社会弱势群体的媒介获享权益等问题,2013年以来都在不同程度上得到了各级

---

① 孙权、高峰:《雷献禾委员:应放宽"穿越剧"的播放限制》,《人民政协报》2014年3月7日第10版。

② 于斯文:《陈道明委员痛批抗日影视剧娱乐化:这是在胡闹》,2013年3月5日,中国台湾网(http://www.taiwan.cn/xwzx/bwkx/201303/t20130305_3857275.htm),2014年4月15日查阅。

人大代表和政协委员的关注。

（一）治理网络谣言和垃圾短信

治理网络谣言

当前，网络谣言的快速、广泛传播，在阻碍公众获知真实信息的同时也扰乱了正常的社会秩序。就此问题，民革江苏省委在2013年递交的第0225号提案《多措并举　化解网络谣言》中提出，网络谣言的产生从根源上讲是人为因素造成的，要达到从根本上治理网络谣言的目的，需要政府及相关部门、网民的共同努力。

示例-13

据资料显示，我国网民数达5.13亿，手机网民达3.56亿，高居世界首位，如何有效管理虚拟网络、预防和处置网络谣言对政府和民众已成为不可回避的新兴课题，应引起全社会的足够重视。要想从根本上铲除谣言，就要从谣言产生的各个环节上加以治理，为此建议：

一、坚持以人为本，科学民主决策，依法行政，信息公开，从源头上铲除网络谣言滋生的土壤。（略）

二、建立完善快速反应机制，提升公共事件应对能力。（略）

三、疏堵并举，净化网络环境。（略）

四、提升公民网络媒体素养，提高网民鉴别判断能力。（略）[1]

打击垃圾短信

伴随我国移动通信事业的发展，手机短信服务已成为公众在日常生活较常使用的新媒体应用之一。然而，当短信服务被某些别有用心者作为发布虚假诈骗、有害低俗等性质的信息时，其对公众的正常使用行为造成了极大的干扰。就此，辽宁省政协委员吴春福提出《关于加强信息行业管理、强化治理滥发手机垃圾短信息的建议》的提案，建议在全省范围内开展治理滥发手机短信工作，该提案于2013年得到了相关部门的重视和采纳。

---

[1] 《0225多措并举　化解网络谣言》，2013年3月28日，江苏政协网（http：//wypt.jszx.gov.cn：8080/cppcc/public/p/view.do？code＝0000001088），2014年4月20日查阅。

示例-14

省政协委员吴春福曾提出《关于加强信息行业管理、强化治理滥发手机垃圾短信息的建议》。……他建议在全省范围内开展治理滥发手机短信工作,坚决取缔并严肃处罚使用手机、座机或群发设备滥发手机短信息的省内号码和商户。公安机关对举报手机垃圾短信息的案件应予立案,根据信息内容和对用户的骚扰程度对查办的滥发者实施必要的惩罚措施。此外,还要坚决查处手机运营部门和泄露手机用户个人信息行为,直至追究泄露者刑事责任。

委员的建议引起了相关部门的高度重视和积极采纳。今年,省通信管理局深入开展治理垃圾短信专项行动,在省内各个城市及各个通信企业的网间建立联通机制,跨企业的关键词库和处置策略将会共享。如果一个发送垃圾短信者给联通的手机发送了垃圾短信,被用户举报,通过企业间的共享和合作,移动和电信也会屏蔽或者警示该端口。[①]

（二）规范传媒广告活动

2013年以来,各级人大代表和政协委员对规范大众传媒广告活动的关注主要表现在三个方面,即:整顿虚假广告、扶持公益广告和治理不良网页广告。

整顿虚假广告

在打击虚假广告方面,虽然我国已经出台了一系列相关的准则和制度规定,但是虚假广告仍是屡禁不止,其中媒体扮演了非常重要的角色。针对媒体为了经济利益而对虚假广告进行策划包装并为其提供传播平台的不良现象,2014年安徽省政协委员薛胜雄在提案《惩治虚假广告,要向媒体说"不"》中专门强调了媒体在杜绝虚假广告方面应承担的相应责任。

示例-15

虚假广告是社会毒瘤,也是社会不稳定因素之一。……然而,当

[①] 《政协委员建言引起相关部门重视　垃圾短信被举报将屏蔽其发送端口》,2013年6月8日,辽宁政协网 (http://www.lnzx.gov.cn/lnszx/myNews/tashanzhishi/2013-06-08/Article_34711.shtml), 2014年5月10日查阅。

今新的现象是：正规媒体（地方电视台和报纸等）对虚假广告情有独钟，他们一直在为虚假广告策划包装，定制上市，疯狂强入人们的视野。虚假的亦或是产品本身，亦或是夸大其词，亦或是兼而有之。总之，媒体们总是在钻政策、法律、道德的空子，游走于似是而非、不抓不为过之间。……惩治虚假广告，要向媒体说"不"！

首先，媒体要自爱自重，在坚决杜绝虚假新闻的同时，也要坚决杜绝虚假广告，还广告市场一片清新天地。（略）

第二，面对长时期连篇累牍的广告轰炸，难道媒体管理部门、工商管理部门就不知情或不该管？毫无疑问，这些部门应当经常保持对各类媒体（非法的和合法的）的广告管理。（略）

第三，应当以同样的手段惩治、罚没各种形式的虚假广告行为，直到罚的虚假广告没有再出笼的本钱为止。（略）[①]

扶持公益广告

作为我国广告事业的重要组成部分，公益广告具有较强的社会教育功能，对促进社会和谐、健康发展发挥了重要作用。然而，限于公益广告的非营利性和相关法律规制的缺失，大众传媒在积极传播公益广告方面仍存在很多不足，2014年江苏省政协委员陶冠红在提案《传递正能量，加大公益广告投放》中提出了加大公益广告投入的建议。

示例-16

《江苏省广告条例》第三十三条明确提出"建立和完善公益广告发展促进机制"，鼓励广告主、广告经营者、广告发布者和其他广告参与者设计、制作、发布公益广告，规定报刊、广播、电视、门户网站、搜索引擎网站等大众媒体每年发布的公益广告应当不少于全年广告的百分之三；广播每天在十一点至十三点之间、电视每天在十九点至二十一点之间发布公益广告应当不少于四条（次）。

《条例》中有关公益广告的规定为传递正能量、形成良好的公益

[①] 《中国人民政治协商会议第十一届安徽省委员会第二次会议 惩治虚假广告，要向媒体说"不"》，2014年1月15日，安徽政协网（http://www.ahzx.gov.cn/ahzxcms/web/zxta_view.jsp?strId=1389757788491362），2014年5月10日查阅。

生活秩序与基本的公共道德准则和促进公益广告事业的发展都带来了新的契机，但从法律条文落实到具体实践，还有很长的路要走，尤其是当前公益广告的质与量严重滞后于经济发展现状，滞后于公众需求。

究其原因，主要是因为公益广告的制作需要大规模资金投入，人力物力消耗比较大，却不产生直接利润，所以大多数广告公司不愿意、不积极参与制作公益广告；同时大众媒体传播公益广告也几无收入可言，所以也不积极传播公益广告。为改变这一现状，建议从政策激励、宣传引导、组织落实等多方面加以推进。

首先，要加大对公益广告的政策扶持，形成正向激励机制。（略）

其次，引导更多广告业主参与公益广告事业，鼓励社会机构、团体等积极投放公益广告，建立起一套完备的公益广告资金保障体系，解决公益广告资金投入不足的问题。（略）

第三，《江苏省广告条例》第三十三条有关公益广告的规定缺少相应法律责任的规定，建议制定并细化促进公益广告发展的实施方案，落实相关考核鼓励措施。建议近期重点检查电视台、电台、报刊、公交地铁等国有媒体，对执行《条例》不力的媒体加以督促，明确其应承担的社会的责任，从而严格落实有关公益广告规定。①

治理不良网页广告

网页广告是伴随互联网的普及而出现的一种新兴的媒体营销手段，其中也不乏一些不良的网页广告，如网民在浏览网页时经常会受到强行插入的弹出式广告窗口的干扰。2013年全国两会上，全国政协委员言恭达在提案中呼吁尽快解决网页弹出式广告的问题。

示例-17

"就目前而言，一些具体计算机安全问题亟待我们关注和重视，其中'网页弹出式广告'就是一个网络'毒瘤'，必须尽快解决。"全

---

① 陶冠红：《传递正能量，加大公益广告投放》，2014年1月19日，江苏政协网（http：//wypt.jszx.gov.cn：8080/cppcc/public/p/view.do？code=0000002198），2014年5月10日查阅。

国政协委员、江苏省文联副主席言恭达在今年的提案中表示。

言恭达在提案中称,这些"弹出的窗口"不仅"被阅读",而且还夹杂着很多低俗的内容、甚至有很多不健康的内容,有的虽然是一些新闻、娱乐、体育等项目,但是可以链接到一些内容不很健康的网站,由于它的"弹出"是随机的、没有任何选择,因此对未成年人危害极大。对此,他提出四点建议:

制定有关网络广告的法律(略)

建立健全工商监管体系(略)

发动网民及时举报(略)

运用技术手段推动监管工作(略)①

(三)扩大政务公开,增进信息共享

自从《中华人民共和国政府信息公开条例》正式颁布实施以来,政府和相关部门的信息公开渠道和信息发布形式逐渐多样化,公开的信息内容也日益增多,在保障公民知情权方面取得了一定的成绩。同时,对我国政务公开中仍需进一步完善之处,很多人大代表和政协委员提出了一些意见和建议。

借助新媒体增进官民沟通

互联网等新媒体形式的出现,拓展了政府执政及其与公众沟通的渠道,如政务微博的大量出现即是相关部门和机构利用新媒体改善执政方式的典型形式。然而,开设政务微博仅是起步,如何充分利用政务微博才是关键,目前这方面还有很大的改进空间。在2013年召开的政协第十一届安徽省委员会第一次会议上农工党安徽省委递交的提案《积极发展政务微博,促进官民顺畅交流》中,就积极发展政务微博的问题提出了改进建议。

示例-18

目前,我省也有不少部门和单位开通了政务微博,在"网民问

---

① 叶洪涛:《委员:网页弹出式广告是"毒瘤"必须尽快解决》,2013年3月5日,中国网(http://news.china.com.cn/2013lianghui/2013-03/05/content_28138851.htm),2014年3月20日查阅。

政"和"政府执政"之间架起桥梁，保障人民的知情权、参与权、表达权、监督权，在加强与网民沟通交流、及时发布权威信息、回应社会关注、引导网上热点、服务人民群众等方面起到了积极作用。但是，现阶段，一些部门和机构的政务微博还存在一些不尽如意的地方……为此，建议如下：

1. 建议出台"政务微博管理办法"，建立长效机制，从信息发布的审核，网友诉求的整合流转，日常管理的考核奖惩，传播效果的评估等环节入手，进一步顺体制机制，规范管理。

2. 领导重视，并建立相应的人员队伍，加强对政务微博人员或团队管理和培训，提升政务微博管理人员的媒介素养，建立网络民意表达的制度性回应，将微博发布、管理情况纳入述职考核项目，以保证政务微博的持续发展。

3. 要在快速应对重大事件、突发事件上起到凸显作用，提高政务微博的应用水准，为民办事，在塑造公信力和亲民感上下功夫，做人民群众的网上贴心人。

4. 建立微博发布厅，促进政务微博集群化发展，使得原本孤立的政务微博得以相互配合、相互监督、相互促进。

5. 加强微博发布与网民的互动、反馈。积极探索利用微博搜集社情民意的新方式，及时准确地把握全局性、苗头性、倾向性问题，形成官民互动的良性循环。[1]

健全新闻发布制度

健全新闻发布制度，加强政务公开和及时回应社会关切，是切实保障公民知情权的重要举措。2013年以来，一些政协委员提出了设立新闻发言人制度的建议[2]。此外，全国政协外事委员会副主任、国务院新闻办公室

---

[1] 《中国人民政治协商会议第十一届安徽省委员会第一次会议 积极发展政务微博，促进官民顺畅交流》，2013年1月14日，安徽政协网（http://www.ahzx.gov.cn/ahzxcms/web/zxta_view.jsp? strId=1358132621437353），2014年3月20日查阅。

[2] 如：《关于设立"海南国际旅游岛"新闻发言人制度的建议》，2014年4月19日，海南政协网（http://www.hainan.gov.cn/tiandata-zxta-5717.html），2014年3月20日查阅；《委员建议引起相关部门重视 我省实行食品安全新闻发布制度》，2013年10月28日，辽宁政协网（http://www.lnzx.gov.cn/lnszx/myNews/tashanzhishi/2013-10-28/Article_36576.shtml），2014年3月20日查阅。

前副主任王国庆在2014年全国两会期间接受媒体专访,还提出了"中国应该推行新闻发言人专职化"[1] 的建议。

示例-19

国务院总理李克强5日在第十二届全国人大第二次会议开幕式上所做的本届政府首份工作报告中称,2014年政府工作重点包括"加大政务公开,完善新闻发言人制度,及时回应社会关切"。

针对此项任务,王国庆表示,新闻发言人兼职化是制约中国新闻发布和信息公开的最大制约。

目前,各级单位新闻发言人岗位通常由所在单位的中层官员兼任,通常他们并不视此为工作很重要的一部分。其结果就导致在实际工作中,发言人对兼职任务感到"可做可不做,能不做就不做",王国庆表示。

同时,由于一些发言人在所在单位职位不高,无法阅读重要文件,也不了解决策意图、决策过程,很难承担新闻发言人及时、准确发布信息的职责。

因此,王国庆建议国家推行新闻发言人专职化,认为这是完善新闻发布制度的一个重要步骤。……[2]

(四)保障社会弱势群体的媒介获享权益

为社会弱势群体创造条件,保证他们获享大众传媒资源以丰富精神文化生活,对构建和谐社会具有重要的意义。人大代表和政协委员中,也有人对保障听障者、"失独"群体、未成年人、老年人等社会弱势群体的媒介获享权益问题有所关照。

实行同步字幕或手语播报　帮助听障者使用媒介资源

听障者由于失聪、听力退化或者方言的影响,与外界进行沟通和交流存在一定的障碍。大众传媒在制作节目时通过添加同期声字幕或采用手语同步播报的方式,对听障者与整个社会环境进行互动,享受大众传

---

[1] 吴姣:《全国政协外事委副主任:大力推行新闻发言人专职化》,2014年3月7日,中国日报网(http://www.chinadaily.com.cn/hqzx/2014qglianghui/2014-03/07/content_17330726.htm),2014年5月10日查阅。

[2] 同上。

媒提供的精神文化服务，以及满足他们的信息需求具有重要的意义。全国政协委员于兵呼吁在电视节目中增设字幕和手语的建议得到了相关部门的答复。

示例-20

这两年的春晚，在录播的时候有了字幕，聋人朋友们在看语言类节目，比如小品时，也就能欣赏到其中的幽默，无声的世界里有了笑声。这是全国政协委员于兵感到开心的事。

当了12年全国政协委员，他在全国两会上多次呼吁，在中央和省级电视台新闻节目中增加同期声字幕，广电总局等部门给予了答复。更重要的是，同期声字幕真真切切地出现在了电视荧屏上。比如，中央电视台在《共同关注》这一档节目中增设手语主播；从2012年开始，中央电视台在全国两会、十八大报道中的开幕会等重要直播报道中采用了手语同步播报举措。[1]

此外，2014年全国两会期间，邰丽华委员在接受媒体采访时进一步呼吁"听障者需要享有信息知情权"[2]。

示例-21

"听障者需要享有信息知情权。最大的希望就是央视和地方台的节目以及重大的现场直播节目能够实行同步字幕，解决这个问题。"邰丽华说，如果实行，那么将有3种人受益：第一种是2789万由于各种原因失聪的听障人士；第二种是听力退化的老年人；第三种是全国各地讲不同方言的人群。这三种人群的总数是很庞大的，也是信息需求最多的人群。[3]

发挥媒体为失独群体服务的功能

---

[1] 顾磊：《无声的世界里有了笑声　于兵委员建议为聋人朋友提供更多便利》，《人民政协报》2014年3月4日第14版。

[2] 靳晓燕：《邰丽华委员：听障者需要享有信息知情权》，《光明日报》2014年3月11日第11版。

[3] 同上。

当前我国失独群体的规模庞大并且在未来若干年内将呈逐步增长之势①，该群体由于失去唯一的子女而受到极大的精神打击，如何做好其精神抚慰工作开始被越来越多的人关注。在全国政协十二届一次会议提案第1350号中，全国政协委员杨建德提出制定《我国计划生育失独家庭保障条例》的建议，其中强调了媒体应为这一群体提供相应服务。

示例-22

"失独"者需要社会关怀，建议政府引导社区、社会组织和志愿者关注"失独"家庭问题，从日常照顾、心理疏导等方面加大对"失独"家庭的关注、关怀。特别是社区应该为"失独"家庭提供以归属感为核心的心理支持；学术界应该加强对失独家庭问题的专门研究，为政府和相关部门高效的应对措施和策略提供咨询；媒体方面可以设置专门的电视栏目和新闻版面来介绍该群体的生活状态和各方面的需求等；大学生志愿者、义工和社会专业的学生等都可以直接为其服务。通过整合社会资源，培育和营造友爱的氛围，让失独老人真切地感受到制度的优越和社会的温暖。②

三 完善传媒公共服务及其基础设施建设

大众传媒基础设施是公众获享传媒服务的物质保障，完善传媒公共服务及其基础设施建设，对于保障人民群众听广播、看电视、读报纸等文化基本权益具有重要的现实意义。

（一）报刊的邮政发行

关于报刊的发行与获取，人大代表和政协委员的关注点主要集中在建设信报箱、规范报摊、提高报纸邮递速度和杜绝报纸摊派等四个方面。

补建信报箱

信报箱是公众收发信件、报纸所需的生活设施。当前报纸版面增多，

---

① 谢勇才、黄万丁、王茂福：《失独群体的社会救助制度探析——基于可持续生计视角》，《社会保障研究》2013年第1期。
② 《全国政协十二届一次会议提案第1350号　关于制定〈我国计划生育失独家庭保障条例〉的提案》，中国政协网（http://www.cppcc.gov.cn/zxww/2013/03/09/ARTI1362794535875131.shtml），2014年3月20日查阅。

一些老小区的信报箱不仅破损程度严重,而且箱内空间有限,已经不能满足报纸投递的需要。继2011年大连市政协十一届四次会议上宋超委员提交《关于启动"户箱工程",加快信报箱补建,满足市民用邮需求》的提案之后,2013年大连市政协十二届一次会议上,政协委员张继红又提交了《关于加快老旧住宅楼信报箱补建工作进度》的提案,建议政府加大信报箱补建维修力度并扩大信报箱整修范围,解决居民用邮难问题。

示例-23

为进一步提高信报箱建设维护水平,解决旧居民楼信报箱补建问题,2010年7月,大连局向市住建委提交了《关于申请2011年邮政基础设施专项维护资金的函》。2011年1月10日在大连市政协十一届四次会议召开之际,宋超作为市政协委员,向大会提交了《关于启动"户箱工程",加快信报箱补建,满足市民用邮需求》的提案。对此,市政府给予了积极回应,当年7月,市政府秘书处负责人带队来到大连局开展实际调研,最终决定由市财政每年拨出50万元专款用于本市信报箱建设和维护,更好地满足人民群众用邮、通邮需要。2012年2月,第一笔专款入账。

……

今年1月4日,大连市政协十二届一次会议召开,新当选市政协委员的大连局副局长张继红提交了一份《关于加快老旧住宅楼信报箱补建工作进度》的提案,提案中不仅建议从2013年起,政府能够进一步加大信报箱补建维护力度,在保证50万元/年专项费用的基础上,将费用增至100万元/年,同时建议在无产权单位的老旧住宅楼及弃管楼大修工程中,政府能够将信报箱建设一并纳入整修范围,有效解决居民用邮难题。目前,这一提案已正式立案。

宋超表示:"信报箱是邮政企业服务社会的一个重要窗口,积极推动信报箱补建工作,是服务好社会,树立邮政品牌,进而促进政府对邮政普遍服务理解和支持的典范性工程,大连局一定会继续将这项工作抓实抓好。"[①]

[①] 王丹、宋广盛、李煜:《为民生工程添砖加瓦——辽宁大连局推进信报箱建设纪实》,《中国邮政报》2013年3月2日第2版。

壹 制度环境

及时妥投报纸

由于偏远地区邮政基础设施薄弱、投递员队伍不稳定等问题，一些通过邮政投递的报纸存在不能及时投递和漏递的现象。在2013年全国政协十二届一次会议上，针对无法及时收到《人民日报》的问题，刘怀元委员递交《关于即时投递〈人民日报〉，改进邮政投递业务》的提案，建议改进邮政投递报纸业务，实现及时妥投报纸。

示例-24

为适应社会发展的需要，满足广大群众读者的要求，《人民日报》版面形式和内容不断改进，由创刊时的4版增加到现在的24版，增强了新闻性、可读性、群众性、服务性，报道宣传贴近生活、贴近实际、贴近群众。……而现在的《人民日报》发行有很多瓶颈，受到很多阻力。
……

建议：

建立市级以下区域性监管体系，加强农村服务监管，注重县、乡、村地区。逐步完善提高农村邮政服务水平，落实国家标准，逐步增加农村地区邮政局所营业时间和投递频次，增加乡镇邮政投递员数量，邮政企业要树立良好自律意识，加强内部管理，建立公正合理的薪酬考核制度，适当增加绩效工资。

要把投递党报工作放到重要的位置，《人民日报》的投递都有困难，别的报纸就可想而知，通过优化邮政工作，使广大读者及时看到《人民日报》。

一点希望：

青岛市是我国东部比较发达的城市，我所在的崂山景区，国家级5A级景区，收到报纸还这样困难，我国的边远贫困地区可想而知，愿《人民日报》扩大发行，广大群众读者及时收到《人民日报》。

附：我收到的报纸刊物有时2天、3天，最多时一周，有时漏递。[1]

---

[1] 《全国政协十二届一次会议提案第0938号 关于及时投递〈人民日报〉，改进邮政投递业务的提案》，中国政协网（http://www.cppcc.gov.cn/zxww/2013/03/08/ARTI1362725100703105.shtml），2014年3月20日查阅。

禁止报纸摊派

报纸摊派是一种强制订阅的行为，虽然相关部门已经联合发布文件强调不得通过发文件、下指标等手段摊派发行报刊，但是报刊摊派发行的情况仍然存在。2014年，政协第十一届安徽省委员会第二次会议上省政协委员王霞递交提案《退出行政干预　消除报刊摊派发行的不良现象》，建议行政干预应退出报纸征订工作。

示例-25

每年到了订阅报刊的季节，总有行政机关、事业单位、社会团体及生产企业被自上而下要求征订各种行业报刊、杂志。虽然从2003年以来，中央及国家新闻出版总署就已从党政部门、发行单位多角度制止此类现象，但是每到年底，上级机关向下级摊派报刊订阅指标的情况仍屡见不鲜，造成严重的负面影响：……鉴于征订工作出现的上述弊端，建议逐步进行改革和调整：1.运用倒逼机制，提升办刊质量。……2.运用奖补机制，保障文化繁荣。……3.运用自选机制，减少报刊浪费。①

（二）广电基础设施的建设和使用

广播电视是公众获取信息的主要渠道，尤其是在经济水平相对落后的农村地区，广播电视基础设施的建设和完善具有重要的作用。各级人大代表和政协委员对该问题的关注主要包括实现广播电视村村通、满足居民电视收视的多样化需求、完善气象预警的媒介终端建设、降低或免除有线电视的收费等。

满足居民电视收视的多样需求

收看本地电视台节目是居民电视收视的众多需求之一，居民可通过本地电视台的节目了解当地政府的工作动态和政策信息，学习适合本地应用的农业养殖技术等。当前，一些边远贫困地区受自然条件限制，广电基础设施的建设难度较大，导致了部分居民无法收看本地电视台的节目，甘肃省一些政协委员于2013年、2014年连续递交联名提案，为切实解决民勤

---

① 《中国人民政治协商会议第十一届安徽省委员会第二次会议　退出行政干预　消除报刊摊派发行的不良现象》，2014年2月8日，安徽政协网（http://www.ahzx.gov.cn/ahzxcms/web/zxta_view.jsp?strId=13918336758753364），2014年5月15日查阅。

县农户收看本地电视节目难的问题建言献策。

示例-26

民勤县现有农户58000户,已安装"户户通"设备的农户48000户。除架设并使用有线电视的3000多农户外,其余农户均无法收看到武威电视台和民勤电视台节目。县内绝大多数农户无法通过电视了解和掌握市县工作动态、政策信息,无法通过电视学习到更加切合本地实际的种植、养殖技术。2013年全会期间,县政协委员张存俊、王希丽等联名提交《关于尽快解决我县农村收看本地台节目存在问题的提案》。由于缺乏建设资金等原因,该提案未得到落实。在2013年底组织开展的县政协提案建议案满意度民意测评中,该提案被评为当年最不满意提案。今年的政协全会上,县政协委员袁得功、张存俊等10多位委员又联名提交《关于布点建设广播电视农村差转台,确保全县农户收看到市县电视节目的提案》。为切实解决农户收看本地台电视难的问题,县政协主席和政府县长沟通协商,将该提案确定为2014年"1号提案",由政府县长和政协主席共同督办。县财政年初将520万元建设资金全部纳入预算。

截至目前,布点建设广播电视农村差转台项目工程已完成地质勘查、建设布点等环节工作,预计9月底前可全部完工。该提案办理落实后,将从根本上解决近50000户农户收看本地台节目的问题,使电视这一信息载体成为丰富群众文化生活的重要手段,也成为引领广大群众增收致富的"助推器"。①

完善气象预警的媒介终端建设

气象灾害会对社会经济造成重大破坏,加强气象灾害预警终端建设和气象灾害预警信号的发布工作,将气象灾害造成的损失降到最低,对保护国家和人民的生命财产安全具有重要意义。当前我国气象灾害预警信息的传播体系并不完善,在全国政协十二届二次会议提案第0375号《关于建设我国气象灾害预警终端的提案》中,民进中央建议我国应建设以无线广播

---

① 王聪、李丽:《用1号提案确保群众满意度 甘肃民勤县政协关注农村居民"看电视难"》,《人民政协报》2014年4月26日第3版。

为主要手段的媒介终端气象预警体系。

示例-27

目前我国在灾害预警工作推进中存在的困难主要有：

一、目前已有的预警信息传播体系包括：广播、电视、报纸、网络、手机短信及农村大喇叭。其整体特点是：白天多，夜间少；城市多，农村少；被动多，主动少。尤其是后半夜，紧急情况没有直通民居的预警。农村大喇叭有主动预警，但其覆盖半径仅15公里，投入使用后维护较难，一年后使用率很低。

二、在重大灾害发生时，断电、基础设施损坏常伴随发生，如四川大地震以及南方冰冻灾害中，几乎所有信息传播手段都受到不同原因阻碍，极大影响了减灾救灾效果。

三、重大气象灾害预测预报的特点是越临近越准确，在现有的技术条件下3个小时内的预报准确率最高。由于我国许多边远农牧区接收不到手机信号，在如此紧迫的时间内只有无线广播的工作效率能够做到信息短时全覆盖。

为此，建议：

一、建立全国性的以无线广播为主要手段的终端气象预警体系，构建使用具有预警功能的收音机为终端的气象预警信息发布平台。即以我国现有广播体系为基础，建立包括农牧林区居民以及易受灾地区城乡居民在内的预警信息发送接收体系，以达到"灾前预警减灾，灾后沟通赈灾"目的。同时，该平台还能够在日常生活中很好地实现传递政策信息、法律农科知识等功能，成为政府做好民生工作的得力工具。

二、气象预警体系应由国家气象部门牵头完成布置，以利于达到快速推进与准确布点的目标。

1. 现有广播平台每个站点覆盖半径达150—250公里，基本涵盖了我国全境，可以直接利用，无须再投入人财物进行网点重复覆盖，更加符合我国农村牧区地域辽阔的实际情况。……①

---

① 《全国政协十二届二次会议提案第0375号 关于建设我国气象灾害预警终端的提案》，中国政协网（http://www.cppcc.gov.cn/zxww/2014/03/10/ARTI1394448018234137.shtml），2013年5月15日查阅。

免除有线电视收费

作为公众获取信息及教育、娱乐等多种服务的大众传播媒介，有线电视对满足公众的信息需求和丰富他们的文化生活发挥了重要作用。然而，相对于早期电视节目的无偿收视而言，有线电视的收费问题引起了较多关注，2013年政协海南省第六届委员会第一次会议第0116号提案《关于取消我省有线电视收费问题的建议》中，民建海南省委员会建议取消本省的有线电视收费项目，将其纳入民生工程。

示例-28

随着海南国际旅游岛建设的不断推进，人民群众对本省的时政新闻应有所了解，而本省民众收看别的省市的上星节目简直是天大的笑话。十八大之后，中央新领导班子提出要着重关心人民疾苦，让人民过上幸福生活。因而省委、省政府有责任解决全省民众家家户户收看电视节目的问题。

为此，建议如下：

1. 有线电视是党和政府的喉舌，是与人民群众心连心的桥梁，是人民群众关心国家大事和丰富业余文化生活的载体。而近十年来，由于受有线电视高收费的影响，导致电视受众越来越少，使电视的政治和社会功能大打折扣，使很多党和政府的方针政策得不到宣传和传播。因此，要从政治的高度，从海南改革"试验田"的高度清醒认识解决有线电视信号免费使用的重要性。目前，全国各地都在大幅度取消有线电视收费项目，海南更应抓住机遇走好"率先"的路子。

2. 一律取消我省有线电视收费，收视信号传输运行费用由省市县财政统一负担。我省各市县的有线电视网络已基本形成，城镇地区接通电视信号到各家各户并不难，而有线电视信号传输运行费用并不高，且有的差额完全可以广告收费来补充。因此，建议将此问题作为2013年度海南省重大惠民政策之一，纳入财政预算。如能实现，可解决将近70%家庭的电视收视问题。

3. 下决心把有线电视经营性项目从我省各级广电部门及有线电视公司中剥离出去，作为文化产业，全面进行转制。各级广电机构不得通过与公益性服务捆绑的方式强制消费者消费，如有发现应予严厉处罚。

4. 要切实解决好各级广电机构和有线电视信号传输部门的运行费用,使其真正做好全面宣传贯彻中央和我省各项政策精神,教育广大民众,以及丰富人民群众业余文化生活的本职工作。

5. 在取消我省有线电视收费的同时,还要对城乡居民自行安装的卫星接受装置进行全面清理。

6. 下大力气抓好有线电视的服务提升。做好有线电视信号传输的及时开通和线路维修工作,把它作为一项政治任务来完成。①

(三) 宽带网络、移动上网终端的建设和使用

接入国际互联网以来,我国政府在网络基础设施建设方面作出了一系列努力。2014年的中国政府工作报告中提出,实施"宽带中国"战略,推进宽带乡村工程。一些人大代表和政协委员也对农村地区的宽带建设和重要公共场合的无线网络覆盖等问题提出意见和建议。

加强农村宽带建设

在全国政协十二届一次会议提案第0031号《关于进一步缩小中西部贫困地区与东部发达地区信息化差距的提案》中,台盟中央就如何切实缩小城乡及地区之间信息化差距,提出了相应的改进建议。

示例-29

鉴于信息化差距已严重影响贫困地区人民的生产、生活,进一步拉大数字鸿沟,将对贫困地区人民经济、生活和地区经济社会的长远发展有较大负面影响,建议:

一、宏观层面统一规划指导,微观层面具体实施。由国家有关部门(如国家发改委、工业与信息化部、科技部、农业部、教育部、广电总局等)共同制定一个"缩小数字鸿沟行动规划"。……

二、加大农村宽带建设力度。可以通过对电信运营商进行一定补贴的方式,加快农村宽带基础设施的建设,加大其以降价提速的优惠方式推动农村宽带下乡。

三、加强协调,加快推进三网融合。电信、广播电视、计算机三

---

① 《关于取消我省有线电视收费问题的建议》,2013年4月8日,海南政协网(http://www.hainan.gov.cn/zxtian-5358-1.html),2014年3月20日查阅。

壹 制度环境

大网络的逐步融合,是当今信息社会的大势所趋,也是迅速缩小城乡数字鸿沟的重要机遇。国家可通过三网融合的契机,整合贫困地区的信息载体,协调好部门间利益,从政策上加以推动,从而取得事半功倍的效果。

四、积极动员社会各种力量参与贫困地区的信息化建设。完善"政府主导、企业参与、多方共赢"的运行模式,广泛动员社会力量参与其中。如,中国移动、中国联通、中国网通、中国电信等电信运营集团和IT企业等工商企业可以通过为贫困地区家庭提供二手电脑等方式参与。

五、重视提高贫困地区公众的信息意识和信息能力。在注重基础设施建设的同时,重视对贫困地区公众的信息意识、信息技术运用的教育培训。可组织相关教育培训机构为当地居民免费提供信息技术培训,提高其掌握和运用信息的能力。[1]

实现免费WIFI全覆盖

随时随地连接网络进行信息查询和即时交流逐渐成为公众的日常需求,一些城市已经或逐步在实现公共场所WIFI的全覆盖。2013年黑龙江省政协十一届一次会议上,省政协委员崔强建议应在该省城市公共区域免费开放WIFI网络。

示例-30

随着移动终端上网越来越普及,全国各地的免费WIFI建设正在如火如荼地展开,深圳、上海、杭州等城市已率先在主城区的公共区域免费开放WIFI网络。参加省政协十一届一次会议的政协委员崔强建议,黑龙江省应在城市公共区域免费开放WIFI网络。

崔强说,我省公共场所的免费无线信号还未开展或普及。以哈尔滨为例,在太平国际机场、火车站、各大学图书馆等多处地点已建立了相关设备,但免费开放的范围十分有限。其中,哈尔滨火车站只有

---

[1] 《全国政协十二届一次会议提案第0031号 关于进一步缩小中西部贫困地区与东部发达地区信息化差距的提案》,中国政协网(http://www.cppcc.gov.cn/zxww/2013/03/08/ARTI1362710950390139.shtml),2014年3月20日查阅。

联通 VIP 候车室有免费 WIFI，太平国际机场在进入候机大厅后可使用免费 WIFI。哈市的各大商场如秋林商厦、远大购物中心、松雷购物中心及卓展购物中心，搜索到的 WIFI 无线网络信号，多数带有密码，不能免费使用。不需要密码的，信号多较弱。

崔强建议，应由政府牵头，建立健全相关制度措施，通过开展网上意见征询，确定哪些公共场所需要设有免费 WIFI，如政府窗口、医院、图书馆等公共服务部门，商务场所、休闲娱乐场所等应给予重点关注。同时，政府部门应制定鼓励办法，激发运营商向公众提供更多免费 WIFI 的热情。[①]

（四）农家书屋的建设和使用

"农家书屋"工程开始建设以来，在保障农民群众基本文化生活权益和完善农村公共文化服务体系方面发挥了重要作用。《"农家书屋"工程实施意见》规定每一"农家书屋"原则上可供借阅的实用图书不少于 1000 册，报刊不少于 30 种，电子音像制品不少于 100 种（张），各地可根据本地区的实际情况，因地制宜，灵活掌握[②]。"农家书屋"是报刊、广播电视和网络之外农民获得大众传媒资源的又一重要渠道。2013 年，湖北省谷城县政协组织部分委员调研后提出了加快加强本地农村书屋建设的建议，该建议得到相关部门的重视和采纳。

示例-31

村里的农家书屋，几年前就建了，可很少有村民光顾。去年，县政协组织部分委员就全县文化产业发展情况进行专题调研，提出加快加强农村书屋建设，扩大覆盖面、提高可读性，增强渗透力，加强农家书屋管理，唤醒"沉睡"的农家书屋，不使农家书屋成为摆设，让农家书屋更便民、更惠民。建议得到了县委、县政府的重视和采纳。为了让农家书屋收藏的图书、杂志、报纸、光碟等适应农民的胃口，县政协委员还建议赠阅图书的单位，对赠阅给农家书屋的书报等进行

[①]《省政协委员崔强：在城市公共区域免费开放 WIFI 网络》，2013 年 1 月 27 日，东北网（http://heilongjiang.dbw.cn/system/2013/01/27/054548346.shtml），2014 年 3 月 20 日查阅。

[②]《关于印发〈"农家书屋"工程实施意见〉的通知》，2007 年 3 月 14 日，中华人民共和国新闻出版总署官网（http://www.gapp.gov.cn/contents/801/77066.html），2014 年 3 月 20 日查阅。

调整，激发农民读书的积极性。

县文体局采纳落实政协委员建议，组织、引导全县农民开展了各种读书文化活动，大大提高了农民的文化生活水平。"目前，我们镇39个村的农家书屋可以说做到了全天候对村民开放。"冷集镇党委副书记、县政协联络处主任尚晓红说，"各村除有专兼职图书管理员外，大学生村官、镇、村干部还当起了兼职辅导员，引导农民读书致富。"目前，全县257个村的农家书屋已成为农民的致富良友、精神乐园。①

四 提升媒体的国际传播能力

中国传媒国际传播力的提升，是我国构建和发展现代传播体系，提高中华文化辐射力和影响力，促进社会主义文化大发展大繁荣，并最终提升我国文化软实力的重要途径。② 各级人大代表和政协委员就创建大型国际媒体、提升对外传播能力，重视体制机制协同创新、提升中华文化影响力，为中国传媒的对外传播与交流创造条件等问题提出了建议。

（一）对外解读和传播中国梦

中国梦的提出激发了中华儿女共谋中华民族伟大复兴的凝聚力和创造力，同时，在国际社会上也引起了一定的关注。目前，国际社会对中国梦既有高度评价和认可，也有曲解和误读。2014年全国两会上，王国庆委员指出对外解读和传播中国梦，让世界正确理解中国梦，需要做好多方面的工作。

示例-32

谱写对外解读传播中国梦的美好篇章，要进一步做好六方面工作：

一、深入推进对外传播资源共享。中国梦的对外解读和传播涉及经济、政治、文化、社会等各个领域，需要各级党委政府、新闻媒体、企业、社会团体和广大人民群众的共同参与。

---

① 王轩玲：《唤醒"沉睡"的农家书屋 湖北省谷城县政协建议农家书屋更惠民》，《人民政协报》2014年3月31日第2版。
② 苗棣、刘文、胡志峰：《道与法：中国传媒国际传播力提升的理念与路径——2013〈现代传播〉年度对话》，《现代传播》2013年第1期。

二、着力提升国际传播能力。提升传播能力的根本在于要下力气提升传播内容的吸引力和感染力,要切实解决国外受众听得懂、听得进、真正信的问题。

三、大力培养对外传播复合型人才。要全面提升对外传播专业人员在跨文化、外语、媒体与传播等方面的素养,努力建立一支政治信念坚定、专业素质上乘、外语水平精湛的对外传播复合型人才队伍。

四、努力打造对外传播文化精品。国产优秀文化艺术产品是解读和传播中国梦的有效载体。应加强和完善文化产品和服务"走出去"的政策支持和服务保障,大力扶持能切实反映中国风貌、真实反映当今中国社会、代表先进文化的优秀文化艺术产品的创作生产,形成一批承载中国梦的文化精品。

五、积极建设国家级对外传播智库。应加大对外传播智库建设和研究的投入力度,打造专业的国家级对外传播智库。

六、不断提高全民对外传播素养。应充分调动专家学者、企业家、文体名人、各类出国人员、普通公民的积极性,增强对外传播中国形象和中国梦的责任意识、自觉意识、主动意识,使每个中国人不仅成为中国梦的追梦人,更应成为中国梦的主动解读者和自觉传播者。[1]

(二)创建大型国际媒体　提升对外传播能力

创建具有国际一流水平的大型国际媒体是提高我国对外传播能力,提升中国的世界形象和中国在国际舆论场赢得更大舆论发言权的重要举措。2014年全国两会上,全国政协委员程蔚东提交《打造大型国际媒体　提升中国传播能力》的提案,呼吁有关部门筹划创建具有重大传播影响的大型国际电视传媒,并提出相应建议。

示例-33

作为新闻出版界的全国政协委员,中国电视艺术家协会副主席、浙江广播电视集团原总编辑程蔚东尤其关注中国在世界的传播力和影

---

[1] 《王国庆委员代表全国政协外事委员会发言　对外解读传播好中国梦》,《人民政协报》2014年3月10日第21版。

响力。在今年提交的《打造大型国际媒体 提升中国传播能力》提案中，他提议创建一个崭新的能够形成重大传播影响的大型国际电视传媒，呼吁有关部门切实加以筹划推进。

他说，这个大型国际传媒，并不是像现在央视、新华社等在境外设立的信息采集分支机构和国际频道，也不是以国家或官方身份在境外直接创建一个国际传媒。"而是设想开创一种与以往不同的符合世界游戏规则的中国声音传播模式，以期在国际舆论场中能够更好地'与狮较量''与狼共舞'，为不断提升中国的世界形象、赢得更大的舆论发言权而努力。"

程蔚东坦言，这个提案酝酿已久，近几年他去国外听到很多华人说最爱看像《中国好声音》那样的综艺节目，但是，要了解全球信息，主要还是看CNN、BBC。这让他深受触动，中国应当有强大的国际媒体，至少与那些大牌媒体并驾齐驱。

程蔚东构想中的国际电视传媒，一是"国际媒体＋中国声音"；二是"国家内核＋民间身份"；三是"全球布局＋分步推进"；四是"复合传播＋多种终端"。其根本宗旨，是尽快建成世界有重大影响力的视频媒体之一，用世界语言传递"中国好声音"，用"国际故事"塑造中国好形象。

因此，他提出3点建议：请中央有关部门组建调研小组，调研世界排名前五位的最强大国际媒体的发展战略，制定我国发展国际媒体的近期计划和长远规划；请政府有关部门尽快研究支持民间实体创办国际媒体的政策和办法；请国家教育部门制定国际媒体人才培养和教育计划。[1]

（三）重视体制机制协同创新 提升中华文化国际影响力

文化日渐成为综合国力竞争的重要因素，如何提高国际文化软实力，在激烈的国际竞争中掌握思想文化领域的主动权，作为对外文化传播主体的大众传媒发挥着重要作用。在全国政协十二届一次会议提案第0213号《关于提升中华文化国际影响力应重视体制机制协同创新的提案》中，杨

---

[1] 袁亚平、鄂平玲：《程蔚东委员：用世界语言传递中国好声音》，《中国新闻出版报》2014年3月6日第4版。

学义委员全面分析了我国对外传播在体制机制方面存在的问题并提出了具体的改进建议。

示例-34

当前，随着中国文化"走出去"战略的不断深入，一些深层次的体制机制、人才培养等问题也走到了台前，有的甚至已经成为中国文化"走出去"的制约因素和瓶颈问题。主要表现在：

一是实施主体缺乏有机合作，尚未形成合力。中国文化"走出去"战略实施以来，在新闻出版、广播电影电视、对外文化演艺、展览以及国际汉语传播等领域取得了良好的开局。但作为国家文化强国战略的重要组成部分，整体提升中国文化国际影响力，不是单一部门、单一行业所能为之事，需要各层面创新力量的多元参与。目前中国文化对外传播依然保持着条块分割、行业管理的基本格局，导致不同主体之间对外传播设计缺少协调配合，从而也造成了我国对外传播项目针对性不足、重复浪费等现象的出现，影响了对外文化传播的效果。

二是实施主体均处于起步阶段，尚未形成一套完整的实施策略及传播战略。……迄今为止我国尚未出版涉及新闻出版、广播影视、文化演艺、汉语国际传播等方面的中国文化海外传播全球战略发展报告，也没有一个客观且具有可操作性的全球中国文化传播评估体系。

三是中国国际话语体系亟待构建。

四是通晓国际规则的复合型高端国际化人才缺乏。

……

如何将中国文化"走出去"纳入国家整体战略，与政治、经济的全球利益相结合，如何实现国内学术研究与国外研究的有效互动，推动中国哲学社会科学走向世界，不仅亟需创新理念，更需要创新体制机制，整合资源，协同创新，将提高国家文化软实力和中华文化国际影响力的国家战略落到实处。具体建议如下：

1. 发挥政府主导协同的高端引领作用。（略）
2. 发挥高等学校协同主力军作用。（略）
3. 建立中国文化传播影响效果评价体系。（略）

4. 建立适应国际化发展的政策保障体系。(略)①

(四) 扶持中国传媒开展文化交流

广播、电视等媒体形式是我国与周边国家进行文化交流所依托的重要平台。作为中国—东盟文化合作的组成部分,广西与东盟国家的文化交流具有特殊的战略意义,针对广西的广播电视等媒体传播平台在东盟国家落地入网的数量逐年减少的现象,龙倩委员在2014年全国两会上提交了《关于加强扶持广西与东盟文化交流的建议》的提案。

示例-35

"前年,广西的广播、电视等媒体传播平台共在东盟5个国家落地入网,但到今年,数量已经缩减为两个。由于经费紧缺等类似这样的困境,我们也是心有余而力不足。"全国政协委员、广西壮族自治区戏剧院院长龙倩在调研中发现,在文化交流的进程中,仍有很多现实困难。

"广西与东盟国家的文化交流是中国—东盟文化合作的重要组成部分,是国家政治、经济、文化、外交的战略内容与战略延伸,因此广西与东盟的文化交流,具有特殊的战略意义。广西在这方面更是责无旁贷。"龙倩介绍,在文化交流上,广西有很多社会及文化优势。她举例说,广西的京族与越南的京族(越族)、芒族都同源于百越中的骆越,至今他们还使用相同的语言、服饰和习俗。

龙倩委员提出了《关于加强扶持广西与东盟文化交流的建议》的提案,提案建议,把扩大广西人民广播电台北部湾之声、广西电视台卫星频道和国际频道节目在东盟国家落地入网覆盖这一合作交流项目作为中央政策扶持项目。"同时,还要进一步扩大文化部的品牌活动规模,把活动作为广西与东盟文化交流的固定项目,并将培训、演出、展览、讲座等一系列活动合为一体,使整个活动在长期走近东盟中更有渗透力。"②

---

① 《全国政协十二届一次会议提案第0213号 关于提升中华文化国际影响力应重视体制机制协同创新的提案》,中国政协网 (http://www.cppcc.gov.cn/zxww/2013/03/07/ARTI1362626015265135.shtml),2014年3月20日查阅。

② 徐金玉:《龙倩委员建议:加大文化交流的扶持力度》,《中国政协报》2014年3月7日第10版。

五　加强媒体职业道德建设

媒体机构及其从人员的行为对社会和公众具有一定的示范和引领作用。近年来，随着经济的发展，出现了媒体机构举办活动时盲目追求铺张奢华和记者为了个人经济利益违反职业道德的现象，不仅没有发挥为社会和公众利益服务的功能，而且损害了媒体机构及其从业人员在公众心目中的形象。

（一）保持清正廉洁的工作作风

大众媒体在传播信息之外还承担着丰富公众精神文化生活的重任，举办文化娱乐节目是大众传媒的业务内容之一。当前媒体举办晚会存在的铺张浪费现象，不利于良好社会风气的传递，就此，全国政协十二届一次会议提案第5264号《关于遏制"烧钱"晚会，反对舞台浪费、形式主义和奢侈攀比之风，提倡简朴节约和文明办晚会的提案》中，郭瓦加毛吉委员等提出了相应的改进建议。

示例-36

提案认为，各种跨年晚会的舞台浪费触目惊心，全国性、地方性，乃至到县、市、区一级，一台晚会动不动就要花费数百万、上千万，甚至更高。盲目请明星大腕参演，灯光音响、舞美设计和舞台布景，也越搞越炫目，越搞越奢华。甚至有的贫困地区也花巨资办豪华晚会。这些就是舞台浪费，已经到了"烧钱"、到了非刹车不可的地步了。在这种舞台浪费的背后，各地都讲究大制作、大场面，还存在着形式主义和奢华攀比严重的不良风气。

提案提出，当前我们贯彻落实中央八项规定，不仅要在各级党政机关，更重要的是要在全民、全社会，形成一种弘扬中华民族传统勤俭美德，发扬党的艰苦朴素优良作风，反对铺张浪费，反对形式主义，反对奢侈攀比，大兴勤俭节约、实干兴邦的良好风气。而在这当中，晚会这种对社会和公众具有引领、示范和影响力的文化与宣传载体，本身就责无旁贷地担负着传播价值观，影响社会风气的传递效应和责任。

提案建议，由中宣部提出指导意见，并牵头组织文化、广电、新闻出版以及工商税务、公安消防等部门，联合出台规定，从政策和制度上加以规范和约束。精简晚会数量,控制晚会规模和预算,严格申请报批。政府主管部门,要切实起到监管指导作用。舆论宣传要注意导向,建议给那些天价晚会曝一曝光。形成长效机制,建议有关部门制定可操作的审批标准与系统的管理、监督和问责机制。①

全国政协委员郭瓦加毛吉等递交的提案引起了相关部门的重视,中共中央宣传部经商文化部、国家新闻出版广电总局给出的答复如下:

示例-37

针对提案,我们于今年6月份开展了专题调研。调研中,大家反映,确实存在各类节庆等文艺晚会过多过滥的情况,部分文艺晚会还存在奢华浪费现象。特别是财政出资或变相摊派举办的文艺晚会,群众意见很大。这些劳民伤财现象,造成社会资源的严重浪费,阻碍了文化艺术的健康发展,助长了各种不良风气,也损害了党和政府形象。文艺晚会不良现象的形成,主要是一些地方和单位高估了文艺晚会的宣传效果,希望通过文艺晚会来扩大影响,提高知名度,体现出某些干部思想中不同程度存在错误的"节庆观"和"政绩观"。

2013年9月初,我部联合财政部、文化部、审计署、国家新闻出版广电总局,印发了《关于制止豪华铺张、提倡节俭办晚会的通知》。《通知》下发后,取得了良好的社会反响。主要表现在以下几个方面:一是财政和国企出资办晚会基本刹住。各地对照《通知》精神,就严格控制党政机关举办文艺晚会的规定,逐条认真自查和检查,提出整改举措,该停办的坚决停办,该取消的坚决取消。众多节日庆典取消大型文艺演出活动,"公款追星"的现象从根本上得到治理。二是电视晚会过多过滥的现象得到扼制。各电视台的晚会制作朴素大方,大大压缩了明星大腕数量和费用,摒弃奢华舞美和包装,更多吸引普通群众参与。据统计,中秋、国庆期间,全国性综合频道共播出晚会类节目8个,比去年同期的26个减少了69%。全国性综合频道同一天

---

① 《案由:关于遏制"烧钱"晚会,反对舞台浪费、形式主义和奢侈攀比之风,提倡简朴节约和文明办晚会的提案(第5246号)》,2014年2月28日,中国政协网(http://www.cppcc.gov.cn/zxww/2014/02/28/ARTI1393573762470738.shtml),2014年4月15日查阅。

播出的晚会不超过3个，避免了扎堆浪费、竞相攀比的现象。三是促进了文艺队伍风气日渐好转。《通知》下发后，得到广大艺术家的积极拥护，普遍表示只有制止豪华铺张、提倡节俭办晚会，才能促使文艺工作者把心思花在丰富作品内涵、提高自身艺术品位和水平上，才能摆脱文艺功利思维，刹住一切向钱看的倾向。与此同时，随着财政"埋单"的文艺晚会的大幅减少，各类晚会明星出场费日趋下降。四是促进了文艺院团下基层演出。各地文艺院团积极开展公益惠民演出，为广大群众奉献文艺佳作。①

（二）增进自律进取的职业精神

作为弘扬社会主义精神文明的重要力量，媒体从业人员尤其是新闻记者应严格遵守新闻职业道德，增进自律进取的职业精神，承担起应有的社会责任。全国政协十二届二次会议提案第0427号《关于加强公民社会职业道德建设的提案》中，徐明金委员提到2013年发生的《新快报》记者造假事件，并在建议中明确指出要加大对违反职业道德的记者的惩罚力度。

示例-38

道德建设是社会主义精神文明建设的基本内容之一，道德包括社会公德、家庭美德和职业道德。三者是有机结合的整体。其中，职业道德主要是调整人们在职业活动中的准则。在精神文明建设过程中，处于基础性地位。加强社会职业道德建设具体建议如下：

……

第三，建立统一的职业道德诚信体系。就如同银行的征信体系一样。如果记者违反职业道德，就应当排除出记者队伍。甚至可以采用立法的形式，就像《律师法》规定，凡是受到刑事处罚或追究刑事责任的人，不得从事律师职业。②

---

① 《案由：关于遏制"烧钱"晚会，反对舞台浪费、形式主义和奢侈攀比之风，提倡简朴节约和文明办晚会的提案（第5246号）》，2014年2月28日，中国政协网（http://www.cppcc.gov.cn/zxww/2014/02/28/ARTI1393573762470738.shtml），2014年4月15日查阅。

② 《全国政协十二届二次会议提案第0427号 关于加强公民社会职业道德建设的提案》，中国政协网（http://www.cppcc.gov.cn/zxww/2014/03/06/ARTI1394072268390105.shtml），2014年5月15日查阅。

六 推动传媒的法制化进程

随着社会经济的发展和大众传媒环境的变化,我国关于大众传媒的一些法律法规已经不能适应当前的需要,2013年以来,不少人大代表和政协委员就大众传媒法制化建设提出了相关的意见和建议。

(一)修改《著作权法》

《著作权法》于1990年颁布,并于2001年、2010年进行了修改。随着互联网的发展,数字盗版现象越来越多,严重损害了著作权人的合法权益和数字出版行业的健康发展。就此,在全国政协十二届一次会议提案第0123号《关于加强数字版权保护构建国家级统一数字版权公共服务平台的提案》中,民进中央建议完善数字出版法律、法规等制度的立法工作,明确《著作权法》的侵权赔偿标准。

示例-39

数字盗版已经影响了数字出版行业的健康发展,严重损害了著作权人和合法内容商的合法权益,打击了作者的内容创作积极性,成为阻碍数字出版产业持续、健康发展的重要因素。

为此提出如下建议:

一、完善数字出版法律、法规等制度的立法工作。一是要完善"通知"与"删除"制度。首先,关于《信息网络传播权保护条例》中针对通知与删除制度的规定,在一定程度上加大了权利人的举证责任。现实中,尤其是涉及大规模版权事件时(如"百度文库"事件),对于权利人的举证责任的要求,往往会加重权利人的负担,因此,须出台符合法律规范的、更为便捷的版权通知方式。比如:权利人只需提出异议,则网络服务提供商有权要求上传人提供版权文件,如不能提供,就要对作品进行屏蔽处理,这样做可减轻著作权人维权负担,平衡权利人的弱势地位,进一步保护权利人的利益。再者,应规定网络服务提供者对使用其提供服务的用户(暨可以通过其服务的进行内容上传的用户)提供基本完备的资料,并进行一定程度的认证,如发生内容纠纷,可以授权网络服务提供商向权利人提供内容上传者的基本信息,以便权利人主张其要求。第三,《信息网络传播权保护条例》对权利人进行通知的形式进行了要件要求,而《侵权责任法》对于被侵权人的通知，没有规定进行通知的要件要求，这两处规定不统一，在实际操作中就会出现执行层面的问题，应尽快出台相应司法解释或实施细则，实现二者的统一。二是明确《著作权法》侵权赔偿标准。目前国内著作权侵权赔偿原则采用的是填平原则，填平原则首先依据侵权人的实际获利或权利人的实际损失，但一般情况下这两者都难以计算。目前司法实践中，多数会依据著作权法规定由法院进行自由裁量，而自由裁量的依据为稿酬付酬标准，我国的文字作品著作权付酬标准自1999年之后就没有再更新过。司法系统只能沿用过时的稿酬标准，这显然已经不能真正弥补著作权人的损失。另外，各地判决网络著作权侵权的赔付标准非常不统一，也没有统一的操作规范，对此必须进行修订和细化。除此之外，针对侵权行为恶劣，须引入惩罚性赔偿的原则，同时法官自由裁量的赔偿标准应相应提高，加大惩罚力度。

二、加大行政执法力度，关注数字著作权宣传教育工作。（略）

三、构建国家级统一的数字版权公共服务平台。（略）①

（二）修改《广告法》

《广告法》于1994年公布，在规范广告经营行为和保护消费者合法权益等方面发挥了重要作用。随着社会经济的发展，现有《广告法》已经不能满足现实的需要，2013年以来，一些人大代表和政协委员从多个方面提出了《广告法》的修改建议。

增加关于新媒体广告和广告代言人责任的规定

近年来，依托新媒体技术的新媒体广告发展迅速，形式愈加多样化，由此也带来了一些亟需法律加以规制的问题。2013年十二届全国人大一次会议期间，蒋健、莫小莎等61位代表建议修改广告法，增加关于新媒体广告和广告代言人责任的规定，强化广告监督管理机构职责，维护公众利益。

示例-40

记者近日从全国人大财经委员会了解到，广告法修订草案送审稿

---

① 《全国政协十二届一次会议提案第0123号　关于加强数字版权保护构建国家级统一数字版权公共服务平台的提案》，中国政协网（http://www.cppcc.gov.cn/zxww/2013/03/08/ARTI1362710756968135.shtml），2014年3月20日查阅。

已报送国务院。

今年3月举行的十二届全国人大一次会议期间,姜健、莫小莎等61位代表建议修改广告法,增加关于新媒体广告和广告代言人责任的规定,强化广告监督管理机构职责,维护公众利益。

据了解,国家工商行政管理总局高度重视代表议案办理工作,在广告法修订工作中,对代表建议进行了认真梳理,在总结广告法实施情况的基础上,针对存在的问题,对广告法进行了修改完善,形成修订送审稿,已于2009年8月报送国务院,送审稿已基本涵盖议案所提建议。

全国人大财经委员会认为,修改完善广告法对规范广告市场秩序,促进广告业健康发展,维护公众利益十分重要。广告法修改已列入十二届全国人大常委会立法规划和2013年立法计划预备项目,建议有关部门抓紧工作,争取尽快提请全国人大常委会审议。[①]

将搜索引擎有偿推广纳入广告法

随着网络经济的发展,搜索引擎有偿推广服务受到了越来越多企业的追捧,"一些搜索引擎服务商为了获取利益,助长了各类假医假药、虚假广告、钓鱼欺诈等违法信息泛滥,严重侵害了公众权益。"[②] 2014年全国两会期间,由民革天津画院副院长韩必省领衔的文艺组29名全国政协委员,向大会提交了一份联名提案,建议尽快将搜索引擎有偿服务纳入广告法监管。

示例-41

"由于搜索引擎有偿推广服务还没有被法律明确认定为广告,这使搜索引擎推广一定程度上成为法外之地,消费者权益难以保障。"韩必省建议,为避免搜索引擎虚假广告进一步泛滥,必须依法规范网络搜索业务的发展,将其尽快纳入广告法统一监管。

提案认为,目前对网络广告管理还处于真空阶段。搜索引擎运营商把关不严,使各种非法、虚假广告在网络上抢滩设点。依靠目前的监管体制和技术手段,基层工商机关无法对网络广告进行有效监管,

---

[①] 陈丽平:《代表建议修改广告法 修订草案送审稿已报国务院》,《法制日报》2013年11月12日第3版。

[②] 赵志峰:《尽快将搜索引擎有偿服务纳入广告法监管》,《法制日报》2014年3月12日第7版。

政府监管存在严重缺位。

"对网络广告的立法也处于空白阶段。"韩必省称,现行广告法和反不正当竞争法主要侧重于对传统商业广告和不正当竞争行为作出禁止性规定,而对利用网络广告进行不正当竞争的情形没有涉及。

提案认为,由于互联网相关法律的缺失,导致监管部门无法可依是搜索引擎运营商屡屡打擦边球的重要原因。目前,对于搜索引擎竞价排名如何定性定位,理论、实践存在着各种争议。在司法实践中,有些司法机关裁决认为竞价排名是广告,也有裁决认为竞价排名提供的是付费的技术性服务。

韩必省等委员认为,凡在我国开展网络广告的企业都应遵守广告法及有关法规、规章的规定,包括搜索引擎竞价排名等各种广告活动应该纳入广告管理的范畴。

提案建议完善立法,将搜索引擎有偿推广纳入广告法管理。有关部门应加快修改和完善广告法、反不正当竞争法和消费者权益保护法,将搜索引擎竞价排名明确纳入其调整的范围之中。[①]

对禁止烟草广告作出强制性规定

虽然我国已有相关法律法规明文规定禁止利用广播、电影、电视、报纸等媒体平台发布烟草广告,但在实际操作中仍存在对上述法律法落实不严的问题,各种变相烟草广告屡次出现。就此,2014年全国两会期间,沈进进代表建议在新修订的《广告法》中对该问题加以强制规定。

示例-42

沈进进代表提出建议,在新修订的《广告法》中必须明确强制规定"全面禁止烟草广告、促销和赞助。"在"全面禁止烟草广告、促销和赞助"的前提下,可在已经修订的条文中再增加:禁止互联网、移动互联网烟草广告、促销和赞助;禁止户外设置烟草广告;禁止烟草销售点陈列烟草制品;禁止烟草企业以支持慈善、公益、环保事业的名义,或者以"品牌延伸"、"品牌共享"等其他方式进行烟草企业

[①] 赵志峰:《尽快将搜索引擎有偿服务纳入广告法监管》,《法制日报》2014年3月12日第7版。

冠名的广告宣传和促销、赞助活动；电影和电视剧中不得出现烟草的品牌标识和相关内容，不得出现不符合国家有关规定的吸烟镜头；禁止除以上形式之外的其他一切烟草广告及与广告相关的烟草促销、赞助活动。①

（三）强化互联网管理相关立法

互联网在我国快速普及和发展的同时也衍生了不少问题，然而，我国目前的网络立法严重滞后于相关部门治理有关互联网犯罪活动的形势需要。近年来，各级人大代表和政协委员就规范网络信息传播行为，加大网络立法步伐提出了相应建议。

制定《互联网管理法》

当前，互联网在公众的日常生活中扮演的角色越来越重要，我国的网民规模仍在不断增长，由此而带来的互联网管理问题日趋成为各界关注的焦点。谈及互联网存在的问题，2014年全国两会上，郭启勇代表建议制定《互联网管理法》。

示例-43

全国人大代表郭启勇表示，"网络发达国家在互联网领域都有着相对完备的管理规范，而我国在该领域相关法律规范还是空白，亟待完善。"

……

郭启勇代表建议通过立法，明确政府、网络运营商、网民三方面的责任、基本权利和必须履行的义务；明确互联网信息内容过滤的合法性，使网络信息内容过滤有法可依；明确网络运营商在内容提供、服务提供、网络搜索服务等方面的法律责任和义务。对故意制造和传播负面舆论信息的网络公司依法予以惩处，使恶意破坏网络环境者没有生存空间。②

---

① 王芳：《沈进进代表建议全面禁止烟草广告》，2014 年 3 月 12 日，中国人大网（http://www.npc.gov.cn/npc/xinwen/dbgz/2014-03/12/content_1853709.htm），2014 年 5 月 15 日查阅。
② 王芳：《规范网络管理　郭启勇代表建议制定〈互联网管理法〉》，2014 年 3 月 12 日，中国人大网（http://www.npc.gov.cn/npc/xinwen/dbgz/2014-03/12/content_1853637.htm），2014 年 5 月 15 日查阅。

对互联网信息保存工作给予政策、法律的保障

互联网信息是一种"原生性"的信息,除了数字形式之外基本上没有其他形式,如果不对互联网信息进行及时保存,许多具有研究利用价值的信息将会消失。就此,2014年全国两会上,陈力代表建议"将互联网信息长期保存工作提高到国家信息发展战略的高度来加以重视,在政策、法律的层面加以规范和保证"①。

示例-44

"互联网信息的平均寿命仅为44至75天,它会随着网页内容更新、网站内容重组、网站主办者消失等原因消失。"全国政协委员、国家图书馆副馆长陈力表示,作为一种"原生性"的信息,互联网信息除了数字形式之外,基本上没有其他形式,如果不对互联网信息进行及时保存,许多具有研究利用价值的信息将会消失,其损失是无法估量和无法弥补的。因此,对这些反映我国社会发展状况和记录文化遗产信息的互联网信息进行存档保存,是一项刻不容缓的工作。

陈力建议,将互联网信息长期保存工作提高到国家信息发展战略的高度来加以重视,在政策、法律的层面加以规范和保证。特别应建立和完善互联网信息缴送制度,通过修订或新设法律法规,把互联网信息纳入法定缴送范围。尽快建立国家级的互联网信息保存中心,制定互联网信息保存的国家战略,协调各互联网信息保存的组织与机构,构建国家互联网信息的保存协作体系。②

促进公民个人信息保护立法

互联网等新型媒体形式在推动经济发展和为公众的信息传播活动提供便利的同时,也带来了公众个人信息安全被侵害的问题。当前非法获取和买卖个人信息的行为已经严重影响到公众的人身、财产安全和社会秩序。在全国政协十二届一次会议提案第0232号《关于完善立法,加强公民个人信息保护的提案》中,致公党中央为全面实现对公民个人信息保护提出了相应建议。

---

① 刘圆圆:《互联网信息亟待存档》,《人民政协报》2014年3月7日第5版。
② 同上。

示例-45

目前，我国个人信息泄露情况较为严重。2012年5月，中国电子信息产业发展研究院、中国软件评测中心联合发布了《公众个人信息保护意识调研报告》，报告显示，超过60%的被访者遇到过个人信息被盗用的情况。在一定程度上导致了电信诈骗、敲诈勒索、绑架和非法讨债等犯罪屡打不绝，甚至有些已经出现了向黑社会性质组织转化的趋势，严重危害了社会秩序。

2012年12月28日，全国人大常委会发布《关于加强网络信息保护的决定》（以下简称《决定》），对于保护网络信息安全，保障公民、法人和其他组织的合法权益，维护国家安全和社会公共利益起到了积极作用。但这一《决定》也不可避免的存在着一些不足，如立法级别较低，属于全国人大常委会发布的决定，没有以"……法"的形式来命名，在效力层级上偏低；涉及领域还较单一，主要针对电子信息的保护；条文较为简单，只有十二个条文，内容上还很不完善；配套制度尚不健全等。为进一步完善相关法律，保证其有效实施，全面实现对公民个人信息保护，推动法治国家、诚信社会的建设，特提出以下建议：

一、扩大公民个人信息法律保护的范围（略）

二、完善内容，强化程序规定（略）

三、明确执法主体，健全责任机制（略）

四、尽快制定统一的《个人信息保护法》（略）[①]

（四）加快全民阅读立法

鉴于中国国民的平均阅读水平低于世界文化强国水平，2013年全国两会期间，政协委员邬书林等递交提案建议从国家战略的高度推进全民阅读，以立法的形式激发公众的阅读热情进而保障公众阅读能力的提高。该提案得到了相关部门重视，全民阅读立法被列入2013年国家立法工作计划，"倡导全民阅读"在2014年首次被写入《政府工作报告》。

[①] 《全国政协十二届一次会议提案第0232号 关于完善立法，加强公民个人信息保护的提案》，中国政协网（http://www.cppcc.gov.cn/zxww/2013/03/07/ARTI1362625509343119.shtml），2014年3月20日查阅。

示例-46

2013年全国两会期间，全国政协委员、新闻出版总署副署长邬书林提交提案，建议把全民阅读上升为国家战略。该提案获葛剑雄、王明明、白岩松、郝振省等115名委员签名。

3月底，国家新闻出版广电总局专门成立了全民阅读立法起草工作小组，草拟了《全民阅读促进条例》初稿。8月初，国家新闻出版广电总局传出消息，全民阅读立法已列入2013年国家立法工作计划，总局将争取在年底形成较成熟方案并提交国务院法制办。

根据提案设想，将全民阅读经费纳入财政预算，制定全民阅读规划，发布全民阅读调查情况，提供公共阅读场所，举办全民阅读活动，保障公民阅读权利等。①

---

① 《郝振省：重点关注全民阅读立法》，2014年3月3日，中国出版网（http://www.chuban.cc/cbsd/201403/t20140303_153383.html），2014年4月15日查阅。

刑案报道的规则与内容标准
——以 2013 年热点刑事案件报道和《刑事诉讼法》修改内容为视角

张文祥[①]

一 与媒体有关的《刑诉法》20 处修改内容和 2013 年刑案报道

刑案报道是法治新闻的主要组成部分,经过近 30 年的发展,已成为能够与财经新闻、体育新闻、娱乐新闻等专业新闻一决高下的新闻产品,并被公认为最能体现媒体专业水平的新闻类别。

2013 年,一系列备受瞩目的刑事案件成为新闻媒体报道的热点。这些案件有:媒体从年初追踪报道到年尾的"李某某强奸案",有"世纪审判"之称的薄熙来贪污、受贿、滥用职权案,新快报记者陈永洲以涉嫌损害商业信誉罪被批捕案,河南平顶山"死刑保证书案","首都机场爆炸案"乃至"表叔"、"房姐"受审等热点案件。

从 2013 年 1 月 1 日起,第十一届全国人民代表大会第五次会议表决通过的《刑事诉讼法》修正案开始施行。新的《刑事诉讼法》修改内容有100 余处,尽管该法调整的是刑事诉讼过程中公检法机关的相互关系以及与诉讼参与人之间的关系,没有任何一条是专为媒体设定的,但其中不下20 处涉及媒体报道行为,主要是对司法信息公开与保密的规制、禁止强迫犯罪嫌疑人自证其罪、未成年人涉案信息的封存、"亲亲相隐"制度等方面的规定。现择其要者列举如下:

第十四条第一款:"人民法院、人民检察院和公安机关应当保障

[①] 张文祥,山东大学(威海)文化传播学院新闻系副教授、中国人民大学新闻伦理与法规研究所研究员。

犯罪嫌疑人、被告人和其他诉讼参与人依法享有的辩护权和其他诉讼权利。"

第四十六条："辩护律师对在执业活动中知悉的委托人的有关情况和信息，有权予以保密。"

第五十条："……严禁刑讯逼供和以威胁、引诱、欺骗以及其他非法方法收集证据，不得强迫任何人证实自己有罪。……"

第六十二条："对于危害国家安全犯罪、恐怖活动犯罪、黑社会性质的组织犯罪、毒品犯罪等案件，证人、鉴定人、被害人因在诉讼中作证，本人或者其近亲属的人身安全面临危险的，人民法院、人民检察院和公安机关应当采取以下一项或者多项保护措施：（一）不公开真实姓名、住址和工作单位等个人信息；……"

第一百五十条第二款、第四款："侦查人员对采取技术侦查措施过程中知悉的国家秘密、商业秘密和个人隐私，应当保密；对采取技术侦查措施获取的与案件无关的材料，必须及时销毁。""公安机关依法采取技术侦查措施，有关单位和个人应当配合，并对有关情况予以保密。"

第一百八十三条第一款："人民法院审判第一审案件应当公开进行，但是有关国家秘密或者个人隐私的案件，不公开审理；涉及商业秘密的案件，当事人申请不公开审理的，可以不公开审理。"

第一百八十八条第一款："经人民法院通知，证人没有正当理由不出庭作证的，人民法院可以强制其到庭，但是被告人的配偶、父母、子女除外。"

《刑诉法》专门增加了一章"未成年人刑事案件诉讼程序"，其中与媒体的采访报道活动联系最为紧密的有：

第二百七十四条："审判的时候被告人不满十八周岁的案件，不公开审理。但是，经未成年被告人及其法定代理人同意，未成年被告人所在学校和未成年人保护组织可以派代表到场。"

第二百七十五条："犯罪的时候不满十八周岁，被判处五年有期徒刑以下刑罚的，应当对相关犯罪记录予以封存。犯罪记录被封存的，不得向任何单位和个人提供，但司法机关为办案需要或者有关单位根据国家规定进行查询的除外。依法进行查询的单位,应当对被封存的犯罪记录的情况予以保密"。

《刑事诉讼法》的这些修改,意味着给媒体报道设定了新的规则。这些规则顺应了国际人权保护大趋势,突出了对个人信息的保护,为新闻媒体的报道划定了明确的法律边界。它要求新闻媒体在报道刑事案件时须当遵守保密规定,即新闻报道权在某些法定条件下必须让位于社会秩序或公民个人隐私的利益保障,以实现公平审判及保护公众安全、维护社会秩序的目的。

有学者曾乐观地估计,新修订的刑事诉讼法实施后,我国法治新闻将迎来一个重要的转折点[①]。但从2013年一年来的刑案报道看,披露信息的公安机关和从事报道的新闻媒体都有未遵守新刑诉法明示规则的情况。特别是对未成年人保护的规定,屡屡被侦查机关和媒体所违反。

尽管新刑诉法明确的规则仍多数停留在纸上,但研究这些规则依然是非常重要的。这些规则是媒体从业者的采访报道行为专业化、职业化的必然要求。本文结合刑诉法修改的内容和媒体的刑事案件报道实务,就侦查阶段的刑案报道标准、未成年人犯罪报道尺度、采访犯罪嫌疑人亲属的规则、媒体与司法机关之间关系等问题进行回顾、梳理、分析,以探寻案件报道的规则与尺度。

二 新闻媒体:有权让嫌疑人对着镜头悔罪?

广州新快报记者陈永洲被长沙警方跨省抓捕后,中央电视台的报道成为社会舆论议论的热点——

2013年10月26日早上,央视《朝闻天下》播出以涉嫌损害商业信誉罪而被刑拘在押的陈永洲认罪录像:陈永洲面对镜头承认自己收受他人钱财,连续发表攻击中联重科的失实报道。央视这档节目,让一个尚处于侦查阶段、未经法院审判认定有罪的犯罪嫌疑人面对电视镜头,向全国公众供认自己收受钱款、毁损一家上市公司信誉的"犯罪事实",这种"游街示众"的做法,是不是符合刑事诉讼法确立的原则?

[①] 中央人民广播电台法律顾问、中国政法大学传播法研究中心执行主任徐迅的看法,参见范鑫《刑事诉讼法修改对媒体采访报道行为的影响》,《新闻记者》2012年第8期。

魏永征教授在央视报道当天即撰写评论认为，央视的做法违反了刑诉法"不得强迫任何人证实自己有罪"的规定。陈永洲在丧失人身自由的状态下，由两位人高马大的警察押送，穿上囚衣，带着手铐，说是一朝悔悟，自觉自愿，现身说法，这种做法连三岁小孩都骗不了。嫌疑人尚在刑拘阶段，有待检察院审查是否起诉，法院审判尚无时日，却要他在公众面前"对自己的涉嫌犯罪事实供认不讳"（新华社报道语），并且以囚衣、光头、手铐等形象显示他确属有罪之人。这违反了刑诉法关于"未经人民法院依法判决，对任何人不得确认有罪"的规定，是典型的媒介审判，未审先判[①]。

让嫌疑人对着镜头悔罪的现象屡见不鲜。电视法制节目中，经常会出现犯罪嫌疑人在镜头前自述其罪，讲述作案经过，表达对受害人的悔过或者对自己亲人的愧疚。其中，多数案件尚未经法院审判认定有罪，新闻媒体就按照侦查机关的意志，认定犯罪嫌疑人为罪犯，违反刑事诉讼法早已确立的"无罪推定原则"，损害犯罪嫌疑人和被告人的诉讼权利。

在重庆"唱红打黑"期间，北京律师李庄涉嫌伪证造假被重庆警方拘捕，在法院开庭判决认定李庄有罪之前，2009年12月14日，《中国青年报》法治社会版率先发表了题为《重庆打黑惊曝"律师造假门"——律师李庄、马晓军重庆"捞人"被捕记》的报道。报道一出即引来律师界和新闻界的质疑声音。随后中国新闻网的一篇报道指出，"14日重庆警方披露，北京律师李庄被捕当日警方就组织人为该案写了两份通稿。"记者对比发现，《中国青年报》刊发的报道与其中一份通稿基本一致，略有删改，又让舆论哗然！一位学者指出，抛开李庄律师等是否确有唆使犯罪嫌疑人伪造证据的案情不论，单单从中国青年报这一篇4600余字的报道来分析，其一，它显然偏离了新闻专业主义的基本要求，明显背离了作为媒体客观公正的立场，偏离了对事实真相的报道，充斥着记者个人的主观色彩和臆断，通篇中"混迹"、"潜回"、"贪婪律师"、"远远填不满李庄的胃口"、"李庄之流"等多处带有倾向性的语言被用来叙述事件经过，并且在未采访李庄本人及其代理律师的情况下迅速发表了文章；其二，该文也偏离了法治报道的基本价值理念，与"尊重人权"、"保障公民获得公正而及时的

---

① 魏永征：《央视播出陈永洲认罪节目得失辨》，魏永征的博客（http://weiyongzheng.com/archives/32750.html），2014年8月3日查阅。

审判"、"无罪推定"的方向背道而驰，这种人治而非法治的行为却恰好出现在专业素养较高、形象较好的《中国青年报》法治报道的版面上，让人忍不住一声叹息[①]。

2013年8月，薄熙来贪污、受贿、滥用职权一案在济南一审开庭审理。法院首次使用微博实时公布审判信息，包括庭审记录和法庭上起诉、质证、辩论和被告人最后陈述的文字、图片，将审判全过程高度透明地呈现在公众面前，充分保护了新刑诉法规定的被告人辩护权，以空前的司法公开赢得了人们对司法公正的信心。但是一些中央级主流媒体的报道却与司法公开公平公正的追求不甚和谐。《人民日报》、《光明日报》等中央媒体对薄熙来在庭上辩解和推脱罪行、但属于正当行使诉讼权利的行为发表了一系列评论，这些评论同样让公众对新闻媒体的法治素养大跌眼镜。其中一些评论说："想不到一个腐败分子站在被告席上能够如此淡定，一个犯罪分子面对自己的种种罪行能够如此诡辩"；"法庭维护被告人的合法权利，……并不能成为犯罪分子搅扰喧闹、混淆黑白、自我粉饰、藐视法律的可乘之机。若罪犯认为法庭的公平，是自己玩弄阴谋伎俩的'舞台'，那就是彻底的冥顽不化，就是自绝于人类正义与公理"；"无赖与狡辩：虚伪最后的疯狂"；"诡计多端、飞扬跋扈、两面三刀"，而且这些媒体还借自身体制优势，要求各大网站在网页显著位置转载[②]。

无罪推定原则是刑事诉讼法乃至宪法的一项基本原则，是维护犯罪嫌疑人、被告人权益的基础。按照这一原则，任何人在法院未曾作出生效的有罪判决之前，都应被推定为无罪之人。《刑事诉讼法》第十二条规定"未经人民法院依法判决，对任何人不得确定有罪"。这是对无罪推定原则的确认。新修订的《刑事诉讼法》又确认了无罪推定原则的两条重要的派生规则，其一是被告人不负证明自己有罪的证明责任规则，即第五十条"不得强迫任何人证实自己有罪。"其二是疑罪从无规则。体现在第一百九十五条第三项中："证据不足，不能认定被告人有罪的，应当作出证据不足、指控的犯罪不能成立的无罪判决。"这是无罪推定原则在制度上的进一步体现，有学者将之称作"沉默权制度第一次进入我国的刑事诉讼法"，尽管多数学者认为我国离真正的沉默权制度还有距离，但对刑案新闻报道

---

① 朱莉：《"律师造假"报道三问三答》，《青年记者》2010年1月上。
② 张文祥：《双重视角下的薄熙来案庭审微博直播考察》，《新闻记者》2013年第10期。

的影响是显在的。① 而新刑诉法第十四条第一款明确保护被告人的辩护权利,这意味着媒体和司法机关一样,应尊重被告人的辩护权,不应对正当权利妄加否定。

沉默权是世界各国刑事诉讼法中的重要原则。最典型的如美国宪法第五修正案,规定任何人"不得在刑事案件中被迫自证其罪"。在司法实践中又确立了"米兰达规则",该规则要求警察在讯问犯罪嫌疑人时须告知其应有的权利:1)你有权保持沉默;2)你所讲的一切都可以在法庭被用作对你不利的证据;3)你有获得律师帮助的权利,讯问时有权要求律师在场;4)如果你没有钱委托律师,我们将为你指定一名律师。该规则明确了嫌疑人从侦查阶段就享有沉默权,并为侦查机关规定了向嫌疑人告知的义务。修改后的刑事诉讼法明确犯罪嫌疑人(被告人)不得被强迫自证其罪,也就是明确禁止自我归罪。作为沉默权的主要内容,已为我国法律制度所确立。这一制度也是我国法律制度与《公民权利与政治权利公约》相衔接的一个突破②。这对我国人权保障和司法公正有着不可低估的意义。

以"不得强迫自证其罪"的视角看如上的媒体报道,就会发现新的问题。有学者认为,让犯罪嫌疑人在镜头前自述其罪,讲述作案经过,表达对受害人的悔过或者对自己亲人的愧疚,虽然通过嫌疑人现身说法能使受众切实感受到法律的重要,达到普法宣传的某些效果。然而,新修订的刑事诉讼法施行之后,这样的新闻报道和电视法制节目在法律层面将会面临三个困境③。

首先,可能违反侦查阶段保密的规定。新修订的《刑事诉讼法》增加了大量的保密条款,意在控制侦查阶段信息流动,以侦查不公开来保护侦查秘密和案件当事人的合法权利。此类的信息保密包括:辩护律师对委托人信息的保密(第四十六条),公检法机关对于危害国家安全、恐怖活动、黑社会性质和涉毒品的犯罪案件中证人、鉴定人及其近亲属的保密(第六十二条),有关单位和个人对所了解的公安机关依法采取技术侦查措施有关情况的保密(第一百五十条)等。这类节目在侦查阶段播出,很容易出

---

① 学者认为,修订后的《刑事诉讼法》第118条规定:"犯罪嫌疑人对侦查人员的提问,应当如实回答。"如实回答义务意味着犯罪嫌疑人无权保持沉默。
② 《公民权利和政治权利国际公约》第14条第三款规定:"受刑事追诉的人不被强迫做不利于自己的证言或强迫承认犯罪。"
③ 徐迅、范鑫:《刑诉法修改对案件报道的法律影响》,《中国记者》2012年第7期。

现泄密情况。

其次，对嫌疑人是否"自愿"认罪难以证明。新刑诉法已确立了无罪推定和不得自证其罪的原则。如果媒体继续采用这种节目形式，那么侦查机关就难逃公众的质疑，即"镜头里的犯罪嫌疑人的陈述是否自愿？"这样的报道，不仅让从事报道的媒体受到质疑，也让公众对侦查机关权力行使的正当性产生怀疑。

第三，媒体在侦查阶段采用这种报道方式，会为公众提供片面的信息，影响公众乃至法官对嫌疑人的印象，舆论的压力也可能影响法院的公正判决，导致"媒体审判"的频频发生。在英美和我国香港地区，有"藐视法庭法"防止媒体报道越位，保护司法独立。而在我国大陆地区，因为刑案报道规则的缺失，媒体在案件判决之前形成的报道对公正审判的负面影响已成为饱受诟病的话题。

央视对陈永洲案的报道、人民日报等对薄熙来案的评论等案例说明，由于媒体法治观念、人权保护观念和法治专业素养的落后，我国媒体业界还没有建立起刑事案件报道的内容标准。新闻媒体越位、违法报道不仅阻碍新闻媒体发挥正当舆论监督价值，也破坏司法独立、社会公正。在新刑诉法确立的法律框架之下，刑案报道如何遵循法治原则，应成为媒体人的新课题。

三 未成年人犯罪案件报道的规范与标准

从 2013 年初到年终，李双江、梦鸽之子李某某轮奸案持续发酵，成为舆论关注的焦点。李案具有未成年人犯罪和强奸犯罪两种属性，应是一件双重的依法不公开审理的罪案，但实际上该案从侦查、起诉到审理，信息公开和传播的程度超过了任何一件公开审理的案件。该案中，办案机关的信息披露、新闻媒体的报道存在很大问题，明显违背了《未成年人保护法》和新修订的《刑事诉讼法》，对未成年犯罪嫌疑人的隐私权等正当权利造成损害。

该案主要信息披露的大致过程如下：

2013 年 2 月 22 日中午，一位认证为"香港《南华早报》网站编辑"的"王丰—SCMP"在微博爆料："李双江的儿子李××（原名李××）[①]

---

① 微博原文均为真实姓名。

涉嫌轮奸被北京海淀警方刑拘。"

接着，媒体向北京市公安局海淀分局求证，警方予以证实，也没有对李某某的真实姓名表示否认；

随之，众多新闻媒体及其网络新媒体都以真实姓名披露李某某涉嫌强奸案，如：22日15点33分，中国新闻网：《北京海淀分局：李某等五人涉嫌强奸罪被刑事拘留》，标题下是李双江和他儿子的照片；18点21分，"新华视点"：《知情人称李双江之子涉嫌轮奸案》；18点36分，中央电视台13频道新闻：《北京警方通报李双江之子涉嫌轮奸案》。

有中央权威媒体带头，众多媒体无所顾忌地开展了一场挖掘涉案人李某某信息的大竞赛，他的家世、学校、孩提时代的优裕生活、留学时打架的劣迹、宝马车的时新改装，当然还免不了重提上一年打人而被劳教的"前科"，继而波及他父母的各自身世、恋爱结婚史、成名经过，一概暴露无遗。[①]

媒体披露的李双江之子李某某信息更在网络上疯狂传播和评论，形成"网络狂欢"态势。

在案件侦查、起诉、审理各环节，李母代表的被告方、受害人及双方律师轮番披露信息、发表看法，如李母就酒吧组织卖淫和敲诈给公安机关的举报信、对法院的质问信以及律师为李某作无罪辩护的意见书等，在网上公布后成为新闻报道的重要来源，引发越演越烈的媒体炒作。

双方律师、当事人和证人之间的口水大战也成为媒体披露的内容。律师任意披露受害人信息，甚至把受害人的妇科检查记录及其图片也通过媒体公之于众，有关当事人和媒体的行为对受害人造成"二次伤害"，受到社会广泛质疑。

6月，李某某的一位代理律师因故退出对李案的代理。6月28日，山东《聊城晚报》刊载题为《李天一他妈的要求高，律师不干了》的新闻报道；9月，上海《新民周刊》第35期刊载题为《李某某他妈的舆论战》的封面报道。两媒体把"国骂"嵌入新闻标题，发泄对此事件的情绪，被网民称作"神标题"、"2013年最佳标题"。但是也有不少受众及媒体人表示反对，如身份认证为泉州广播电视台主持人的"@1059阳啊"在微博上批

---

① 引自魏永征《薄案与李案：怎样使人民群众感受到公平和正义》，《新闻记者》2014年第1期。

评：这样的标题确实有失新闻水准。深圳大学辜晓进教授则评论道：离开国骂这样的低俗噱头，就做不出更吸引眼球的标题了吗？① 2014 年 1 月，因"内容低俗，有失社会公德"，两家报刊分别被山东省、上海市新闻出版局下发警示通知书，予以通报批评并责令整改。

按照公安机关确认的信息，李某某为未满 18 周岁的未成年人。《未成年人保护法》第五十八条明确规定，"对未成年人犯罪案件，新闻报道、影视节目、公开出版物、网络等不得披露该未成年人的姓名、住所、照片、图像以及可能推断出该未成年人的资料。"2013 年 7 月初，北京市公安局法制办发言人全文引用《未成年人保护法》说明不能披露未成年嫌疑人的信息，但李案信息失控已是覆水难收，难有明显成效。尽管媒体随后对指名道姓的报道做了改正，纷纷把"李天一"改为"李某某"，而这一隐名已没有什么意义。

我国对未成年人的保护主要有两个方面。其一是遵循国际公约。按照《儿童权利公约》，关于儿童的一切行为、行动，均应以儿童的最大利益为首要考虑。各国国内立法必须给予 18 周岁以下的未成年人特别关心和保护。其二是我国两部保护未成年人合法权益的专门法。第一部是 1991 年通过、2006 年 12 月修订的《未成年人保护法》，另一部是 1999 年 6 月通过的《预防未成年人犯罪法》。

新修改的刑诉法中，新增加的特别程序中专设一章，共包含 11 条关于未成年人刑事诉讼案件的规定。其中对未成年人犯罪行为的调查、审理和犯罪记录封存的相关规定、不公开审理制度等，与媒体的新闻报道密切相关。

未成年人犯罪案件不公开审理制度在修订前的刑诉法中已经确立，这次修改使得未成年人犯罪案件的不公开审理更加严格，即被告人犯罪时未满 18 周岁的一律不公开审理。新刑诉法第二百七十四条规定："审判的时候被告人不满十八周岁的案件，不公开审理。但是，经未成年被告人及其法定代理人同意，未成年被告人所在学校和未成年人保护组织可以派代表到场。"这一规定安排了两个新制度：一是把"一般不公开审理"的"十六岁以上不满十八岁未成年人犯罪的案件"，列为"一律不公开审理"。尽

---

① 上海市新闻道德委员会"2013 年十大传媒伦理问题研究"课题组：《2013 年十大传媒伦理问题研究报告》，《新闻记者》2014 年第 3 期。

管不公开审理不能完全避免公开报道，但媒体报道的范围和内容受到很大限制。二是对未成年人犯罪案件不公开审理的制度作出了更具体安排，规定某些特定组织与人员可派代表到庭，其中并不包括新闻记者。这是对现行刑诉法相关内容的一次完善与细化。

未成年人犯罪记录封存制度是新修订的刑诉法中最大亮点。第二百七十五条规定，"犯罪的时候不满十八周岁，被判处五年有期徒刑以下刑罚的，应当对相关犯罪记录予以封存。犯罪记录被封存的，不得向任何单位和个人提供，但司法机关为办案需要或者有关单位根据国家规定进行查询的除外。依法进行查询的单位，应当对被封存的犯罪记录的情况予以保密。"这点与《刑法》第八次修订后第一百条"依法受过刑事处罚的人，在入伍、就业的时候，应当如实向有关单位报告自己曾受过刑事处罚，不得隐瞒。犯罪的时候不满十八周岁被判处五年有期徒刑以下刑罚的人，免除前款规定的报告义务"的规定相对接。从国际规则看，犯罪记录封存与国际上的前科消灭制度相似，从程序上保障未成年人以后重新做人。

在犯罪记录封存制度下，无论当事人已经成年或者仍未满18周岁，他们未成年时期、5年刑期以下的犯罪记录都将处于被封存状态，任何单位和个人未经允许不得查询，而依法可以查询的也负有保密义务。但在我国媒体的新闻报道中，类似于背景资料的介绍性内容随处可见，在这种报道模式下，诸如犯罪"前科"的信息往往会作为补充资料被再次披露出来。刑诉法实施后，对于符合犯罪记录封存条件的未成年人犯罪案件，媒体刻意挖掘和传播相关信息的行为将具违法性，即便之前曾经被公开披露过，媒体也不得将该部分资料再次挖掘出来公开报道[①]。

刑诉法新设置的多项制度，从源头上保证未成年犯罪嫌疑人、被告人的个人及犯罪信息不被公开传播，有助于他们的改造与回归社会，对司法机关来说是权力运用的规范，对媒体而言则是压缩了未成年人犯罪案件的报道空间，甚至为媒体的未成年人刑事案件报道设置了更多禁区。

徐迅教授曾表示，如果媒体对于未成年人刑事案件的报道没有法律层面比较周全而慎重的把握与考量，最好避而远之。但从一年来的刑案报道实践看，有的公安机关带头不遵守刑诉法。媒体不但对未成年人犯罪案件

---

① 徐迅、张立芳：《2012年刑诉法大修：未成年人犯罪或成媒体禁区》，搜狐网（http://m.sohu.com/n/346547879/），2014年8月4日查阅。

壹 制度环境

没有避而远之,反而热情高涨。在李某某案中,媒体不仅披露涉案的未成年人真实姓名,还不断炒作其个人隐私。北京警方的表现多次搅动关注此案的舆论漩涡。除确认李某某真实姓名,其他行为也备受争议。李某某案发之始,舆论普遍关注李某某是否为未成年人身份,北京警方反应相对滞后,直到3个多月后,警方才回应李某某确为未成年人。相对滞后的反应,让舆论对李某某案愈发好奇。6月29日,有网友质疑警方为何只披露李某某案情信息,而对其他4人只字不提。直到7月4日,北京警方面对如潮的网络质疑,才告知另一名成年同伙的身份。警方的另一"轮流发生性关系"的说法,经媒体6月28日报道后疯狂传播,6月29日,尽管北京警方向媒体否认了这一说法,但舆论对此案的猜测并未停止。有分析称,越是人们关注而又不公开的东西越容易激发人的好奇心。警方相对滞后的反应,无形中让舆论加剧对李某某隐私的窥探[①]。

在李某某案中,警方不仅反应滞后,而且成了违法信息的传播源。除了修改的《刑事诉讼法》和《未成年人保护法》,还有进一步的规范要求警方保护未成年人权益。与新刑诉法相配套,公安部在2012年12月通过了《公安机关办理刑事案件程序规定》,对侦查阶段的案件信息披露提出了更具体的要求。其中第一百九十条规定"公安机关侦查犯罪,涉及国家秘密、商业秘密、个人隐私的,应当保密";针对未成年人犯罪案件,第三百零七条规定"公安机关办理未成年人刑事案件,应当保障未成年人行使其诉讼权利并得到法律帮助,依法保护未成年人的名誉和隐私,尊重其人格尊严"。1995年颁布的《公安机关办理未成年人违法犯罪案件的规定》也明确规定,"办理未成年人违法犯罪案件,应当保护未成年人的名誉,不得公开披露涉案未成年人的姓名、住所和影像"。作为保护未成年人的专门法,《未成年人保护法》规定"任何组织或者个人不得披露未成年人的个人隐私",公安机关当然不应成为例外。李某某案属于未成年人犯罪案件,犯罪嫌疑人的身份信息属于隐私信息,按照法律规定,公安机关应配备专职人员办理此案,同时严禁内部工作人员外泄犯罪嫌疑人身份信息。

但如前所述,网络和新闻媒体披露的李某某真实身份和涉嫌犯罪行为

---

① 《李某某需要隐私,公众需要司法公正》,凤凰网(http://news.ifeng.com/society/1/detail_2013_07/11/27370022_0.shtml),2014年8月3日查阅。

信息，恰恰来自北京警方。媒体在报道中多次提及部分消息来自警方内部人员。李某某案报道严重失序，公安机关难逃干系。法律法规的要求并不能阻止公安机关内部工作人员通过公开披露、私下个人交流、谈话等方式，将未成年人涉嫌犯罪的相关信息传递给媒体记者，而后者则可能对此进行公开传播。警方信息披露的不守法状况，让新闻媒体陷入两难境地，助长了其为抢新闻不顾违法的冲动——公安机关对案件的公开通报是官方、权威的消息来源，如果予以报道，则可能违反《未成年人保护法》、《刑事诉讼法》；不予报道，则可能在新闻大战中陷于不利之地。相比2012年底发生在印度的"黑公交轮奸案"，新德里警方在回应媒体时曾称，警方已经逮捕了涉案人员并将确认年龄，如果是未成年人，按照法律将不会公布其身份。警方的声明不仅使其在处理特殊案件时掌握信息披露的主动权，另一方面也可以依法保护犯罪未成年人的合法权益[①]。

与李某某案在侦查阶段信息披露的无序混乱相比，北京法院对未成年人犯罪案件审理中司法公开做了较为细致的考虑和安排。他们认为，因涉及未成年人犯罪和被害人隐私，李某某案应当依法不公开审理，但广大公众要求最大限度公开案件信息以满足公众知情权的呼声也不容忽视。由此，如何在未成年人犯罪案件审理中把握司法公开的尺度，做到既保护未成年人合法权益又回应公众知情诉求，成为法院必须面对和解决的问题。法院不能为了一味满足公众知情权而突破法律规定，只有对该案不公开审理才是坚持了依法办案原则。然而，探究立法本意，法律对不公开审理的限制性规定旨在保护未成年人隐私权及身心健康，不公开审理并不意味着不能公布案件审理中的任何信息，并且依据法律规定不公开审理的案件也应当公开宣判。因此，依据立法本意，法院在不侵犯未成年人犯罪案件中当事人隐私权的情况下，可以适度公开案件相关信息，从而满足公众知情权。北京法院在处理李某某案时，努力在未成年人权益保护和尊重公众知情权之间寻找平衡点，厘清不公开审理和公开相关信息的界限，界定了未成年人犯罪案件审理中信息公开的尺度。他们采取的相关举措有：一是坚持依法不公开审理，同时在确保被告人信息及案件细节不被泄露的前提下发布相关案件信息；二是选择北京法院网的官方微博"京法网事"这一自有新媒体作为新闻发布和舆论引导的平台。一方面，第一时间发布该案立

---

① 张立芳：《公安机关不应成为违法信息的传播源》，《中国新闻出版报》2013年4月16日。

案审查、案件受理、庭前会议、开庭审理、公开宣判等关键程序节点的相关信息，保证了信息发布的及时高效。另一方面，针对网上出现的不实消息，第一时间出面辟谣，发出权威声音，引导舆论的正确走向；三是将信息发布与普法宣传有机结合，通过介绍法律关于案件不公开审理的相关规定，以及运用网络直播访谈的形式"面对面"回应网友提问，给公众上了一堂以案说法式的网络普法"公开课"；四是对案件庭审过程进行不公开审理的同时，依法对该案一审判决结果进行公开宣判，允许当事人亲属、未成年人权益保护组织和妇女权益保护组织代表旁听，并明确告知旁听人员不得泄露案件当事人个人隐私，从而在回应公众知情权的同时最大限度保护当事人合法权益[①]。

刑诉法虽然为媒体报道未成年人犯罪案件增加了种种束缚，设置了种种规则，但如果没有规则的落实，那么规则只能停留在纸面，不能成为约束公权力和媒体行为的有效规范。

四　媒体与司法机关：宣传配合还是监督关系？

在法治社会，新闻报道和司法的正常运作均具有同等重要的宪政价值。新闻与司法主要体现为监督关系，以新闻报道的自由来促成和维护司法公正。但在我国，传媒和司法曾经同为执政者的治理工具，前者为宣传工具，后者为专政工具。在社会转型的当下，传媒与司法呈现出区别于过去的复杂情形：一方面，公检法行业的媒体和传统主流媒体与公检法机关之间，维持传统的政治配合性关系、业务宣传利用性关系；另一方面，社会性的一般媒体与公检法机关则形成监督关系。

新刑诉法实施后，不得强迫自证其罪等一系列原则的确立，在保障犯罪嫌疑人或被告人人权的同时也会调整和重构媒体与司法机关的关系，会在一定程度上避免媒体沦为公检法机关的宣传机器。如前所述的《中国青年报》因发公安机关新闻通稿而受到舆论批评、陷入被动的情形有望减少。

有一个问题尤其值得探讨：刊发公检法机关的新闻通稿存在失实、引起纠纷，媒体是不是可以免责？

国家机关或者执法部门针对某些案件向新闻媒体投稿，或者准备新闻

---

① 《未成年人犯罪案件审理中司法公开的维度》，《中国法院网》2013年11月8日。

通稿供记者使用，这是一类并不少见且极具中国特色的法律问题。客观、公正、独立本该是公安机关、新闻媒体各自最基本的立场，而现实中两者却时常站到一起，统一了战线，这本身就是一种较为畸形的共生关系①。徐迅教授在《盖公章的新闻稿失实媒介难以免责》一文中，曾经统计过七例因为公权力机构向媒体投递加盖公章并确认属实的稿件而引发的新闻侵权纠纷。在新闻稿上盖章确认"情况属实"的机构有党委、公安局、司法局、工商局、人大甚至法院，而其中媒体获得免责判决的仅有两例②。

媒体使用公权力机关提供的新闻通稿却不能获得法律支持而免责，原因在于法律严格限定侵权免责的事由。1998年最高人民法院《关于审理名誉权案件若干问题的解释》规定，"新闻单位根据国家机关依职权制作的公开的文书和实施的公开的职权行为所作的报道，其报道客观准确的，不应当认定为侵害他人名誉权"，这是目前我国新闻媒体的公开报道能够享有"特许权保护"因而免责的唯一规定。这其中有一个关键的概念是"依职权制作的公开的文书"，它有着严格的法定制作程序，"公开"而非秘密，且保留当事人对文书内容提出异议的合法权利，而公安、检察和法院等司法机关的新闻通稿并不在这一范围内。即便是盖了公章的新闻稿也不能完全得到法律支持。

从未来看，新闻媒体应严守自身独立性，履行监督公权、守望社会的职责，妥善处理与司法机关之间的关系，努力使自身法治新闻报道内容做到真实客观中立和专业。

五　新闻报道：欢呼"大义灭亲"还是遵循"亲亲相隐"

翻看报纸、浏览电视新闻，总会看到诸如"某某屡劝不听，母亲大义灭亲"的报道，似乎亲属泯灭亲情，举报、扭送亲属到公安机关或为亲属犯罪作证是应受鼓励的好行为。新闻媒体还屡屡打扰犯罪嫌疑人近亲属，从亲属处"深挖"犯罪新闻，甚至逼访亲属的现象也屡见不鲜。但按照新刑诉法，媒体再这样做不行了。

新刑诉法第一百八十八条规定："经人民法院通知，证人没有正当理由不出庭作证的，人民法院可以强制其到庭，但是被告人的配偶、父母、

---

① 朱莉：《"律师造假"报道三问三答》，《青年记者》2010年1月上。
② 徐迅：《中国新闻（媒体）侵权案件精选与评析五十例》，法律出版社2009年版。

子女除外。""但书"内容，是本次刑诉法大修新增的内容。不能强制被告人亲属作证，被有的学者解读为传统中华法系"亲亲相隐"制度的复活。

"亲亲相隐"制度又称"亲属容隐制"，指一定范围内的亲属之间互相隐瞒罪行而不受法律的制裁。孔子在《论语》中说："父为子隐，子为父隐，直在其中矣。"这被看作是"亲亲相隐"制度的源头。到汉代，终于形成了"亲亲得相首匿"的容隐制度。该制度注重维系亲情伦理关系，一直延续至清朝。但1949年后全面废除"旧法统"，这一传统为"大义灭亲"的思想所取代。

目前媒体的采访报道行为、价值取向、议题选择与设置等方面，与保护亲情伦理的传统价值观相悖甚多。在新闻报道中，媒体记者为了克服采访已被采取强制措施的犯罪嫌疑人的困难，常将采访视角集中在嫌疑人亲属的身上，希望挖到有价值的案情信息。对一些重大案件的采访，面对各路记者轮番轰炸，犯罪嫌疑人的亲属们不堪其扰。依照刑法"罪责自负"原则，犯罪嫌疑人的亲属并未犯罪，他们不承担犯罪责任。新刑诉法还免除了强制作证的义务，他们对是否在法庭上作证有了选择权。即使这并不意味着犯罪嫌疑人的亲属没有义务向公众说明案件情况，起码在新闻采访过程中，记者应当尊重近亲属对是否接受媒体采访、接受哪家媒体采访的选择权。特别是记者采访中应当避免对犯罪嫌疑人亲属构成打扰、逼访。更不应该无端指责和攻击犯罪嫌疑人的亲属。媒体应在遵从基本的法治精神的基础上，更具人文关怀，做有专业精神和负责任的媒体，做法治社会的守望人而不是公民人权的侵害者。

中国媒体涉讼裁判报告(2013—2014)

张冬冬[①]

2014年1月1日,《最高人民法院关于人民法院在互联网公布裁判文书的规定》正式实施,该规定要求最高人民法院在互联网设立中国裁判文书网,统一公布各级人民法院的生效裁判文书;中西部地区基层人民法院在互联网公布裁判文书的时间进度由高级人民法院决定,并报最高人民法院备案。[②] 裁判文书上网公布有助于司法公开的推进,增进司法透明度并防范司法滥用,有利于充分发挥司法裁判的法律效果和社会效果。截至2014年6月30日,北京、天津、山东、广西等二十个省、市、自治区已经实现了辖区内三级法院生效裁判文书在中国裁判文书网上公开。

本项考察以中国裁判文书网(http://www.court.gov.cn/zgcpwsw)为案例来源,分别以报纸、报刊、报社、电视、电视台、电影、广播、杂志、期刊、互联网、网络、新闻、评论、通讯、报道等作为检索关键词,将媒体涉讼案例的裁判时间限定为2013年6月1日至2014年6月30日。按照新闻传播法对不同主体间关系的调整,本考察报告将媒体涉讼案例划分为媒体与国家、社会利益的涉法裁判,媒体与其他法人组织的涉讼裁判、媒体与公民的涉讼裁判,并列举一些新兴的诉讼类型。报告中所称"媒体",不仅限于报纸、广播、电视等传统媒体,也包括了网络、移动接收终端等新媒体形态。

[①] 张冬冬,中国社会科学院研究生院新闻学与传播学系博士研究生。

[②] 参中华人民共和国最高人民法院司法解释《最高人民法院关于人民法院在互联网公布裁判文书的规定》(http://www.court.gov.cn/qwfb/sfjs/201311/t20131129_189898.htm),2014年5月2日查阅。

一 媒体与国家、社会

新闻传播法中,新闻传播活动与国家产生联系大抵包括禁刊、禁载规定与国家安全需要、媒体承担保密责任、批评建议权等几个方面。总的看来,在此次考察的时间段内,因关系禁刊、禁载规定与国家安全、保密责任与煽动性诽谤的媒体诉讼的裁判基本没有涉及。有一类诉讼值得关注,是被告人涉嫌破坏广播电视网络、公共通信网络设施引起的诉讼,如浙江衢州广播电视传输网络有限公司与中国电信股份有限公司衢州分公司排除妨害纠纷裁判〔(2013)衢柯民重字第1号〕、山东广电网络有限公司菏泽分公司、山东广电网络有限公司菏泽市成武分公司与张某、翟某排除妨害纠纷的民事裁定〔(2013)成民初字第1886号〕。涉嫌利用邪教组织、利用迷信破坏法律实施的诉讼裁判多有显现。新闻传播与社会的关系中,需要法律来调整的情况主要包括媒体、媒体组织涉嫌扰乱公共秩序、破坏公共道德与良善风俗、宣扬淫秽色情、损害人民间或国家间关系以及非法的广告活动。在这次考察的案例中,因宣扬淫秽色情引起的诉讼裁判最为多见。此类案件中,既有先前常见的犯罪人制作、复制、贩卖、传播淫秽录像、光碟的例子,也有不少犯罪人利用网络技术非法制作、建设色情网站的案例,互联网络成为淫秽色情传播的主要渠道之一,如泉州市楹强中网传媒有限公司、庄某甲、庄某乙、杨某某、陈某甲、刘某甲、陈某乙、庄某丙、刘某乙传播淫秽物品牟利的刑事判决〔(2013)港刑初字第224号〕。

二 媒体与法人组织

媒体组织与其他法人组织间纠纷主要集中在两个方面:广告合同纠纷、著作权纠纷。

(一)广告合同纠纷

在广告合同纠纷中,涉讼方主要包括媒体、广告主与广告代理商。媒体与广告主、广告代理商的纠纷主要集中于两个方面:一是投放广告方拖欠、拒不支付广告费用;二是在合同执行期间,双方就报刊、杂志刊载广告的版面以及广播、电视播放广告的时段、时长有异议。

在此类诉讼中,广告主、广告代理商在媒体投放广告却不支付、拖欠广告费用的诉讼裁判最为多见。上海品元传播有限公司诉上海第一财经报业有限公司广告合同纠纷〔(2013)沪一中民四(商)终字第2096号〕是一起较为典型的媒体组织与广告代理商的纠纷案例,与此类似的还有广州新快报媒体广告有限公司与广州市思之创广告有限公司合同纠纷〔(2013)穗中法民二终字第656号〕、辽宁奥海天一传媒广告有限公司与沈阳日报社、沈阳晚报传媒有限公司广告代理合同纠纷〔(2013)民一终字第27号〕、信阳日报社诉陈某、唐某等人拖欠广告费用案〔2013〕信中法民终字第1367号〕,广州广骏广告有限公司与广州市广播电视台广告合同纠纷〔(2014)穗中法民二终字第939号〕等。

因合同双方对合同执行期间的报刊刊载广告版面面积、广播电视播放合同广告时长、时段产生异议引发的纠纷也有很多。中国经济导报社与安徽传树建材科技有限公司合同纠纷〔(2013)琅民二初字第00381号〕、怀化日报社与怀化亚飞汽车连锁有限公司合同纠纷〔(2013)怀鹤民二初字第597号〕都是广告主与媒体间的纠纷,均源于纠纷双方就广告合同执行期间报刊实际刊载广告版面面积的不同意见。永安市鑫禾文化传播有限公司与永安市广播电视台广告合同纠纷〔(2013)永民初字第4198号〕则是源于广告主认为其在广播电视台投放广告播出时长不符合广告合同规定而引起的诉讼。还有一些诉讼是投放的广告在广播台、电视台播放错误而引起。上海第一财经传媒有限公司与深圳市云海文化传播有限公司合同纠纷〔(2014)沪二中民四(商)终字第335号〕、深圳广播电影电视集团与深圳市云海文化传播有限公司合同纠纷〔(2013)深福法民二初字第8255号〕这两起纠纷就是如此。

(二) 著作权纠纷

媒体与其他法人组织的著作权纠纷既包括媒体诉其他法人组织侵犯著作权的情况,也包括媒体被诉侵犯他人著作权的情形。而从被侵权的作品形态来看,既有报刊、杂志所登载文章、图片被其他法人组织非法使用的情况,也有音乐、影像作品被他人非法播放、传播的情况,还有网络视频作品被他人非法传播与使用的情形。

报刊、杂志刊载文章被非法使用、传播的案例中,中国青年报社与杭州前方信息技术有限公司著作财产权纠纷〔(2013)杭西知民初字第283号〕比较具有代表性。法院综合了原告的损失情况与被告的获益情况,最终判决侵权者酌情赔付被侵权者的经济损失。中国音像著作权集体管理协会是经国家版权局批准、在民政部登记注册的我国唯一音像著作权集体管理组织,该协会依法对音像节目著作权进行集体管理。2013年至2014年中，该协会与数百家机构间的侵权诉讼纠纷得以裁判，很好地保护了音乐与影视作品的著作权。上海聚力传媒技术有限公司（PPTV 聚力）是一家基于互联网视频云平台向客户提供网络电视媒体服务的法人组织。PPTV 与将近四十起的诉讼有所关联，其中既有该公司因涉嫌侵犯其他组织的影视及音乐作品著作权的情况，如上海聚力传媒技术有限公司与北京紫禁城影业有限责任公司作品信息网络传播权纠纷［（2014）浦民三（知）初字第53］、上海聚力传媒诉飞狐信息技术（天津）有限公司就侵害作品信息网络传播权案［（2013）浦民三（知）初字第576号］、上海聚力传媒诉中影寰亚音像制品侵害作品网络传播权案［（2013）浦民三（知）初字第384］等，也有该公司获得授权的作品被侵权的情况，如上海聚力传媒诉宁波日报报业集团侵犯著作财产权案［（2013）浙甬知终字第24号］、上海聚力传媒技术有限公司与中国联合网络通信有限公司若干分公司著作权纠纷等。广东原创动力文化传播有限公司是一家集影视制作、卡通动漫创作及衍生产品开发销售于一体的文化产业企业。该公司创作并制作的《喜羊羊与灰太狼》系列动画片获得热播，喜羊羊与灰太狼的形象被广泛接受。在 2013—2014 年中，该公司与上百家公司及个人间的诉讼也得以判决，维护了自身的合法权益。该案的诉讼理由主要有：原创动力公司创作的动画片被非法播放与复制传播、动画片中的形象被其他法人组织非法使用等。

三　媒体与公民

按照公民权利的划分，此次考察将公民权利区别为公民人格权（包括肖像权、名誉权、隐私权、劳动权等）与财产权利。

（一）媒体与公民的人格权

1. 媒体与公民的名誉权

媒体侵犯公民人格权的诉讼中，媒体侵犯公民的名誉权的案例十分常见，仅本项考察的时间段内，此类诉讼超过百例。此类诉讼发生的原因极为多元。既有因为原告认为新闻报道、评论内容失实而提起诉讼，这是最为常见的诉讼理由；也有公民认为媒体将自己形象或名字与漫画、配图失误、配图不当、播放错误等相关联，从而有损公民名誉引起的纠纷，如张某某、杜某某与温州日报报业集团有限公司名誉权纠纷再审复查与审判监督民事裁定［（2013）浙温民申字第104号］、耿一晨诉山东广播电视报社肖像权案一审民事判决［（2013）历民初字第1654号］等；也有案例是因网络媒体转载其他媒体的侵权内容而被牵连进司法程序,如徐某与新华网股份有限公司名誉权纠纷申请再审民事裁定〔(2013)辽审一民申字第255号〕。

首先需要关注的是媒体涉嫌侵犯公民名誉权的判定标准和抗辩理由。一般说来,此类诉讼的审判中,对新闻报道或评论内容的客观性与真实性的考察是最重要的,这是审理法院判断是否侵犯名誉权构成要件之一;侵权构成要件之二是违法事实的存在,也就是新闻报道、评论、配图或播放的存在和传播;再次是违法事实对被侵害者造成伤害,最后的构成要件是行为人(媒体)主观过错。在涉讼媒体案例的审判中,绝大多数涉讼媒体会坚称自己坚持新闻客观性、保证新闻内容最大程度的真实,力争评论内容客观,并将此作为最重要的抗辩理由,也不乏媒体以己方已经最大程度地履行审查与注意义务作为抗辩理由;极少数的被告提请原告与审理法院注意被告进行报道与评论时所持有的主观善意,如天津日报社与赵某人格权纠纷二审民事判决〔(2014)二中民终字第02936号〕。

其次,还需关注此类案件的管辖权问题。《中华人民共和国民事诉讼法》和最高人民法院《关于审理名誉权案件若干问题的司法解释》就此类诉讼的管辖权进行了界定。因侵权行为提起的诉讼由侵权行为地或被告住所地人民法院管辖。[①]而侵权行为地包括侵权行为实施地与侵权结果发生地,受侵权的公民、法人与组织的居所地可以认定为侵权结果的发生地。汤某诉邵阳日报、邵阳晚报、魏某某、胡某名誉纠纷案的裁判〔(2014)长中立民终字第01031号〕中,审理法院采纳了受侵害人申请其住所地人民法院管辖此案的要求;与此相反,福建省广播影视集团与何某等名誉权纠纷〔(2014)三中民终字第03913号〕的二审法院坚持侵权行为发生地与侵权者注册地作为选定管辖法院的依据;深圳广播电影电视集团与邓某的名誉纠纷案件的管辖法院争议判决〔(2014)深中法立民终字第3号〕、杨某与德州日报社、德州新闻网名誉纠纷〔(2014)大立一民终字第52号〕、李某诉安徽广播电视台管辖权异议二审民事裁定〔(2014)合终管字第00201号〕同样如此。此类诉讼中的管辖权异议有时甚至会成为一方申请撤销已有裁定,对案件进行重新审理的理由。

再次,在涉嫌侵权的媒介形态中,需对互联网络涉嫌侵犯公民名誉

---

① 《民事诉讼法》第28条,1991年4月9日制订,2012年8月31日第二次修正。

的案例给予关注。在互联网络侵犯公民名誉权的案例中，数起与新浪网有关的诉讼较为典型，这几起案例均与网络运营商的审查义务有关。在这几起案例中，被告新浪网以网络运营商无法对网络内容进行实质性审查作为最为主要的抗辩理由。同时，被告也承认如果接到相应权利主体的提示与投诉，网络运营商有义务将有关内容进行删除或屏蔽。凌某诉新浪微博侵害名誉权案一审民事判决〔（2014）黄浦民一（民）初字第1791号〕中，新浪微博因为及时将涉讼的内容删除而有效阻止了侵害行为的继续，已经履行了自己的注意与审查义务，因而法院未支持原告的申诉要求。而在蔡某诉新浪互联信息服务有限公司侵害名誉权一案的判决〔（2014）一中（民）终字第03791号〕中，法院认为作为被告的网络提供者在接到原告的通知后，"未能及时采取必要措施，应对损害的延展部分承担连带责任。"王某与北京新浪互联信息服务有限公司名誉权纠纷裁判〔（2012）静民一（民）初字第3133号〕和马某诉北京微梦创科网络技术有限公司、北京新浪互联信息服务有限公司侵害名誉权案的裁判〔（2012）绍越民初字第4518号〕大致相似。此外，还有一起媒体涉讼案例关涉学术讨论、交流与批评。胡某诉光明网侵害名誉权案的二审判决〔（2014）二中民终字第00385号〕对正当的学术交流、学术批评与侮辱、诽谤性质的表达进行了厘清。该案中，在不能提供文章作者真实身份的前提下，被告光明网对明显含有人身侮辱性言辞的文章在经过筛选、编辑后仍对该部分内容予以发布，法院认为被告光明网在主观上负有过错，应承担直接侵权责任。

有两起案例值得关注，它们与媒体对国家机关与其工作人员监督与批评权利有关。这两起裁判因原告同为国家（基层）公务人员而具有一些共性。两起案例分别是：赵某诉《现代快报》社侵害名誉权案一审民事判决〔（2013）宝民初字第2331号〕、杨某诉淮北电视台侵害名誉权案二审判决〔（2014）淮民一终字第00167号〕。杨某与淮北电视台名誉权纠纷民事二审判决书中，法院审理认为："公职人员代表了国家形象，原告应模范遵守社会法纪，要用较普通人更为严格的标准来要求自己……对于公众的批评应当有更大的容忍与反思"。赵某与《现代快报》社名誉权纠纷的审理中，法院明确表示："法律保护公民的名誉权，同样保护公民、法人的舆论监督权利"。在两起案件的判决中，主审法院对涉讼新闻报道与评论是否真实、客观，是否符合客观发生的事实进行了举证和质证，法院认为客观报道与公正评论不侵犯两案被告的名誉权。两起诉讼的原告请求都被驳回，法院不予支持。

2. 媒体与公民的隐私权

在本次考察的时间段内，媒介侵犯公民隐私权的案例较少。此类案例虽少，却不失典型性，个别案例还具有特别的启示意义。

较为典型的案例是徐某诉都市快报社侵害隐私权案。在该案的审理过程中，原告徐某称都市快报的报道失实、失当，报道缺乏客观性和真实性，被告在报道中采用示意图的形式标识上诉人住所侵犯了上诉人的隐私权。同时，都市快报在报道中采用脸谱化的形式标签化好人坏人之别，也违背了新闻职业道德。应诉方以涉案报道中没有徐某的身份信息；涉及个人信息的报道极为简略、模糊；脸谱无特定指向且上诉人承认并未受到侵扰为主要抗辩理由。审理法院的判决［(2014)浙杭民终字第975号］以涉讼报道未公布上述者的身份信息、也没有透露房屋门牌等特定指向的信息为由，对上诉者要求保护其隐私权的主张不予支持。

另有一个案例较为新颖，也具一定的启示意义，关涉传播技术对公民隐私权的潜在威胁。在朱某诉北京百度网讯科技有限公司侵害隐私权案中，原告朱某称百度利用网络技术，记录和跟踪了原告的某些浏览关键词，并基于此在原告之后的浏览网页过程中推送广告，并将原告的浏览偏好、生活学习特点等个人隐私特点显示在相关网站上，这侵犯了原告的隐私权并以此为由提起上诉，审理法院对原告的要求予以支持。被告百度网讯不服初审裁定，以对案件管辖权持异议为由进行上诉，二审法院维持原裁定，驳回了被告更换审理法院的请求［(2013)宁民辖终字第238号］。

3. 媒体与公民的生命、健康权利

媒体与公民生命、健康权利有所关联的案例较少。刘某与被告丁某、被告湖北长江商报社生命权、健康权、身体权纠纷一案中，被告系长江商报社的实际雇员，且履职行为时发生事故致使他人生命、健康权利受到侵害，审理法院判决［(2014)鄂武昌民初字第01350号］被告媒体与其员工承担连带赔偿责任。张某与睢宁县电信局、睢宁县广播电视局、睢宁县邱集镇广电站一般人格权纠纷中，原告系被广播电视传输设备伤害，设备的实际所有者、控制者与使用者对这一侵权行为负责。审理法院判决［(2013)睢民初字第02224号］被告广播电视网络公司给予原告经济赔偿。楼某与浙江省东阳市电影总公司生命权、健康权、身体权纠纷中，被告电影公司因在雨天未能尽到警示与提醒义务，主观上存在过错，在一定程度上对原告楼某的损失负有责任,因此,法院判决〔(2014)东民初字第418号〕被告电影公司赔偿原告损失。极少数案例中,上诉人称自己被媒介刊登药品广告误导而耽误了就诊时机,加重了病情,对被上诉人提出了要求被上诉人经济赔偿自己健康、生命权利的主张,但因为举证不足而未能获取法院的支持。

4. 媒体与公民的劳动权

关涉媒体与公民劳动权利的诉讼中有以下几个特点:

首先,此类诉讼往往先要对媒体与劳动者之间关系进行界定,这是这类法院审理此类诉讼的前提。就本报告考察的情况来看,涉讼媒体与公民劳动权利的纠纷多属于劳动纠纷,人事争议与劳务纠纷较少。与劳动纠纷指代劳动关系当事人之间因劳动的权利与义务发生分歧而引起的争议不同,人事争议主要指国家机关、事业单位、企业的工作人员与所在单位因录用、聘用、聘任合同、职务任免、福利待遇、工资调整、奖励处分、辞职辞退等人事管理事项所引发的人事管理行为侵害相对人权益所引起的纠纷。案例中不乏初审法院因对媒体与其员工关系的性质定位错误而认为纠纷不属于其受理范围,二审法院推翻初审裁定的情况。如徐州日报社与常某、王某等确认劳动关系纠纷二审民事裁定〔(2013)徐民终字第2619号〕。

从诉讼理由来看,不合理地解除劳动合同是最为主要的诉讼理由,这在绝大部分的劳动纠纷与人事争议中都有所体现,甚至在劳务关系的纠纷中也时有所见。如《山东商报》与刘某劳动合同纠纷一案中,被告方《山东商报》社仅以口头通知的方式单方解除与原告的劳动合同,方式和方法极为简单,也未能按照《劳动合同法》的规定提前告知原告。法院支持了原告的劳动权利主张〔(2013)历民初字第1089号〕。

从诉讼主张来看,在此类诉讼中,劳动者对劳动关系的确立的主张常与对劳动报酬、工资、加班费、劳动保护以及保险费用等经济利益的追偿要求联系在一起。经济上的主张是目的,确认劳动关系是手段。如杨某与信息时报社劳动争议的焦点在于被告方信息时报社未支付原告高温津贴,二审法院对原告高温津贴的追偿要求予以支持〔(2014)穗中法民一终字第3086号〕。劳动者要求其供职的媒体依法为其缴纳保险费用的诉讼要求也较多见,如金某与今日新疆杂志社、新疆今日新疆文化发展中心有限公司的劳动争议是要求杂志社为其缴纳社会保险费用,二审法院予以支持

[（2014）乌中民五终字第 28 号]；王某与华商晨报社劳动合同纠纷是原告要求报社补交其应负担的医疗保险、失业保险的企业部分，法院同样对其主张予以支持［（2014）沈中民五终字第 181 号］。

此外，几起劳动争议的集体诉讼值得关注，这类诉讼多采取个人单独立案、合并或共同审理的方式。这些诉讼分别是：徐州日报与刘某、常某、王某等数十人的确认劳动关系纠纷裁定［（2013）徐民终字第 2619 号］；大连广播电台与张某、王某、丁某等十五人劳动合同纠纷、大足县电影发行放映公司与施某、贺某、陈某等九人确认劳动关系纠纷；郴州日报与曹某、白某等人的劳动纠纷；这些诉讼中，上诉人多是涉讼媒体编制外聘用人员，他们与涉讼媒体实际上形成了劳动关系。但媒体在单方面解除劳动合同的时候粗暴简单，致使劳动者正当参与劳动并取得劳动报酬的权益遭受侵害，因此引发诉讼。福建广电网络集团股份有限公司与陈某、夏某、阮某等数十人的劳动争议诉讼则聚焦于企业未能依法为其员工缴纳社会保险费用。

（二）媒体与公民的财产权利

在本次考察的时间段内，仅笔者检索到的媒体侵害公民财产权利的诉讼案例有近百例。媒体与公民的财产权利产生关联主要包括几个方面：媒体刊播虚假广告、不实报道涉嫌使公民的财产权利遭受侵害、媒体有偿服务与公众的消费者权益有冲突以及媒体涉嫌侵犯公民的著作财产权利。

1. 媒体刊播虚假广告、不实报道、不当表达与公民的财产权利

第一类诉讼是因媒体涉嫌刊载、播放虚假广告、不实报道而引起。在倪某与扬子经济时报、苏州分广广告公司的财产损害赔偿纠纷中，晚报因刊登虚假免抵押贷款的广告而导致倪某财产损失。经查，广告公司所留存的广告主企业法人营业执照系伪造，一审法院认为广告公司与扬子晚报没有尽到审查义务，哪怕是形式上的审查，二者对倪某的财产损失负有连带责任。二审法院对此判决予以支持［（2013）宁民终字第 4154 号］。王某与江苏新华报业传媒集团有限公司财产损害赔偿纠纷一案与此类似，经审查，法院认定涉讼的媒体刊登虚假的集资广告，导致公民财产遭受损失，且事后无法提供广告主的真实信息，被告新华报业对王某的损失承担全部赔偿的责任［（2014）宁民终字第 1202 号］。黄某诉上海《理财周刊》财产损害赔偿案的判决［（2013）徐民二（商）初字第 909 号］中，法院对于审查和提请读者注意义务的表述较为清晰。法院认为："被告杂志上刊登理

财讲座、理财产品信息资料,其内容的真实性,仅能尽到形式上的审查义务,并不负有法律上严格的审核义务,且被告在广告中有'投资有风险,过往业绩不代表将来表现'的明示提醒",因此法院对原告要求杂志社财产损失赔偿的主张不予支持。

第二类诉讼是因媒体广告表达失当而引发。在严牟与张某、南通日报社虚假宣传纠纷一案中,法院认为被告南通日报在刊登广告时多处误导性表达,足以使消费者认可涉案保健品具有"药品"功效并做出违背真实意愿的购买行为。基于此,法院裁定〔(2013)崇民初字第0847号〕被告南通日报社赔偿原告的财产损失。

2. 媒体有偿服务与公众的消费者权益

本项考察中,媒介消费诉讼案例集中在有线电视网络服务与邮政服务两个方面:

缪某与金华华数数字电视有限公司有线电视服务合同纠纷、宣恩县四海实业有限公司与宣恩县广播电影电视局有线电视服务合同纠纷、杨某某与四川省有线广播电视网络股份有限公司、四川省有线广播电视网络股份有限有线电视服务合同纠纷都是针对广播电视服务合同纠纷的诉讼;逊克县邮政局因与被上诉人高某邮寄服务合同纠纷、周某被上诉人南京邮政局买卖合同纠纷一案的民事判决书则是两起针对邮政服务的诉讼。

宣恩县广播电影电视局有线电视服务合同的纠纷主要聚焦于以下三点:第一,电视信号传输公司注销,既有合同关系是承续还是解除;第二,传输电视信号由最初模拟信号转变为数字信号后,双方针对既有合同中以实物价值冲抵现在电视信号传输服务的价格持有异议;三,信号传输单位中断服务给对方造成的损失如何估算。法院审理认为,原电视信号传输公司注销,新单位承接了原电视传输公司的权利义务。纠纷双方合同订立时是双方真实意愿的表达,法院维持原合同;法院对双方就电视传输信号转变后价格的变化争议进行了协调,并以此为据,对信号传输合同的中断损失进行了判决〔(2013)鄂恩施中民终字第00848〕。邱某与广东有线广播电视网络有限公司网络服务合同纠纷一案中,审理法院同样是以既有的服务合同为基础,判决无故断网的广东有限电视网络公司退还原告的网络初装费及因息于退款产生的利息〔(2013)穗天法民二初字第4699号〕。缪某与金华华数数字电视有限公司有线电视服务合同纠纷一案中,双方就节目置换产生异议,法院以被置换节目系中央电视台节目调整所致,被告无能力在传输内容做出改变为由，驳回了原告的诉讼请求。两起邮政服务纠纷中的诉讼理由分别是邮政局丢失原告方高某邮寄的物品、邮政局追索周某拖欠的报刊费用与利息。在法院审理两案的时候，都以最初始的服务合同为证据，在责任划分清楚的情况下，对两起邮政服务纠纷作出了判决［（2014）黑中民终字第100号］与［（2014）宁商终字第460号］。

总的看来，这几起以媒介消费纠纷为诉因的案例中，既有的服务合同是法院下判的主要依据。值得思考的是，媒介消费侵权的后果，不仅限于经济利益的损失，但在本次考察的案例中，上诉者均未提及精神方面的追偿诉求。

3. 媒体与公民的著作财产权利

在媒体与公民的财产权利纠纷中，媒体涉嫌侵犯公民的著作财产权利的情况是最为普遍的，也是最为常见的。在本次考察的时间段内，涌现了几十例媒体组织侵犯公民著作权的案例，包括报刊社、出版社涉嫌侵犯公民文字作品的著作权与邻接财产权利的情形，如张某诉王某、中国海洋大学出版社有限公司、北京京东叁佰陆拾度电子商务有限公司著作权权属与侵权纠纷［（2013）鄂武汉中知初字第02596号］、张某与中国经济出版社著作权权属、侵权纠纷［（2013）西民初字第17913号］、张某诉被告江苏人民出版社有限公司、骆某、李某著作权侵权纠纷［（2013）鼓知民初字第105号］。也有公民的美术作品、图片作品与摄影作品被媒体非法使用与传播的情况，如朱某诉陕西日报社、耿某侵害著作权纠纷［（2014）豫法知民终字第57号］、赵某诉陕西日报社、耿某著作权纠纷都是因为报刊刊登美术作品（漫画）涉嫌侵犯他人著作权、而赵某诉作家出版社、贾某、西安市新华书店图书大厦侵害著作权案［（2013陕民三终字第00025号）］是因为被告方涉嫌未经授权使用原告的摄影作品。苗某、马某二人诉嘉县广播电视中心侵害著作权案源起于被告广播电视中心未经作者授权播放作者的豫剧影像作品［（2012）新民三初字第43号、（2013）新中民三初字第49号］。

四 新兴诉讼

媒体组织越来越深入地、广泛地参与到社会经济生活之中，媒体与其他公民、法人、社会组织的关系越来越密切，这在一定程度上催生了一些新兴的诉讼，就本次的考察而言，新兴诉讼主要包括媒体民间借贷纠纷与办公场所、媒体房屋租赁合同纠纷两种。

(一) 民间借贷纠纷

新兴诉讼中，最为重要的一类是民间借贷纠纷。民间借贷指公民之间、公民与法人之间、公民与其他组织之间借贷。按照与媒体间借贷纠纷对象的差别，我们将此类诉讼划分为三类：媒体与个人间借贷纠纷、媒体与金融机构间借贷纠纷、媒体与其他组织或法人间的借贷纠纷。

因借款主体涉及改制、改组而借贷双方对清偿责任产生异议的纠纷为数众多。杜某诉睢宁县广播电视台、睢宁县广播电视信息传输网络中心、睢宁县文化广电新闻出版与体育局偿还借款一案中，因对借款单位性质判断出错，一审法院认定无权对该案进行审理。二审法院裁定认为原审法院适用法律错误，指令睢宁县人民法院受理该案［(2014) 徐商再终字第00001号］。在王某诉胶州市广播电视台、青岛有线网络（集团）胶州有限公司偿还借款一案中，被告青岛有线网络（集团）胶州有限公司系前借款主体——胶东广播电视站股权变更和重组而来。法院审理认为被告青岛有线网络胶州有限公司承接了改组前单位的财产、管理权与经营权，胶州电视台系被告的上级管理单位变更成立，对变更后的有线网络胶州有限公司的债务承担责任，原告向被告追偿的借款和利息主张，法院予以支持［(2014) 胶民初字第2385号］。在杨某与渠县文化体育和广播影视局、渠县李馥乡广播电视站民间借贷纠纷中，借款者身份变更同样是一个焦点。被告渠县李馥乡广播电视站被撤销，被告财产、管理与经营权移转至渠县土溪镇广播电视站，因此被告李馥乡广播电视站的债务清偿责任由土溪镇广播电视站承担。法院支持原告对被告广播电视站的欠款与利息的追偿诉求［(2013) 达渠民初字第783号］。此类案例还有蒲某与被告四川省有线广播电视网络股份有限公司盐亭分公司、张某民间借贷纠纷，法院认定改制后的单位承接原单位清偿债务的义务［(2014) 盐民保字第16号］。

也有的涉讼纠纷源起于媒体、媒体组织的担保责任。在多起媒体、媒体组织承担担保责任的借款合同纠纷案件中，债权经历了多次转让。关某与赵县广播电视广告有限责任公司、陈某借款合同纠纷一案中，赵县建设银行对被告广播电视广告有限责任公司的债权经历了五次转让，关某成为最终的债权人。法院认定借款合同、担保合同以及债权转让合同真实有效。法院对原告关某要求对被告赵县广播电视广告有限责任公司抵押财产优先受偿的要求予以支持，并判决被告承担清偿债务并支付利息的责任

[（2014）石民三初字第 00031 号]。中国华融资产管理股份有限公司深圳市分公司与安乡县广播电视服务部、安乡县广播电视台金融借款合同纠纷同样是一次债权经历多次转让的纠纷，最终债权人由原借款单位中国工商银行安乡县支行转让至原告，被告中的电视台承担抵押担保责任。原告主张抵押权已超出诉讼时效，因此判决对原告对担保人的抵押房产折价拍卖、变卖的主张不予支持。驻马店市商业银行股份有限公司与驻马店市天中广电传媒有限公司、驻马店市广播电视信息网络有限公司借款合同纠纷中，两被告中的前者系借款者，后者为担保者。法院在认定借款合同与担保合同真实有效的情况下，判决借款者判决生效十日内清偿对原告的借款，担保者驻马店广播电视信息网络有限公司承担连带清偿责任［（2013）驻民一重字第 00001 号]。

新女报社与西安当代女报传媒发展有限公司借款纠纷是两家媒体间的借款合同与合作合同纠纷。该案的焦点在于双方《借款协议》中的约定条款使出让的资金在实质上成为投资性资金，且原告在被告公司改版上市后依照最初《合作协议书》约定比例投入资金。故法院对原告要求被告偿还借款的要求不予支持［（2013）雁民初字第 03715 号]。

个别案例还涉及媒体组织向其他公民、法人与社会组织放贷。温州广播电视传媒集团与温州东凯文化传媒有限公司、郭某等借款合同纠纷是一起媒体追索欠款与利息的案例，法院判决被告公司承担清偿债务的责任，被告企业法定代表人对这一债务承担连带清偿责任［（2014）温龙商初字第 54 号]。

（二）房屋、办公场所租赁合同纠纷

媒体组织与公民、法人和社会组织间的办公场所、房屋的租赁合同纠纷也值得关注。按照房屋、办公场所与媒介的关系来划分，房屋租赁合同纠纷可以分为媒体租出房屋合同纠纷与媒体承租房屋合同纠纷。总的看来，媒体租出房屋与办公场所的合同纠纷更为多见。

承租方拖欠房屋租赁费用、拒绝搬出租赁房屋的案例最为众多。苍南县广播电视台与刘某、苍南县两岸咖啡餐饮管理有限公司房屋租赁合同纠纷是媒体组织将自己拥有的房屋租赁给法人组织的代表案例。在这起纠纷中，被告苍南县两岸咖啡餐饮管理有限公司无理由恶意拖欠原告县广播电台的房屋租赁费用。法院认为合同双方早期签订合同真实、有效，是双方真实意愿的表达，判决被告在限定期限内向原告支付租赁费用与利息，依照原告请求限期腾空租赁房屋并终止租赁合同［（2013）温苍龙民初字第202号］。福建日报社南平市记者站与杨某、刘某等五人房屋租赁合同纠纷是原告房屋的租赁方要求承租方在合同到期返还租赁房屋的案例。在这五起诉讼中，原告房屋所有者福建日报南平市记者站委托市房屋管理局将其拥有的房屋出租，在租期已满，未签订新租赁合同的情况下，租赁方有权随时收回房屋。法院审定，初始租赁合同有效，被告拖延搬出涉案房屋属占用行为，应向原告缴纳房屋占用费，费用计算从合同期满之日开始，直到被告搬离［（2014）潭民初字第162、163、164、166、167号］。与此类似的案例还有不少，如唐山市丰润区广播电视台与李某租赁合同纠纷，法院以既有租赁合同为依据，判决被告方在规定期限内支付原告租金损失，计算时间从房屋租赁合同期满之日始，直到被告实际搬离为止。

租赁合同未到期，合同一方要求终止合同而引发的诉讼也不少见。三原县广播电视台与张某民房屋租赁合同纠纷是一个代表例证。原告认为承租方扰乱播出环境，要求依照《广播电视安全播出管理规定》终止租赁合同，随附理由还有承租方对租赁房屋的管理与处置不当。法院审理表明，涉案房屋系国有资产，出租方在出租之前未经对房屋进行评估就将房屋出租，依照国务院《国有资产评估管理办法》及其细则，法院判决双方合同无效［（2013）三民初字第00805号］。也有纠纷涉及不定期租赁合同的处置（严某与吉林省图书馆（吉林省少年儿童图书馆）租赁合同纠纷［（2014）长民一终字第123号］）。

相对而言，房屋租赁合同纠纷中，媒体组织作为承租者的情况较为少见。陈某与西江日报社等与公司有关的纠纷中，原告请求追加西江日报为被执行人。一审中的被告立丰公司被吊销营业执照，主管部门由原西江日报社变更为鑫闻公司。法院认为租赁纠纷发生于租赁方主管单位变更之后，新的主管单位为承担清算义务人，对原告追加西江日报为被执行人的请求不予支持［（2014）肇中法民一终字第35号］。《中国通信》杂志社有限公司与北京华夏旌信公关策划有限公司房屋租赁合同纠纷，是因为承租方杂志社以租赁经手人已不在本单位供职为名，拖欠租赁方租金。法院在认定双方租赁合同真实、有效，且为双方意愿真实表达的基础上，判决承租方加倍清偿租赁方的房屋租金收入。［（2014）一中民终字第04743号］。因合同期未满，租赁合同一方要求终止合同的案例也时有所见。比如山东新闻网曲阜新闻中心与曲阜市职业中等专业学校房屋租赁合同纠纷。法院裁定双方终止租赁合同，租赁方曲阜市中等专业学校赔偿原告山东新闻网曲阜新闻中心的经济损失［济民终字第 1923 号］。

五　结语

总的看来，本报告考察时间段内的媒介涉讼纠纷呈现出以下几个特点：

首先，从法律调整不同主体间关系来看，媒体与公民间的诉讼裁判占据了媒体诉讼的绝大部分，这与媒介参与公民生活密不可分。因媒体报道导致公民的人格权与财产权利受到侵害的案例层出不穷，公民权利意识的增进对媒体以及媒体人的法律素养提出了要求，如何避免涉讼成为媒体与媒体人需要注重的课题。

其次，虽然在本项报告中体现不多，实际案例中与互联网络相关的诉讼与裁判十分之多，网络成为媒介诉讼的多发之地，尤其是通过互联网络传播淫秽、色情信息的案例，以及未经授权通过互联网络非法刊播影视、音乐作品，侵害他人著作权的情况最为多见。在相当部分关涉互联网络的案例中，涉讼方对诉讼的管辖权、裁判适用法律或是判决结果持有异议。在已有法律基础上，立法机关细化与互联网络相关的条文，或是及时、适时地出台法律解释，是有必要的。

再次，新兴诉讼的案例持续性地出现。市场经济不断发展，媒体组织越来越深入地参与市场经济生活，成为市场经济中的积极、活跃的因素。本次考察中列举的媒体诉讼中有关民间借贷与办公场所、房屋的租赁合同纠纷，也只是新兴媒体诉讼中的两种，其他新兴诉讼也在不断出现，比如设备购买与租赁合同纠纷，服务购买合同纠纷以及融资纠纷等。在各类新兴诉讼中，涉讼主体身份多元，案情也更为复杂，其发展的趋势有待后续的观察与研究。

中国传媒业治理与制度建设记事
(2013—2014)

一 规范机构职能

2013年7月11日,国务院办公厅公布了《国家新闻出版广电总局主要职责内设机构和人员编制规定》(以下简称《机构和编制规定》),确认国家新闻出版广电总局是正部级单位,为国务院直属机构。以下梳理了《机构和编制规定》的主要内容,包括就新闻出版广电总局的职能、职责和人员编制进行的调整和说明。

(一)调整国家新闻出版广电总局职能

《机构和编制规定》首先对国家新闻出版广电总局的职能进行了调整,主要包括:取消21项职责,下放8项职责,加强7项职责。

国家新闻出版广电总局共取消了21项审批职责,其中包括取消一般题材电影剧本审查、中外合作摄制电影片所需进口设备、器材、胶片、道具审批、军队协助拍摄电影片军事预算审批、广播电视传输网络公司股权性融资审批、在境外展示展销国内出版物审批等,政策原文如下:

1. 取消举办全国性出版物订货、展销活动审批。
2. 取消在境外展示、展销国内出版物审批。
3. 取消设立出版物全国连锁经营单位审批。
4. 取消从事出版物全国连锁经营业务的单位变更《出版物经营许可证》登记事项,或者兼并、合并、分立审批。
5. 取消只读类光盘生产设备引进、增加与更新审批。
6. 取消著作权集体管理组织章程修改审批。
7. 取消出版物总发行单位设立从事发行业务的分支机构审批。

8. 取消期刊变更登记地审批。

9. 取消影视互济专项资金使用审批。

10. 取消军队协助拍摄电影片军事预算审批。

11. 取消广播电视传输网络公司股权性融资审批。

12. 取消中外合作摄制电影片所需进口设备、器材、胶片、道具审批。

13. 取消电影洗印单位接受委托洗印加工境外电影底片、样片和电影片拷贝审批，同时强化政策导向和管理措施。

14. 取消一般题材电影剧本审查，实行梗概公示。

15. 取消出版物发行员职业技能鉴定职责，工作由相关协会、学会承担。

16. 取消图书出版单位等级评估职责，工作由中国出版协会承担。

17. 取消报纸、期刊综合质量评估职责，工作分别由中国报业协会和中国期刊协会承担。

18. 取消涉外著作权登记服务职责，工作由中国版权保护中心承担。

19. 取消调控书号总量的职责。创新书号管理方式，规范书号使用，遏制违规行为。

20. 取消管理广播剧的职责。

21. 根据《国务院机构改革和职能转变方案》需要取消的其他职责。

在取消21项审批职责的同时，《机构和编制规定》还下放了8项职责。国家新闻出版广电总局将国外人员参与制作的国产电视剧审查职责、设置卫星电视广播地面接收设施审批职责、音像复制单位、电子出版物复制单位设立审批职责等8项职责下放给省级新闻出版广电行政部门，原文具体内容如下：

1. 将音像复制单位、电子出版物复制单位设立审批职责下放省级新闻出版广电行政部门。

2. 将音像复制单位、电子出版物复制单位变更业务范围或兼并、合并、分立审批职责下放省级新闻出版广电行政部门。

3. 将地方对等交流互办单一国家电影展映活动审批职责下放省级新闻出版广电行政部门。

4. 将国外人员参与制作的国产电视剧审查职责下放省级新闻出版广电行政部门。

5. 将地市级、县级广播电台、电视台变更台标审批职责下放省级新闻出版广电行政部门。

6. 将设置卫星电视广播地面接收设施审批职责下放省级新闻出版广电行政部门。

7. 将只读类光盘设备投产验收工作职责下放省级新闻出版广电行政部门。

8. 根据《国务院机构改革和职能转变方案》需要下放的其他职责。

最后，国家新闻出版广电总局将加强 7 项职责，包括加强推进新闻出版广播影视领域公共服务，促进城乡公共服务一体化发展；加强指导、协调、推动新闻出版广播影视产业发展；加强推进新闻出版广播影视领域体制机制改革；加强对数字出版以及网络视听节目服务、公共视听载体播放广播影视节目的规划指导和监督管理；加大著作权保护管理、公共服务和国际应对；加强反侵权盗版工作力度；加强新闻出版广播影视国际传播能力建设，推动新闻出版广播影视"走出去"，并在今后加强市场调节、社会监督和行业自律，促进管理理念和方式的创新转变。

（二）明确机构主要职责与人员编制

《机构和编制规定》明确了国家新闻出版广电总局的主要职责，具体包括负责统筹规划新闻出版广播影视产业发展，制定发展规划、产业政策并组织实施、把握正确的舆论导向和创作导向；监督管理新闻出版广播影视机构和业务以及出版物及广播影视节目的内容和质量；指导和监管广播电视广告播放；负责出版物的进口管理和广播影视节目的进口、收录管理；监制和管理全国新闻记者证；负责监管互联网出版和手机书刊文学业务等数字出版活动；负责审查网络视听节目和公共试听载体播放的广播影视节目的内容质量；推进三网融合；负责组织、指导、协调全国"扫黄打非"工作，组织查处大案要案。政策原文如下：

（一）负责拟订新闻出版广播影视宣传的方针政策，把握正确的舆论导向和创作导向。

（二）负责起草新闻出版广播影视和著作权管理的法律法规草案，制定部门规章、政策、行业标准并组织实施和监督检查。

（三）负责制定新闻出版广播影视领域事业发展政策和规划，组织实施重大公益工程和公益活动，扶助老少边穷地区新闻出版广播影视建设和发展。负责制定国家古籍整理出版规划并组织实施。

（四）负责统筹规划新闻出版广播影视产业发展，制定发展规划、产业政策并组织实施，推进新闻出版广播影视领域的体制机制改革。依法负责新闻出版广播影视统计工作。

（五）负责监督管理新闻出版广播影视机构和业务以及出版物、广播影视节目的内容和质量，实施依法设定的行政许可并承担相应责任，指导对市场经营活动的监督管理工作，组织查处重大违法违规行为。指导监管广播电视广告播放。负责全国新闻记者证的监制管理。

（六）负责对互联网出版和开办手机书刊、手机文学业务等数字出版内容和活动进行监管。负责对网络视听节目、公共视听载体播放的广播影视节目进行监管，审查其内容和质量。

（七）负责推进新闻出版广播影视与科技融合，依法拟订新闻出版广播影视科技发展规划、政策和行业技术标准，并组织实施和监督检查。负责对广播电视节目传输覆盖、监测和安全播出进行监管，推进广电网与电信网、互联网三网融合，推进应急广播建设。负责指导、协调新闻出版广播影视系统安全保卫工作。

（八）负责印刷业的监督管理。

（九）负责出版物的进口管理和广播影视节目的进口、收录管理，协调推动新闻出版广播影视领域"走出去"工作。负责新闻出版广播影视和著作权管理领域对外及对港澳台的交流与合作。

（十）负责著作权管理和公共服务，组织查处有重大影响和涉外的著作权侵权盗版案件，负责处理涉外著作权关系和有关著作权国际条约应对事务。

（十一）负责组织、指导、协调全国"扫黄打非"工作，组织查处大案要案，承担全国"扫黄打非"工作小组日常工作。

（十二）领导中央人民广播电台、中国国际广播电台和中央电视

壹 制度环境

台，对其宣传、发展、传输覆盖等重大事项进行指导、协调和管理。
(十三) 承办党中央、国务院交办的其他事项。①

此外，《机构和编制规定》还明确规定了国家新闻出版广电总局的内设机构和行政编制。国家新闻出版广电总局设办公厅、政策法制司、规划发展司（改革办公室）、公共服务司、综合业务司、宣传司、新闻报刊司、电影局、出版管理司（古籍整理出版规划办公室）、电视剧司、印刷发行司、传媒机构管理司、数字出版司、网络视听节目管理司、反非法和违禁出版物司（全国"扫黄打非"工作办公室）、版权管理司、进口管理司、科技司、财务司、国际合作司（港澳台办公室）、人事司、保卫司等22个内设机构。如下图所示：

国家新闻出版广电总局（行政编制508名）

局长（兼国家版权局局长）：1名	国家片权局专职副局长：1名（副部长级）
副局长：4名	司局领导：77名

办公厅｜政策法制司｜规划发展司（改革办公室）｜公共服务司｜综合业务司｜宣传司｜新闻报刊司｜电影局｜出版管理司（古籍整理出版规划办公室）｜电视剧司｜印刷发行司｜传媒机构管理司｜数字出版司｜网络视听节目管理司｜反非法和违禁出版物司｜全国（扫黄打非）工作办公室｜版权管理司｜进口管理司｜科技司｜财务司｜国际合作司（港澳台办公室）｜人事司｜保卫司

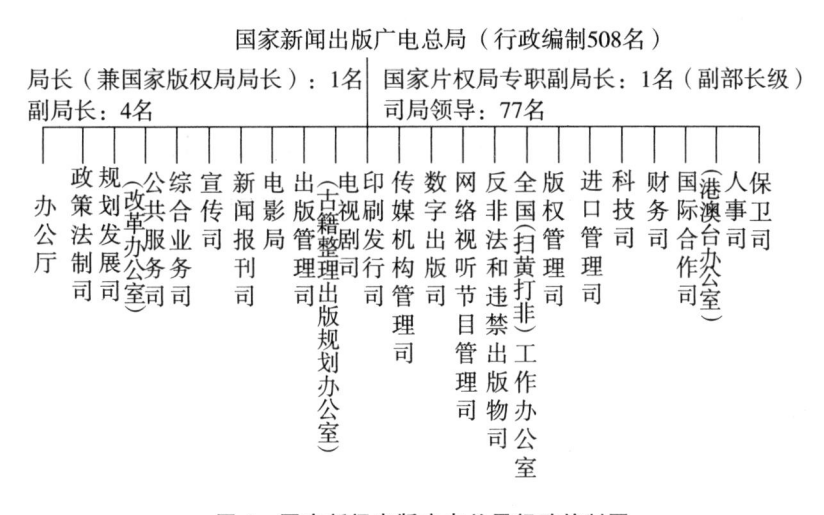

图1 国家新闻出版广电总局行政编制图

国家新闻出版广电总局机关行政编制为508名（含两委人员编制11名、援派机动编制5名、离退休干部工作人员编制39名）。其中：局长（兼国家版权局局长）1名、副局长4名、国家版权局专职副局长1名（副部长级）；司局领导职数77名（含总工程师1名、机关党委专职副书记1名、离退休干部局领导职数3名）。

---

① 政策原文引自《国家新闻出版广电总局主要职责内设机构和人员编制规定》，国务院办公厅2013年7月11日公布。

最后,《机构和编制规定》指出,国家新闻出版广电总局加挂国家版权局牌子,在著作权管理上,以国家版权局名义行使职权。另外,关于动漫和网络游戏管理,与文化部的职责分工维持不变。

二 加强部门管理

(一) 中央成立网络安全与信息化小组

2014年2月27日,中央网络安全和信息化领导小组成立。该领导小组将着眼国家安全和长远发展,统筹协调涉及经济、政治、文化、社会及军事等各个领域的网络安全和信息化重大问题,研究制定网络安全和信息化发展战略、宏观规划和重大政策,推动国家网络安全和信息化法治建设,不断增强安全保障能力。[1] 该小组由中共中央总书记、国家主席、中央军委主席习近平亲自担任组长;李克强、刘云山任副组长。

2014年是中国接入国际互联网20周年,截至2014年已有40多个国家颁布了网络空间国家安全战略,仅美国就颁布了40多份与网络安全有关的文件。十八届三中全会作出的《关于全面深化改革若干重大问题的决定》明确提出,要坚持积极利用、科学发展、依法管理、确保安全的方针,加大依法管理力度,完善互联网管理领导体制。习近平总书记在关于上述决定的说明中也明确表示,我国互联网现行管理体制存在明显弊端,多头管理、职能交叉、权责不一、效率不高。同时,随着互联网媒体属性越来越强,网上媒体管理和产业管理远远跟不上形势发展变化[2]。

中央网络安全和信息化建设领导小组是在中央层面设立的一个更强有力、更有权威性的机构,显示出我国在保障网络安全、维护国家利益、推动信息化发展的决心,标志着中国网络安全和信息化国家战略迈出了重要一步。

(二) 加强和统一新闻出版行业标准化管理

2013年12月27日,《新闻出版行业标准化管理办法》(以下简称《标准化管理办法》)经国家新闻出版广电总局令第1号公布。该《标准化管理

---

[1] 《中央网络安全和信息化领导小组成立:从网络大国迈向网络强国》,新华网(http://news.xinhuanet.com/politics/2014-02/27/c_119538719.htm),2014年8月3日查阅。

[2] 习近平:《关于〈中共中央关于全面深化改革若干重大问题的决定〉的说明》,《人民日报》2013年11月16日第1、4版。

办法》分为总则、组织机构与职责分工、标准的制定、修订与发布、标准的实施和监督、法律责任、附则6章等部分，共38条，自2014年2月1日起施行。与此同时，2001年1月6日新闻出版署发布的《新闻出版行业标准化管理办法》予以废止。

新《标准化管理办法》明确了新闻出版行业的组织机构与职能分工。新闻出版广电总局统一管理新闻出版行业标准化工作，新闻出版广电总局标准化主管部门具体负责管理新闻出版行业标准化工作，新闻出版广电总局有关业务部门、新闻出版专业标准化技术委员会和各省、自治区、直辖市人民政府出版行政主管部门分别按规定履行各自职责。

在标准的制定、修订与发布方面，新《标准化管理办法》规定，任何单位和个人均可向技术归口的新闻出版专业标准化技术委员会提出标准立项建议，新闻出版领域行业标准制定、修订实行年度立项制度，新闻出版广电总局标准化主管部门于每年7月31日前完成年度立项申请的审查，项目承担方向项目归口管理的新闻出版专业标准化技术委员会秘书处提交项目送审材料，由委员会秘书处召开专家审查会，初步审查通过后，由全体委员以会议审查或函审方式完成标准审查。新闻出版广电总局标准化主管部门经审核通过后统一编号，由新闻出版广电总局批准发布。

在标准的实施和监督方面，新《标准化管理办法》规定，任何单位和个人在新闻出版领域开展生产、经营等活动中，应依法执行强制性标准，积极采用推荐性标准和行业标准化指导性技术文件。任何单位开展的生产和服务活动，应当执行相应的企业标准或项目标准、工程标准。禁止生产、销售和进口不符合强制性标准的产品。新闻出版领域各类产品未达到相关强制性标准要求的，不得进入流通领域；凡未通过标准检验和标准符合性测试认证的产品不得参评相关奖励。

新《标准化管理办法》还在法律责任方面规定，违反本办法的，由出版行政主管部门责令改正，视情节轻重依法作出警告、3万元以下罚款的行政处罚。其中，提供的产品或服务不符合强制性标准的，由出版行政主管部门责令停止生产或服务。出版物质量不符合有关标准的，根据《出版管理条例》规定，由出版行政主管部门责令改正，给予警告；情节严重的，责令限期停业整顿或者由原发证机关吊销许可证。工作人员因失职、渎职造成不良后果或重大损失的，由有关主管部门给予行政处分，构成犯罪的依法追究刑事责任。[①]

（三）加大新闻出版（版权）行政执法部门打击侵权假冒工作的力度

根据国务院打击侵权假冒工作的有关部署要求，2014年4月30日，国家新闻出版广电总局印发了《新闻出版（版权）行政执法部门依法公开制售假冒伪劣商品和侵犯知识产权行政处罚案件信息的实施细则（试行）》，自2014年6月1日起施行。该《实施细则》旨在规范新闻出版（版权）行政执法部门依法公开制售假冒伪劣商品和侵犯知识产权行政处罚案件信息工作，进一步加大打击侵权假冒工作的力度，提高行政执法工作的透明度。

《实施细则》规定，新闻出版（版权）行政执法部门应当通过政务网站公开案件信息。没有设立政务网站的，也可以通过公告栏、新闻发布会以及报刊、广播、电视等便于公众知晓的方式予以公开。新闻出版（版权）行政执法部门原则上应当将行政处罚决定书全文公开，但《实施细则》也对以下情况予以明确：涉及商业秘密以及自然人住所、肖像、电话号码、财产状况等个人隐私的案件信息，新闻出版（版权）行政执法部门应当事先征求有关权利人的意见，经权利人同意公开或者新闻出版（版权）行政执法部门认为不公开可能对公共利益造成重大影响的，可以予以公开，并将决定公开的内容和理由书面通知权利人；因案件信息涉及国家秘密、国家政治和经济安全或者影响社会稳定，新闻出版（版权）行政执法部门决定不公开相关信息的，应当写明理由并报上一级机关批准。

另外，《实施细则》指出，新闻出版（版权）行政执法部门应当在作出行政处罚决定后20个工作日内对案件信息予以公开，并报上一级机关。行政处罚案件因行政复议或行政诉讼发生变更或撤销的，新闻出版（版权）行政执法部门应当在变更或撤销后20个工作日内公开相关信息，并上报上一级机关。各级新闻出版（版权）行政执法部门要严格履行案件信息公开的责任和义务，对案件信息公开工作实行年度考核制度；建立健全内部审核、保密审查、档案管理等工作机制，制定工作流程等配套措施，加强队伍培训，提高执法水平。[②]

---

① 引自《新闻出版行业标准化管理办法》，2013年12月27日经国家新闻出版广电总局令第1号公布。

② 引自《新闻出版（版权）行政执法部门依法公开制售假冒伪劣商品和侵犯知识产权行政处罚案件信息的实施细则（试行）》，国家新闻出版广电总局于2014年4月30日印发。

三 完善人员管理

（一）开展采编人员首次集中培训考核

为深入贯彻落实党的十八大精神，全面提高新闻采编人员整体素质，完善新闻采编人员职业资格管理，2013年9月29日，国家新闻出版广电总局发布了《关于开展新闻采编人员岗位培训的通知》（以下简称《岗位培训通知》）。

《岗位培训通知》要求，根据《新闻记者证管理办法》的有关规定，决定在2014年全国统一换发新版新闻记者证之前，对全国新闻单位的采编人员开展岗位培训和考核。此次培训内容以国家新闻出版广电总局组织编写的《新闻记者培训教材2013》和配套制作的6集电视教学片为主，包括"中国特色社会主义"、"马克思主义新闻观"、"新闻伦理"、"新闻法规"、"新闻采编规范"和"防止虚假新闻"6个专题；培训对象为报纸出版单位、期刊出版单位、通讯社、广播电台、电视台、新闻电影制片厂、中央重点新闻网站等新闻单位的所有采编岗位人员（含持新闻记者证记者和未持证的采编人员）；培训方式为各单位集中培训与采编人员自学相结合。

在培训的内容和学时方面，《岗位培训通知》提到：各地各部门负责组织培训的单位要认真组织新闻单位所有采编人员集中学习6集电视教学片，自学《新闻记者培训教材2013》，可聘请专业教师围绕教材大纲和内容，开展"中国特色社会主义"、"马克思主义新闻观"、"新闻伦理"、"新闻法规"、"新闻采编规范"和"防止虚假新闻"等专题培训，并结合本单位工作实际开展学习讨论，确保集中培训和学习讨论时间不少于18个学时，切实提高新闻采编队伍素质。[①]

在培训的组织和管理方面，《岗位培训通知》还规定：中央主要报纸出版单位、期刊出版单位、通讯社、广播电台、电视台、新闻电影制片厂、中央重点新闻网站及持证记者在30名（含30名）以上的中央报刊出版单位由本单位自行培训；持证记者在30名以下的中央报刊出版单位由其主管单位统一培训。省级党报、党刊、广播电台、电视台及持证记者在30

[①] 引自《关于开展新闻采编人员岗位培训的通知》，国家广播电视出版总局于2013年9月29日发布。

名（含30名）以上的省级报刊出版单位由本单位自行培训；持证记者在30名以下的省级报刊出版单位和报刊记者站由省级新闻出版行政部门统一培训。地市级以下（含地市级）报纸出版单位、期刊出版单位、广播电台、电视台持证记者在30名（含30名）以上的由本单位自行培训；持证记者在30名以下的，由地市级新闻出版行政部门和广播电视行政部门共同组织培训。

《岗位培训通知》最后强调，培训结束后，新闻出版和广播电视行政部门将以省为单位组织统一闭卷考试，对新闻采编人员的培训和学习情况进行考核。考核合格的，按照《新闻记者证管理办法》、《关于广播电影电视新闻单位申领新闻记者证的通知》规定可换发或者申领2014版新闻记者证，考核不合格的需要重新参加考试。

《岗位培训通知》发出后，即引起各新闻出版单位的高度重视，此次培训考核为全国新闻从业人员的首次集中考核，具有全面提高新闻采编人员的整体素质、防治行业弊病、促进行业发展的重要意义，可教育和引导新闻采编人员认真履行职责，形成自觉遵守新闻法规规定、自觉遵守新闻职业道德的良好风气，堪称新闻界的"国考"。[①]

（二）加强新闻从业人员职务行为信息管理

为加强新闻从业人员职务行为信息管理，维护新闻传播秩序，推动新闻事业健康发展，国家新闻出版广电总局于2014年6月30日印发《新闻从业人员职务行为信息管理办法》（以下简称《职务行为信息管理办法》），自2014年6月30日起施行。

《职务行为信息管理办法》将"新闻从业人员职务行为信息"界定为：新闻单位的记者、编辑、播音员、主持人等新闻采编人员及提供技术支持等辅助活动的其他新闻从业人员，在从事采访、参加会议、听取传达、阅读文件等职务活动中，获取的各类信息、素材以及所采制的新闻作品，其中包含国家秘密、商业秘密等。《职务行为信息管理办法》指出，新闻单位要坚持依法依规、趋利避害、善管善用、可管可控的原则，加强职务行为信息管理，确保新闻从业人员职务行为信息使用科学合理、

---

① 记者证换领需过"国考"：采编人员首次集中培训考核，正义网（http：//www.jcrb.com/xztpd/2014zt/201401/LPS2013/CM/tmcm/201401/t20140120_1309415.html），2014年8月6日查阅。

规范有序。

《职务行为信息管理办法》要求，各新闻单位应对新闻从业人员职务行为信息进行分类管理：属于国家秘密的，要按照《保守国家秘密法》的有关规定，要求从业人员签订保密承诺书，纳入保密管理范畴；不属于国家秘密的，新闻单位要按照《劳动合同法》的有关规定，与从业人员签订职务行为信息保密协议，依法规范从业者的职务行为信息使用，并建立职务行为信息统一管理制度。具体要求原文如下：

第四条　新闻单位应健全保密制度，对新闻从业人员在职务行为中接触的国家秘密信息，应明确知悉范围和保密期限，健全国家秘密载体的收发、传递、使用、复制、保存和销毁制度，禁止非法复制、记录、存储国家秘密，禁止在任何媒体以任何形式传递国家秘密，禁止在私人交往和通信中涉及国家秘密。

新闻从业人员上岗应当经过保密教育培训，并签订保密承诺书。

第五条　新闻单位应按照《劳动合同法》的有关规定，与新闻从业人员就职务行为信息中的商业秘密、未公开披露的信息、职务作品等与知识产权相关的保密事项，签订职务行为信息保密协议，建立职务行为信息统一管理制度。

保密协议须分类明确新闻从业人员职务行为信息的权利归属、使用规范、离岗离职后的义务和违约责任。

新闻从业人员不得违反保密协议的约定，向其他境内外媒体、网站提供职务行为信息，或者担任境外媒体的"特约记者"、"特约通讯员"、"特约撰稿人"或专栏作者等。

第六条　新闻从业人员不得利用职务行为信息谋取不正当利益。

第七条　新闻从业人员以职务身份开设博客、微博、微信等，须经所在新闻单位批准备案，所在单位负有日常监管职责。

新闻从业人员不得违反保密协议的约定，通过博客、微博、微信公众账号或个人账号等任何渠道，以及论坛、讲座等任何场所，透露、发布职务行为信息。

第八条　新闻从业人员离岗离职要交回所有涉密材料、文件，在法律规定或协议约定的保密期限内履行保密义务。

第九条　新闻单位须将签署保密承诺书和职务行为信息保密协

议，作为新闻从业人员劳动聘用和职务任用的必要条件，未签订的不得聘用和任用。

第十条　新闻采编人员申领、换领新闻记者证，须按照《新闻记者证管理办法》的规定提交有关申报材料，申报材料中未包含保密承诺书和职务行为信息保密协议的，不予核发新闻记者证。

第十一条　新闻单位应在参加新闻记者证年度核验时，向新闻出版广电行政部门报告新闻从业人员保密承诺书和保密协议签订、执行情况。[①]

此外，《职务行为信息管理办法》还规定了新闻从业人员违反规定擅自发布职务行为信息的处理办法。新闻从业人员违反保密承诺和保密协议、擅自使用职务行为信息的，新闻单位应依照合同追究违约责任，视情节作出行政处理或纪律处分，并追究其民事责任；造成严重后果的，由新闻出版广电行政部门依法吊销新闻记者证，列入不良从业行为记录，做出禁业或限业处理；新闻单位对新闻从业人员职务行为信息管理混乱，造成失密泄密、敲诈勒索、侵权等严重问题的，由新闻出版广电行政部门等依法查处，责令整改，对拒不改正或整改不到位的不予通过年度核验，情节严重的撤销许可证，并依法追究新闻单位负责人和直接责任人的责任；新闻从业人员违反规定使用职务行为信息造成失密泄密的，依法追究相关人员责任，涉嫌违法犯罪的移送司法机关处理。

此次《职务行为信息管理办法》的出台，主要针对近年来时有出现的新闻从业人员滥用职务行为信息的现象。有的违反保密法规随意散布、传播涉密信息，有的擅自将职务活动中知悉的信息通过网络平台发布，有的将本新闻单位未播发的报道交由其他境内外媒体刊播，有的利用新闻单位资源谋取不正当利益，干扰了正常的新闻传播秩序。在这种情况下，《职务行为信息管理办法》的出台，必将在切实加强新闻从业人员职务行为信息的管理、维护新闻传播秩序、推动新闻事业健康发展方面发挥重要作用。

（三）利用或冒充新闻工作者身份敲诈勒索千元可入刑

为依法惩治敲诈勒索犯罪，保护公私财产权利，最高人民法院、最高

[①] 引自《新闻从业人员职务行为信息管理办法》，国家新闻出版广电总局于2014年6月30日印发，自2014年6月30日起施行。

人民检察院于 2013 年 4 月 23 日联合发布《关于办理敲诈勒索刑事案件适用法律若干问题的解释》（以下简称《解释》），自 2013 年 4 月 27 日起施行。该项司法解释主要规定了敲诈勒索"数额较大"、"数额巨大"、"数额特别巨大"的认定标准，敲诈勒索"数额较大"的特殊认定标准，"多次敲诈勒索"的认定，敲诈勒索"其他严重情节"、"其他特别严重情节"的认定，敲诈勒索罪判处罚金的标准等内容。

《解释》中涉及新闻敲诈与假新闻的条款原文如下：

第二条 敲诈勒索公私财物，具有下列情形之一的，"数额较大"的标准可以按照本解释第一条规定标准的百分之五十确定：

（一）曾因敲诈勒索受过刑事处罚的；

（二）一年内曾因敲诈勒索受过行政处罚的；

（三）对未成年人、残疾人、老年人或者丧失劳动能力人敲诈勒索的；

（四）以将要实施放火、爆炸等危害公共安全犯罪或者故意杀人、绑架等严重侵犯公民人身权利犯罪相威胁敲诈勒索的；

（五）以黑恶势力名义敲诈勒索的；

（六）利用或者冒充国家机关工作人员、军人、新闻工作者等特殊身份敲诈勒索的；

（七）造成其他严重后果的。[①]

以上《解释》条款表明，利用或冒充新闻工作者的身份进行敲诈勒索将加重刑罚，即利用或冒充新闻工作者身份进行敲诈勒索一千元以上便可入刑。

（四）深入开展打击新闻敲诈和假新闻专项行动

2014 年 1 月 15 日，国家新闻出版广电总局发出《关于印发〈开展打击新闻敲诈专项行动的工作方案〉的通知》（以下简称《通知》），指出：新闻敲诈是新闻界一大公害，严重损害新闻队伍形象，侵蚀新闻媒体权威性和公信力，社会各界反映强烈，人民群众深恶痛绝。为切

[①] 引自《最高人民法院、最高人民检察院关于办理敲诈勒索刑事案件适用法律若干问题的解释》，于 2013 年 4 月 23 日公布，自 2013 年 4 月 27 日起施行。

实解决群众反映强烈的突出问题,坚决防止新闻敲诈现象产生和蔓延,进一步规范新闻传播秩序,根据党的群众路线教育实践活动的要求,国家新闻出版广电总局决定从 2014 年 1 月至 12 月,在全国范围内开展为期一年的打击新闻敲诈专项行动,严厉打击真假记者以"曝光"为名进行敲诈勒索等严重违法违规行为,规范新闻采编秩序,维护社会和谐稳定。

该《通知》主要就专项行动方案进行了以下十点布置。一、迅速部署工作,狠刹新闻敲诈歪风;二、限期查办一批案件,形成震慑效应。各地新闻出版行政部门要重点打击以下违法违规行为:新闻单位将报刊版面、名称和刊号转让、承包给他人使用,聘用广告、文化及公关公司等企业人员从事新闻采编活动,利用批评报道向被采访报道单位施压搞有偿新闻或"有偿不闻";报刊记者站、报刊网站及其频道利用新闻采编活动从事报刊征订、广告经营、收取赞助等经营活动;新闻记者利用新闻采编活动谋取不正当利益,借舆论监督进行敲诈勒索、打击报复等;三、严格主管主办制度,强化主管主办单位职责;四、加强报刊年度核验,注销违法违规报刊;五、开展记者站治理整顿,从严审批记者站;六、组织换发新版新闻记者证,清退不合格人员。各地新闻出版行政部门要在 2014 年 1 月、2 月组织当地新闻单位采编人员统一考试,考试合格才能换发新版新闻记者证;七、加强新闻采编人员资质管理,严格准入退出制度。对存在新闻敲诈问题的人员,要坚决予以辞退并列入不良记录;八、完善举报投诉制度,加大社会监督力度。各地新闻出版行政部门要公布举报电话,开通"打击新闻敲诈"官方微博,聘请社会监督员,广泛发动群众参与监督;九、健全案件核查工作机制,提高行政执法水平;十、加大宣传曝光力度,营造良好氛围。总局将协调人民日报、光明日报、中央人民广播电台、中央电视台等中央主要媒体以及人民网、新华网等主要新闻网站,对专项行动进行跟踪报道。①

继以上《关于印发〈开展打击新闻敲诈专项行动的工作方案〉的通知》之后,2014 年 6 月 16 日,国家新闻出版广电总局办公厅又公布了《关于〈河南青年报〉等新闻单位和记者违法案件查处情况的通报》,对近

---

① 引自《关于印发〈开展打击新闻敲诈专项行动的工作方案〉的通知》,国家新闻出版广电总局于 2014 年 1 月 15 日发布。

期新闻出版广电行政部门查办的八起典型案件作了详细说明。该《通报》力图推动"打击新闻敲诈和假新闻、打击假媒体假记者站假记者"专项行动的深入开展,要求各级新闻出版广电行政部门要进一步加大对新闻敲诈和假新闻的打击力度。

《通报》首先公布了包括《河南青年报》、《西南商报》记者张豪、《南方日报》记者胡亚柱、《茂名晚报》记者周翔、《山西市场导报》记者于健康、《忻州日报》记者郭利军、《健康导报》记者杨林生、《河南工人日报》记者魏豪等8个新闻敲诈案件的查处情况,这些新闻单位和新闻从业人员的违法违规问题在社会上造成了恶劣影响。《通报》要求各新闻单位要从中吸取教训,强化管理责任,按照"讲政治、管队伍、守纪律"的要求,全面开展自查自纠,围绕防止新闻敲诈和假新闻,依法依规切实加强内部管理,对记者站、网站、经营部门、采编部门进行集中检查清理,认真纠正存在的违法违规问题。

其次,《通报》要求各新闻单位进一步把好包括人员准入、新闻采访、报道审核、经营活动和检查监督在内的"五个关"。要进一步把好人员准入关,禁止聘用不符合任职条件的人员担任记者站负责人,禁止聘用有不良从业记录的人员从事新闻采编工作;把好新闻采访关,禁止记者站跨行业、跨领域采访报道,禁止新闻记者和记者站未经本单位同意私自开展批评报道;把好报道审核关,禁止记者站和新闻记者私自设立网站、网站地方频道、专版专刊、内参等刊发批评报道;把好经营活动关,禁止记者站和采编人员开办广告、发行、公关等各类公司,禁止记者站和记者从事广告、发行、赞助等经营活动,禁止向记者站和采编人员下达广告及发行等经营任务,禁止采编人员兼职从事关联交易;把好检查监督关,定期征求党委宣传部门、新闻出版广电行政部门、业务主管部门、基层单位和群众的意见,对于群众举报较多的记者站及从业人员,要及时调查处理。

最后,《通知》对下一步的打假工作作了部署,要求各级新闻出版广电行政部门要进一步加大对新闻敲诈和假新闻的打击力度,严格按照专项行动实施方案,通过新闻媒体反复公布举报电话,广泛发动基层单位和群众参与监督,调配行政执法力量,重点加强案件查办工作。要认真受理群众举报,仔细梳理案件线索,严肃查处各类案件,严格依法做出行政处罚。对查实存在新闻敲诈、有偿新闻、有偿不闻的新闻单位,情况严重的一律吊销出版许可证;对查实利用新闻采编活动牟取不正当利益的新闻记者,一律吊销其新闻记者证;对涉嫌犯罪的,必须移送司法机关依法追究刑事责任;对负有管理责任的新闻单位负责人,必须移送其上级主管单位纪检监察部门追究党纪政纪责任。要通过专项行动,撤销一批违法违规记者站,吊销一批违法违规记者的新闻记者证,处罚一批负有责任的新闻媒体及责任人,以实际成效取信于民。①

《通报》公布的第二天,国家新闻出版广电总局副局长蒋建国在关于打击新闻敲诈和假新闻专项行动的采访中强调,新闻敲诈和假新闻以及"三假"问题严重破坏了党和国家工作大局,严重危害了基层和群众切身利益,严重损害了新闻媒体公信力,严重污损了新闻工作者的形象,严重恶化了新闻媒体的生态发展环境。新闻敲诈和假新闻以及"三假"的泛滥,也是对国家治理秩序的严重破坏,对国家治理能力的严峻挑战。因此,必须痛下杀手,严厉打击,切实遏制新闻敲诈和假新闻以及"三假"问题的蔓延势头。②

蒋建国还指出,自《关于深入开展打击新闻敲诈和假新闻专项行动的通知》2014年3月发出以来,全国形成强大的舆论氛围。特别是对《中国特产报》等4家违规报刊社吊销出版许可证,对《西部时报》等6家报刊社停刊整顿的行政处理,以及对违法记者移送司法机关的刑事处罚,起到了极大震慑作用。这次又公布了第二批典型案件,8家新闻单位和记者被处罚,再次显示了政府主管部门对违法违纪行为决不手软的决心。公开进行新闻敲诈的问题得到有效遏制,假记者活动大为收敛。但另一方面也必须看到,目前的工作进展还很不平衡,有部署但落实不够,有措施但关键环节不够,有联合但是抓协调不够,有号召但发动群众不够。③"双打"行动绝不是一阵风,新闻敲诈和假新闻问题由来已久,长期困扰新闻事业健康发展。对于这一顽症,必须有打持久战的思想准备。

---

① 引自《关于〈河南青年报〉等新闻单位和记者违法案件查处情况的通报》,国家新闻出版广电总局于2014年6月18日公布。
② 蒋建国:深入开展打击新闻敲诈和假新闻专项行动,正义网(http://news.jcrb.com/jx-sw/201406/t20140619_1406671.html),2014年8月7日查阅。
③ 同上。

四 报刊：规范新闻采编和发行秩序

（一）"秋风"行动集中扫除假报、假刊、假记者

假报、假刊、假记者在部分地区屡打不绝，危害人民群众切身利益，扰乱基层工作秩序，破坏新闻媒体公信力，影响社会大局稳定。2013年10月10日，全国"扫黄打非"办公室、国家新闻出版广电总局联合发出通知，部署自10月中旬至12月中旬，在全国组织开展非法报刊专项治理"秋风"行动，集中打击非法报刊、非法网络报刊、非法报刊机构和假记者，深入整治违法违规编印传播的内部资料性出版物、固定形式印刷品广告，严肃处理出租、出售、转让出版权及"一号多报（刊）"问题。

通知指出，此次"秋风行动"将重点针对书报刊批发市场、报刊发行企业、报刊销售摊点、报刊投放点及游商进行反复集中清查，严格收缴各类非法报刊。行动开展期间，全国"扫黄打非"办公室将公布一批非法报刊名单。

行动将全面覆盖出版、印刷、发行等领域，特别是加大对网站的排查和清理力度，并结合群众举报制度，重拳出击处置违法刊物：坚决查处含有法律法规禁载内容，公开征订发行、变相定价收费、刊登广告，以固定形式印刷品广告刊登非广告内容的各类资料性出版物，以及利用境外注册刊（报）号在境内编辑发行的非法报刊等；从严查处非法报刊的印刷活动，凡是检查中发现问题的印刷企业处罚后一律进行复查；加大对网站的排查、清理力度，重点查处非法网络报刊、非法报刊网站；根据群众举报和执法检查获取的线索集中力量查处并挂牌督办一批案件，积极协调，果断查处，迅速结案；对出版物市场混乱，群众举报频发，案件久拖不办、久办不决、以罚代刑的地区和单位，将严格追究责任。

全国"扫黄打非"办公室负责人表示，彻底扫除假报、假刊、假记者需要打一场"人民战争"，欢迎广大群众积极通过电话或网络举报相关线索。各地"扫黄打非"部门也将积极拓宽举报渠道，深入核查举报线索，主动公开核查情况，及时兑现举报奖金。

"秋风行动"是今年"扫黄打非"的重点工作。据报道，自行动开展以来，各地"扫黄打非"部门通过专项研究解决假记者案件发现难和取证难问题，核查重要线索，挂牌督办案件，组织暗访督查，曝光重点案件等一套组合拳，取得明显成效。截至2013年12月中旬，全国共查办相关案

件217起，全国"扫黄打非"办公室对其中部分典型案件查处情况进行了公开通报。①

（二）治理查处报刊虚假新闻和低俗内容

近年来，少数报刊和记者无视媒体的社会责任，片面追求经济效益，不时刊登低俗内容，炒作奇闻怪事，甚至制造虚假新闻，造成恶劣社会影响，严重损害了报刊形象和公信力。针对这一情况，2013年12月13日，国家新闻出版广电总局下发了《关于查处部分报刊刊载虚假低俗内容的通报》（以下简称《查处通报》），对近期5起报刊刊载虚假低俗内容的调查处理情况进行了公布。

其中，《聊城晚报》、《新民周刊》因刊载低俗标题被查处，引起了广泛的关注。《查处通报》称，2013年6月28日，山东《聊城晚报》刊载题为《李天一他妈的要求高，律师不干了》的新闻报道。2013年9月，上海《新民周刊》第35期刊载题为《李某某他妈的舆论战》的封面报道。经查，《聊城晚报》、《新民周刊》使用内容低俗的新闻标题，有失社会公德，报道刊发后，引起负面效应。两家报刊被责令整改，相关责任人受到处理。

此外，国家新闻出版广播电视总局还通报了《南方都市报》刊载低俗广告查处情况；《南风窗》刊发"村官腐败透视"失实报道的查处情况；《黑龙江晨报》、《生活报》刊发"老汉开房见网友遇到儿媳妇"虚假低俗新闻的查处情况；《民间传奇故事》违规刊载低俗内容的查处情况。《查处通报》认为，以上虚假低俗内容刊发后，在社会上造成了不良后果，严重影响了新闻出版行业的声誉，损害了新闻媒体的公信力和新闻记者的职业形象。希望全国报刊出版单位引以为戒，吸取教训。

为此，《查处通报》重申了以下4点要求：

1. 坚持正确出版导向。始终坚持马克思主义新闻观，突出宣传社会主义核心价值观，弘扬真善美，传播先进文化，引领时代文化的健康发展。

2. 严格报刊采编流程。报刊出版单位要严格采编规范，要求采编人员必须进行实地采访、全面采访新闻当事人，充分听取各方意见，

---

① 金晶：《全国"扫黄打非"办"秋风"行动查办217起假记者案件》，《经济日报》2013年12月20日第9版。

确保新闻事实准确无误；要进一步完善新闻报道的内部选题报批制度、采访安排计划和稿件三审制度；要不断提高报刊内容质量和编校质量，为人民群众提供健康有益的精神文化产品。

3. 认真开展新闻从业人员岗位培训。各有关单位和部门要按照总局《关于开展新闻采编人员岗位培训的通知》要求，认真组织新闻采编人员开展岗位培训。要加强中国特色社会主义和马克思主义新闻观的教育，使新闻记者更加自觉地宣传好党和国家的大政方针；要系统进行新闻法律法规教育，增强新闻记者严格遵纪守法的意识；要进行新闻伦理、新闻采编规范教育，全面提升新闻从业人员的职业道德和素养。

4. 完善报刊违法的责任追究制度。报刊出版单位要建立健全责任追究制，对失实报道要及时纠正、公开道歉并追究相关人员责任；对蓄意制造和炒作虚假新闻造成恶劣社会影响，损害国家形象和公共利益的，报刊总编辑应引咎辞职，主管单位要追究报刊负责人责任。[①]

国家对新闻传媒领域虚假报道、低俗之风的整治常抓不懈，但此前对低俗内容的查处通报多集中于互联网和广播电视领域。此次通报对全国报刊出版单位起到了警示、警醒的作用。特别是对两起低俗标题情况的处理，有利于肃清报刊出版行业标题乱象，进一步规范新闻从业者的行为，维护新闻秩序，提高媒体公信力。

（三）严格规范党报党刊发行工作

2013年中央先后出台15个与公务员工作生活相关的文件通知，被外界称为"15道禁令"，用以约束公务员行为，抑制腐败，其中之一便是针对非党报党刊搭车发行、行政摊派发行问题而下发的。2013年11月29日，中宣部、国家新闻出版广电总局发出《关于严格规范党报党刊发行工作严禁报刊违规发行的通知》（以下简称《严禁报刊违规发行的通知》），以规范2014年度党报党刊发行工作。

《严禁报刊违规发行的通知》首先明确了征订工作所涉的重点党报党刊范围，主要包括《人民日报》、《求是》杂志和中央办公厅在《严禁报刊

[①] 《关于查处部分报刊刊载虚假低俗内容的通报》，国家新闻出版广电总局2013年12月13日发布。

违规发行的通知》中明确规定参照执行的报纸、地方党委机关报刊。其他各类报刊包括党报党刊所属子报子刊均不得列入党报党刊征订范围。《严禁报刊违规发行的通知》指出，目前各地组织的党报党刊发行工作总体情况平稳有序，但也应看到，一些非党报党刊搭车发行，一些地方利用行政手段强行摊派或变换手法隐形摊派，严重扰乱报刊发行秩序，严重损害新闻媒体声誉，增加基层负担，干部群众对此反映强烈。

为此，《严禁报刊违规发行的通知》要求各地区各部门要充分认识做好党报党刊发行工作的重要意义，结合当前正在深入开展的党的群众路线教育实践活动，加大违规报刊发行治理力度，做好以下七项工作。

一是严格规范党报党刊发行。《严禁报刊违规发行的通知》强调各地区各部门须严格执行党报党刊订阅范围、订阅经费有关规定，实事求是地确定本地区本部门订阅党报党刊的数量；同时在此基础上，改进创新发行模式，积极探索通过新兴传播渠道扩大覆盖面、影响力的方式方法。

二是严禁以党报党刊名义搭车发行或利用行政权力摊派发行其他报刊。对于订阅党报党刊的各级党政部门，《严禁报刊违规发行的通知》提出四个"不得"：（1）不得扩大发行范围，超越公费订阅范围和限额；（2）不得采取电话通知、下发报刊订阅"建议表"、扣发工资等手段强制摊派、变相摊派；（3）不得利用登记、年检、办证、办照、缴费、评比等职权强行要求服务和管理对象订阅；（4）不得将乡镇、村级组织等基层单位订阅报刊情况与工作考核、评优达标挂钩，坚决制止层层加码、突破征订范围和公费限额，增加基层和群众负担。

三是严禁通过不正当手段发行报刊。《严禁报刊违规发行的通知》通过列举的方式明确报刊"不得"采用的发行方式，具体包括：任何报刊不得采取提成回扣、赠钱赠物、出国考察、公费旅游等办法进行推销；不得搞有偿新闻或所谓"形象版"扩大发行；不得以舆论监督相要挟征订；不得打着领导机关、领导干部旗号摊派发行；限定发行范围的报刊不得超范围发行。

四是严禁内部资料性出版物违规发行。对于非党报党刊的刊物，特别是内部资料性出版物，《严禁报刊违规发行的通知》要求必须严格限定在本单位、本系统、本行业内部交流，不得收取任何费用，不得从事经营性活动，不得公开或变相搞征订发行，凡有违规收费、登载广告、公开发行等行为的，一律取缔准印证。

壹 制度环境

五是严禁报刊出版单位违规经营。《严禁报刊违规发行的通知》重申了2012年9月《关于严厉禁止报刊摊派发行的通知》[1]相关要求，强调两个"分离"：要严格实行编辑业务与经营活动相分离，采编人员和发行人员两分开，严禁给采编人员下达报刊发行任务，严禁报刊记者站从事报刊发行活动。

六是加大违法违规发行整治力度。《严禁报刊违规发行的通知》要求各地党委宣传部门、新闻出版部门会同纪检、监察、财政、工商、税务、审计等部门协同联动形成合力，全面监督报刊发行工作，对违反规定的予以停刊销号等处罚，相关责任人甚或追究刑事责任，移交司法部门处置。

七是加强舆论监督和社会监督。在广泛宣传和充分曝光的基础上，坚持群众举报机制，充分发挥舆论监督作用：要求各地新闻出版部门设立举报电话并在媒体上公布，鼓励单位和个人举报投诉违规违法发行报刊，受理的举报投诉原则上不转交被举报单位自行调查处理。[2]

行政摊派发行的问题屡禁不止。此次借助中央重拳反腐之机，严格规范党报党刊发行秩序，将切实减轻基层和群众负担，为新闻媒体挽回良好声誉，有利于报刊出版行业健康发展。

五 广播电视：调控节目结构，监管购物广告

（一）加强版限娱令出台，全方位调控节目播出形式

2013年10月12日，新闻出版广电总局下发《关于做好2014年电视上星综合频道节目编排和备案工作的通知》（广发［2013］68号文）（以下简称《做好上星综合频道节目编排和备案工作的通知》），对引进版权模式节目、歌唱类节目进行了控制和调整，同时明确了"新闻、经济、文化、少儿、体育、纪录节目"播出的比例，被外界称为"加强版限娱令"。

在引进版权模式节目方面，上述通知规定各电视台上星综合频道每年播出的新引进境外版权模式节目不得超过1个，不得安排在19:30—22:00之间播出。通知鼓励电视上星综合频道生产自主创新节目，加大对其播

---

[1]《关于严厉禁止报刊摊派发行的通知》，新闻出版总署2012年9月29日发布。
[2]《关于严格规范党报党刊发行工作严禁报刊违规发行的通知》，中宣部、国家新闻出版广电总局2013年11月29日发布。

出比重；对于电视上星综合频道的原创节目，新闻出版广电总局将在节目备案、进入黄金时段、各类评优评奖等方面予优先考虑。

在娱乐歌唱类节目播出方面，《做好上星综合频道节目编排和备案工作的通知》要求各电视上星综合频道抵制过度娱乐，防止雷同浪费。每季度新闻出版广电总局通过评议会择优选择一档歌唱类选拔节目安排在黄金时段播出，其余不得安排在19：30—22：30之间播出；新闻出版广电总局将对电视晚会进行调控，原则上重要节假日期间每日不超过3台。

此外，《做好上星综合频道节目编排和备案工作的通知》对节目结构和播出形式的严格限制，将进一步扩大电视上星综合频道新闻、经济、文化、科教、生活服务、动画和少儿、纪录片、对农等类型节目的播出比例，总播出时长按周计算不少于30％。其中，（1）道德建设类节目需安排在6：00—24：00之间播出；（2）按周计算平均每天6：00—次日1：00之间至少播出30分钟的国产纪录片；（3）平均每天8：00—21：30之间至少播出30分钟的国产动画或少儿节目。

为切实加强管理，《做好上星综合频道节目编排和备案工作的通知》强调要做好备案工作：凡拟在2014年1月1日起每天任何时段播出的新闻类、道德建设类、歌唱选拔类、晚会类、引进境外版权模式节目需要提前两个月申报备案；每天19：30—22：00播出的婚恋交友类、才艺竞秀类、情感故事类、游戏竞技类、综艺娱乐类、访谈脱口秀、真人秀等类型的节目，需按规定履行备案手续。

此次通知前所未有地对电视台履行社会责任和发布社会责任年度报告提出了明确要求。要求各电视上星综合频道自2013年起，须在每年年末向总局提交本频道落实各项管理规定、履行社会责任的年度报告，内容包括完成《关于进一步加强电视上星综合频道节目管理的意见》以及本《通知》等文件中各项规定、指标具体情况。总局将对各频道年度报告进行审核，并依据实际情况作出奖惩。

早在2011年，总局下发《关于进一步加强电视上星综合频道节目管理的意见》，即外界所称的"限娱令"，对节目形态雷同、过多过滥的婚恋交友类、情感故事类等类型节目实行播出总量和时间控制。本次"加强版限娱令"增加了对歌唱节目和引进版权模式节目的调控，将有效改善节目同质化严重、扎堆播出的情况，促进原创节目的研发制作，使电视节目更加丰富多样，满足观众多样化收视需求。

壹 制度环境

（二）广播电视节目须规范使用通用语言文字

鉴于广播电视的不规范用语现象仍然较为普遍。2014年1月6日，国家新闻出版广电总局发出通知，要求广播电视节目规范使用通用语言文字，在推广普及普通话方面起到带头示范作用。

通知要求播音员主持人除节目特殊需要外，一律使用标准普通话。不得模仿地域特点突出的发音和表达方式，不使用对规范语言有损害的俚语俗词等；用词造句要遵守现代汉语的语法规则，避免滥用生造词语和不规范网络用语；要规范使用外国语言文字，不在普通话中夹杂不必要的外文。

此外，通知还覆盖了对节目嘉宾的用语规定，要求各广播电视播出机构加强对节目嘉宾规范使用语言的提醒和引导。播出机构邀请嘉宾参与节目时应事先对其规范使用语言做出提示，对于嘉宾刻意模仿地域特点突出的发音和表达方式、随意使用方言、夹杂外语等情况及时提醒纠正。

为使广播电视节目规范用语得到制度性的切实保障，通知规定各级广播电视播出机构要把规范使用普通话纳入播音员主持人和编辑记者培训、考核和奖惩体系；认真开展规范用语自查自纠，做好播前审查，含有不规范用语的内容一律不得播出。

据悉，总局新闻发言人表示，当前广播电视不规范用语现象主要集中在选秀等综艺娱乐节目中。对一些在规范用语方面问题突出的节目，广电行政管理部门将要求播出机构认真整改；总局还将修订《中国广播电视播音员主持人职业道德准则》、《中国广播电视播音员主持人自律公约》等文件，细化广播电视节目用语标准规范[①]。

（三）落实并推进主管部门政府信息公开工作

按照政府信息公开条例有关规定，2014年3月26日，国家新闻出版广电总局公布了2013年政府信息公开年度报告。报告指出，2013年，总局紧紧围绕新闻出版、广播影视重点工作，加大政府信息公开力度，不断提高工作透明度，积极回应公众关切，政府信息公开工作取得新的成效。

上述报告显示，在回应社会关注热点方面，总局在通过政务信息网站公开信息的基础上，还充分利用新闻发布会、报刊、广播、电视等平台，

[①]《广电总局：广播电视节目要规范使用通用语言文字》，新华网（http://news.xinhuanet.com/newmedia/2014-01/04/c_133017576.htm），2014年8月9日查阅。

多渠道、多角度主动发布相关信息。

在新闻出版政策规章发布与解读方面，总局及时公开新闻出版改革发展的指导性意见和规范性文件，及时发布促进新闻出版业技术创新与发展的行业标准化管理办法；并通过相关部门负责人接受媒体采访的方式予以权威解读，解疑释惑。

在公开新闻出版行政审批信息方面，总局坚持"放""管"结合，及时公开有关新闻出版行政审批项目取消、下放后续监管措施，强化后续服务和管理的科学性和规范性，同时实现了新闻出版行政许可结果的分类公开。

2013年度总局主动公开信息呈现出公开范围不断扩大、公开内容不断细化的显著特征。特别是对主题出版、精品出版，新闻出版走出去、专项治理行动、公务员招录等重点工作信息实行加强公开。此外，总局还积极公开了公共服务体系建设信息、新闻出版统计信息、财务信息尤其是"三公"经费、招投标信息与行政处罚信息，并进一步细化了公开内容。

同时，总局还公布了一份专门针对广播影视方面的信息公开年度报告。该份报告显示2013年度总局在广播影视方面进一步健全规章制度，改进了影视具体业务办理流程。一是起草了《电视剧拍摄制作备案公示管理办法》，有利于简化管理程序、提高服务水准，推进电视剧管理工作更加高效、公正和公开。二是取消了"中外合作摄制电影片所需进口设备、器材、胶片、道具审批"、"电影洗印单位接受委托洗印加工境外电影底片、样片和电影片拷贝审批"、"一般题材电影剧本"3项行政许可，以及"影视互济专项资金使用审批"和"军队协助拍摄电影片军事预算审批"2项非行政许可审批项目，还将"地方对等交流互办单一国家电影展映活动审批"职责下放省级广电行政部门。另外，在信息公开服务方面，组织了"人事在线"政策法规、办事程序等信息内容的维护，实现了"人事在线"政务系统与国家公务员系统的对接转换。

（四）国内首个电视收视率调查国家标准颁布

近年来，在电视领域，收视造假、数据多样等乱象层出不穷。对此，2014年3月，国家标准委批准颁布了国内首个电视收视率调查国家标准《电视收视率调查准则》（以下简称《调查准则》），并于2014年7月1日起实施。该项《调查准则》的出台，明确了收视率调查所应遵循的基本范围及执行标准，填补了我国电视收视率调查国家标准领域的空白，中国电视收视率调查工作将进入"有标可依"的时代。①

《调查准则》指出，中国电视收视率调查与国际通行准则须保持一致，同时又要符合国内电视收视市场的具体情况。《调查准则》对收视率样本户做出规定：数据提供方必须对样本户资料严格保密，严防样本户受到第三方的影响；收视率数据的使用方也应遵守职业道德，不得采用不正当手段与同行业竞争，不得以任何方式获取样本户资料和干预收视样本户收视行为，以确保数据的客观公正性。

在建立质量管理体系方面，《调查准则》规定收视率调查机构须遵照监管机构和 ISO 国际质量标准的各项规范要求，并接受独立的第三方审核，以确保调查执行的科学、规范、客观和公正。同时建立举报制度，由中国广播电视协会接受举报并履行核查。

此外，《调查准则》强调，收视数据不是节目评价的唯一指标，数据使用方应尊重数据的客观性、完整性，避免对收视率数据的误用和滥用；不得使用没有明确限定范围的语句，或以偏概全，误导市场或公众，或有意散布没有数据支持的有关收视率的结论。

据了解，早在 2009 年，中国广播电视协会就已经颁布《中国电视收视率调查准则》，就样本抽取、数据采集、数据处理及使用等环节做出规定。据国家标准化管理委员会网站显示的信息显示，此次实施的《电视收视率调查准则》属于推荐性国家标准（GB/T），并无强制法律约束力。故有业内人士认为，此类"推荐性标准"想在行业内部落实，很大程度上还依赖于各方的"自觉性"。②

六 广告：规范广告发布，严格媒体责任

（一）强化电视购物广告监管，探索长效机制

2013 年 10 月 29 日，国家新闻出版广电总局发出《关于进一步加强卫视频道播出电视购物短片广告管理工作的通知》，内容涉及企业资质审查、播出环节把关、备案管理和行政监管等电视购物短片广告管理工作的各个环节，其中尤其强调了卫视频道所应当承担的责任。同年 12 月，商务部、

---

① 《收视率调查"国标"7月起将实施》，新华网（http：//news.xinhuanet.com/newmedia/2014-03/13/c_126261731.htm），2014 年 8 月 9 日查阅。

② 《〈电视收视率调查准则〉将于7月1日起实施》，中国新闻网（http：//www.chinanews.com/yl/2014/03-14/5952814.shtml），2014 年 8 月 9 日查阅。

工业和信息化部、公安部、质检总局、工商总局、新闻出版广电总局、食品药品监督总局等七部门又联合印发了《关于开展电视购物专项整治工作的通知》，决定自2013年12月至2014年6月在全国集中开展电视购物专项整治行动。

1. 加强卫视频道播出电视购物短片广告管理工作

电视购物短片广告又称"广告短片购物"或"电视直销广告"，是厂家或代理商通过购买电视台广告时段投放广告片，吸引观众拨打广告画面上的电话订购商品的一种商品直销方式。与一般性商业广告相比，电视购物广告不仅仅是通过媒介向公众进行信息传播，而且增加了直接向公众销售商品的环节。这样的特点，使得电视观众容易将其与电视台自身开办的居家购物节目相混淆，从而导致电视购物短片广告违规时往往会影响到电视购物节目的声誉和形象，并因此损害电视台的公信力。

《国家新闻出版广电总局关于进一步加强卫视频道播出电视购物短片广告管理工作的通知》指出，近段时间以来，广告违规问题出现反弹，特别是部分卫视频道的电视购物短片广告存在内容夸大虚假、长时间反复播出等问题，造成恶劣影响。

为规范电视购物广告行业监管、切实维护消费者利益，该通知对加强电视购物短片广告管理提出明确要求，强调从源头抓起，强化企业资质审查，重申"各卫视频道要认真审验在本频道投放电视购物短片广告的企业资质"。其次，对审核同意在本频道投放的电视购物短片广告，还需报省级广电行政部门备案；而各省级广电行政部门需于每季度结束前，汇总报总局传媒司备案。国家新闻出版广电总局将定期向社会公示，强化社会监督。此外，通知还要求各省级广电行政部门"认真做好辖区内卫视频道电视购物短片广告播出的监管工作，对存在违规问题的，视情节轻重分别给予限期整改、警告、诫勉谈话、通报批评，直至暂停商业广告播出等处理，并追究相关责任人责任，向社会公开曝光"。

上述通知对电视购物广告内容表现形式及播出方式提出了明确要求，通知的第三条指出，要"严格规范表现形式，强化播出环节把关"，其具体内容如下：

各卫视频道每天18点至24点时段内，不得播出电视购物短片广告。其他时段播出电视购物短片广告时，必须严格执行总局61号令和

71号文件的相关具体规定，要坚决做到以下几点：

（一）不得使用主持人作宣传。

（二）不得使用"叫卖式"夸张配音、语调、动作等作宣传。

（三）不得使用新闻报道、新闻采访、现场访谈等形式以及新闻素材、资料等作宣传。

（四）不得使用"矫形"、"塑形"、"透脂"、"甩脂"等宣传或变相宣传丰胸、减肥产品。

（五）要在屏幕画面右上角明确标注"广告"字样。

（六）每天每小时播出电视购物短片广告不得超过1条（次），每条不得超过3分钟，每天播出同一款产品或同一内容的电视购物短片广告不得超过3次。[①]

2. 探索建立电视购物广告监管长效机制

2013年12月4日，国家新闻出版广电总局又与商务部、工业和信息化部、公安部、工商总局、质检总局、新闻出版广电总局、食品药品监督总局等部门联合发布了《关于开展电视购物专项整治工作的通知》，再次强调了电视媒体在发布电视购物广告前，应当依法查验有关证明文件、核实广告内容；并且还加大了对虚假违法电视广告的查处力度。

该项开展电视购物专项整治工作的通知明确了各部门职责以形成监督合力，并重点部署了5方面整治任务：一是严厉打击电视购物领域的违法犯罪行为；二是严格监管电视购物经营行为——严格做好电视购物广告发布企业的资质审查和备案工作；三是加强电视购物频道诚信服务建设；四是加大宣传教育和社会监督力度——充分利用电视、广播、报刊、网络等传播渠道，宣传电视购物相关法律法规和政策措施，曝光虚假电视购物广告和涉案企业，提高公众参与度和消费者识假辨假能力；五是建立健全促进行业规范发展的长效机制。[②]

上述通知下发后，至2014年6月，七部门积极开展专项整治，对电视购物广告进行整治，查处了一批严重虚假违法电视购物广告案件，曝光了

[①]《关于进一步加强卫视频道播出电视购物短片广告管理工作的通知》，国家新闻出版广电总局2013年10月29日发布。

[②]《关于开展电视购物专项整治工作的通知》，商务部、工业和信息化部、公安部、工商总局、质检总局、新闻出版广电总局、食品药品监督总局2013年12月4日发布。

一批典型案件，打击震慑了一批违法主体，电视购物广告经营秩序得到有效规范，专项整治工作取得了明显成效。

在我国，对电视购物广告的监管一直都在推进，广电总局曾不止一次叫停一些违法的电视直销广告，但长效监管措施的完善还在不断摸索当中。

自 2013 年 7 月至今，国家新闻出版广播电影电视总局已先后发布了《关于停止播出"考试棒"等 21 条违规广告的通知》（2013 年 7 月 5 日）、《关于停止播出"古不藤激光治疗仪"等 31 条广告的通知》（2013 年 10 月 31 日）、《关于停止播出"萱妃珠宝"等 13 条违规广告的通知》（2014 年 3 月 26 日）等广告监管文件。实际上，早在 2005 年，广电总局就曾发布《关于禁止播出虚假违法广告和电视"挂角广告"、游动字幕广告的通知》，要求规范各类咨询服务和电视购物节目的播放；2006 年，国家广播电影电视总局、国家工商行政管理总局联合发布《关于整顿广播电视医疗资讯服务和电视购物节目内容的通知》（已失效），规定药品、医疗器械、丰胸、减肥、增高等 5 种产品不允许在电视上做广告。但直到 2009 年，《广播电视广告播出管理办法》才明确提出"电视购物短片广告"的概念。同年，《广电总局关于加强电视购物短片广告和居家购物节目管理的通知》将电视购物短片广告与居家购物节目区分开来，要求"自 2010 年 1 月 1 日起，所有电视购物短片广告作为广告管理，计入广告播出总量，不再执行《广电总局关于禁止播出虚假违法广告和电视'挂角广告'、游动字幕广告的通知》（广发社字〔2005〕547 号）中每小时播出此类节目'总长度不得超过 15 分钟'的规定"；并限定"上星频道每天 18 点至 24 点的时段内，不得播出电视购物短片广告"[①]。而 2013 年发布的《关于进一步加强卫视频道播出电视购物短片广告管理工作的通知》则在此基础上，对电视购物短片广告的播出环节作了更为详细的要求。

（二）《广告法》修订草案公开，强调媒体责任

2014 年 2 月 21 日至 3 月 24 日，国务院法制办公室就《中华人民共和国广告法（修订草案）（征求意见稿）》公开征求意见。这是《广告法》自 1995 年实施以来的首次大修。修订草案在总则中添加专条指出，"国家鼓

[①]《广电总局关于加强电视购物短片广告和居家购物节目管理的通知》，国家广电总局 2009 年 9 月 10 日发布。

励、支持发展广告业，国务院有关主管部门应当制定和实施有利于广告业健康发展的政策措施。"这也体现出国家在政策层面对广告业的重视。修订草案以治理虚假广告为中心，从扩大法律调整范围，补充、完善广告准则和广告活动规范，提高法律责任的幅度和可操作性等方面对现行广告法作出修改。① 修改内容当中还多处涉及广播电台、电视台、报刊出版单位、互联网站等从事广告发布业务的新闻媒体的责任和义务。

1. 明确虚假广告概念，加大违法广告惩处力度

治理虚假广告一直是广告监管工作的重心。与现行《广告法》相比，修订草案不仅完善了"广告"定义，更是首次明确界定了"虚假广告"的概念和表现形式，详细列举了虚假广告的4种具体情形。具体内容如下：

> 第二十七条　广告以虚假或者引人误解的内容欺骗、误导消费者的，构成虚假广告。
> 广告有下列情形之一的，为虚假广告：
> （一）推销的商品或者服务不存在的；
> （二）推销的商品的性能、功能、产地、用途、质量、规格、成分、价格、生产者、有效期限、销售状况、曾获荣誉等信息，或者服务的内容、形式、质量、价格、销售状况、曾获荣誉等信息，以及与商品或者服务有关、能够影响购买行为的允诺等对合同订立有重大影响的信息，与实际情况不符的；
> （三）使用虚构、伪造或者无法验证的科研成果、统计资料、调查成果、文摘、引用语等信息作证明材料的；
> （四）虚构使用商品或者接受服务的效果的。②

这样的明文规定使得"虚假广告"的认定有法可依，为虚假广告治理工作的规范化提供了法律支持，从而有助于促进该行业长效监管机制的形成。

不仅如此，修订草案还加大对违法的广告主、广告经营者和广告发布

---

① 《关于〈中华人民共和国广告法〉（修订草案）征求意见稿的说明》，新华网（http://news.xinhuanet.com/politics/2014-02/21/c_126169779.htm），2014年8月3日查阅。

② 《〈中华人民共和国广告法〉（修订草案）征求意见稿》，国务院法制办公室2014年2月21日公布。

者的惩处力度。这就意味着作为"广告发布者"的媒体同样应当为虚假广告负责。修订草案针对发布虚假广告、含有禁止情形的广告、依法应经发布前审查而未经审查的广告等重点违法行为提高了罚款额度，并对"2年内有3次以上严重违法行为或者有其他严重情节的"，予以加重处罚。针对名人代言广告行为，此次修订草案首次引入了"广告荐证者"这一法律概念，而"广告荐证者明知或者应知广告虚假仍在广告中对商品、服务进行推荐或者证明的"，则与其他广告主体一样，也要为违法广告承担相应责任。

2. 约束媒体行为，严格媒体责任

作为广告发布者，媒体是广告活动中必不可少的主体。因此，修订草案不仅在惩处违法广告中涉及媒体责任，而且在约束媒体行为、严格媒体责任方面也明确提出了诸多规范性要求。

在广告发布业务方面，修订草案要求广播电台、电视台、报刊出版单位、互联网站等媒体依法办理广告发布登记、健全广告审查管理等制度，主要内容如下：

第二十九条 广播电台、电视台、报刊出版单位、互联网站从事广告发布业务的，应当依法办理广告发布登记。

广播电台、电视台、报刊出版单位的广告业务，应当由其专门从事广告业务的机构办理。

第三十五条 广告经营者、广告发布者应当建立、健全广告审查管理制度，配备熟悉广告法律、行政法规的广告审查人员。广告经营者、广告发布者接受他人委托设计、制作、发布广告，应当依法查验有关证明文件，核对广告内容。

第三十六条 广告经营者、广告发布者按照国家有关规定，建立、健全广告业务的承接登记、审核、档案管理制度。

第五十八条 违反本法第二十九条规定，广播电台、电视台、报刊出版单位、互联网站未取得广告发布登记，擅自从事广告发布业务的，由工商行政管理部门责令改正，没收违法所得，违法所得1万元以上的，并处违法所得1倍以上3倍以下的罚款；违法所得不足1万元的，并处5000元以上3万元以下的罚款。

与现行《广告法》相比，修订草案将第四章由"广告的审查"改为"监督管理"，内容也从原来的三条增加至九条。修订草案采取多种方式加强对广告活动的监督管理，除了完善广告审查制度、明确强制措施外，还特别针对约束媒体行为增加了相应条款，要求制定媒体发布广告的行为规范、对包括广告发布者在内的各广告主体建立信用档案。此外，考虑到广告发布环节是否依法履行审查义务对治理虚假违法广告至为关键，修订草案在法律责任方面对媒体也提出了更为明确而严格的要求。主要内容如下：

第五十一条 工商行政管理部门会同新闻出版广电、信息产业等主管部门，制定利用广播、电影、电视、报纸、期刊、电信网络、互联网等媒介发布广告的行为规范。

第五十三条 国务院工商行政管理部门应当建立广告监督管理信息系统，将广告主、广告经营者、广告发布者和广告荐证者的违法广告行为记入信用档案。

第六十六条 广播电台、电视台、报刊出版单位违反本法规定，发布违法广告的，工商行政管理部门通知新闻出版广电部门对广告发布者作出责令改正等行政处理措施；情节严重的，新闻出版广电部门应当停止媒体的相关业务，对直接负责的主管人员和其他直接责任人员依法给予处分。

《广告法（修订草案）》的公开引起了全社会广泛关注，其中另有两条也成为关注热点。其一，添加了发送广告需经消费者同意的条款。草案第四十五条规定："任何组织或者个人未经当事人同意或者请求，或者当事人明确表示拒绝的，不得向其固定电话、移动电话或者个人电子邮箱发送广告。"其二，增加专条规定广告活动中的未成年人保护问题。对媒体而言，"禁止在针对未成年人的大众传播媒介、频率、频道、节目、栏目上发布药品广告、医疗广告、医疗器械广告、网络游戏广告、酒类广告。"

七 互联网：强化网络信息安全与文化市场监管

继2012年12月第十一届全国人大常委会通过《关于加强网络信息保护的决定》之后，国家工信部于2013年7月发布了《电信和互联网用户个人信息保护规定》。同年9月，最高人民法院、最高人民检察院出台了《关于办理利用信息网络实施诽谤等刑事案件适用法律若干问题的解释》。2014年8月，国家互联网信息办公室下发《即时通信工具公众信息服务发展管理暂行规定》。在此之前，中央网络安全和信息化领导小组也已于2014年2月27日宣告成立。2014年，正值中国接入国际互联网20周年，在不断推进国家信息化发展的同时，对网络信息安全的重视也日益增强，并开始逐步从法制层面加以规范。

（一）加强电信和互联网用户合法权益保护

为了保护电信和互联网用户的合法权益，维护网络信息安全，根据《全国人民代表大会常务委员会关于加强网络信息保护的决定》、《中华人民共和国电信条例》和《互联网信息服务管理办法》等法律、行政法规，国家工信部制定并发布《电信和互联网用户个人信息保护规定》（以下简称《规定》），自2013年9月1日起施行。

《规定》要求电信业务经营者、互联网信息服务提供者"在提供服务的过程中收集、使用用户个人信息，应当遵循合法、正当、必要的原则"；并且"对其在提供服务过程中收集、使用的用户个人信息的安全负责"。此外，《规定》还明确指出，电信业务经营者、互联网信息服务提供者在收集和使用信息过程中，应当对用户尽到告知义务并需获得用户同意，相关条款如下：

第八条 电信业务经营者、互联网信息服务提供者应当制定用户个人信息收集、使用规则，并在其经营或者服务场所、网站等予以公布。

第九条 未经用户同意，电信业务经营者、互联网信息服务提供者不得收集、使用用户个人信息。

电信业务经营者、互联网信息服务提供者收集、使用用户个人信息的，应当明确告知用户收集、使用信息的目的、方式和范围，查询、更正信息的渠道以及拒绝提供信息的后果等事项。

电信业务经营者、互联网信息服务提供者不得收集其提供服务所必需以外的用户个人信息或者将信息用于提供服务之外的目的，不得以欺骗、误导或者强迫等方式或者违反法律、行政法规以及双方的约定收集、使用信息。

互联网信息服务后,应当停止对用户个人信息的收集和使用,并为用户提供注销号码或者账号的服务。

法律、行政法规对本条第一款至第四款规定的情形另有规定的,从其规定。①

早在 2013 年 2 月,我国已开始实施《信息安全技术公共及商用服务信息系统个人信息保护指南》。作为国内首个个人信息保护国家标准,该标准将个人信息分为"个人一般信息"和"个人敏感信息",并提出"默许同意"和"明示同意"的概念。对个人一般信息的收集可以建立在默许同意的基础上,只要个人信息主体没有明确反对即可;而收集个人敏感信息时,必须要事先得到个人信息主体的明示同意。

(二)出台互联网定向广告行业标准,保护用户个人信息安全

国家在法制层面对互联网用户个人信息保护的重视,也进一步推动了互联网相关行业的自律。中国广告协会互动网络分会制定了《中国互联网定向广告用户信息保护行业框架标准》(以下简称《框架标准》),于 2014 年 3 月 15 日正式生效。这也是我国广告行业第一部规范互联网定向广告用户信息保护的标准,其目的在于指导和规范互联网定向广告业务中对用户信息的收集、保存、使用和转移行为,从而构建良好的行业生态。这部《框架标准》也同样确立了对用户的告知义务和"明示同意"等信息收集和使用规则。

根据这一《框架标准》,有关单位在收集、使用、转移和分享用户信息时,不得违反法律、法规的规定和双方的约定;应通过隐私声明、标识、即时通知等方式向用户公布收集和使用用户信息的规则;应确保用户身份关联信息的准确性、完整性、相关性和时效性;收集任何用户的敏感信息,应获得用户的明示同意,特别是在明确得知用户是未成年人的情况下,应取得其监护人的同意。②

互联网定向广告是指通过收集一段时间内特定计算机或移动设备在互联网上的相关行为信息,预测用户的偏好或兴趣,再基于此种预测,通过

---

① 《电信和互联网用户个人信息保护规定》,国家工业和信息化部 2013 年 7 月 16 日发布。
② 《中国广告协会互动网络分会发布〈中国互联网定向广告用户信息保护行业框架标准〉》,载于《传媒法律与政策通讯》2014 年第 2 期。

互联网对特定计算机或移动设备投放广告的行为。定向广告使网络广告从"广而告之"变为"窄而告之",使广告客户的广告内容与网络媒体上的文章内容、浏览者偏好、使用习性、浏览者地理位置、访问历史等信息自动进行匹配,使传统的"广告"像精确制导的导弹一样,直接命中目标客户群体。[①] 鉴于这样的特点,互联网定向广告必然基于对网络媒体用户的个人信息收集。因此,随着互联网对生活的全方位渗透,越来越多的用户对个人信息安全感到担忧。

对此,国家相关部门给予了高度重视,2013年10月新修订的《消费者权益保护法》和国家工商管理总局于2014年2月发布的《网络交易管理办法》,都对网络环境下的消费者个人信息的采集、使用作了明确规定。《框架标准》正是在一系列国家法律法规的推动下,通过全行业的积极参与,以自律方式主动将互联网定向广告用户个人信息的合法使用与违法界限界定清晰的行业标准。

(三)规范即时通信工具公众信息服务

2013年12月,全国人大《关于加强网络信息保护的决定》以法律形式确立了互联网身份实名管理制度。而今在日益火热的即时通讯领域,这一制度被重申并加以推进。

2014年8月7日,国家互联网信息办公室发布《即时通信工具公众信息服务发展管理暂行规定》,要求使用者通过真实身份信息认证后注册账号,并承诺遵守"七条底线"。不仅如此,该规定还要求开设公众账号需审核备案;并且对公众账号发布、转载时政新闻设限——除新闻单位、新闻网站开设的公众账号可以发布、转载时政新闻外,其他公众账号只有取得相应资质才能转载时政新闻。对违反规定的行为,将采取警示、限制发布、暂停更新直至关闭账号等措施。具体内容如下:

> 第六条 即时通信工具服务提供者应当按照"后台实名、前台自愿"的原则,要求即时通信工具服务使用者通过真实身份信息认证后注册账号。
>
> 即时通信工具服务使用者注册账号时,应当与即时通信工具服务提供者签订协议,承诺遵守法律法规、社会主义制度、国家利益、公

[①] 杨陶玉:《网络定向广告的精准传播》,《传媒观察》2007年第4期。

民合法权益、公共秩序、社会道德风尚和信息真实性等"七条底线"。

第七条 即时通信工具服务使用者为从事公众信息服务活动开设公众账号，应当经即时通信工具服务提供者审核，由即时通信工具服务提供者向互联网信息内容主管部门分类备案。

新闻单位、新闻网站开设的公众账号可以发布、转载时政类新闻，取得互联网新闻信息服务资质的非新闻单位开设的公众账号可以转载时政类新闻。其他公众账号未经批准不得发布、转载时政类新闻。

即时通信工具服务提供者应当对可以发布或转载时政类新闻的公众账号加注标识。

鼓励各级党政机关、企事业单位和各人民团体开设公众账号，服务经济社会发展，满足公众需求[①]。

（四）严厉打击网络诽谤等刑事犯罪

由于互联网等信息网络具有公共性、匿名性、便捷性等特点，使得信息网络很容易成为新的犯罪平台，一些不法分子利用网络实施诽谤、寻衅滋事、敲诈勒索、非法经营等犯罪，侵犯公民的名誉权、财产权等合法权益，扰乱公共秩序。2013年9月，最高人民法院、最高人民检察院发布《关于办理利用信息网络实施诽谤等刑事案件适用法律若干问题的解释》（以下简称《解释》），针对《刑法》中已确认的诽谤、寻衅滋事、敲诈勒索和非法经营等犯罪行为发生在信息网络中的情形作出专门解释。《解释》自2013年9月10日起施行。

该《解释》共有十条，其中第一至三条分别对利用信息网络实施诽谤犯罪的行为方式、入罪标准和公诉条件等三个问题予以认定，是《解释》的重要内容。具体条款如下：

第一条 具有下列情形之一的，应当认定为刑法第二百四十六条第一款规定的"捏造事实诽谤他人"：

（一）捏造损害他人名誉的事实，在信息网络上散布，或者组织、

[①]《即时通信工具公众信息服务发展管理暂行规定》，国家互联网信息办公室2014年8月7日发布。

指使人员在信息网络上散布的；

（二）将信息网络上涉及他人的原始信息内容篡改为损害他人名誉的事实，在信息网络上散布，或者组织、指使人员在信息网络上散布的；

明知是捏造的损害他人名誉的事实，在信息网络上散布，情节恶劣的，以"捏造事实诽谤他人"论。

第二条 利用信息网络诽谤他人，具有下列情形之一的，应当认定为刑法第二百四十六条第一款规定的"情节严重"：

（一）同一诽谤信息实际被点击、浏览次数达到五千次以上，或者被转发次数达到五百次以上的；

（二）造成被害人或者其近亲属精神失常、自残、自杀等严重后果的；

（三）二年内曾因诽谤受过行政处罚，又诽谤他人的；

（四）其他情节严重的情形。

第三条 利用信息网络诽谤他人，具有下列情形之一的，应当认定为刑法第二百四十六条第二款规定的"严重危害社会秩序和国家利益"：

（一）引发群体性事件的；

（二）引发公共秩序混乱的；

（三）引发民族、宗教冲突的；

（四）诽谤多人，造成恶劣社会影响的；

（五）损害国家形象，严重危害国家利益的；

（六）造成恶劣国际影响的；

（七）其他严重危害社会秩序和国家利益的情形。[①]

《解释》将网络诽谤信息的点击量、浏览量及转发次数也纳入了入罪标准的考量范围。例如第二条第一款规定，"同一诽谤信息实际被点击、浏览次数达到五千次以上，或者被转发次数达到五百次以上的"认定为"情节严重"；第四条又补充说明，"一年内多次实施利用信息网络诽谤他

[①] 《关于办理利用信息网络实施诽谤等刑事案件适用法律若干问题的解释》，最高人民法院、最高人民检察院 2013 年 9 月 6 日发布。

人行为未经处理,诽谤信息实际被点击、浏览、转发次数累计计算构成犯罪的,应当依法定罪处罚。"

早在 2000 年,全国人大常委会在《关于维护互联网安全的决定》中就已经指出,利用互联网实施造谣、诽谤、敲诈勒索等行为,构成犯罪的,依照刑法有关规定追究刑事责任。但是根据我国《刑法》规定,只有"情节严重"才构成诽谤罪,一般的诽谤行为只能作为民事侵权或行政违法行为处理;并且诽谤罪是自诉案件,只有"严重危害社会秩序和国家利益"的除外。此次《解释》的出台,则具体明确了利用信息网络实施诽谤等刑事案件的定罪量刑标准。

此外,《解释》的其余条款还涉及利用信息网络实施"寻衅滋事"、"敲诈勒索"、"非法经营"等犯罪行为的认定及处罚问题等诸多内容。

(五) 完善网络剧、微电影等网络视听节目管理

为进一步完善管理,营造文明健康的网络环境,防止内容低俗、格调低下、渲染暴力色情的网络视听节目对社会产生不良影响,国家新闻出版广电总局于 2014 年 1 月 2 日下发《关于进一步完善网络剧、微电影等网络视听节目管理的补充通知》(以下简称《补充通知》)。这是继《关于进一步加强网络剧、微电影等网络视听节目管理的通知》之后,又一个专门针对互联网、微电影管理而发布的规范性文件,同时也是对前一个通知的补充。

《补充通知》所提及的"先审后播"制度以及自审自播的网络剧、微电影等网络视听节目的备案准则等内容,实际上都是旧规重申,有些规定条款更加细化。新政的出台,意味着主管部门对网络视听节目的日益重视,并逐步进入实质性管理阶段。

《补充通知》明确强调要严格审查制作机构资质,其第二条中提出,"互联网视听节目服务单位不得播出未取得《广播电视节目制作经营许可证》机构制作的网络剧、微电影等网络视听节目"。这意味着视频网站不仅要审查网络视听节目的内容,还要对制作方的资质进行审查。不过,《广播电视节目制作经营许可证》的规定实质上也是正面肯定了网络剧、微电影的地位与市场传播合法性,将其纳入到既有的广播电视节目制作管理范畴。

此外,《补充通知》与旧规在内容上最显著的差别在于对个人上传视听节目的管理。2012 年出台的《关于进一步加强网络剧、微电影等网络视

听节目管理的通知》里要求,"互联网视听节目服务单位应对向网站上传视听节目的个人和机构核实真实身份信息"。而《补充通知》则对这个要求进行了细化,互联网视听节目服务单位所应承担的责任也更加明确。《补充通知》第三条规定:"个人制作并上传的网络剧、微电影等网络视听节目,由转发该节目的互联网视听节目服务单位履行生产制作机构的责任。互联网视听节目服务单位只能转发已核实真实身份信息并符合内容管理规定的个人上传的网络剧、微电影等网络视听节目,不得转发非实名用户上传的此类节目。"

(六)规范网络转载、支持传统媒体依法维权

2014年6月12日,国家版权局、国家互联网信息办公室、工业和信息化部、公安部正式启动"剑网2014"专项行动,这是2005年开展打击网络侵权盗版"剑网行动"以来的第十次专项行动。"剑网2014"确立了四项重点任务,即保护数字版权、规范网络转载、支持依法维权及严惩侵权盗版。具体内容如下:

一是保护数字版权。重点围绕文字、影视、音乐、游戏、软件等作品的数字版权保护,加大对互联网网站、网络销售平台、移动智能终端应用软件商店的监管力度,严厉打击各种网络侵权盗版行为,加强网络版权保护,规范网络版权秩序,以版权管理促进网络治理,以版权保护维护网络安全。

二是规范网络转载。通过查办案件和引导规范两个手段,组织网站开展自查自纠,加大主动监管工作力度,加强网站版权监督审核,完善网络版权许可付酬机制,引导报刊社与大型商业网站开展版权合作,完善网络转载许可付酬措施,形成网络转载等使用作品依法依规许可付费使用的合作双赢机制。

三是支持依法维权。积极推广重庆日报报业集团发表版权声明的做法,支持传统媒体规范版权声明,推动网络版权保护自律。鼓励、调动权利人维权积极性,引导支持权利人采取行政投诉、民事诉讼和刑事报案等手段,开展正当维权,主张合法权益。支持权利人采取实施通知——删除程序、申请民事诉前禁令等法律手段及时制止侵权。

四是严惩侵权盗版。加强对新闻网站、音视频网站、文学网站、游戏网站的监管力度,严厉打击未经许可转载、非法传播他人作品的

侵权盗版活动；严厉打击故意为侵权盗版提供搜索链接、广告联盟接入、信息存储空间以及服务器托管、互联网接入等违法网络服务行为；重点规范网络销售平台、移动智能终端应用软件商店、网络电视棒、电视机顶盒等网络载体的版权经营行为。①

与往年的"剑网行动"相比，本次专项行动的一个显著特点是将打击部分网站未经授权大量转载传统媒体作品、严重侵害权利人合法权益的侵权行为纳入重点任务之中，并通过规范网络转载行为，推动传统媒体与网络媒体建立合作机制，引导权利人采取多种渠道进行维权等方式，促进互联网产业健康持续发展。

具体来说，国家版权局将积极推广重庆日报报业集团等传统媒体发表版权声明的做法，推动传统媒体提高版权保护意识，积极采取措施维护自身权益。国家版权局将指导行业协会制作传统媒体版权声明指导范本，规范版权转载声明，推动重点报刊社与大型商业网站签订版权付费使用协议，积极引导传统媒体与新闻网站、文学网站、音视频网站开展合作，形成依法依规许可付费使用的合作双赢机制。②

国家版权局新闻发言人于慈珂表示："'先许可，后使用'，这是著作权法的一项基本原则。除了著作权法明确规定之外，不论是出于什么目的使用了作品，不论是付费还是不付费，不论是营利性还是公益性，使用作品必须先取得权利人授权许可。'先许可，后使用'这项原则对传统媒体和网络媒体都是适用的，没有例外。在法律规定框架下，未经权利人允许就使用其作品都是侵权行为，都要承担相应的法律责任。"③

（资料摘编整理：高　莹　陈　璐　李　婧）

---

① 《国家版权局副局长阎晓宏就"剑网2014"专项行动答记者问》，中华人民共和国国家版权局网站（http://www.ncac.gov.cn/chinacopyright/contents/596/206321.html），2014年8月8日查阅。

② 同前注。

③ 《整治网络转载乱象　力挺传统媒体维权——第十次打击网络侵权盗版"剑网行动"启动，记者专访国家版权局新闻发言人》，中华人民共和国国家版权局网站（http://www.ncac.gov.cn/chinacopyright/contents/596/212296.html），2014年8月8日查阅。

中国新闻传播制度调整与政策动态(2013)[*]

2013年，国务院在机构改革和职能转变中将新闻出版总署、广电总局的职责整合，组建了国家新闻出版广播电影电视总局，这一重大调整有利于推进文化体制改革，统筹新闻出版广播影视人、财、物的资源开发、利用、整合与管理。

在中宣部、中央外宣办、国家新闻出版广电总局、中国记协的推动下，新闻战线深入开展了马克思主义新闻观培训，并与群众路线教育活动、"三项学习教育"活动、"走转改"活动紧密结合，同时加强社会主义核心价值观宣传教育。党报、党刊、通讯社、电台、电视台均推出了专栏专题，运用多种形式传播社会主义核心价值观。

在媒体治理方面，全国"扫黄打非"工作有序进行，还深入开展了"净网"、"清源"、"秋风"等专项行动，"剑网行动"也卓有成效。电视节目规制方面总局发布了较多的政策引导性通知，比如对同质化、扎堆播出的各类节目进行宏观调控、调控歌唱类选秀节目、限时段禁播电视购物广告、电视购物与虚假违法医药广告的专项整治等等。

各部门重拳出击加强媒体行业自律和记者队伍整顿。先后开展的加强记者队伍培训、严格执行三审制度等行动均在着力强化新闻媒体职业道德建设，革除新闻从业领域中的不良风气。

一 大部制改革

2013年3月10日，国务院机构改革和职能转变方案正式披露。整合加强新闻出版和广播电影电视管理机构，组建国家新闻出版广播电影电视

---

[*] 本文采用国家新闻出版广电总局网站、国务院新闻办公室网站、中国记协网、《中国新闻出版报》等刊发的消息和报道编写。

总局是其中一项重要内容。算上此次机构调整,新闻出版总署自1949年以来共进行了8次调整,每次调整都是随着国家管理方式、改革的深化而进行的。

从现实情况来看,"文广新"的合并已经从县级实行到市级、省级,有了现实基础,广播电影电视和新闻出版在管理对象、业务内容等方面都比较相近,为了因应精简政府机构的大趋势,此次大部制改革主要着眼于解决政府机构叠床架屋、职责交叉、队伍膨胀的问题,其目的在于简化政府部门职能,促使流程合理,同时提高管理效率,落实管理责任。

新组建的国家新闻出版广播电影电视总局主要职责是:统筹规划新闻出版广播电影电视事业产业发展,监督管理新闻出版广播影视机构和业务以及出版物、广播影视节目的内容和质量,负责著作权管理等。这样的调整有利于统筹推动报刊、出版社、通讯社、电台电视台和互联网等媒体协调发展,加快构建现代传播体系,提高文化传播能力;有利于新闻出版广播影视业做大做强,增强文化整体实力和竞争力;有利于整合新闻出版和广播影视领域公共服务资源,提高公共文化服务的质量和水平。

3月19日,国家新闻出版广电总局召开机关领导干部会议,中央组织部副部长潘立刚受中央委托,宣布了中共中央关于新组建的国家新闻出版广电总局主要负责同志任职的决定。中央决定,蔡赴朝同志任国家新闻出版广电总局局长、党组副书记、国家版权局局长,蒋建国同志任国家新闻出版广电总局党组书记、副局长。蔡赴朝指出,新闻出版和广播影视都具有鲜明的意识形态属性,新机构履行职能的第一要务就是要清醒认识,牢牢把握新组建机构的政治责任,在思想上、政治上、行动上同党中央保持高度一致,坚决贯彻中央的路线方针政策和中宣部的部署,坚持抓好导向,管好媒体,把好关口,守好阵地。要坚定不移以改革为动力,以转变职能为核心,努力推动新闻出版广播影视业做大做强。坚定不移地贯彻执行好党的民主集中制,着力建设风清气正、坚强有力的领导集体。

蒋建国则表示,党中央、国务院站在全局高度,决定组建国家新闻出版广电总局,统一对各类传媒的行政管理,是科学之策、高明之举。他指出,当前,全局上下面临的一项重要任务是按照中央部署在中宣部领导和指导下,做好两部门整合和新机构组建工作。其中,关键是科学制订"三定"方案,核心是积极实行职能转变,重点是认真搞好人员安排,要努力做到科学整合、加快磨合、迅速融合,并确保在整合过程中做到思想不乱、工作不断、队伍不散，确保在今后工作中做到把事业产业发展好、把阵地管理好、把队伍建设好。

二 媒体开展马克思主义新闻观教育活动

（一）马克思主义新闻观培训

2013年6月中旬，中宣部、中央外宣办、国家新闻出版广电总局、中国记协联合印发《关于在新闻战线深入开展马克思主义新闻观培训的意见》，决定从2013年6月到2014年1月，在全国新闻战线集中开展马克思主义新闻观全员培训。马克思主义新闻观是马克思主义经典作家和中国共产党历代领导集体的智慧结晶，是做好新时期新闻宣传工作的根本遵循。随着网络技术快速发展，新的舆论传播格局正在形成，互联网已经成为舆论斗争的主战场。新闻事业迅速发展，年轻编辑记者的构成比重明显加大，新闻工作者的思想政治素质良莠不齐。有些从业人员新闻党性原则动摇，社会责任意识淡漠，工作作风漂浮，违纪违规行为时常出现。这些情况都对加强新闻采编人员培训提出了迫切要求。新闻战线要把马克思主义新闻观教育作为加强队伍建设的首要任务，摆在"三项学习教育"活动重中之重的位置，集中智慧和力量抓出实实在在的成效。

此次培训建立在对新闻宣传管理部门、新闻单位进行大调研的基础之上。培训组织部门先后听取了100多家单位的意见和建议，在调研论证后，决定面向全国所有在报社、通讯社、电台、电视台、新闻网站、新闻期刊社从事采访、编辑、制作、刊播的人员，包括尚未领取记者证的聘用人员共约30.7万人进行培训。全部培训工作分3个阶段进行：第一阶段是组织筹备。主要是细化培训工作方案，并对新闻宣传管理部门、中央和地方主要新闻单位、行业类媒体选拔局级以上领导和优秀新闻工作者191人先行培训，作为开展全员培训的基础师资队伍；第二阶段是全面展开培训。按照"分级分类、各负其责、不留死角、务求实效"的原则，在新闻战线分层分期开展培训。7月至8月，中央外宣办举办中央和省级新闻网站负责人培训班，国家新闻出版广电总局举办各省区市电台电视台负责人培训班，中国记协举办全国行业类媒体和企业报负责人培训班。8月份，各省区市党委宣传部会同有关部门分期分批举办培训班，培训省级党报副社长、副总编和市县主要媒体负责人。中央主要新闻单位举办中层干部培训班，培训新闻采编关键岗位及所属子报子刊、新闻网站和派出机构主要负责人。9月至11月，中央主要新闻单位、行业类媒体、各省区市新闻单位和市县级媒体、企业报分期分批对本单位所有新闻采编人员进行集中培训；第三阶段是检查总结。全国"三项学习教育"活动领导小组派出督导组，对各地各单位开展培训情况进行督导检查。各地"三项学习教育"活动领导小组对省、市、县新闻媒体培训工作进行专项督导。对组织培训不力的地方和单位，将被要求限期改正。

（二）媒体"三进"、"四结合"

"四结合"推进马克思主义新闻观教育活动。以央视为例，2013年4月央视开展以"信念、理想、责任"为主题的马克思主义新闻观教育活动以来，采用领导授课、专家讲座等多种形式，同时结合各频道、栏目自身业务开展一系列活动，推出一系列接地气的作品与观众见面。中央电视台成立了马克思主义新闻观教育活动领导小组，负责确定教育活动的主要内容、工作安排，督导、协调相关工作。机关党委会同领导小组成员单位先后制定了相关工作方案并组织"讲述CCTV""感动CCTV"等报告会，推广先进典型。

为了更好地把教育活动的成果体现在节目里、报道中和屏幕上，央视确立了马克思主义新闻观教育活动的指导思想，即开展马克思主义新闻观教育活动要与电视节目采编播业务紧密结合，与员工业务培训、入台入职教育、党员思想教育、领导干部廉政教育紧密结合，与党的群众路线教育活动、建设学习型党组织、"三项学习教育"活动、"走转改"活动紧密结合，与主题党日活动、主题团日活动、青年岗位练兵活动紧密结合。央视各中心、频道将教育活动与"走转改"报道紧密结合，不断加强采编播人员联系基层、服务基层的力度。如央视多名播音员主持人前往云南、青海、新疆等地，与当地同行交流业务；少儿频道组织"同心"青年志愿队赶赴雅安地震灾区慰问等。同时，中央电视台正在研究建立马克思主义新闻观教育考核办法。

国家新闻出版广电总局新闻出版直属机关党委下发《关于在群众路线教育实践活动中组织机关干部开展"三进"活动有关安排的通知》，开展了"三进"（进社店、进书屋、进印厂）活动。确定了四个基层单位作为体验锻炼单位，包括人民出版社、北京图书大厦、中国书店和北京第二印刷厂，要求参加活动人员要严格要求自己，遵守体验单位工作纪律；参加活动人员要诚心诚意拜群众为师，感受基层工作、体验群众生活、了解群众需求，切实增进群众感情。"

（三）培育和践行社会主义核心价值观

2013年12月，中共中央办公厅印发了《关于培育和践行社会主义核心价值观的意见》（以下简称《意见》），并发出通知，要求各地区各部门结合实际认真贯彻执行。

《意见》指出，新闻媒体要发挥传播社会主流价值的主渠道作用。坚持团结稳定鼓劲、正面宣传为主，牢牢把握正确舆论导向，把社会主义核心价值观贯穿到日常形势宣传、成就宣传、主题宣传、典型宣传、热点引导和舆论监督中，弘扬主旋律，传播正能量，不断巩固壮大积极健康向上的主流思想舆论。党报党刊、通讯社、电台电视台要拿出重要版面时段、推出专栏专题，出版社要推出专项出版，运用新闻报道、言论评论、访谈节目、专题节目和各类出版物等形式传播社会主义核心价值观。都市类、行业类媒体要增强传播主流价值的社会责任，积极发挥自身优势，适应分众化特点，多联系群众身边事例，多运用大众化语言，在生动活泼的宣传报道中引导人们培育和践行社会主义核心价值观。强化传播媒介管理，不为错误观点提供传播渠道。新闻出版单位和从业人员要强化行业自律，切实增强传播社会主义核心价值观的责任意识和能力，将个人道德修养作为从业资格考评的重要内容。

《意见》提出建设社会主义核心价值观的网上传播阵地。适应互联网快速发展形势，善于运用网络传播规律，把社会主义核心价值观体现到网络宣传、网络文化、网络服务中，用正面声音和先进文化占领网络阵地。做大做强重点新闻网站，发挥主要商业网站建设性作用，形成良好的网上舆论环境，集聚网上舆论引导合力。做好重大信息网上发布，回应网民关切，主动有效进行网上引导。推动中华优秀传统文化和当代文化精品网络化传播，创作适于新兴媒体传播、格调健康的网络文化作品。依法加强网络社会管理，加强对网络新技术新应用的管理，推进网络法制建设，规范网上信息传播秩序，整治网络淫秽色情和低俗信息，打击网络谣言和违法犯罪，使网络空间清朗起来。

《意见》还提出运用公益广告传播社会主流价值、引领文明风尚。围绕社会主义核心价值观，加强公益广告的选题规划和内容创意，形成公益广告传播先进文化、传扬新风正气的强大声势。加大公益广告刊播力度，广播电视、报纸期刊要拿出黄金时段、重要版面和显著位置，持续刊播公益广告。互联网和手机媒体要发挥传输快捷、覆盖广泛的优势，运用多种方式扩大公益广告的影响力。社会公共场所、公共交通工具要在适当位置悬挂张贴公益广告。各类公益广告要注重导向鲜明、富有内涵、引人向上，注重形式多样、品位高雅、创意新颖，体现时代感厚重感，增强传播力感染力。

（四）"走转改"活动

以央视为例，中央电视台各频道全面开展"走转改"宣传报道，共派出记者5000余路，总投入近15000人次，制作新闻5000余条，时长达11968分钟，专题节目3000余期，时长达89164分钟。《新闻联播》、《朝闻天下》、《新闻30分》、《共同关注》、《东方时空》等重点新闻栏目继续巩固走基层日常报道，深入打造《百姓心声》、《蹲点日记》、《为人民服务新观察》等固有专栏，并精心制作《库尔赛转场记》、《挺进独龙乡》、《我看这一年》和《我们和父母之间》等多个特别报道和专题节目，有力推动基层实际问题的解决，取得良好传播效果。中央电视台还以"走转改"要求为主旨，举办《寻找最美乡村教师》、《寻找最美乡村医生》、《寻找最美孝心少年》、《身边好人·温暖中国》、《心连心》、《梦想星搭档》等大型电视公益活动，在塑造央视品牌的同时，充分贴近基层，用普通人物鲜活真实的故事感动观众，受到社会各界好评。

由国家新闻出版广电总局、中国记协指导，中国新闻出版传媒集团12月22日主办的"我在这里倾听"研讨会暨"记者礼赞"铜雕颁发仪式上，向10位"走转改"优秀新闻记者颁发了铜雕，并邀请他们与在京主要新闻单位代表交流各自践行"走转改"的心得体会和职业感悟。这10位"走转改"优秀新闻记者分别是：《解放军报》邹维荣、中央电视台朱兴建、《光明日报》庄电一、中国国际广播电台肖中仁、《广西日报》王万程、丹东广播电视台刘彤、《大河报》朱长振、《齐鲁晚报》张刚、南京广播电台周天江、《湖北日报》熊星星。邹维荣、朱兴建、朱长振以及王万程作为10名优秀"走转改"记者代表发言。邹维荣讲述了自己克服零下56摄氏度的寒冷，连续30天采访边防官兵用水难问题的经历；朱兴建强调要永远把人民的艰辛当成自己的艰辛，才会写出有力量的作品；王万程认为记者要永远带着谦虚谨慎的态度向群众学习，"在群众面前我们永远是学生"；朱长振回忆起自己10年前卖羊肉串时的记者梦，感慨现在记者证装在兜里，自己就要维护记者的声誉，"我是一个半路出家的记者，绝不做敲诈勒索、收红包的事，我想做堂堂正正的记者"。

三　媒体治理

（一）全国"扫黄打非"，深入开展"净网"、"清源"、"秋风"等专项行动

2013年，全国各级"扫黄打非"部门共收缴各类非法出版物2053万件，与2011年收缴的5200万件，2012年收缴的4500多万件相比其数量锐减，查处各类案件1万余起。

"扫黄打非"突出打击非法出版物这一工作重点，深入开展"净网"、"清源"、"秋风"等专项行动，为维护社会稳定，维护国家文化安全，维护健康的文化市场秩序做出了贡献。随着互联网崛起，传统光盘、书刊等淫秽色情载体正在向网络转移，利用网络传播淫秽色情信息、非法牟利的现象引起社会各界特别是家长、教师等群体的高度关注，他们强烈呼吁政府整治互联网色情，为青少年营造健康的网络空间。2013年3月上旬至6月底，全国"扫黄打非"办组织开展了网络淫秽色情信息专项治理"净网"行动，共清理处置网络有害信息120余万条，查处违法违规网站1万余家。

全国"扫黄打非"办先后约谈了苹果公司和腾讯、快播、新浪、网易、网龙、百度等大型网站的经管人员，对其网站存在的提供淫秽色情软件下载和登载淫秽色情信息等问题提出批评和整改意见，严重者依法给予处罚并进行曝光。同时，做到网上与网下治理相结合，全国共收缴淫秽色情出版物67万件，同比减少30%，查办淫秽色情出版物案件1129起。据统计，2013年全国共收缴侵权盗版出版物1637万余件，同比下降55%，市场面貌出现明显改观。查办侵权盗版案件3567起，涉案金额达千万元以上的案件7起。

截至12月，全国"扫黄打非"部门共查办相关案件217余起。其中，全国"扫黄打非"办公室挂牌督办14起并已宣判4起。其中，山西运城"9·20"假记者敲诈勒索案的案犯使用52个不同的假记者证在多地进行敲诈勒索，涉案金额达50余万元，被判处有期徒刑10年并处罚金；湖南岳阳"5·02"假记者诈骗案中，案犯作案30余起，被判处有期徒刑4年并处罚金。

同时，全国"扫黄打非"办还加强了典型案件的宣传，通过曝光典型案件，增强广大群众对假记者的警惕性、辨别力和监督意识。通过主流媒

体的报道，在社会上引起强烈反响，形成了打击假记者的良好舆论氛围。

12月30日，全国"扫黄打非"办公室公布了2013年"扫黄打非"十大案件，包括4起非法出版物案件、1起传播淫秽色情信息案件、3起侵权盗版案件和2起假记者案件，其中9起已被依法宣判，1起被依法行政处罚。十大案件如下：

陕西西安"3·20"销售非法出版物案。3月22日，西安市中级人民法院依法作出判决：以诈骗罪判处丁军军有期徒刑11年6个月，并处罚金20万元，其他2人分别被判处有期徒刑和罚金。

广东东莞"3·17"网络传播淫秽物品牟利案。9月27日，东莞市第三人民法院作出判决：以传播淫秽物品牟利罪判处姚波有期徒刑10年6个月，并处罚金3万元。

山西运城"9·20"假记者诈骗案。8月1日，山西省绛县人民法院作出判决：以诈骗罪判处杨俊林有期徒刑10年，并处罚金10万元。

山东章丘"9·03"印制盗版图书案。11月29日，山东省章丘市人民法院以侵犯著作权罪和非法处置扣押财产罪两罪并罚，判处李恒峰有期徒刑7年，并处罚金50万元。以侵犯著作权罪判处郝绣江有期徒刑3年6个月，并处罚金15万元。

四川成都"6·09"印制非法出版物案。9月24日，成都市金牛区人民法院以非法经营罪判处成都布达文化传播有限公司法人代表赵杨军有期徒刑3年，并处罚金3万元，判处该公司罚金3万元。

江苏连云港"2·18"新闻敲诈案。11月8日，连云港市新浦区人民法院以敲诈勒索罪判处李德勇有期徒刑3年，并处罚金2万元，其他5人分别判处有期徒刑和罚金。

湖北荆州"5·24"非法外挂案。6月14日，荆州市沙市区人民法院以侵犯著作权罪判处谭晓辉有期徒刑3年，缓刑5年，并处罚金600万元，其他2人分别判处有期徒刑和罚金。

甘肃临夏"3·27"制售非法出版物案。9月6日，由和政县人民法院以非法经营罪判处马宝福有期徒刑3年，缓刑3年，并处罚金4000元。

云南腾冲、临沧"3·24"盗版《新华字典》案。11月6日，由腾冲县人民法院以侵犯著作权罪判处杨继泽有期徒刑2年，缓刑3年，并处罚金5万元，其他2人分别判处有期徒刑和罚金。

北京《绝对领域》违法违规出版案。国家新闻出版广电总局、北京市文化市场行政执法总队依法对出版的相关出版物含有严重内容问题、出版社管理混乱、已构成转让版号违法行为的开明文教音像出版社，给予停业整顿3个月的处罚，责成其收回相关的全部音像制品；对未经批准擅自从事出版物出版、发行业务的北京漫动天地文化传媒有限公司给予罚款23.9364万元，没收违法所得1.8万元的处罚；对印刷非出版单位出版的出版物的北京艺堂印刷有限公司给予停业整顿30天、罚款12.798万元的处罚；对装订非出版单位出版的出版物的北京旺都印务有限公司给予停业整顿30天、罚款3万元的行政处罚。

（二）"剑网行动"

"剑网行动"自2013年6月启动以来，各地共接到投诉举报案件512件，行政处理190件，移送司法机关刑事处理93件；没收服务器及相关设备137台，关闭网站201家。在强化打击的同时，国家版权局对25家主要音视听网站、各地版权管理部门对1881家网站开展了版权监管工作，有效遏制了网络侵权盗版高发的势头。

2013年的"剑网行动"是2005年"剑网行动"开展以来的第九次专项行动。6月以来，各地围绕网络文学、音乐、影视、游戏、动漫、软件等重点领域以及图书、音像制品、电子出版物、网络出版物等重点产品，细化工作措施，创新管理手段，全面深入开展专项治理行动。值得关注的是，国家版权局与全国"扫黄打非"办公室、公安部、最高人民法院和最高人民检察院联合挂牌督办8起重大案件，国家版权局挂牌督办20起重点案件，公安部挂牌督办22起重点案件，具体涉及音乐、影视、文字、网游、软件、网络销售等多个领域。其中，国家版权局直接查办的百度公司、快播公司侵权案等案件较为典型、社会影响较大，被列入2013年"剑网行动"十大案件（十大案件包括：百度公司、快播公司侵犯著作权案；北京"思路网"盗版数字高清作品案；上海王某等利用互联网销售侵权盗版ISO标准案；江苏国泰新点软件被侵犯著作权案；北京"阳光教育"网店销售盗版少儿出版物案；浙江"爆米花"网传播侵权影视作品案；江苏扬州"动漫屋"传播盗版漫画案；安徽"音扑网"侵犯著作权案；山东康某等侵犯"热血传奇"网络游戏案；上海某音乐移动软件侵犯著作权案）。

（三）电视节目规制

1. 对同质化、扎堆播出的各类节目进行宏观调控

国家新闻出版广电总局10月下发通知，确定了2014年上星综合频道

调控政策，要求每年播出的新引进境外版权模式节目不得超过1个；每季度总局通过评议会择优选择一档歌唱类选拔节目安排在黄金时段播出。该通知规定，2014年上星综合频道，新闻、经济、文化、科教、生活服务、动画和少儿、纪录片、对农等公益性节目播出时长每周平均不少于30%。其中，平均每天6时至次日1时之间至少播出30分钟的国产纪录片；平均每天8时至21时30分之间至少播出30分钟的国产动画或少儿节目；道德建设类节目需安排在6时至24时之间播出。同时，总局将对同质化、扎堆播出的各类节目进行宏观调控：歌唱类选拔节目须报总局批准并严格管理，每季度总局通过评议会择优选择一档节目安排在黄金时段播出，其余不得安排在19时30分至22时30分之间播出。总局还将对电视晚会进行调控，原则上重要节假日期间每日不超过3台；对未经批准的电视晚会和节庆演出，不得安排播出和宣传报道。

2. 调控歌唱类选秀节目

从2013年7月起，各上星综合频道在调控期内不再投入制作新的歌唱类选拔节目；尚未开播的节目推迟播出，合理安排，避开暑期播出高峰；已开播的节目将调整播出时间，错时安排播出，避免同类节目扎堆播出。

2013年上半年全国歌唱类选拔节目总量约为13档，根据广大观众的意见，为避免电视节目形态单一雷同，为观众提供更多的收视选择，满足人民群众多样化的电视文化需求，总局将对这类节目实施总量控制、分散播出的调控措施。中国传媒大学媒介评议与舆论引导研究中心主任唐远清认为："这个规定可以利用行政调控手段在一定程度上抑制音乐类选秀节目的同质化竞争，但给尚未播出的节目造成的压力是最大的，因为节目的录制成本很高，而且赞助、广告等一系列问题都应该是敲定了的，这样突如其来的变化会令其遭受一定损失。"

3. 每天18点至24点禁播电视购物广告。

2013年10月，国家新闻出版广电总局发布《关于进一步加强卫视频道播出电视购物短片广告管理工作的通知》，规定各卫视频道从2014年1月1日起，每天18点至24点时段内，不得播出电视购物短片广告。其他时段播出电视购物短片广告时，必须严格执行相关具体规定。通知要求各卫视频道坚决做到以下几点：不得使用主持人作宣传；不得使用"叫卖式"夸张配音、语调、动作等作宣传；不得使用新闻报道、新闻采访、现场访谈等形式以及新闻素材、资料等作宣传；不得使用"矫形""塑形"

"透脂""甩脂"等宣传或变相宣传丰胸、减肥产品，要在屏幕画面右上角明确标注"广告"字样；每天每小时播出电视购物短片广告不得超过1条（次），每条不得超过3分钟，每天播出同一款产品或同一内容的电视购物短片广告不得超过3次。

4. 七部门开展电视购物专项整治

2013年12月，商务部、公安部、国家工商总局、国家新闻出版广电总局等七部门联合发布《关于开展电视购物专项整治工作的通知》。通知要求，电视媒体在发布电视购物广告前，应当依法查验有关证明文件，核实广告内容。通知明确了整治内容包括五个方面：一要严厉打击电视购物领域的违法犯罪行为。依法查处一批群众反映强烈的制播虚假电视购物短片广告、制售假冒伪劣商品、商业欺诈等违法犯罪案件，及时曝光典型案件；二要严格监管电视购物经营行为。电视媒体在发布电视购物广告前，应当依法查验有关证明文件，核实广告内容。不得发布未提供产品质量检验合格证明产品的电视购物广告。加强对互联网经营资格、信息服务内容的审查和网络电视购物广告监测监管；三要加强电视购物频道诚信服务建设。电视台要严格掌控频道所有权和节目编排、审查、播出权，进一步规范电视购物频道的节目和播出形态；四要加大宣传教育和社会监督力度。曝光虚假电视购物广告和涉案企业，提高公众参与度和消费者识假辨假能力；五要建立健全促进行业规范发展的长效机制。指导有关协会建立和完善会员企业诚信档案，开展行业信用评价，逐步建立企业失信惩戒机制。

5. 八部门联合整治虚假违法医药广告

2013年4月25日，国家新闻出版广电总局、工商总局等八部门联手启动了为期三个月的整治虚假违法医药广告专项行动。随着专项行动在全国范围逐步展开，部分媒体通过自查自纠主动清理了违法违规问题，但仍有一些媒体顶风不改，继续发布虚假违法医药广告。国家新闻出版广电总局作为专项行动的参与单位之一，部署各新闻出版行政部门结合2012年报刊年度核验，督促报刊出版单位规范医药广告的内容。全国各省级广电行政部门也依托广播电视监测台、监测中心等，建立了覆盖地市一级的广播电视广告监测平台。在此次专项行动中，工商部门主要负责整治以新闻形式和健康资讯节目、栏目变相发布医药广告的行为。专项行动以来，省级电视台卫视频道通过主动自查自纠，清理了大量医药类广告专题片和健康资讯节目、栏目。监测结果显示，截至2013年5月4日，全国31个省级卫视中已有27个清理整改了利用广告专题片和医疗资讯类节目变相发布医药广告的行为；但部分省级电视台地面频道、省级广播电台、地市级电视台和互联网站发布虚假违法医药广告情况仍较严重。国务院新闻办表示，将对传播虚假违法医药广告的网站一律采取关闭、封堵措施。工业和信息化部也表示，对拒不整改或违法情节严重的网站，依法吊销互联网信息服务经营许可证或注销备案。

（四）编造传播虚假恐怖信息情形将追刑责

最高人民法院于2013年9月18日公布了《关于审理编造、故意传播虚假恐怖信息刑事案件适用法律若干问题的解释》（以下简称《解释》），进一步释明严重扰乱社会秩序的六种情形应当追究刑事责任，该《解释》第二条采取列举的方式，从扰乱公共场所秩序、破坏公共交通秩序、破坏有关单位的正常工作秩序、破坏居民生活秩序、干扰国家职能部门的正常工作秩序、其他严重扰乱社会秩序等六个方面明确界定了"严重扰乱社会秩序"的六种情形：

1. 致使机场、车站、码头、商场、影剧院、运动场馆等人员密集场所秩序混乱，或者采取紧急疏散措施的。
2. 影响航空器、列车、船舶等大型客运交通工具正常运行的。
3. 致使学校、医院、厂矿企业、国家机关等单位的工作、生产、经营、教学、科研等活动中断的。
4. 造成行政村或社区居民生活秩序严重混乱的。
5. 致使公安、武警、消防、卫生检疫等职能部门采取紧急应对措施的。
6. 其他严重扰乱社会秩序的。

《解释》第三条认定，编造、故意传播虚假恐怖信息，严重扰乱社会秩序，具有下列情形之一的，应当依照刑法第二百九十一条之一的规定，在五年以下有期徒刑范围内酌情从重处罚：

一是致使航班备降或返航；或者致使列车、船舶等大型客运交通工具中断运行的；

二是多次编造、故意传播虚假恐怖信息的;

三是造成直接经济损失二十万元以上的;

四是造成乡镇、街道区域范围居民生活秩序严重混乱的;

五是具有其他酌情从重处罚情节的。

该《解释》所称的"虚假恐怖信息",是指以发生爆炸威胁、生化威胁、放射威胁、劫持航空器威胁、重大灾情、重大疫情等严重威胁公共安全的事件为内容,可能引起社会恐慌或者公共安全危机的不真实信息。

四 行业自律与记者队伍管理

(一)严格执行"三审"制度

2013年5月2日,国家新闻出版广电总局通报了对"深圳女孩当街给残疾乞丐喂饭"、"天然气将大幅涨价"、"流浪汉因拆迁变富翁"3起社会广泛关注的媒体虚假失实报道的调查及处理情况。国家新闻出版广电总局有关负责人表示,全国各新闻单位要引以为戒,举一反三,要按照中宣部等五部门联合下发的《关于进一步规范新闻采编工作的意见》、原新闻出版总署下发的《关于严防虚假新闻报道的若干规定》、国家新闻出版广电总局下发的《关于加强新闻采编人员网络活动管理的通知》等要求,进一步建立健全采访、编辑、审核、刊发等内部管理制度,严格执行"三审"制度,强化终审责任,不得刊发、转载未经核实的社会自由来稿和网络信息,除出于国家安全、保密等特殊原因外不得使用权威人士、有关人士、消息人士等概念模糊新闻消息来源。新闻采编人员要坚持真实、全面、客观、公正的原则,深入新闻现场调查研究,充分了解事实真相,确保新闻报道真实、客观、准确。各地新闻出版行政部门和各新闻单位主管主办单位要切实履行属地管理、主管主办单位的管理职责,及时严肃处理严重虚假失实报道并公开通报,进一步在全社会提升新闻媒体和新闻记者的公信力。

(二)记者队伍管理

1. 记者队伍与换证培训

截止2013年底,我国持有新闻记者证的采编人员共有25万余人。其中,报纸出版单位99028人,期刊出版单位7249人,通讯社3005人,电台电视台142283人,中央重点新闻网站611人。从地区分布来看,中央新闻单位共有持新闻记者证采编人员 26387 人。地方新闻媒体共有持证采编人员 225789 人，其中，超过 1 万人的省份分别为江苏、河南、广东、山东、浙江、四川。持证人数最少的是西藏，只有 545 人。从学历和知识结构看，我国新闻记者群体拥有较高学历。其中，具有专科学历的 67949 人，占持证人员总数的 26.9%；具有本科学历的 165052 人，占 65.5%；具有硕士学历的 17602 人，占 6.98%；具有博士学历的 702 人，占 0.28%；其他学历的 871 人，占 0.35%。此外，从记者所学专业看，目前已经从文科为主转向了文、理、工科各类专业人才均有，以社会科学专业为主的结构。从性别比例看，新闻记者男女性别比例基本持平，男性记者 141707 人，女性记者 110469 人，男女比例为 56∶44。

2013 年 10 月，国家新闻出版广电总局部署 18 家中央主要新闻单位开展采编人员岗位培训工作，同时启动全国 25 万新闻采编人员的岗位培训，并决定在 2014 年全国统一换发新版新闻记者证之前对全国新闻单位的采编人员开展岗位培训，分别对中央新闻单位和地方新闻单位采编人员的学习情况进行统一考试。国家新闻出版广电总局副局长邬书林强调，对记者队伍进行一次系统的培训和业务再教育，要重点解决好五个问题：一是进行中国特色社会主义道路教育，以增进新闻记者对国家大政方针的认同；二是进行马克思主义新闻观教育，以增进新闻记者对当下中国新闻出版制度的认同；三是系统进行新闻法律法规教育，以解决新闻记者严格遵纪守法的问题；四是进行从业人员的职业精神、职业道德教育，以解决和提升新闻队伍的职业素养问题；五是中央新闻单位要发挥表率作用，很好地挖掘各自的优良传统资源开展传统教育，通过岗位培训很好地弘扬新闻队伍的荣誉感、职业感，为全国的培训和换证工作带好头。

培训内容以总局组织编写的《新闻记者培训教材 2013》和配套制作的 6 集电视教学片为主，包括"中国特色社会主义""马克思主义新闻观""新闻伦理""新闻法规""新闻采编规范""防止虚假新闻"6 个专题和我国主要新闻法规规章以及新闻单位制定的管理规范。

2. 采编人员设立职务微博须经单位批准。

2013 年 4 月，国家新闻出版广电总局下发《关于加强新闻采编人员网络活动管理的通知》（以下简称《通知》），要求加强新闻采编人员使用网络信息、开通个人微博等网络活动的管理。《通知》中提到 3 个"进一步"，即进一步规范新闻采编行为、进一步加强媒体新闻网站管理、进一步加强博客和微博管理。其中，关于进一步规范新闻采编行为，《通知》要求，要严格新闻单位采编活动和编审流程的管理，防止为片面追求轰动效应、发行数量、收听收视率而造成失实报道。未经批准，各类新闻单位均不得擅自使用境外媒体、境外网站的新闻信息产品。

关于进一步加强媒体新闻网站管理，《通知》要求，新闻单位须加强新闻网站内容审核把关及新闻采编人员网络活动管理，要按照传统媒体刊发新闻报道的标准和流程，严格审核所属新闻网站发布的信息。禁止将网站及网站频道的新闻采编业务承包、出租或转让，禁止无新闻记者证人员以网站及网站频道名义采访或发稿。未经核实，新闻单位所办新闻网站不得擅自发布新闻线人、特约作者、民间组织、商业机构等提供的信息。

关于进一步加强博客和微博管理，《通知》要求，新闻单位设立官方微博须向其主管单位备案，并指定专人发布权威信息，及时删除有害信息。新闻采编人员设立职务微博须经所在单位批准，发布微博信息不得违反法律法规及所在媒体的管理规定，未经批准不得发布通过职务活动获得的各种信息。

《通知》对于加强和改进网络新闻舆论监督也作出了明确规定，要求新闻单位不断加强和改进舆论监督。新闻采编人员不得利用舆论监督要挟基层单位和个人订阅报刊、投放广告、提供赞助；不得在网络上发布虚假信息，未经所在新闻机构审核同意不得将职务采访获得的新闻信息刊发在境内外网站上。

此外，《通知》指出，各地新闻出版行政部门和各新闻媒体主管主办单位要切实履行属地管理、分级管理的职责，强化对本地媒体、所辖媒体和中央媒体在地方记者站、分支机构、新闻网站地方频道新闻采编人员及新闻业务的监管。对新闻采编人员以网络为平台牟取非法利益等行为，要坚决制止，依法严肃查处，并视情节限期或终身禁止其从事新闻采编工作。

（三）打击新闻敲诈，加强新闻职业道德

1. 陈永洲案件

2013年11月广东省新闻出版广电局做出查处决定，给予《新快报》记者陈永洲吊销新闻记者证的行政处罚，责成羊城晚报报业集团对新快报报社进行全面整顿。该查处决定指出，经初步查明，羊城晚报报业集团主管主办的《新快报》在2012年9月至2013年8月期间，刊发了多篇涉及上市公司中联重科的失实报道。新快报报社新闻采编管理混乱，记者陈永洲因涉嫌损害商业信誉罪被检方批捕。按照有关法律法规，做出如下处理：一、决定给予陈永洲吊销新闻记者证的行政处罚；二、责成羊城晚报报业集团依法依规对新快报报社进行全面整顿。建议追究新快报报社相关人员责任，立即调整新快报报社领导班子；三、对新快报报社存在的问题继续进行调查，依法依规做出进一步处理。

国家新闻出版广电总局有关负责人就《新快报》陈永洲案件查处情况发表谈话，要求全国新闻单位和新闻记者吸取教训，要求各地新闻出版广电行政部门依法查处新闻敲诈和有偿新闻等问题。广东省新闻出版广电局依法作出的查处决定是新闻出版行政部门依法履行职责、维护新闻采编秩序所采取的必要举措。希望全国新闻单位举一反三、引以为戒，进一步完善采编流程和规章制度，加强内部管理和队伍建设。希望全国新闻记者认真吸取陈永洲的教训，筑牢法律底线、恪守职业操守，自觉维护新闻记者的社会形象。

2. 国家新闻出版广电总局通报三起新闻敲诈与严重违法案

第一起：2月18日，中央电视台"焦点访谈"栏目曝光了李德勇等真假记者"组团"进行新闻敲诈一事。2月20日，新闻出版总署在联动开展调查后发出《关于核查江苏连云港非法记者站有关情况的通报》。中华全国新闻工作者协会表示完全支持新闻出版总署采取的措施，坚决反对各种形式的有偿新闻和利用新闻采访进行敲诈的行为。李德勇作为《购物导报》持证记者，擅自在外设立记者站，以舆论监督为名进行新闻敲诈，严重违反《新闻工作者职业道德准则》，玷污了新闻工作者的形象。其他涉案人员在李德勇指使纵容下，假冒记者名义招摇撞骗，侵犯了新闻工作者合法权益，严重损害了新闻队伍良好形象。

6月，国家新闻出版广电总局对查处的《购物导报》、《网络导报》、《中国特产报》3起报纸严重违法案件予以通报。通报显示，在查处李德勇等人涉嫌敲诈勒索的同时，还查明《购物导报》存在严重违法问题。一是利用出版活动谋取不正当利益；二是收取假发票并向部分单位和个人出借账号；三是填报虚假材料，以欺骗的手段违规为李德勇、王利平及另外11人申请并发放新闻记者证；四是擅自变更报纸刊期，未送交报纸样本。2013年3月和4月，新闻出版行政部门分别对李德勇、王利平依法作出吊销新闻记者证的行政处罚。司法机关正对李德勇、王利平涉嫌犯罪的问题依法处理。5月16日，国家新闻出版广电总局依法吊销《购物导报》报纸出版许可证,责令立即停止一切出版活动,撤销该报以欺骗手段为11人办理的新闻记者证,注销其他人员的新闻记者证。

第二起:2012年6月以来,新闻出版行政部门多次接到群众举报,反映《网络导报》涉嫌新闻敲诈。通报显示,该家报纸存在严重违法问题。一是未经批准擅自变更出版单位和出版地;二是向广告公司转让出版单位名称及报纸版面,允许广告经营者参与采编活动;三是通过填报虚假材料,违规为广告公司人员办理新闻记者证和工作证。1月9日,原新闻出版总署依法吊销《网络导报》报纸出版许可证,责令立即停止报纸一切出版活动,撤销通过填报虚假材料为周某等11人办理的新闻记者证,注销其他人员的新闻记者证。

第三起:2012年以来,新闻出版行政部门陆续接到群众举报,反映《中国特产报》记者涉嫌在宁夏等地搞虚假新闻及敲诈勒索。通报显示,该报社及其部分记者存在违法问题。一是利用采访活动谋取不正当利益。2010年至2011年,该报记者郭某、刘某、杨某分别组团赴宁夏多个县市采访建设用地方面的问题,迫使当地有关部门与该报的广告代理公司签订了多份广告代理协议,每份收取6万至8万元的广告费,随后在《中国特产报》刊发记者署名文章,对当地进行正面宣传报道。二是违规将内容严重失实的稿件发到网络上。2011年至2012年,该报记者郭某两次赴宁夏采写了内容严重失实的稿件,并向当地有关部门发出"新闻核实函","商谈"不成后将不实报道发布在社会网站上,给当地造成不良影响。三是报社内部管理混乱。中国特产报社的主要负责人由同一家庭成员担任,版面由各专刊部主任自行负责,持证记者由专刊部自行负责招聘,报社不发工资。4月,国家新闻出版广电总局对中国特产报报社暂缓年度核验,由该报主管单位中国产业报协会对报社进行停业整顿。随后,中国特产报报社停刊整顿,调整报社主要负责人。新闻出版行政部门对利用新闻采访活动谋取不正当利益的郭某、刘某、杨某等记者依法作出行政处罚,限制其从事新闻采访工作。

在通报3起报纸严重违法案件的查处情况时,国家新闻出版广电总局对新闻单位重申了3点要求:一是进一步加强新闻采编人员及证件管理;二是进一步加强报刊记者站和网站管理;三是进一步规范新闻采编工作。

3. 中国记协通报批评三家媒体严重违反新闻工作者职业道德准则的情况

根据社会举报,中国记协会同有关省市"三项学习教育"活动领导小组办公室查办了一批新闻从业人员违反职业道德的案例，并于8月26日向社会通报了这些案例。

5月8日，《三湘都市报》刊发题为《"煤矿村"致信市长求教"石头上种田"》的报道。报道称，湖南涟源市湄江镇塞海村的村干部与煤矿因利益链不作为，致使该村生态破坏严重，以致"水稻绝种、无田可耕"。经查，塞海村实有水田面积450余亩，因煤矿开采等原因不能耕种的有50余亩，不能做水田但可以改种其他作物的约100亩，且没有证据表明村干部与煤矿因利益链导致不作为，该报记者在稿件刊发前还曾与"中间人"就刊发正面报道及广告费等问题讨价还价。

6月初，《中国商报》记者带领非本报人员赴青海省都兰县采访过程中，随行人员以舆论监督相要挟，向多家被采访单位索要钱物。索要未成后，《中国商报》记者及随行人员私自把采访不实的稿件在中国商报青岛频道、中国网交通频道刊发。

3月5日至8日，《深圳商报》记者连续刊发《医院专家号，得了什么"病"？》、《医院喊冤：我们"被加价"》等报道，称深圳部分医院专家号在健康之路医护网上"加100元随便挑"。经查，记者未采访主要当事方广州健康之路信息技术公司，混淆了专家特需门诊费和挂号费的概念，对读者造成误导。

通报称，这些媒体或记者的所作所为严重违反新闻工作者职业道德准则。有的未采访主要当事人，或者采访不全面、不深入；有的没有执行采编、经营严格分开的规定，在采编活动中涉及报社或本人的经济利益；有的违反舆论监督报道有关规定，涉嫌进行敲诈勒索，在社会上造成负面影响，败坏了新闻工作者的崇高声誉。对此，中国记协呼吁广大新闻工作者要以此为戒，从中吸取教训，自觉弘扬职业精神、恪守职业道德，严格遵守《中国新闻工作者职业道德准则》，自觉遵守国家有关法律法规。各级新闻单位要正确处理社会效益和经济效益的关系，切实加强内部管理，对违反新闻职业道德的新闻从业人员进行批评教育，情节严重的要依法依规作出处理，绝不姑息袒护，努力增强媒体的权威性和公信力。

4. 对《南方都市报》的通报批评

《南方都市报》因在2013年8月20日刊登"前任张太声明"广告引发舆论热议，造成不良社会影响。对此，广东省新闻出版局对南方都市报社下达警示通知书，予以通报批评并责令改正。据核查，《南方都市报》刊登的"前任张太声明"广告实际是某系列化妆产品进行的商业创意广告,但其发布后引起社会不良反响,读者普遍将其解读为"小三宣言"。南方都市报报社称,该广告属于系列悬念广告,刊登前进行了必要的审查,但并没有充分预估到传播的负面效果。该报8月22日已刊登后续广告还原全貌。8月27日,广东省新闻出版局对南方都市报报社进行诫勉谈话,并依据有关法规对报社下达警示通知书,予以通报批评并责令改正。该报采取了暂停刊登涉事企业所有广告及类似广告、严肃处理有关责任人等整改措施,并向读者致歉。

国家新闻出版广电总局新闻报刊司有关负责人表示,这一事件值得广大报刊媒体引以为戒,媒体应进一步加强内部管理,坚持把社会效益放在首位、社会效益和经济效益相统一的原则,积极履行媒体的社会责任,确保舆论导向正确。

(资料摘编整理:向 芬)

☞ 贰 行业基础

- 中国报刊现状及未来发展情况分析
- 中国新闻类期刊出版情况概述
- 中国主流媒体的社会绩效观
  ——基于11家媒体社会责任报告的文本分析
- 台湾新闻传播的发展——现状与趋势（2013—2014）

我国报刊现状及未来发展情况分析

卓宏勇[①]

狄更斯在《双城记》中说:"这是最好的时代,这是最坏的时代,这是智慧的时代,这是愚蠢的时代;这是信仰的时期,这是怀疑的时期;这是光明的季节,这是黑暗的季节;这是希望之春,这是失望之冬;人们面前有着各样事物,人们面前一无所有;人们正在直登天堂;人们正在直下地狱。"目前媒体也处于这样一个时代,在新媒体高歌猛进、各类信息传播载体日渐增多之时,不少传统报刊的日子已不太好过,报社的广告发行大幅下降,营收乏力,不时发生的新闻敲诈、有偿新闻等问题也损害了报刊公信力。我国报刊已很难再现20世纪八九十年代的光辉岁月,其较长一段时间低速增长甚至下滑将成为常态,但不排除部分地区、部分报刊出版单位仍将具有较大的发展潜力。

一 我国报刊发展现状及面临的挑战分析

(一)报刊现状分析

近年来,中国的报纸出版业加快体制改革和机制创新,不断推动产业升级,积极与新媒体融合发展,加强公共文化服务体系建设,在改革、发展、管理等各方面取得重大进展和历史性变化。中国已经成为世界报业大国,正努力向报业强国迈进。

1. 中国是世界上的报刊大国

2013年,中国大陆地区共出版报纸1915种,总印数482.4亿份,总印张2097.8亿印张,定价总金额440.36亿元人民币。2013年,报纸出版实现营业收入776.7亿元人民币,利润总额87.7亿元。2013年全国共出

[①] 卓宏勇,国家新闻出版广电总局新闻报刊司调研员。

版期刊 9877 种,总印数 32.7 亿册,总印张 194.7 亿印张,定价总金额 253.4 亿元,期刊出版实现营业收入 222.0 亿元,利润总额 28.6 亿元。

表 1　　　　　　　　　　2013 年度报纸出版总量规模

(单位:种,亿份,亿印张,亿元,%)

总量指标	数　量	较 2012 年增减
品　种	1915	-0.16
总印数	482.41	0.03
总印张	2097.84	-5.12
定价总金额	440.36	1.37
营业收入	776.65	-8.88
利润总额	87.67	-11.66

表 2　　　　　　　　　　2013 年度期刊出版总量规模

(单位:种,亿册,亿印张,亿元,%)

总量指标	数　量	较 2012 年增减
品　种	9877	0.10
总印数	32.72	-2.26
总印张	194.70	-0.67
定价总金额	253.35	0.26
营业收入	221.99	0.51
利润总额	28.59	13.08

2. 报纸种类齐全,报业结构较为合理

中国报纸出版业经过近年来的宏观调控及综合治理,结构不断优化,布局趋于合理,逐步形成以党报为龙头,区域性城市类报纸、生活服务类报纸、行业报、读者对象类报纸、文摘报等各门类报纸共同发展的格局,能充分满足读者多层次的阅读需求。在目前出版的 1915 种报纸中,党报约 400 余种,约占报纸总数的 20%,区域性城市类报纸近 300 种,约占报纸总数的 15%,行业专业类、读者对象类报纸共 700 余种,约占报纸总数的 40%,生活服务类报纸 200 余种,约占报纸总数的 12%。

3. 日报出版规模已连续多年位居世界首位,科技期刊影响力日渐增强

近 10 年来,世界报业与新闻出版者协会(WAN-IFRA)公布的全球发行量最大的 100 家报纸排行榜中,中国内地已有 20 余种,约占"百强"的四分之一。2013 年度,中国发行量最大的日报《参考消息》平均期发行量 290 万份,中国共产党中央机关报《人民日报》平均期发行量 241 万份。目前我国被 SCI 收录的科技期刊共 154 种,居世界第 9 位,《细胞研究》等三家期刊

的影响因子在 SCI 收录的国际同领域核心期刊排名中进入前四分之一。

4. 报刊经营方式呈现出多元化的发展趋势

中国报业多种经营日趋活跃，新的经济增长点不断出现，逐步形成以广告和发行经营为主，会展、培训、行业顾问、信息定制等多种经营方式相互补充的经营模式。一些报社还成立了各类子公司，以多种方式实现上市融资，开创了传媒融资的新渠道。

5. 加强报刊集团化建设，努力打造一批充满活力、具有竞争力的报业集团

目前经国务院新闻出版行政部门批准组建的报业集团共有 39 家，其中成都日报报业集团、浙江日报报业集团、山东大众报业集团、广州日报报业集团、解放日报报业集团、文汇新民联合报业集团、河南日报报业集团有限公司、南方报业传媒集团、湖北日报传媒集团、四川日报报业集团等 10 家报业集团的总体经济规模居于前列。

表3　　　　2013 年度报刊出版集团总体经济规模综合排名（前 10 位）

综合排名	集　团	综合评价得分	2012 年排名	排名变化
1	成都日报报业集团	3.0503	1	0
2	浙江日报报业集团	2.5663	7	5
3	山东大众报业（集团）有限公司	2.2798	6	3
4	广州日报报业集团	2.1129	2	-2
5	解放日报报业集团	2.0882	3	-2
6	文汇新民联合报业集团	1.0858	5	-1
7	河南日报报业集团有限公司	0.9250	9	2
8	南方报业传媒集团	0.8681	8	0
9	湖北日报传媒集团	0.7499	12	3
10	四川日报报业集团	0.4963	15	5

说明：综合评价得分系选取主营业务收入、资产总额、所有者权益和利润总额 4 项指标，采用主成分分析方法，通过 SPSS 直接计算所得，仅用来显示各单位的相对位置。

6. 积极推动报纸出版单位转企改制

中国政府推动非时政类报纸出版单位由事业单位转变为企业。截至目前，第一批拟转制为企业的 3388 种非时政类报刊中，已有 3271 种完成了改革任务。目前，国家新闻出版广电总局正在制定全面深化新闻出版改革

实施方案、确立新目标、规划路线图、实施新举措，进一步解放和发展文化生产力。此外，中国还积极推动已转企的出版传媒企业中符合上市条件的企业尽快上市。目前，在上市的出版传媒企业中，江苏凤凰出版传媒股份有限公司、中南出版传媒集团股份有限公司、浙报传媒集团股份有限公司、华闻传媒投资集团股份有限公司、中文天地出版传媒股份有限公司、成都博瑞传播股份有限公司、长江出版传媒股份有限公司、时代出版传媒股份有限公司、广东九州阳光传媒股份有限公司、中原大地传媒股份有限公司、北方联合出版传媒（集团）股份有限公司和北京赛迪传媒投资股份有限公司等12家公司涉及书报刊等业务。

表4　　　　　　2013年度书报刊出版上市公司流通市值排名

（单位：亿元人民币）

排名	上市公司	股票简称	上市地点	流通市值
1	中南出版传媒集团股份有限公司	中南传媒	上证A股	197.38
2	华闻传媒投资集团股份有限公司	华闻传媒	深证A股	161.49
3	中文天地出版传媒股份有限公司	中文传媒	上证A股	101.42
4	时代出版传媒股份有限公司	时代出版	上证A股	82.50
5	成都博瑞传播股份有限公司	博瑞传播	上证A股	70.31
6	江苏凤凰出版传媒股份有限公司	凤凰传媒	上证A股	63.00
7	浙报传媒集团股份有限公司	浙报传媒	上证A股	46.18
8	北方联合出版传媒（集团）股份有限公司	出版传媒	上证A股	36.42
9	长江出版传媒股份有限公司	长江传媒	上证A股	26.51
10	广东九州阳光传媒股份有限公司	粤传媒	深证A股	23.09
11	北京赛迪传媒投资股份有限公司	ST传媒	深证A股	18.47
12	中原大地传媒股份有限公司	大地传媒	深证A股	10.63
13	北青传媒股份有限公司	北青传媒	香港联交所	7.50
14	现代传播控股有限公司	现代传播	香港联交所	6.13
15	财讯传媒集团有限公司	财讯传媒	香港联交所	3.36
—	合　计	—	—	854.39

说明：在中国香港和美国上市的出版发行和印刷公司以人民币计价的流通市值系根据人民币对港元或美元当日平均汇率折算。

7. 积极满足公众的看报看刊需求

《人民日报》、《农民日报》、《中国妇女报》等报纸在西部地区免费赠阅。

目前，全国累计投入资金超过168亿元，建成60多万家农家书屋，所有的书屋均配备各类图书、报纸、期刊，供农村及民族地区群众免费阅读。

(二) 报刊面临的问题与挑战

在充分肯定成绩的同时，也要看到，随着我国发展进入新阶段，改革进入攻坚期和深水区，文化体制改革深入推进，媒体格局深刻变化，传统报刊在新闻宣传创新、体制机制改革、产业发展等方面遇到许多新的机遇和挑战。例如，报刊发行萎缩，广告创收形势严峻，媒体融合进展缓慢；期刊对科学技术及社会科学新成果新知识的传播不够及时，98%的优秀创新成果不在国内期刊首发；报刊体制机制弊端仍未消除，产业集中度不高，规模不大；内容版权保障体系不完善，维权成本较高；传统报刊新闻传播力、影响力受到新媒体的挑战。

1. 报刊传播能力及影响力堪忧

当前，我国提高报刊舆论引导能力的要求更加迫切。从国际上看，各种思想文化交流交融交锋更加频繁，发展道路、制度模式的较量更趋激烈，中国与外部世界的利益摩擦、舆论交锋更加突出。如何有效影响国际舆论、彰显我方的发展理念、维护我国政治安全和意识形态安全，任务十分紧迫。从国内看，我国经济社会深刻变革，矛盾集中，问题复杂，对人们的思想意识产生深刻影响。报刊凝聚社会共识、稳定社会心理、维护社会和谐、化解社会矛盾、引领社会思潮、形成良好社会风尚的任务越来越重。从媒体格局看，互联网的广泛应用正在重塑媒体格局、舆论生态，特别是论坛、博客、微博、微信等网络传播打破了传统报刊的单向传播方式，真实的、虚假的、理性的、偏激的，正确的、错误的，各种思想舆论在网上相互叠加，给新闻宣传工作带来全方位、深层次影响。而打造具有全球影响力、竞争力的中国媒体集团，还不是短期就能实现的目标。2014年3月马来西亚航空公司MH370航班失联事件发生后，中国媒体与西方发达国家同行在传播能力上就存在着一定的差距。失联事件发生后，当《华尔街日报》、路透社、CNN、BBC、《纽约时报》等美英媒体纷纷爆出独家消息时，中国境内媒体却在事件的外围打转。当外国媒体在质疑马来西亚政府掩盖事件真相时，中国媒体却在批评马来西亚航空公司总是延迟发布会召开时间；当外国媒体邀请专家分析飞机发动机运转时间以推算飞行距离时，中国媒体却在邀请专家介绍普通乘客在乘坐飞机过程中的安全注意事项……中国网民对国内媒体在挖掘真相上"缺位"颇感失望，他们调侃称,"中国媒体有三宝:转发、滴蜡和祈祷",《中国媒体在马航客机新闻战中为何失败》、《中国媒体输在哪》……等多篇来自专业人士的分析反思文章在网上流传。新华社反思此次报道称:"中国媒体与西方媒体在国际新闻事件的报道竞争中有着不小的差距,国际传播格局并未根本改变,依然是'西媒独大'。""国内媒体与CNN、路透社、美联社和英国《每日邮报》相比,在数据挖掘、新闻覆盖和新闻呈现方式等方面尚有不小的差距。"① 很多媒体从业人员也纷纷进行分析:"CNN、美联社、路透社等基本垄断了关键信息发布权,并对马来西亚形成倒逼反证,从而拼凑相对完整的信息流。从这种意义讲,中国没有一家真正的国际媒体,自然提供不了核心信源"②,"缺乏全球视野,找不到调查的路径,过分依赖各国政府的信息发布,被动地等待,或者在最粗浅的层面上报道"③。

2. 报刊业发展方式亟待转变

目前传统纸媒产业呈现低增长甚至萎缩的态势,自2005年以来有人再次提出报业"寒冬论"、"消亡论",报刊业发展方式亟待转变。

从广告经营方面看,近两年报刊广告经营额、发行量衰退加剧。2014年1月26日,中国广告协会报刊分会、央视市场研究媒介智讯发布的《2013年度中国报纸广告市场分析报告》④显示,2013年报纸广告刊登额下降8.1%,降幅超过了2012年的7.5%。其中,降幅最小的西北地区下降了2.8%,降幅最大的是华东地区,达到10.2%,全国性报纸也下降了4.9%。进入2014年以后,报刊广告依旧没有向好的趋势。2014年8月,上述两家机构发布的2014年上半年《中国报纸广告市场分析报告》⑤显示,2014年1—6月全国报纸广告累计降幅达到13.2%,广告资源累计减少了7.6%,广告刊登额前20家报纸中,只有来自重庆和贵阳的两家报纸增长,其他都在下降。在前20位中降幅最大的报纸达到24.0%,共有5家报纸降幅超过20%,20家报纸平均下降12.1%,而20位之外的其他报纸平均降幅为13.6%。业界专家认为,报纸广告持续衰退的态势短期内不

---

① 王丰丰:《为了生命 为了真相 我们在努力——新华社"马航370航班事件"报道纪实》,《新华网》2014年4月4日。
② 参见罗昌平腾讯微博(http://tqq.com/p/t/233488036514795),2014年3月15日查阅。
③ 参见王志安和讯微博(http://t.hexun.com/19582817/36283398),2014年3月15日查阅。
④ 晋雅芬:《2013年报纸广告降幅达8.1%》,《中国新闻出版报》2014年1月29日第1版。
⑤ 晋雅芬:《报纸广告衰退困境未改观》,《中国新闻出版报》2014年8月19日第5版。

贰 行业基础

可逆转，而且这种衰退是全方位的。2014年传统媒体广告经营极有可能比上一年度更为困难。

从发行方面看，近年来报刊发行量持续萎缩。根据国家新闻出版广电总局统计，2011、2012年度全国报纸总印数分别比上一年度减少0.65%和2.3%，期刊总印数分别减少4.8%和0.54%。2013年全国共出版报纸482.4亿份，与2012年基本持平；总印张2097.8亿印张，减少113.2亿印张，降低5.1%；报纸出版实现营业收入776.7亿元，减少85.7亿元，降低8.9%；利润总额87.7亿元，减少11.6亿元，降低11.7%。2013年全国共出版期刊32.7亿册，降低0.8亿册，下降2.3%；其中，文学艺术类期刊降低0.2亿册，下降5.9%；自然科学技术类期刊降低0.2亿册，下降4.6%。期刊出版实现营业收入222.0亿元，增加1.1亿元，增长0.5%。2014年报纸发行量尚未统计出来，但是新闻纸需求减少直观地显示出报纸发行量在继续下降。2014年8月中国报业协会发布的数据显示，"从全国71家用纸量大的报社的统计来看，2014年上半年比2013年上半年总用纸量减少了77579吨，下降了10.1%。"[1]

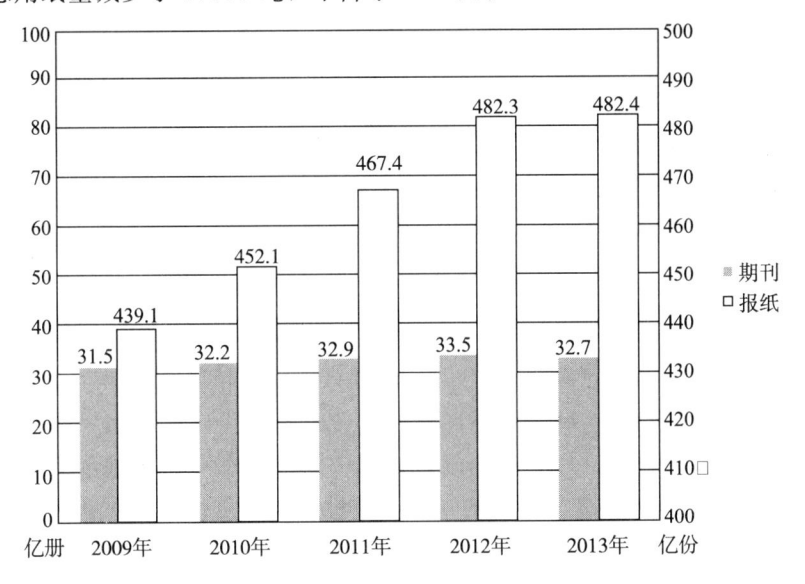

图1 2013年全国报纸、期刊总印数变动情况

---

[1] 晋雅芬：《上半年新闻纸市场：供需下滑纸价下跌》，《中国新闻出版报》2014年8月19日第6版。

3. 报刊出版单位转企改制进入攻坚期

经过多年的推进,我国的报刊改革取得了巨大的成就。截至 2014 年 3 月,全国第一批 3388 种应转企改制的非时政类报刊有 3271 种完成了改革任务,占总数的 96.5%,实现了非时政类报刊出版单位体制改革阶段性目标。很多报刊出版单位通过转企改制推动自身快速发展,例如湖北、辽宁、山西、山东等成立了一批报刊集团公司;云南、贵州、广西、江西对转制报刊给予资金扶持或积极争取了上千万元的中央文化产业发展基金资助。

党的十八届三中全会以来,全面深化改革已成为全党全国人民实现中华民族伟大复兴的战略性任务,报刊体制改革也面临着抢抓机遇、破解深层次矛盾和问题、进行全局性调整和多方面创新的攻坚战。改革的要求更高、任务更重、难度更大,改革涉及理顺管理体制、创新激励机制、非公企业参与出版等深层次问题,非时政类报刊出版单位改革和出版管理体制改革,亦触及深层次的体制、法规体系及相关部门的现实利益等问题。

4. 报刊管理问题突出、难度加大

我国部分主管单位、部分省(区、市)相关管理部门对报刊管理长期存在失之于宽、失之于软等问题,特别是当前报刊出版单位放松地方分支机构管理、新闻采编流程不规范、出版流程混乱等问题突出。造成这种局面,有法律法规不完善等客观原因,但更主要的是有些部门和地方没下决心管理、不敢管理。从管理方面看,我国报刊存在以下突出问题:一是违法违规报刊增多。全国近 1.2 万种报刊,分布在近万家出版单位,平均每家出版单位只办 1.3 种报刊,基本上是一报一社、一刊一社,有的甚至是一人办一刊。这样的报刊市场难以管理,有偿新闻、新闻敲诈等问题屡禁不止、屡打不绝。2013 年,全国报刊被缓验 216 种、停办 76 种,记者站被缓验 193 个、注销 49 个。2014 年上半年,国家新闻出版广电总局共通报了 16 起新闻敲诈及有偿新闻案件查办情况。3 月 31 日通报了《中国特产报》、《中国经济时报》、《西部时报》、《企业党建参考报》、《今日早报》、《都市快报》、《杭州日报》、《证券时报》等 8 家媒体及其记者的违法违规问题。6 月 18 日又通报了《河南青年报》、《西南商报》、《南方日报》、《茂名晚报》、《山西市场导报》、《忻州日报》、《健康导报》、《河南工人日报》等 8 家媒体及记者的违法违规案件。二是部分主管主办单位不履行管理职责,"挂靠"现象有增多趋势。当前,部分社团组织或事业单位与所属报刊存在挂靠关系,少数党报党刊集团也存

在转让出版权等问题，非公有资本向报刊采编部门渗透趋势明显。2013年以来，国家新闻出版广电总局吊销了《购物导报》、《网络导报》、《中国特产报》的出版许可证，原因均是主管单位未能充分履行管理职责，致使采编权、用人权失控，带来严重的问题。三是真假媒体、真假记者相互勾结。目前假记者假报刊活动区域由省市大企业逐步向县乡村等基层部门转移。假记者大都是有媒体广告、发行、网站等从业经历的社会闲散人员，有些甚至有犯罪前科，对管理部门的调查取证和处理具有反侦察能力。真假记者相互勾结，呈现出"真报真刊真记者暗中违规，假报假刊假记者公然违法"的特点。四是微博、微信等新技术发展迅速，使传统报刊管理面临越来越多的挑战。随着网络技术、通信技术的发展，催生了博客、微博、微信等各种新的传播方式，每个人都可以成为"自媒体"，既给新闻传播及信息交流带来勃勃生机，也对传统报刊管理造成很大挑战。因此，能否在复杂的舆论环境中发挥报刊主流舆论的引导作用，是新闻界的紧迫任务，也是管理部门面临的重大考验。

5. 新闻队伍素质参差不齐，人心不稳，人才流失等问题亟待解决

哥伦比亚大学新闻学院教授、《纽约时报》专栏作家塞缪尔·G.弗里德曼曾对年轻记者谈到："我在你们这个年纪的时候，新闻的权威吸引着许多人，所以一些装腔作势的人也混入其中，可以说，当前新闻的不景气也赶走了那些不准备把新闻当作职业的人。如果你们是新闻事业的真正信仰者，如果这是你们一生的工作，那么就没有什么能改变你们的想法。"[①] 当前我国媒体记者也面临类似的问题。我国共有近26万名新闻记者，主流是好的，但是少数人员理想信念缺失，职业荣誉感淡化，有偿不闻、有偿新闻、敲诈勒索等严重违法违规问题屡禁不止。2013年10月广东《新快报》陈永洲事件、2014年9月广东21世纪网特大新闻敲诈案件使新闻界的公信力遭受重创。此外，我国新闻行业的门槛较低，行业从业者整体年龄偏小、专业性偏弱。我国很多媒体都是由刚毕业的大学生承担新闻报道任务，四十岁以上仍在一线跑新闻的记者已经很少了。2014年以来，《南方周末》副总编辑伍小峰、《第一财经日报》副总编岳富涛、《人物》副主编林天宏等均从媒体离职，跳槽去了万达集团。这种情况在媒体中具有一定的典型性，反映出新闻界高端人才提升通道较窄。此外，业界大都认为

---

① 塞缪尔·G.弗里德曼：《媒体的真相》，梁岩、王星桥译，中信出版社2007年版，前言。

中国传统媒体不缺编辑、记者,缺少的是新技术人才、经营管理人才,但是从马航MH370航班失联事件的报道看,我国缺乏专家型新闻记者,与国际一流媒体相比仍有很大的差距。

表5　　　　　2013年度新闻出版业就业人数的产业类别构成

（单位：万人,%）

产业类别	人 数	较2012年增减	比 重
图书出版	6.48	-3.49	1.35
期刊出版	10.91	-2.26	2.28
报纸出版	26.31	-0.01	5.49
音像制品出版	0.42	-9.33	0.09
电子出版物出版	0.23	2.41	0.05
印刷复制	362.08	0.68	75.55
出版物发行	72.52	-0.16	15.13
出版物进出口	0.31	-0.06	0.06
合 计	479.24	0.38	100

说明：未包括数字出版、版权贸易与代理、行业服务与其他新闻出版服务。

我国报刊在改革、发展、管理、队伍建设等方面出现问题的原因有很多,最核心的有以下三点:第一,体制机制束缚,报刊"戴着镣铐跳舞"。我国报刊业有一整套严格的管理体制,包括创办审批制、主管主办制度、属地管理制度、年度核验制度、重大选题备案制度等。有些管理制度需要随着报刊的发展进一步完善。比如主管主办制度方面,有些主管部门不敢管、不会管、不愿管等问题依然存在,阻碍了报刊的发展。第二,媒体自身发展先天不足,同质化竞争严重。同城同区域的报纸同质化恶性竞争,例如北京市就有七八家都市报争夺有限的市场。财经类报纸领域,日报有《经济日报》、《第一财经日报》、《21世纪经济报道》、《每日经济新闻》,周报《中国经营报》、《经济观察报》、《华夏时报》,此外还有四份证券类报纸《中国证券报》、《上海证券报》、《证券时报》、《证券日报》,如此多的财经类报纸争夺有限的广告资源,竞争残酷。第三,媒体融合说得多做得少。互联网、大数据等新的技术手段,对传统报刊带来颠覆性的冲击。2014年7月21日,中国互联网络信息中心(CNNIC)发布的第34次《中国互联网络发展状况统计报告》显示,截至 2014 年 6 月,中国网民规模达 6.32 亿,其中,手机网民规模 5.27 亿,互联网普及率为 46.9%。在新媒体的冲击下,我国报刊业在推动媒体融合方面还存在很多问题:"有的满足现状,患得患失,担心打破原有格局,认为融合发展多此一举、没有必要,不搞融合发展也还能活;有的存在畏难情绪和惰性心理,对融合发展缺乏信心,不愿试不愿闯,坐等给政策、给资金、给项目;还有的存在惯性思维,用办传统媒体的方法来对待融合发展,拿出的方案、提出的措施往往不对路。这些问题和现象的根源,就是没有挪动屁股、更新观念,没有跳出传统媒体的本位和思维。"[1]

二 部分报刊出版单位改革发展模式分析

传统报刊应对网络媒体挑战,是世界性的难题,各国均处于探索中,有的媒体走了弯路,有的开始逐步明确方向。我国媒体在网络冲击、改革阵痛、市场经济洗礼中努力探索出路,有的继续深挖传统报刊市场,有的扎根社区报,有的收购新媒体为我所用,有的引入战略投资者。这些报社有成功也有失败,但是均在努力尝试,勇敢探索。

(一)《华夏时报》:背靠大树好乘凉

《华夏时报》前身是《中国物资报》,2001 年改为《华夏时报》,2004 年又改为中国第一份商圈社区报,2005 年则重新改回都市报。2007 年水皮出任《华夏时报》总编辑的时候,报纸已经严重亏损。水皮与万达集团董事长王健林洽谈在经营领域引进资本等问题时,"他只问我 3 个问题:双方合资成立广告公司,我们能否控股?能不能办一张财经类报纸?能不能改为周报?"水皮回忆道,这 3 个问题恰巧与他的思路完美地吻合了。就这样,万达集团拿出 1500 万元的"入门费"支付了员工欠薪,并协议分 3 次共投资给广告公司 6000 万元[2],2007 年 7 月,变身财经周报的《华夏时报》与读者见面。2007 年下半年,《华夏时报》有了 600 多万元的收入,2008 年收入 3200 万元,2009 年收入 5000 余万元[3]。2014 年初,在传统媒体举步维艰之际,水皮在华夏时报社内部演讲中称,2013 年报社全年营收

---

[1] 刘奇葆:《加快推动传统媒体和新兴媒体融合发展》,《人民日报》2014 年 4 月 23 日第 7 版。
[2] 牛春颖:《华夏时报主编水皮访谈:危机之年如何打翻身仗》,《中国新闻出版报》2010 年 3 月 16 日第 6 版。
[3] 王燕青:《水皮 把办报当作一门生意》,《南方人物周刊》2014 年 3 月 31 日。

近 4 亿元，其中净利润 3000 多万元。2014 年，水皮的目标是全年营收 5 亿元。业界普遍认为水皮的模式是不可复制的，水皮背靠大树，"别人没有这样的机会去竞标（万达荧幕广告代理等业务）"。

（二）《南方都市报》：深耕社区报

随着区域性城市社区的发展，社区报因其内容贴近性强、成本低、受网络冲击小等特点，已日益引起业界的关注。按照美国全国报业协会的统计，全美共有近 8000 种每周或每日出版的社区报纸，广告商每年在社区报纸投入的广告费用超过 50 亿美元，每周阅读社区报纸的美国人超过 1.6 亿。在我国，部分都市报也深耕社区报，挖掘报业新的增长点。目前，《新闻晨报》、《北京青年报》、《南方都市报》等均加强了社区报建设。从 2012 年 8 月开始，《南方都市报》在深圳启动社区报"鹏城通"项目，选取深圳部分区域，增印一叠 8 版的区域细分读本，每周一期，除随主报发行外，还定投于政府、社区、企业及商业场所。目前"鹏城通"项目拥有 8 份社区报，周发行量达到 40 万份，合计发行 1032 万份，已成为《南方都市报》新的增长点。据《南方都市报》副总编辑陈文定介绍，"我们从创刊到现在已经基于内容层面改版 3 次，从突出市井味，到强调社区关系，到深入邻里关系，再到实现社区全媒体。"他认为，社区报未来的发展趋势应该是公司化运作、项目化管理，还需要决策高效、贴近市场、快速复制、营收稳定，而且要搭建社区平台、拓展社区电商、精准分析应用社区数据。"基于社区报，打造社区立体化传播平台，尝试大数据管理。只有这样，才能够更成功。"[①]

（三）浙江日报报业集团：买船出海，全媒体拓展

目前为止，还没有哪一家报刊社把媒体融合的路子完全走通，但有些先行者的探索已经颇见成效。在用户规模上颇有建树的浙江日报报业集团、在赢利模式上有所突破的温州日报报业集团等，都为业界转型提供了新思路。尤其是浙江日报报业集团全媒体转型，不是一个个点上的突破，而是力求在较短时间内实现从内部转型、外部扩张、孵化未来的全线突破。2011 年 10 月 31 日，浙报集团经营资产上市仅一个月，新媒体创业孵化基地"传媒梦工场"启动，宣布开启为期 5 年的全媒体战略行动计划——以各种融资方法投入 20 亿元，实施集团的全媒体转型。2012 年浙报以 31.9

[①] 朱凌等：《数十媒体高层共论社区媒体未来》，《南方都市报》2014 年 5 月 29 日第 27 版。

亿元并购盛大网旗下游戏平台杭州边锋和上海浩方的100%股权。2014年6月16日,"浙江新闻"移动客户端和浙江手机报升级版亮相,浙报集团具有"党报特质、浙江特点、原创特色、开放特征"的"三圈环流"新媒体矩阵初见雏形。所谓"三圈环流",一是核心圈:以"浙江新闻"移动客户端、浙江手机报、浙江在线新闻网站及视频新闻等四大媒体为核心,构建"四位一体"的网上党报,目标用户2000万;二是紧密圈:由边锋网新闻专区和新闻弹窗、云端悦读PAD客户端、边锋互联网电视盒子、钱报网、腾讯·大浙网新闻板块以及各县市区域门户网站构成,覆盖各类用户5000万左右,将现有数千万互联网用户转化为主流新闻传播对象;三是协同圈:以微博、微信等第三方网络应用和专业APP为主,传播主流价值。目前,浙报集团媒体法人微博、微信公众账号及专业APP有200个左右。通过新媒体矩阵建设和媒体融合发展,浙报集团着力建成形态多样、手段先进、具有强大传播力和竞争力的新型主流媒体。

(四)《新华每日电讯》:高品质的内容仍然具有活力

主流媒体和广告商发现,在日益强大的数字媒体时代,高品质的内容仍然是稀缺的,经营好报纸内容仍是必要前提。2014年2月,《新华每日电讯》总编辑解国记在第九届中国传媒年会上表示,《新华每日电讯》已经拥有160多万的订户,排在国内纸媒的前三名。针对新媒体转型,解国记表示:"已经被新媒体冲击得难以生存的纸媒,赶紧转型;仍然没有生存问题,甚至发展看好的纸媒,好好经营纸媒。《新华每日电讯》眼下属于后者。大文摘报思路、开放性思维,很可能把这张报纸送上阳关道。只要我们视野足够宽广,目光足够敏锐,能随时把受众最感兴趣的任何稿源的精华,选编到这张报纸上,它就会受到一定读者群的欢迎。""纸媒新媒,只要办好,只要对路,都会有自己的市场。不管白猫黑猫,抓住老鼠就是好猫;不管纸媒新媒,能为受众提供优质服务、赢得市场,就是好媒体。"[①]

(五)上海报业集团:整合转型,阵痛转身

2013年10月28日,解放报业集团与文新报业集团合并为上海报业集团,组建为一个超大型的报业集团。这一改革动作,因处在报业深化改革及区域整合的关键性节点上,承载了极高的政治与社会期待,成为一个标

---

① 解国记:《新媒纸媒与黑猫白猫》,《传媒》2014年第5期。

志性的改革事件。据估算，上海报业集团成立后，资产达到208.71亿元，净资产为76.26亿元，总体经济规模居全国报业集团前列。上海报业集团党委书记、社长裘新表示，上海报业集团成立后，解放日报、文汇报、新民晚报为独立法人，"做自己命运的主人"，拥有事权、财权、人权。"事权，所有版面的内容报社决定；财权，报社作为独立法人单位，在预算范围内有完整的经营自主权；人权，特别是干部的任免权，从提名、任免到奖惩都是赋予报社的。在新媒体发展方向上，上海报业集团的作用第一是集成；第二是做基金的平台；第三是体制的孵化，在收入、在激励机制上面进行孵化"。据了解，上海每年将为解放日报社、文汇报社注入财政资金，支持其品牌拓展和传播运营。该市宣传文化专项资金还将安排扶持资金，用于支持各主要报纸发展新媒体等业务。目前，上海报业集团在整合、改革方面已经有所行动，先后休刊了《新闻晚报》、《讲刊》、《房地产时报》，又操作了两张地铁报的重组，2014年"下半年还将对集团所属的100多家公司进行严格清理，能关的必须关"[①]。

三 我国报刊未来发展趋势预测

当前，报刊界对新媒体带来的冲击以及自身的不良经营状况深感忧虑，对未来走势十分关心。科学把握报刊业发展的趋势，振奋报刊从业人员的信心显得十分急迫。

（一）报刊业在国家舆论传播格局中仍占有重要地位

当前，文化越来越成为民族凝聚力和创造力的重要源泉，越来越成为综合国力竞争的重要因素，越来越成为经济社会发展的重要支撑，提升国家文化软实力越来越引起党和国家的重视，成为全面建成小康社会、实现中华民族伟大复兴的重要战略目标。报刊是文化传播的重要载体，是意识形态领域的主阵地，是文化产业的重要核心和支撑，是凝聚思想共识、营造良好舆论生态环境的"正能量"。报刊业是文化强国建设的重要组成部分，报刊强则文化强，没有内容产业的强盛就谈不上实现文化强国。党的十八大报告提出"五位一体"的中国社会主义事业总体布局，我国要建成小康社会，实现中华民族伟大复兴，建设文化强国，必须把报刊业改革发展纳入国家文化战略层面进行谋划。因此，今后中央将打造一批具有较强市场竞争力的媒体集

---

① 魏武挥：《"报业改革没有华丽转身"》，《中国新闻出版报》2014年8月19日第7版。

团，一方面将对传统报刊改革发展在项目、资金、税收等方面给予优惠，另一方面，会调整国家传媒管理政策，扶持报刊等传统媒体在舆论传播新格局中占领制高点。从新闻单位自身来说，目前报刊进入微利时代，应该发展多元文化产业。网络时代的报业已经进入微利时代，报纸的天花板已经探顶，未来的路子是发展文化产业，跳出报业做文化。

（二）媒体融合发展的趋势阻挡不住

当前，大数据、云出版、社交媒体、物联网等新技术、新媒体层出不穷，对传统报带来颠覆性的变化。一是内容细分化。未来"满汉全席"式的综合类媒体将逐渐为细分读者的小众化媒体取代。对于传统报刊而言，针对特定读者，将内容、特点做到独一无二，将成为报刊业未来突围的关键性武器之一。二是渠道碎片化。未来微博、微信等社交媒体将继续分流报刊的读者，受众接触的媒体和时间将碎片化。三是形态多屏融合。目前，移动媒体进入快速发展期。移动互联网与社会化媒体、电子商务结合，开创出新的发展模式，与传统媒体的联动也日益频繁，多屏融合成为大传媒产业的重要发展方向。今后应着力"推进传媒联合、兼并、重组，构建新的发展主体，要推进广播电视与网络资源整合、内宣与外宣资源整合。现在新闻宣传很难分出内外，也难分割新旧业态，固守一个小山头、一种业态、一个模式勉强维持，没有潜力也没有前景，很难有大的发展"[①]。

（三）市场对媒体的影响越来越大的趋势阻挡不住

十八届三中全会决定指出，经济体制改革是全面深化改革的重点，核心问题是处理好政府和市场的关系，使市场在资源配置中起决定性作用和更好发挥政府作用。这就要求政府把该放的权力放开到位，降低准入门槛，政府以清单方式明确列出禁止和限制的范围，清单之外，法不禁止的，市场主体即可为；法未授权的，政府部门不能为。当前，在经济领域，中央正着力解决政府干预过多的问题，切实转变政府职能，取消、精简、下放不符合市场经济原则的管理事项，把市场能做的交给市场去做，把该管的事情管住、管好、管到位。在新闻出版领域也要处理好政府与市场的关系。政府主要是加强依法监管，坚持用法治思维和法治方式履行市场监管职能，加强事中事后监管，推进市场监管制度化、规范化、程序

---

① 柳斌杰：《把握大势　融合创新　构建传媒新格局》，《传媒》2014年第5期。

化，建设法治化市场环境。此外，媒体在市场竞争中被淘汰与洗牌的趋势明显。2014年以来，上海的《新闻晚报》、北京的《竞报》等退出报业市场，今后类似在竞争中被淘汰的报纸将会继续增多。那些寄希望于靠行政命令摊派发行、靠组织给予补贴的报刊将越来越没有市场。

（四）报刊国际化的趋势阻挡不住

改革开放特别是加入世贸组织以来，我们初步建立起符合自身国情和国际通行规则的经济体制，被认为是经济全球化的最大赢家。现在，我国经济与世界经济高度融合，是120多个国家的第一大贸易伙伴。经济全球化，新闻媒体和信息交流的国际化趋势也越来越明显。我国一方面要加强媒体的国际交流与合作，另一方面，要加快提升我国媒体的国际竞争力。目前，不管是独资、合资或是合作到境外办报办刊建社建站开厂开店，还是通过上市、参股、控股等多种方式扩大境外投资，参与国际资本运作和国际企业管理的国内报刊企业都显得乏善可陈，更谈不上在国际上实现跨媒体、跨区域发展。今后，我国必将进一步加强媒体国际传播能力和对外话语体系建设，推动中华文化走向世界，支持重点媒体面向国内国际发展，支持文化企业到境外开拓市场。

（五）报刊领域管理法治化趋势日趋明显

2014年2月，国务院办公厅印发国务院2014年立法工作计划的通知，提出要紧紧围绕党中央、国务院2014年的中心工作，把贯彻落实《中共中央关于全面深化改革若干重大问题的决定》和《国务院机构改革和职能转变方案》确定的任务作为重中之重，及时完成深化经济和行政体制改革、加强政府自身建设、保障和改善民生、推进生态文明建设、维护国家安全等方面的立法项目。通知还提出，要按照市场在资源配置中起决定性作用和更好发挥政府作用的原则，加快转变政府职能，正确处理好政府与市场、政府与社会、中央和地方的关系，探索以法治方式管理经济社会事务的新途径。因此，一方面国家会修订新闻出版领域法律法规，另一方面会更加强调对媒体依法监管。根据国务院2014年立法工作计划，力争年内完成的项目包括将广告法修订草案提请全国人大常委会审议，预备的项目包括修订著作权法，研究的项目包括修订著作权法实施条例，起草全民阅读促进条例，修订印刷业管理条例。

（六）高品质内容第一的趋势不会改变

在众声喧哗的时代，专业的，面向大众的，持续不断的，有品质的内容，社会永远有需求，这就是大众传媒生存的前提。在报刊作品的生产、传播、管理和保护等环节中，保护是关键。只有着力营造一个诚信的、规范的、健康的、有序的版权保护社会环境，才能激励创新，才能平衡权利和权利的使用，使社会公众最大限度地受益。当前，移动网络媒体蓬勃发展，部分传统报刊遇到生存困境，这使得各类新媒体未经许可转载传统报刊作品的问题愈加凸显。"先许可，后使用"是著作权法的一项基本原则。除了著作权法明确规定之外，不论是传统媒体和网络媒体，无论出于什么目的，不论是付费还是不付费，不论是营利性还是公益性，使用作品必须先取得权利人授权许可。未经权利人允许就使用其作品都是侵权行为，都要承担相应的法律责任。

四　推动我国报刊科学发展的建议

改革是中国报刊最大的红利，2014年是全面贯彻落实党的十八届三中全会精神、全面深化改革的第一年。2014年1月至8月，中央全面深化改革领导小组召开了四次会议，通过了《党的十八届三中全会重要改革举措实施规划（2014—2020年）》，对未来7年改革实施工作作出整体安排。我国报刊领域正以更大的政治勇气和智慧、更有力的措施和办法，在新的更高起点上继续推进。

（一）要坚守舆论阵地，牢牢把握正确导向

报刊业处在意识形态领域的最前沿，守住这块阵地，发挥引领作用，增强社会主义核心价值体系的吸引力和凝聚力，是新闻出版战线的重大政治责任。报刊是国家经济硬实力转化为文化软实力的重要中介，进一步增强中国报刊的话语权与影响力，对于提升国家文化软实力、建设文化强国发挥着基础性和关键性作用。习近平总书记指出："宣传思想工作就是要巩固马克思主义在意识形态领域的指导地位，巩固全党全国人民团结奋斗的共同思想基础。"这"两个巩固"是宣传思想文化工作的根本任务。今后一段时期，报刊要继续深入开展中国特色社会主义宣传教育，坚定全体人民的道路自信、理论自信、制度自信；着力深化中国梦宣传教育，注重挖掘和宣传平凡人物的普通梦想，推动中国梦入脑、入心、入行动；认真贯彻落实《关于培育和践行社会主义核心价值观的意见》，引导全行业把党和政府的声音传播好，把当代社会的主流展示好，把人民群众的心声反映好。

(二)继续深化报刊改革，大力推动兼并重组

报刊领域正进一步落实中央的部署，继续推进生活、科普等非时政类报刊出版单位转企改制；进一步落实《关于报刊编辑部体制改革的实施办法》，继续推进不具有独立法人资格的报刊编辑部体制改革；探索重点科技期刊和学术期刊编辑部组稿审稿、交由出版企业统一出版发行的运营模式；推动已转制的非时政类报刊社等新闻出版企业进行公司制、股份制改造，完善法人治理结构；根据中央统一部署，选择若干家已转制的重要国有新闻出版企业，开展特殊管理股制度试点；探索国有新闻出版企业股权激励机制，经批准允许有条件的国有新闻出版企业开展股权激励试点；在坚持党管媒体、党管干部、确保正确舆论导向的前提下，推动将公益性新闻出版单位中经营性部分转制为企业，进行公司制、股份制运作，增强市场运营能力。同时，大力推动新闻出版企业兼并重组。推动中央出版传媒集团兼并重组业务相近、资源相通的中央各部门各单位所属新闻出版企业和地方新闻出版企业；支持地方出版传媒集团兼并重组本区域及中央各部门各单位所属新闻出版企业；支持国有新闻出版企业兼并重组非公有制文化企业；支持符合条件的新闻出版企业在主板、创业板或全国中小企业股份转让系统发行上市或挂牌交易，利用资本市场进行兼并重组。

(三)加快推进媒体融合，推动项目尽快形成赢利模式

2014年8月18日，中央全面深化改革领导小组第四次会议审议通过了《关于推动传统媒体和新兴媒体融合发展的指导意见》，对新形势下如何推动媒体融合发展提出了明确要求，作出了具体部署。习近平总书记强调，推动传统媒体和新兴媒体融合发展，要遵循新闻传播规律和新兴媒体发展规律，强化互联网思维，坚持传统媒体和新兴媒体优势互补、一体发展，坚持先进技术为支撑、内容建设为根本，推动传统媒体和新兴媒体在内容、渠道、平台、经营、管理等方面的深度融合，着力打造一批形态多样、手段先进、具有竞争力的新型主流媒体，建成几家拥有强大实力和传播力、公信力、影响力的新型媒体集团，形成立体多样、融合发展的现代传播体系。目前，电信、广播电视、新闻出版业的产业边界日益模糊，三大产业的内容生产、传输平台和接收终端不断走向融合，传统传媒业纵向一体化的结构逐步裂变为横向一体化的结构。

(四)大力完善新闻出版管理体制，坚持依法行政

2014年2月21日，全国人大教科文卫委员会主任委员柳斌杰在第九

届中国传媒年会上指出："新闻传播领域,管理观念能不能把因人而异、随意出招换成法治思维、依法办事、令行禁止?工作观念能不能加大责任制和责任追究制,转换封、堵、删的老思路?在公开透明环境下去竞争,最大的问题是思路。在人人都有麦克风、自媒体发展迅猛的今天,还用老一套去管理,往往费力不讨好,甚至适得其反。"[①] 目前,新闻出版管理部门正按照中央推进国家治理体系和治理能力现代化、全面推进依法治国的总体部署,努力提高新闻出版依法行政、市场监管能力。同时,继续取消下放行政审批事项,加强事中事后监管。严格落实各项管理制度,不断强化行业准入、内容监管,对于存在挂靠关系、不履行管理职责导致出版权流失、经营权失控的,调整主管主办单位或吊销报刊出版许可证。要严格报刊年度核验制度,对违规报刊要坚决予以缓验;对违法问题严重的报刊不予通过核验,撤销出版许可证;对不能正常出版、已不具备出版条件及拒不参加年度核验的报刊撤销其出版许可证。

(五)进一步加强新闻队伍建设,确保宣传思想阵地的领导权牢牢掌握在忠于党忠于人民的人手中

习近平总书记强调:"宣传思想部门工作要强起来,首先是领导干部要强起来,班子要强起来。"目前,中宣部、国家新闻出版广电总局等正按照中央要求,加强新闻单位领导班子和队伍建设,确保宣传思想阵地的领导权牢牢掌握在忠于党忠于人民的人手中。要切实加强马克思主义理论教育、理想信念教育和党性党风教育,旗帜鲜明坚持党管媒体原则不动摇,坚持政治家办报、办刊、办新闻网站。要探索更多有效办法,解决好新闻采编队伍中事业编制与编外聘用制并存的"双轨制"问题,进一步增强聘用人员的事业心、归属感、忠诚度。要继续深化"走转改"活动,推动新闻采编人员进一步转变作风、端正学风、改进文风,切切实实走好群众路线。同时,进一步完善从业人员准入退出制度,加强新闻采编资质管理。推动并统一规划将新闻出版工作者职业资格制度纳入全国专业技术人员职业资格制度;完善出版专业技术人员职业资格制度,建立新闻采编人员职业资格制度;研究制定新闻采编专业技术人员职业资格考试暂行规定及其实施办法;完善全国联网的新闻出版从业人员不良从业行为记录数据库。

---

① 柳斌杰:《把握大势 融合创新 构建传媒新格局》,《传媒》2014年第5期。

中国新闻类期刊出版情况概述

张泽青[①]

本文所概述的新闻类期刊，是指我国内地正式出版的，具有大量综合性新闻性内容，一般出版周期比较短（月刊及以下）的期刊。

用这一方式界定，目前国内有这样的期刊40余种。

一　分类情况

按照不同的分类标准，我们将其做如下分类（分类名单见附表）：

1. 按照文种来分，可以分为用中文出版的和用少数民族文种或外文出版的。如用中文出版的《中国新闻周刊》，用少数民族文字出版的如《半月谈》维文版，用外文出版的如《北京周报》（英文）、《今日中国》（阿拉伯文）等。用中文和少数民族文字出版的主要面向国内读者，用外文出版的主要是外宣类期刊，也有少数是面向来华外国读者的。

2. 按照主办单位的性质分，可分为各级新闻单位主办的和非新闻单位主办的。前者如新华社主办的《瞭望》、《半月谈》等，后者如三联书店主办的《三联生活周刊》，西藏人民出版社主办、获得新华社授权，选择《半月谈》部分内容出版的《半月谈》（藏文版）等。一般来说，由通讯社、报业集团等大的新闻单位主办的新闻性刊物采编力量比较强，新闻来源比较权威，刊物时效性也比较强；而非新闻单位主办的新闻性刊物，相对来说实力要弱一些。

3. 按照出版内容来分，可以分为综合新闻类和专业新闻类。前者如《中国新闻周刊》、《半月谈》等，后者如《南方人物周刊》、《世界知识》、《台湾周刊》等。综合性新闻刊物又被称为时政类刊物，其刊载的

[①] 张泽青，新闻出版广电总局新闻报刊司巡视员。

内容与报纸、电视的时政新闻基本相同,只是报道更具深度、广度。专业新闻类期刊则有自己的专业定位,专门报道某一领域、某一专业的内容,如《世界知识》只做国际新闻方面的内容,《中国经济周刊》只做国内财经方面的报道,《南方人物周刊》则围绕各类新闻人物进行报道。综合性新闻刊物与专业性新闻刊物各具优势,分别满足不同读者人群的阅读需求。

4. 按照办刊人员情况分,可分为正规出版单位人员办刊和同仁办刊(办刊资金来历不明)。前者如《新民周刊》、《中国报道》等,后者如《看天下》、《明周刊》、《中国周刊》等。正规出版单位人员办刊都比较规范,有主管、主办单位尽职尽责的管理,有符合条件的从业人员。而疑似同仁办刊的刊物则有不同的特色,比如办刊经费来源不明确,如某刊刚创刊就显得实力雄厚,明显不是其主办单位能够提供的。再如某刊突然换了主编,据可靠消息,是因为该主编的朋友不再为其投资了。这种疑似同仁办刊的刊物的主要特点是:资金来源不明,但实力雄厚;出版后以其独特的内容能够迅速引起读者的关注,占有较大的市场份额;刊物版权页所显示的办刊地点与其刊号的登记地往往不在同一省区;刊物的主要负责人是业内比较知名的人士,一般有在若干著名的媒体工作过的经历,现在因为种种缘故,自己找到了投资方,找到了几个同道,再找个刊号来实现自己的新闻梦想。

5. 按照刊物采编力量或者基本定位分,可分为全部原创类和原创与文摘混合类。前者如《半月谈》、《三联生活周刊》等,后者如《博客天下》、《明周刊》等。所载为全部原创内容的刊物,一般都是办刊比较正规,管理比较到位的刊物,具备足够的的采编力量。做得好的刊物每期都有精心策划的选题,如《三联生活周刊》、《中国新闻周刊》等。原创与文摘混合类刊物情况就比较复杂了,从刊物的内容看,往往有采编力量不够的情况,用一种不尽合理的方式,将国内外主要新闻媒体的内容加以综合裁减,汇集成一个热点专题报道。有时有自己刊物独立采写的报道,有时根本没有,主要是利用互联网时代搜索信息便捷的条件,把别的媒体的内容拿来重新编排后采用。这类刊物有的简单标注了新闻来源,有的则不标注,是否按照《著作权法》的规定在发表后支付了转载费,很难查证。

这里要说明的是,国内财经类的周刊还有若干本,但是本文没有将其收入。原因是这些刊物的内容集中于经济领域的报道，如《证券市场周刊》等，在广大读者心目中不属于新闻类刊物。本着从众原则，除个别财经类刊物外，未将经济新闻类刊物列入名单。

二 出版情况

新闻性期刊是近十多年来发展比较快、比较受市场欢迎的一类刊物，其受欢迎的主要原因是：在互联网发展迅速的情况下，读者及时获取新闻已经不是问题，随之而来的是希望对新闻的背景和详情进行深度了解，并希望媒体能够做出一定的解读。新闻类期刊恰恰是迎合这种市场需求而大量出现的，不管是时政类、人物类，还是财经类的新闻刊物，都满足了读者新的阅读需求，所以有了比较大的市场空间，发展比较迅速。

三 发展情况

近年受到新媒体的冲击，传统纸质刊物的发行量有所下降，特别是免费的微信出现之后，以其时效强、容量大、内容丰富、题材多样和最重要的免费获取的优势，将大量传统媒体读者转移到了新型媒体上，新闻性期刊不可避免地受到了冲击。我们注意到，几年前发展比较快、影响力比较大的几本新闻刊物这两年发展减缓，质量也有所下降，估计其办刊成本在不断增加，而读者的减少对于其广告收入影响较大，使得刊物在采访投入方面受到了限制。

这里列举几种创办时间长、影响力比较大、已经成为品牌期刊的新闻类刊物。

《瞭望》周刊，这本新华社主办的期刊权威性、时效性强，而且是我国最早的综合性新闻周刊，依托新华社遍及全国、全世界的最强的采编实力，及时报道国内重大新闻事件，做出权威解读，影响力始终很强。

《半月谈》，以其权威的时政新闻报道成为国内发行量最大的新闻刊物，其主要读者除了党政部门、企事业单位的干部外，还有大量的中学师生，因为每年的升学政治考试题目中时政类的考题需要从这本期刊的内容中了解掌握。

《中国新闻周刊》，这本由中国新闻社主办的刊物突出的特点是对国内重大新闻事件进行深度报道，对于选题的策划把握比较到位，基本涵盖了国内重大突发新闻事件，尽量满足读者对于深度了解热点事件、重大新闻的阅读需求。

《三联生活周刊》，这本由三联书店主办的刊物可能是新闻刊物中最具文化含量的。其办刊模式也有着出版社的特色，就是高度重视策划选题，每期刊物有一个主打选题，基本上要将这个选题做深做透，"增强不可替代性"。公开数据显示，该刊 2013 年的人均利润 400 多万元，营业额达到 1.25 亿元，是目前新闻类刊物中刊登广告最多的，经济效益相当不错，从 2005 年至今，每年均以超过 20% 的速度增长[1]。这也是刊物能够在采访、策划方面加大投入的基础。近年来，这本刊物新闻时效性有一定程度的减弱。

《财经》，这本刊物的特点是将时政新闻与财经新闻结合，既有重大财经新闻的深度报道，也有重大时政新闻的深度报道，所以将其列入新闻类刊物的名单中。这本刊物的一些独家报道具有较强的影响力。

四 使用新媒体情况

经调查了解，具备条件的新闻类期刊都自主开发了网络版、iPad 版，开发了自己的微信公众服务号等。实在不具备条件的也都加入了如龙源期刊网、中国知网等数字集成出版平台，通过新型媒体扩大影响力。

《三联生活周刊》、《财经》、《南方人物周刊》等期刊的微信公众号内容丰富，而且可以做到每天更新，说明刊物已经投入较大的力量在做新媒体。

事实上，现在的读者更加关注新媒体，传统媒体如果不及时转移工作重点，就有可能被读者放弃、遗忘。对于新闻类期刊来说，紧迫感就更强一些，毕竟一些报纸的停办已经发出了警示信号。在全民都是采访者、报道者的网络时代，传统媒体必须顺应潮流，做新媒体时代的弄潮儿。

五 未来预测

目前新闻类期刊与全国其他类别报刊的发展情况相似，两级分化的情况比较明显，除了几种影响力大的刊物外，其余的发展情况平平，有的发

---

[1] 阎琦：《孙月沐副总经理到〈三联生活周刊〉调研、座谈》，中国出版集团网站（http://www.cnpubg.com/news/2014/0919/22209.shtml），2014 年 9 月 19 日查阅。

行量一直在下降,广告收入也大大减少。今后很可能有一大部分新闻类刊物会放弃纸质出版形式,转而做电子媒体。做得好的则继续出版纸质刊物,同时不断加强电子媒体的投放力量。

附录　　　　　我国(内地)新闻类期刊分类名单

刊　名	新闻单位主办	综合性刊物	用中文出版	内容全部原创	非同仁办刊	有独立数字版(网络版、微博、微信等)
瞭望	V	V	V	V	V	V
半月谈	V	V	V	V	V	V
半月谈(藏文)		V	藏文		V	
半月谈(维吾尔文)		V	维文		V	
中国新闻周刊	V	V	V	V	V	V
三联生活周刊		V	V	V	V	V
壹　读		V	V			V
财　经		V	V	V	V	
明周刊		V	V			
南都周刊	V	V	V	V	V	V
看天下		V	V			V
新民周刊	V	V	V	V	V	V
博客天下		V	V			V
南风窗		V	V	V	V	
南方人物周刊	V	V	V	V	V	V
世界知识			V	V	V	
时代邮刊		V	V		V	
中国报道	V	V	V	V	V	
北京周报	V	V	英	V	V	V
记者观察		V	V			
今日中国	V	V	V	V	V	V
今日中国(英文版)	V	V	英	V	V	V
今日中国(法文版)	V	V	法	V	V	V
今日中国(西班牙文版)	V	V	西	V	V	V
今日中国(阿拉伯文版)	V	V	阿	V	V	V

续表

刊 名	新闻单位主办	综合性刊物	用中文出版	内容全部原创	非同仁办刊	有独立数字版（网络版、微博、微信等）
支 点		V	V			
民生周刊	V	V	V	V	V	V
环 球	V		V	V	V	V
看世界			V	V	V	
中国周刊		V	V	V		V
新世纪		V	V	V		V
人民中国	V		日	V	V	
台湾周刊			V	V	V	
了望东方周刊	V	V	V	V	V	
中国新闻周刊（英文版）	V	V	英	V	V	
城市周刊		V	V	V	V	
齐鲁周刊		V	V	V	V	
大观周刊	V	V	V	V	V	V
城市周报		V	英	V	V	

中国主流媒体的社会绩效观
——基于 11 家媒体社会责任报告的文本分析

丁和根[①]

2014 年 6 月 9 日,全国首批 11 家试点媒体社会责任报告通过中国记协网正式对外发布,这是在中宣部和中国记协等直接推动下,新闻行业探索建立媒体社会责任年度报告制度的一个开端[②]。这 11 家媒体包括经济日报、中央电视台、中国青年报、人民网、新华网等 5 家中央新闻单位和新闻网站,河北日报、解放日报、浙江卫视、齐鲁晚报、湖北日报传媒集团、湖北广播电视台等 6 家地方新闻单位。这些媒体作为我国当下主流媒体的代表,对各自在 2013 年度履行社会责任的成绩及不足进行了总结,公开对外发布旨在自觉接受社会的监督。报告发布前经过中国记协、地方新闻道德委员会评议,并提交新闻出版广电、互联网、工商等行政管理部门核实相关内容,真实性和可信度应该是有保障的。虽然各家媒体的报告是按统一的指标框架撰写的,但由于这些试点媒体是不同性质、不同类别和不同层级的代表,且各家媒体对"社会责任"这一整体概念以及对考核指标的理解并不完全一致。因此,通过对这些报告文本的解读,一方面可以看出我国主流媒体在整体上的社会绩效观,另一方面也可以发现各家媒体对社会责任理解的差异性,从而为进一步充实或调整指标提供一定的参考,使今后的新闻媒介社会绩效考核更为合理与规范。

11 家试点媒体的报告,按要求统一将社会责任分解为以下 8 个指标:正确引导、提供服务、人文关怀、繁荣发展文化、遵守职业规范、合法经营、安全刊播、保障员工权益。各家报告分别总结了自身在履行上述责任

---

① 丁和根,南京大学新闻传播学院教授、博士生导师。
② 详情及各家媒体的社会责任报告文本可通过新华网(http://www.xinhuanet.com/zgjx/zt/2013mtzrbg/index.htm)查阅。

方面取得的成绩，最后也附带指出了存在的不足，有些还提出了改进措施或努力目标。本文即以这些报告文本为依据，分别就各家媒体对指标的理解及报告的特点进行比较分析。

一 指标体认：共识之中有差异

（一）正确引导责任

在八项评价指标中，该指标被排在了首位。一般认为，舆论导向正确是我国新闻媒体的首要社会责任，也是主流媒体社会功能的题中应有之义。从11家试点媒体来看，所有报告均对这项指标做了重点回应。

以下表述或许最能体现我国主流媒体对正确引导责任的认识："坚持正确的舆论导向是新闻媒体履行社会责任的直接体现和重要内容"（经济日报）；"作为党报，中国青年报必须服务党和国家大局，以优秀的新闻作品弘扬主流价值观，发挥团结稳定鼓劲的舆论引导作用"；"以真实、准确、客观的报道传递各方声音，以正确价值观引导社会公众，以传播社会的正能量潜移默化地影响大众的精神操守，这是媒体最基本的社会责任"（新华网）。

在指标内涵的理解上，各家媒体都认同：第一，重大主题的新闻报道是舆论导向的主要载体；第二，引导主要体现在政治导向、思想导向、价值导向、行为导向和审美导向等几个维度；第三，引导的本质是弘扬主流价值观，凝聚和传递正能量。这方面的阐释以人民网最具代表性："2013年，人民网新闻宣传报道工作紧紧围绕党和国家的中心工作，服务于人民群众对政策解读与新闻信息的需求，始终坚持正确的政治导向、思想导向、价值导向、行为导向和审美导向，在重要党务政务活动报道、重大主题宣传、重大典型宣传、国内国际重大事件报道，以及经济建设、社会建设等各方面的宣传报道中，坚定地履行媒体的社会责任，传递正能量。"该网站还分九个方面对此表述进行了较为详细的解读，可谓各家报告中对引导责任阐述得最为充分的一家。

不同之处在于：1. 除重大新闻报道外，部分媒体强调了通过策划活动来进行舆论引导，例如：经济日报利用经济信息优势，通过举办各种经济论坛、策划活动等不同方式，形成舆论热点，发挥导向作用；中国青年报（下文简称"中青报"）利用青年受众多的优势，从不同领域、不同角度，组织了很多有青年特色的活动，引导青年追求积极向上的人生观、价值观等。2. 在强调正面宣传的同时，部分媒体将舆论监督也作为正确引导的一个维度，如中央电视台（下文简称"央视"）、中青报、人民网、河北日报、齐鲁晚报、湖北日报传媒集团（下文简称"湖北日报"）、湖北广播电视台（下文简称"湖北广电"）。以央视为例，它认为开展舆论监督是正确导向的有机组成部分，"在过去一年中，密切关注民生领域中群众反映强烈的食品安全、假冒伪劣、虚假宣传、霸王条款、消费歧视等问题，集中曝光了一批影响范围大、典型性强的案例，受到有关行业主管部门的积极肯定和广大群众的高度评价"。

（二）提供服务责任

各家媒体对这项指标比较一致的理解主要集中在以下几个主要方面：1. 提供除正常新闻报道之外的服务性信息。如提供有关灾害、事故、突发事件等的即时信息；发布节日等重要时间节点的交通提示、天气预报、旅游接待等信息；研制发布经济景气指数等。2. 权威政策的发布。3. 举办社会服务活动。4. 开展公益活动。如志愿者服务、扶贫济困等。

有差异的理解主要表现在以下几个方面：

第一，媒介提供的服务是否具有公共性？央视在报告中直接指称服务的"公共"性，它认为自己积极主动地履行了国家电视台的"公共服务职责"，并以此来"不断加强自身社会服务能力建设"。但在实际的分析中，央视将及时准确发布服务信息，做好权威政策发布、组织开展社会性服务活动等，作为开展"公共服务"的几项主要内容，这似乎与其他媒体所理解的服务并无不同。浙江卫视在其所列三项服务内容中也列入了"助力公共活动，拓展服务渠道"，但它也没有对"公共"二字的含义加以说明。与之相比，湖北日报及湖北广电所指其"所属媒体积极通达社情民意、反映群众呼声、帮助群众排忧解难"，人民网亦认为新闻媒体应该成为民众表达诉求的渠道，将"搭建官民沟通桥梁，反映民众呼声与要求"作为其认为的三项基本服务责任之一，这些表述似乎倒更能在一定程度上体现媒介服务的"公共"意义。

第二，互联网这种新兴媒体与传统媒体在提供服务方面有无不同？在报告中可以发现，网络媒体还是有意识地突出了与传统媒体的身份差异。例如，"作为互联网文化企业，……2013年，新华网强化变革创新理念，加快转型升级步伐，在专业化频道建设、移动媒体产品链打造、技术自主研发创新等各方面取得突破性进展，全网在坚持正确的经济生活导向、时尚消费导向、文体娱乐导向的基础上，展开多方位、实用性、专业性信息服务，内容品质化、产品多元化、服务社会化，有效服务网民。"由此陈述可见，网络媒体与传统媒体在提供服务方面的差别主要体现在形式和手段上，而内涵方面则没有多少区别。

第三，科学知识或专业知识的普及算不算提供服务？如经济日报便将"加强经济理论及科学知识的普及"作为四项服务责任之一，而一般媒体则将此功能主要看成是知识积累和文化传承功能。

（三）人文关怀责任

通过比较可以发现，媒体对人文关怀的理解比较一致，主要集中于以下两项：1. 在灾难报道中，做到以人为本、关爱生命，恪守相关的伦理要求，避免对采访对象造成二次伤害，也避免对观众造成心理上的不适；2. 在日常报道中，关注社会弱势群体、关注普通人的生存状态、关注人的精神和情感世界、关注人的全面发展。

稍有不同的是，并非每个媒体的总结都涉及这两个方面。例如，央视的总结就只重点谈了第一个方面，但对这一点它又从三个小的方面进行了具体阐述："充分履行人文关怀责任，在四川芦山地震、吉林德惠特大火灾事故、厦门公交燃烧事件、韩亚航空航班失事事件、青岛石油管道爆炸等重大突发灾难性事件报道中坚持以人为本、关爱生命，恪守新闻采访工作规则中有关灾难报道的伦理要求。在灾难事件报道中充分尊重采访对象意愿，竭力避免因采访活动对采访对象造成二次伤害，注重保护采访对象的隐私，给予悲伤状态的采访对象以特别的关怀。注重保护电视观众在观看灾难报道时的心理感受，对不宜直接发布的新闻画面进行技术处理，通过有效新闻编排舒缓观众收看情绪。注重在灾难报道中积极传递正能量，为全社会应对灾难事件提供精神支持。"仅就这一点而言，央视的总结无疑是相当细致和充分的，如果能将这种做法普及于各个指标的系统总结之中，就更值得称道了。

（四）繁荣发展文化责任

关于这个指标，解放日报的概括颇有代表性："我们身处世界文化频繁交融、各种发展模式与价值观相互竞争的21世纪。我们立于国家综合国力快速上升的时期，人们在思想认识和价值取向上呈现出逐利性、多样性、多元性，差异日益增强；伴随着改革发展，媚俗、低俗、庸俗的文化现象暗流涌动。我们始终坚持做社会主义核心价值体系建设的思想文化平台，做凝聚、联系、吸引知识分子的桥梁和纽带，做传承、弘扬、吸收先进文化的精神家园。"这一总结涉及背景、原因和理念，言简意赅，内容丰富，但对繁荣发展文化责任这一指标的具体内涵表达仍显笼统。

根据对文本的梳理，各家媒体对此项指标的基本共识是：1. 弘扬社会主义核心价值体系和主流价值观；2. 普及科学文化知识，倡导文明生活方式；3. 弘扬优秀传统文化；4. 传播健康向上的文化娱乐作品，抵制庸俗、低俗和过度娱乐化的倾向。其中，第1条与正确引导指标不易区分，这反映了各家媒体对指标理解普遍存在的一个问题，即内涵上的交叉重叠现象。

在以上几个共识的基础上，新华网、解放日报和浙江卫视等，还提出了要出文化精品、塑文化品牌，这是更有特色的一种总结，因为它们对履行繁荣和发展文化责任提出了更高层面上的要求。

（五）遵守职业规范责任

这是除正确引导责任外，各家媒体特别重视的另一个指标，全部11家媒体都对之做了较为充分的回应，且认识也比较一致。

各家媒体在有关此项指标的总结中提得较多的是以下几条：1. 杜绝虚假新闻，惩治有偿新闻和新闻敲诈勒索行为；2. 严格广告管理，取消形象广告；3. 建章立制，规范完善采编制度，实行采编经营两分开；4. 强化对责任人的监督、监察和审计；5. 主动接受社会监督；6. 加强从业人员的岗位教育培训。

这六条除了前两条是说"做什么"，也即对遵守职业规范内涵的理解，后面四条都说的是"怎么做"，是履行该项责任的保障措施。

（六）合法经营责任

这项指标只有经济日报、央视、人民网、齐鲁晚报4家媒体给予了回应，是所有指标中回应最少的一项。另有解放日报将此项指标与第七、第八项指标合并成"企业文化"一项进行陈述。在有直接回应的这几家媒体中，经济日报将合法经营的内涵界定为采编与经营"两分开"，其管理重点在撤销记者站独立银行账户、加强对发行经费使用过程的监督上；央视的落脚点在严格执行广告三级审查制度、依法纳税两个方面;人民网的落脚点也是在按时足额纳税上;齐鲁晚报的"依法依规经营,砍掉隐患板块"则专指限制和取消违法广告。

如前一指标中所述,采编与经营"两分开"的问题主要应属于职业规范的范畴,似乎上升不到法律层面。这样,合法经营这一指标的总结就只关注了广告和纳税两个方面,这显然是不够的。比如说,媒体有无违法用工、侵犯隐私权和著作权等问题?

为什么回应这项指标的媒体这么少而且有回应者也非常简单呢?原因大概不外乎以下几个:第一,认识上觉得这个指标不属于社会责任的范畴;第二,实践中对此重视得不够,做得不够具体,没有太多东西可讲;第三,问题较多,但毕竟是负面的东西,便不好或不愿多讲。当然,主要原因到底是什么,还需要搜集更为充分的辅助材料进行具体的分析。

(七) 安全刊播责任

这个指标也只有5家媒体直接做了回应。根据有回应的各家媒体的理解,安全刊播主要包含这样几种意思:1. 防止刊播差错;2. 动力保障、信息网络、基础资源、业务应用等技术支持和运行保障系统安全稳定运行;3. 其他安全,如市场交易安全等。

在这一指标上,浙江卫视的陈述涉及具体内容最多,包括:"通过自查自纠、检查督办、整改落实三个阶段,重点围绕导向把关、消防治安、人员管理、舆情监控、合同管理、廉政建设、思想教育等七个方面,进行全面梳理,开展安全排查,完善安全制度,取得积极成效。"这显然是个大安全的概念,细细推敲,可以发现其中部分内容只是媒体的内部事务,还有些内容则与其他指标之间存在交叉关系。因此,安全刊播是否应单独列出值得商榷。

(八) 保障从业人员权益责任

这项指标也有5家媒体未做直接回应,且有回应的主要是几家中央级媒体。从文本中梳理出的这项指标的含义主要包括:1. 认真做好新闻采编人员记者证的申领、发放和年度核验工作,保障全体采编人员依法采写新闻报道的权利;2. 严格遵守《劳动法》、《劳动合同法》、《社会保险法》等各项规定,员工入职即建立劳动关系;3. 按月足额支付工资,依法足额缴纳五险一金;4. 保证合法工作时间;5. 完善事业企业双轨制用工的管理体系,逐渐淡化身份差异,合理进行收入分配;6. 积极创造条件,认真落实职工的各项福利待遇。

不难看出，这些内容有不少与合法经营的内涵有重叠。此外，对这项指标做了直接回应的只有浙江卫视一家，这或许并非只是一个巧合。

二　绩效总结：侧重之处各有不同

（一）从指标之间的比较来看

先看下表，这是对各家媒体社会责任报告中各项指标所占比重的一个简单统计。

表1　　　　　　　　各指标在各媒体报告中所占比重

媒体单位	总篇幅（字）	正确引导责任	提供服务责任	人文关怀责任	繁荣发展文化责任	遵守职业规范责任	合法经营责任	安全刊播责任	保障从业人员权益责任	其他
经济日报	13487	21.38	17.05	—	9.73	12.32	4.46	4.53	1.68	28.85
央视	7887	17.12	13.47	10.45	17.65	12.11	1.50	1.56	4.26	21.90
中青报	29341	28.34	—	6.51	5.46	2.70	—	—	5.37	51.62
人民网	20902	31.87	13.18	6.33	6.98	9.94	0.93	2.76	4.08	23.93
新华网	13798	24.87	24.22	12.49	8.28	7.81	—	—	6.18	16.15
河北日报	16905	32.13	21.79	7.48	10.90	14.56	—	—	—	13.14
解放日报	35425	37.00	11.13	13.43	12.87	12.27	—	—	—	13.29
浙江卫视	11741	20.31	12.52	11.45	11.18	8.58	—	3.76	5.77	26.43
齐鲁晚报	4964	24.48	16.36	8.88	15.75	9.47	3.93	5.50	—	15.63
湖北日报	11004	44.83	12.57	—	—	14.42	—	—	—	28.18
湖北广电	10357	27.76	17.51	—	—	16.92	—	—	—	37.81

说明：上表中除总篇幅为实际字数外，其他各项指标的数据均为百分比；原报告中的图表以及图片的说明文字未统计在内。

通过上表，大致可以看出各家媒体对待各项指标的侧重点所在。当然，需要说明的是：此表主要旨在考察各媒体对不同指标重视的相对程度，而非细究每个指标的绝对字数，且篇幅大小与重视程度并不能直接划等号，而只能作为一个参考性的标准。

高度一致的是，所有媒体都将正确引导责任作为重点分析的对象，而且所占比重明显或大大超过其他指标。这不难理解，因为这些媒体基本上是党媒，即使像齐鲁晚报这样的报纸也是党媒的直接派生，与党媒没有本质区别，因此大家都将导向正确看成自己最重要的责任和使命。

比较一致的是，大多数媒体将提供服务、人文关怀、繁荣发展文化和遵守职业规范这几项指标作为次重点来进行描述，但各家的优先次序又有所不同。所有媒体共同认可的另一个指标是遵守职业规范，而提供服务有 1 家媒体予以忽略，人文关怀有 3 家媒体予以忽略，繁荣发展文化有 2 家媒体予以忽略。

分歧较大的是后三个指标。其中，合法经营有 7 家媒体予以忽略，安全刊播有 6 家媒体予以忽略，保障从业人员权益有 5 家媒体予以忽略。这至少可以说明：一是对于这些指标，部分媒体可能认为其适用性存在一定问题，难以据此进行操作；二是忽略这些指标的媒体，有部分可能是出于认识上的原因，也有部分可能是出于实践中的缺失，但都可以说是对这些指标所指向的问题缺少应有的重视。

通过此表还可以看出：中央级媒体在总结中指标缺失现象明显要少于省级媒体，尤以后三个指标最为突出；从总体份量上讲，中央级媒体中的央视以及省级媒体中的齐鲁晚报份量最轻。虽然篇幅大小不是衡量态度的绝对标准，但篇幅严重不足，不少指标的总结便难免蜻蜓点水、不够深入。

（二）从指标内涵的解读来看

通过对报告文本的仔细解读，可以发现各家媒体的总结大多侧重在认识和措施上，而对实效的评估则远远不够。有些媒体对绩效表现的总结，更多地停留于务虚的认识上，缺少具体切实的措施；不少媒体虽然举出了具体措施，但没有对实效的评估。换言之，就是应该怎么做讲得比较多，做得怎么样讲得比较少；从成绩的角度讲得比较多，从不足的角度讲得非常少，既没有客观效果的评价，更缺少反面的事例和数据。

这里仅以遵守职业规范责任为例，做进一步的分析。

浙江卫视的总结：一是恪守纪律，宣传经营相得益彰。做到不缺席、不越位，决不擅自引用未经证实的网络报道，决不搞有偿新闻以稿谋私；在广告经营管理中，浙江卫视始终坚持诚信、务实的经营作风，将努力提升社会效益融入日常广告经营和节目制作中。二是知行合一，自觉抵制不正之风。

齐鲁晚报："新闻采编、报道评论、转载转播及广告刊播恪守从业准则，自觉抵制新闻界不正之风。"具体表现为：强化监管体系，打造安全采编模式；严防新闻敲诈、规范发行工作；开门办报，接受读者监督。

湖北日报：高度重视马克思主义新闻观和新闻职业道德的学习培训工作。与此同时，严格实行采编、经营两分开，不以新闻报道的形式做任何广告性质的宣传，编辑记者不从事创收等经营性活动，杜绝有偿新闻和有偿不闻，不违规与社会单位合作办报、办专栏，不刊播各种违法违规广告，为新闻从业人员营造良好的业务氛围，避免了采编人员因为报纸广告、报纸发行等压力出现职业道德的滑坡。

湖北广电：弘扬主旋律，传播正能量；严格遵守新闻从业规范；不断加强新闻队伍马克思主义新闻观职业道德、职业素质教育。

以上表述或是大而化之的认识和表态，或是基本常识的复述，或是直陈结论，其后虽有或多或少的解释，但都有一个共同的特点：就是依据交代不足，且都没有效果评价。

再如，中青报的报告从整体上看内容是比较丰富的，但它对遵守职业规范责任一项的总结是："中国青年报新闻工作者遵守职业规范方面，在业界一直有着良好口碑。2013年，报社党组、编委会进一步加强编采队伍建设，在'三项学习教育'活动、马克思主义新闻观培训、新闻采编人员岗位培训、党的群众路线教育实践活动中，以及报社记者会、每周办公例会、新入职人员培训等重要场合，报社领导反复强调编采人员要加强政治意识、大局意识、责任意识，强化专业素养，恪守职业道德，攀登职业高峰，并出台一系列制度措施。报社特别重视对各地记者站的管理与考核。"该项总结强调了原来的"良好口碑"，对现有措施的介绍却略显笼统，对措施的实施效果如何等，也未做具体分析。

更具典型意义的案例是央视。从报告的文本来看，央视在职业规范建设上不可谓不尽心竭力："中央电视台继续深入加强从业人员职业行为管理长效机制建设，采取多种形式加强岗位培训教育，严格规范从业人员在新闻采编、报道评论、转载传播、广告刊播等各方面的职业行为"。具体措施包括："举办了'模拟法庭'等活动，以真实再现电视从业人员易发违法违纪案件庭审的形式，加强对全体从业人员的警示教育。创办了'电子监察平台'，成立了联合监督办公室，将廉政风险防范工作向纵深推进。建立起以财务收支审计、企业审计及政府采购审计为基础框架的审计业务管理体系，审计覆盖面进一步扩大。纪检监察部门……对各类举报问题均逐一认真核查，发现我台工作人员存在违规违纪问题的均予以严肃处理，

贰　行业基础

绝不手软。面向社会公示所有持新闻记者证、有新闻采访权的人员名单、社会监督电话和联系电话，方便社会各界对采访活动进行监督，对新闻违法活动进行举报，对新闻采访人员身份进行核实。"但现实中暴露出来的问题却令人担忧。央视最近曝出财经频道总监郭振玺、副总监李勇、节目主持人芮成钢、电视剧频道副总监黄海涛等人被检察院传唤审查的案件，暴露了新闻从业人员在遵守职业道德规范中存在的一些突出问题，甚至是更严重的违法问题。这种情况很可能并非只在央视才存在。如何做到既有履行社会责任的制度规范，又能有效地落实这些规范，恐怕是整个中国新闻界必须共同思考和直面的问题。

三　评价方法：存在问题待改进

（一）指标内涵的确定性及指标构成的合理性问题

指标内涵具有确定性，媒体进行社会责任表现的总结才能有相对统一和客观的依据。由于各家媒体都是按照统一指标口径来总结的，如果指标内涵存在歧义或各家只是按照自行理解来陈述，就有可能在一些问题上各说各话，相互之间缺少可比性。

比如，在正确引导指标中，舆论监督是否应成为其内涵的有机组成部分？这就是一个比较重要且需要澄清的问题。笔者以为，舆论监督也可以体现正确导向，如果没有舆论监督，正确引导就只剩下正面宣传的内涵，这显然不利于主流媒体在受众心目中的形象塑造。

又如，公益活动到底应该主要从属于哪个指标？在各家报告中，有的是放在正确导向中的，有些是放在提供服务中的，还有些是放在人文关怀中的。同一件事固然可能与多项指标有相关性，但在总结中如果没有一个主要从属的指标，那么同样的事就可能被反复提起，不仅使得指标之间内涵上区分不开，而且会使得报告文本显得冗赘。

在合法经营指标中，有些内涵不可避免与保障员工合法权益存在交叉重叠关系。如果要同时保留这两个指标，则必须对两个指标相交叉重叠的内涵做出较为明晰的区分，否则在总结中就必然会有前后重复。

安全刊播能否构成一个独立的指标值得商榷。安全刊播似乎更偏向媒体内部管理问题，虽然这方面出了问题也会有社会影响，但这种影响更多地是通过其他指标表现出来的。例如，导向或舆情监控出了问题，可以从导向是否正确来衡量；人员管理或合同管理出了问题，可以从是否保障了从业人员的权益来衡量；廉政建设或思想教育出了问题，可以从职业规范建设的角度来衡量，等等。

（二）总结是否全面的问题

除安全刊播列入指标略显勉强外，其余七大指标大体上都是可行的，虽然这些指标的内涵仍有待更科学合理地加以界定，但在总结报告中应该是不可或缺的。从表1我们能够看出，事实上各家的报告中仍有不少指标在总结时是空缺的。

限于篇幅以及佐证资料的不足，这里不一一分析这些指标缺失的原因，仅举保障从业人员权益一项指标予以说明。河北日报、齐鲁晚报、湖北日报、湖北广电对此都没有回应，解放日报将合法经营、安全刊播及保障从业人员权益三项指标转换成了"企业文化"一项总的指标，所做的回应也是比较笼统的。前面已经谈到，未做回应的几家媒体都是省级媒体，这或许并非偶然，至少说明这些媒体在保障员工权益方面的意识相对于中央级媒体来说要淡漠些，也可能说明这些媒体在保障员工权益方面还存在较多问题。无论何种原因，不加说明地忽略某些指标都是不可取的一种做法。

值得指出的是，有些媒体的总结是相当充分的，这从表1所列的篇幅上可以看出大概，有些媒体在报告的形式和内容上也有创新之处。例如，中青报不仅按既定指标，对其绩效进行了分门别类的总结，还对本媒体的社会绩效观、保障条件、落实措施等进行了较为充分的陈述，使得整个报告看起来颇具系统性和全面性。但即使如此，其缺失提供服务指标的总结仍使报告略显美中不足。

（三）分析中的逻辑与条理问题

正是由于指标内涵的不确定性，就出现了以下一些逻辑和条理上的问题。

1. 不同的媒体会将同样的事情放在不同的指标中来谈

例如，策划和举办公益活动，有的放在发挥导向作用中来谈，有的放在提供服务中来谈，有的则是把它作为人文关怀的一种表现，还有的将它作为繁荣发展文化的一个义项。例如，人民网："以实际行动服务社会弱势群体、关注社会公益事业，切实履行媒体的人文关怀责任。"河北日报："积极组织社会公益活动，汇聚社会正能量"；"大力度推出公益广告，引领社会风尚"。公益活动和公益广告又成了繁荣发展文化的四个义项中的两项。

又如，关于凝聚和弘扬正能量，大多是放在人文关怀中来谈的，也有放在繁荣发展文化中来谈的，还有的在正确引导指标中也有此义项。如上举河北日报的例子，又如央视："综合频道、新闻频道多栏目持续展开'凡人善举'事例报道，聚焦尊重生命、奉献爱心等主题，积极传递正能量，弘扬社会主流价值观。"都是将其作为繁荣发展文化的一个成分而言的。解放日报既将其作为人文关怀的三项主要内容之一，同时又将其做了正确引导的一个义项。

2. 同一媒体的不同指标或同一指标的不同义项不在同一个逻辑层面

以正确引导这个指标为例：

经济日报总结自己的舆论导向是从以下三个方面展开的：一是"在新闻报道中坚持正确舆论导向"；二是"在社会活动中履行社会责任"；三是"综合运用多种媒体形态，发挥正确舆论导向作用"。其中，前两个方面是从导向的载体而言的，第三方面则是从导向手段来说的。

新华网也是分三个方面：认真组织宣传报道；妥善引导社会热点；弘扬社会正能量。这三个方面明显是从不同角度而言的，相互之间都存在交叉或包含与被包含的关系。

河北日报：一是"履行正确引导责任，围绕中心、服务大局，为改革发展营造良好舆论环境"；二是"围绕社会热点展开积极引导，鼓舞士气，理顺社会情绪，聚集正能量"；三是"科学监督、依法监督、建设性监督，以监督推动中心工作，以监督帮助群众解决合理诉求"。这三个方面中，至少第二个方面也是营造良好舆论环境，这就与第一方面有交叉重复之嫌。

解放日报从六大方面进行陈述，分别是："大报道"飞入寻常百姓家；为主题报道插上新媒体翅膀；用手中之笔点亮群众心中那盏灯；"顶天立地"彰显中国梦价值引领；放眼世界，发好中国声音；传递好声音，凝聚正能量。这些指标中的前两个方面是从报道类型来说的，而第三、第四和第六等方面则主要是从效果来说的，相互之间难免交叉或重叠。

浙江卫视的总结：一是"围绕中心，创新做强主题宣传"；二是"聚焦热点，传递引领舆论能量"。主题宣传也可能是针对热点问题进行的，热点的聚焦也可能是当前的中心工作，这两个义项之间同样存在交叉关系。

湖北日报的总结：坚持正确舆论导向；促进社会发展；传播社会主义核心价值观；弘扬中华优秀传统文化；开展建设性舆论监督。这五点也并非都是并列关系，第一点可以看成是最高的总括概括，后四点可以看成是第一点的具体展开；而在后四点中，又多有含义上的交叉重叠。湖北广电的总结亦与之类同。

（四）试点媒体的代表性问题

在11家试点媒体中，可以进行一个分类统计：从级别来看，中央级媒体5家，省级6家；从媒体类型来看，报纸6家，广播电视3家，网络2家；从媒体性质来看，基本上全是党媒；从地域来看，北京5家，湖北2家，上海、浙江、河北、山东各1家。

从这个简单的分类统计中可见，这些媒体样本的选择在级别、类型和地域上还是能代表目前我国不同级别和不同类型媒体的基本状况的，但从性质的角度来看，这些媒体基本上是党媒，显得比较单一。但因为是刚开始试行社会责任报告制度，从可操作性的角度来讲，这样选择报告对象也是可以理解的。

然而，从更长远的角度来考虑，如果这一制度要坚持下去，就必须考虑拓展报告对象范围的问题。事实上，我国党媒在履行社会责任方面相对是比较好的，大量的违规现象出在市场化程度更高的社会化媒体身上。因此，今后需要着重考虑：是否要将报告对象扩大至所有媒体？如果是，当然就不须做什么选择；如果不是，就必然要进行科学的抽样，使其更具有代表性。要更多地考虑党媒与党媒之外媒体的平衡性，传统媒体与新媒体之间的平衡性，地区之间的平衡性等。另外，还要考虑不同类型、不同性质的媒体，在评估指标上是否可以适当有所区分，以通过分类评价使这一制度更有针对性。

（五）评价方法的定性与定量结合问题

多数报告文本能适当结合定性与定量分析的方法，有些文本还使用了图片，增强了文图相配的视觉效果。但能将二者融合得较好的并不多，有些虽然列举了数据或事实，但没有比较分析，因而从孤立的数据或事实中就难以看到问题的实质。

央视通过对比《新闻联播》2008—2010年以及2013年两个时段中时政新闻和国际新闻两类新闻平均时长的变化，来说明新闻报道导向的某些变化，似乎能给人一目了然的感觉。但是，图表列出后却没有进行相关的分析，让人捉摸不透到底想表达什么意思。央视报告中的表1对2013年上半年《焦点访谈》的重点选题进行回顾，将《焦点访谈》、《新闻调查》等栏目紧密围绕中央党风廉政建设的选题一一列出，也可收到条分缕析之效，可惜也没有展开必要的分析。

　　上述问题不一而足，都需要在今后的报告中善加改进。

　　当前，我国部分媒体社会责任意识淡漠的问题日益突出，公众对强化媒体社会责任的呼声强烈。相关管理部门为推动各级各类媒体更加自觉主动地履行社会责任，提升我国新闻传播行业的公信力和美誉度，确保我国新闻事业能够健康发展，推动媒体每年定期公开发布履行社会责任的情况报告不失为一个可行的办法。

　　（说明：本文表1的统计是在吴雪娇同学的帮助下完成的，特此致谢！）

台湾新闻传播的发展
——现状与趋势(2013—2014)

佘绍敏[1]

一 现状

(一) 大众传播概况

出版业方面,根据台湾"行政院主计总处"2014年5月发布的数字,2013年台湾出版业家数为3593家,其中新闻出版业212家,杂志出版业1181家,书籍出版业1763家,其他出版业437家[2]。

表1　　　　　　　　近十年出版业概况

年别	出版业				
	总计(家)	新闻出版业(家)	杂志(含期刊)出版业(家)	书籍出版业(家)	其他(家)
2004	3290	203	890	1666	531
2005	3449	195	945	1741	568
2006	3461	176	941	1766	578
2007	3520	193	961	1775	591
2008	3086	198	982	1748	158
2009	3187	189	1018	1770	210
2010	3326	193	1078	1789	266
2011	3418	207	1121	1757	333
2012	3562	209	1183	1772	398
2013	3593	212	1181	1763	437

资料来源:台湾"行政院主计总处"。

---

[1] 佘绍敏,厦门大学新闻传播学院副教授。
[2] 台湾"行政院主计总处":《统计月报》2014年5月第580期(http://www.dgbas.gov.tw/public/data/dgbas03/bs7/Bulletin/xls/P20.xls#a1),2014年5月16日查阅。

广播电视事业方面,台湾"国家通讯传播委员会"(NCC)公布的数据显示,2014年4月台湾有171家广播电台,5家无线电视电台,7家直播卫星广播电视服务经营者,另有107家卫星广播电视节目供应者提供276个频道(其中台湾本地业者83家,提供164个频道;境外业者30家,提供112个频道)。此外,台湾有线电视系统经营者56家,有线电视播送系统3家,社区共同天线业者8家。截至2014年第一季度,台湾有线电视订户数达4988575户,普及率为60.1%;有线电视数字服务订户数为2610325户,普及率为52.33%[①]。

通讯服务业方面,3G用户数、移动通信用户数、上网人口数、固网宽带账号数和移动宽带账号数2013年皆比2012年有所增加,与之相应,移动通信用户数普及率、上网人口普及率、固网宽带账号数普及率和移动宽带账号数普及率也略有上升[②]。

表2　　　　　通讯服务业2004—2013年数据　　　(单位:百万户;%)

	2004	2005	2006	2007	2008	2009	2010	2011	2012	2013
3G用户数	0.5	1.3	3.4	6.9	11.29	15.8	18.7	20.86	22.7	24.8
移动通信用户数	22.8	22.2	23.2	24.3	25.4	27.0	27.9	29.0	29.6	29.8
移动通信普及率	100.3	97.4	101.6	105.8	110.3	116.5	120.4	124.8	126.9	127.6
上网人口数	12.2	13.2	14.5	14.8	15.1	16.1	16.5	16.7	17.4	17.5
上网人口普及率	53.8	58.0	63.8	64.4	65.8	69.8	71.5	72.0	74.5	74.9
固网宽带账号数[③]	3.8	4.3	4.5	4.8	5.0	5.0	5.3	5.2	6.4	7.0
固网宽带普及率	16.5	19.1	19.7	20.9	21.8	21.6	22.9	23.8	27.7	30.0
移动宽带账号数[④]	无	1.2	3.3	6.5	10.8	14.2	16.5	17.9	17.8	18.1
移动宽带普及率[⑤]	无	5.2	14.3	28.4	46.8	61.5	71.2	76.9	76.4	77.4

资料来源:台湾"国家通讯委员会"。

台湾网路资讯中心2013年"台湾宽频网路使用调查"结果显示,个人

[①] 台湾"国家通讯传播委员会":《103年4月广播电视事业许可家数》,台湾"国家通讯传播委员会"全球信息网(http://www.ncc.gov.tw/chinese/news_detail.aspx?site_content_sn=2028&is_history=0&pages=0&sn_f=32049),2014年6月6日查阅。

[②] NCC网站,资讯橱窗·统计资料专区·通信传播综合类·年度统计图表·电信年度统计图表,2014年5月30日,NCC网站(http://www.ncc.gov.tw/chinese/show_file.aspx?table_name=news&file_sn=41205),2014年6月13日查阅。

[③] 包括ADSL、FTTx、Cable Modem、Leased Line以及PWLAN用户数。

[④] 包括开通数据传输服务的3G用户数及WBA用户数。

[⑤] "移动通信用户数普及率"自2010年加计WBA用户数。

及家户上网增长平稳,12 岁以上曾经上网民众比例在 2013 年上半年达到 79.18%,人数达到 1645 万人;12 岁以上曾经使用宽带的民众比例为 77.44%,人数达到 1609 万。台湾可上网的家户数达到 694 万户,占比 84.81%;使用宽带的家户数则达到 688 万户,占比 84.04%。12 岁以上的近半年曾经(使用)无线上网(包含移动上网)总人数从去年的 736 万人成长至 1107 万人,近半年曾经使用移动上网的 12 岁以上的民众人数为 854 万人,较去年增加约 319 万人,显示台湾移动上网成长快速并且已经成为主要的上网方式之一[①]。

网站方面,根据《数位时代》杂志"台湾网站 100 强"调查,2014 年门户网站 Yahoo! 奇摩击败蝉连三年冠军的社交网站 Facebook 夺冠。第三、四名分别为线上娱乐网站 YouTube 和搜索引擎 Google 台湾。ETtoday 东森新闻云和联合新闻网分列第 9、11 名,在新闻网站中居首。在百强中,社交类网站占 33 家[②]。

(二)传媒发展状况

1. 网络媒体广告持续增长

根据 2013 年 5 月台北市媒体代理商协会发布的《2013 年媒体白皮书》[③],2012 年台湾网络广告量首次超过报纸广告量,预示互联网作为新兴广告媒体,已经成功占据市场主导位置。

表 3　　　　　　　　　主要媒体广告量　　　　　　(单位:千元)

年　度	无线电视	有线电视	报　纸	杂　志	广　播	户　外	网　络
2005 年	4352728	16677636	15547064	6545124	3076384	2844436	3048000
2006 年	4125130	14906171	14771396	6359225	3965920	3650537	3698000
2007 年	4094286	14047643	13667979	6444696	3770670	3351388	4950000
2008 年	4445461	13582111	11078926	6050076	3838620	3369590	5976000

---

① 台湾网路资讯中心新闻稿:《2013 年"台湾宽频网路使用调查"结果公布　无线及行动上网人口突破千万　中高年龄网路使用者增加快速》,2013 年 9 月 26 日,台湾网路资讯中心(http://www.twnic.net.tw/download/200307/20130926a.pdf),2014 年 6 月 16 日查阅。

② 陈怡如:《2014 年台湾网站 100 强揭晓!雅虎奇摩以些微差距,击败 Facebook 夺冠》,2014 年 3 月 2 日,数位时代网站(http://www.bnext.com.tw/article/view/id/31260),2014 年 6 月 15 日查阅。

③ 台北市媒体代理商协会:《2013 年媒体白皮书》,台北市媒体代理商协会网站(http://www.maataipei.org/upload/1368779201.pdf),2014 年 5 月 15 日查阅。

续表

年　度	无线电视	有线电视	报　纸	杂　志	广　播	户　外	网　络
2009年	4343651	15819154	10008866	5058703	3761484	2861572	6989000
2010年	5060629	19861782	11955662	5549827	4482972	3288964	8551000
2011年	4899729	21175082	10674408	5677641	4139539	3680282	10215000
2012年	3999707	20059287	9522068	5340950	3555348	3591644	11601000

资料来源：台北市媒体代理商协会。

《动脑》杂志社2014年2月发布的2013年台湾总广告量的具体统计数字略有不同，但显示了同样的趋势。相比于2012年，传统媒体中的无线电视、报纸、杂志和广播广告量都有不同程度的下滑，有线电视虽有3%的微弱增长，但仍不及3.7%的广告量总体年度增长率。相比之下，网络广告量增幅达18%，表现突出①。

表4　　　　　　　2013年台湾主要媒体广告量统计　　（单位：新台币亿元）

媒　体	2013年广告量	2012年广告量	成长率	市场占有率
无线电视	38.90	40.95	-5.00%	3.39%
有线电视	209.93	203.82	3.00%	18.29%
报　纸	90.22	95.98	-6.00%	7.86%
杂　志	64.31	65.29	-1.50%	5.60%
广　播	32.69	36.32	-10.00%	2.85%
网　络	135.61	114.92	18.00%	11.81%
总　计②	1147.89	1106.95	3.7%	100%

资料来源：《动脑》杂志社。

传统媒体中以报纸和广播受新媒体冲击最大。台北市媒体代理商协会数据显示，2005年到2012年间，报纸和广播涵盖率下滑约一成，而网络则增长超过二成③。

---

① 动脑编辑部：《传统媒体跌停，新兴媒体高成长》，2014年3月5日，动脑网站（http://www.brain.com.tw/NEws/RealNewsContent.aspx? ID=19810），2014年5月14日查阅。
② 总计数额还包含广告影片制作费、户外交通、行动广告、店铺、活动行销、展场广告、派夹报、黄页、直效行销、外销等各种广告费。
③ 台北市媒体代理商协会：《2013年媒体白皮书》，台北市媒体代理商协会网站（http://www.maataipei.org/upload/1368779201.pdf），2014年5月15日查阅。

表 5　　　　　　　　2005—2012 年媒体涵盖率　　　　　　（单位：%）

媒　体	2005	2006	2007	2008	2009	2010	2011	2012
电视	95.5	94.5	94.5	95.5	94.4	93.4	91.1	91.1
报纸	50.5	45.8	45.1	43.9	42.2	43.0	40.6	39.6
*杂志	35.2	31.8	32.2	31.7	28.5	30.1	30.5	30.5
广播	28.6	26.6	24.9	23.8	23.5	23.1	21.1	19.4
网络	35.5	39.1	45.5	48.1	49.2	51.8	52.7	57.1
*户外	83.0	79.9	83.1	79.4	79.2	79.7	79.8	83.2

注：*杂志为过去七天看过周刊/过去二周看过双周刊/过去一个月看过月刊/过去两个月看过双月刊/过去三个月看过季刊，户外媒体及店内广告为过去七天接触比例，其余均为昨日阅读率。
资料来源：台北市媒体代理商协会。

据台湾"行政院主计总处"2013 年 4 月发布的统计月报，台湾每百户报纸份数从 1998 年起逐年递减，到 2012 年已经从 53.6 份降至 18.6 份[①]。

表 6　　　　　　　　　　每百户报纸份数

年　度	1998	1999	2000	2001	2002	2003	2004	2005	2006	2007	2008	2009	2010	2011	2012
份数/百户	53.6	51.7	46.9	41.4	40.4	37.9	35.4	33.7	29.5	27.9	24.5	22.5	22.0	20.0	18.6

资料来源：台湾"行政院主计总处"。

传统媒体在网络的冲击之下，不仅广告份额减少，市场占有也呈现萎缩态势，除了有线电视尚保有其市场地位，报刊与广播在网络攻城掠地之下节节败退。

2. 大众传播向数字化发展

(1) 出版产业

台湾目前的数字出版产业仍处于萌芽的阶段。2012 年台湾数字出版产业整体产值约 8.21 亿元，其中电子报收入为 1009 万元，电子书收入为 1.50 亿元，电子杂志/期刊为 1.24 亿元，数字光碟为 1.58 亿元，App 收入为 2894 万元，电子资料库收入为 7326 万元，至于其他如广告、授权或其他重要数字出版收入金额为 2.76 亿元。数字出版的总支出为 7.40 亿元，整体来看，数字出版业者的平均获利率约为 9.8%。而若从供给端的角度看，加上个人平台业者销售个人作者数字出版品总额 705 万元，其产值为

---

① 台湾"行政院主计总处"：《统计月报》2014 年第 579 期，台湾行政院主计总处电子书平台（http://ebook.dgbas.gov.tw/public/Data/443094629XV2RE2FK.pdf），2014 年 5 月 15 日查阅。

8.28亿元[1]。

为了促进传统出版业转型，台湾"文化部"2013年推动"数位出版产业前瞻研究补助计划"，一方面通过补助发行数字出版品来资助数字出版发展，另一方面则通过办理数字出版奖励及推广活动来协助出版产业数字化发展。

（2）广播电视产业

台湾首家无线电视台——台湾电视公司成立于1962年，其后中视、华视于1969年与1971年相继成立，第四家无线台民视于1997年开播，此后的1998年，公共电视台开播。台湾"交通部"在1998年开始无线电视数字化进程时采取美规ATSC建置数字电视台试播节目，后改为欧规。目前各电视台使用单一频率建置全区数字无线电视平台，一个数字频率即可播送1套高画质（HDTV）及3套标准画质（SDTV）的电视节目，5家无线电视台共可播出20个数字节目频道。

台湾"行政院"于2011年推动"101年台湾高画质数字电视元年"计划，由NCC补助增建数字改善站HDTV系统设备优化工程、核准公视高画质数字电视试播、加速建置无线数字改善站、补助台湾低收入户机上盒及分区分阶段关闭模拟电视。NCC在2010—2013年四年间共建置60个数字改善站，将数字无线电视讯号普及至山地或离岛等偏乡地区，目前台湾数字无线电视电波人口涵盖率已达96.77%，超过既有模拟电视80%的涵盖率。2011年至2013年间，NCC年补助12万低收入户，每户安装一套无线电视高画质数字机上盒，以期保障低收入人群的收视权益[2]。

有线电视是台湾观众收看电视的最大平台，为引导有线电视产业持续迈向数字化发展，NCC于2013年5月修订有线电视数字化的行政计划，期望借此促进有线广播电视系统经营者积极提出数字化服务规划，逐步推广数字服务。NCC还提出有线广播电视法修正草案，规划纳入促使产业积极迈向数字汇流发展方向的配套措施。在政府主导的一系列政策推动下，台湾有线电视数字机顶盒订户数从2012年底的1049321户增至2610325

---

[1] 台湾"行政院":《"中华民国国情"简介·文化·大众传播》,台湾"行政院"网站（http://www.ey.gov.tw/state/News_Content3.aspx?n=6A1DF17EC68FF6D9&sms=948E2595995D4CBA&s=B76995B4FC44938B）,2014年6月10日查阅。

[2]《政府施政绩效》,台湾"行政院"网站（http://www.ey.gov.tw/cp.aspx?n=6C692915AE263916）,2014年6月10日查阅。

户，一年间普及率从21.03%增长至52.33%，而数字付费频道订户也从585655户增长至1083009户①。随着有线电视产业迈向数字化，目前多数有线电视业者也整合提供用户固网宽带服务，与既有通讯业者间产生竞争。另一方面，通讯产业也提供多媒体内容传输平台服务，使消费者有不同的收视选择。在媒体汇流及管制政策革新下，消费者不仅可以获得节目和上网服务，还可以获得网络视频电话、随选视频计次付费节目、互动电视、保安系统等增值服务，选择更为多元和多样化。

3. 移动媒体发展迅猛

1997年4月台湾突破全台100万人上网记录，到2004年9月底，网民数量已经攀升到905万人②。2014年6月的相关报道显示，为提升宽带上网涵盖率，NCC持续推动电信普及服务，从2012年起推动偏乡"村里及部落邻有高速宽频"政策，偏乡既有宽频户12Mbps以上宽频涵盖率预计2014年底达到85%，2015年底达到95%③。2013年9月的数据显示，台湾12岁以上曾经上网的民众占所有人口的77.09%，在亚洲国家与地区中仅次于韩国的82.5%和日本的79.5%。随着智能手机和平板电脑普及率的快速提升，移动上网用户年度增长率达59.6%。55岁以上人口有上网经验的人口比例也明显成长，10年来增加了5倍④。

智能手机的普及和无线网络的覆盖使得信息交流得以随时随地进行。台湾网路资讯中心2013年底公布"2013年台湾无线网路使用调查"报告，截至2013年9月21日，台湾12岁以上有60.26%的受访者近半年使用过无线网络，相较于去年同期成长13.03%，已经是连续第2年成长超过一成以上；就移动上网而言，台湾12岁以上有44.32%近半年使用过移动网络，相较去年同期成长14.97%，曾经上网者中则有55.12%

---

① 台湾"国家通讯传播委员会"：《通讯传播事业概况总览》，2014年1—3月，台湾"国家通讯传播委员会"全球信息网（http：//www.ncc.gov.tw/chinese/files/13052/1966_28943_140509_1.pdf），2014年5月23日查阅。

② 苏蘅：《竞争时代的报纸：理论与实务》，时英出版社2002年版，第85—86页；孙曼苹：《苹果日报对台湾主流报业的冲击》，见冯建三《自反缩不缩？新闻系七十年》，政治大学传播学院新闻系2005年版，第244—252页。

③ 黄诗凯：《NCC报告电信普及服务成果》，2014年6月5日，联合新闻网（http：//udn.com/NEWS/BREAKINGNEWS/BREAKINGNEWS9/8721278.shtml），2014年6月12日查阅。

④ 台湾网路资讯中心新闻稿：《2013年"台湾宽频网路使用调查"结果公布 无线及行动上网人口突破千万 中高年龄网路使用者增加快速》，2013年9月26日，台湾网（http：//www.twnic.net.tw/download/200307/20130926a.pdf），2014年6月16日。

在近半年使用过移动网络，相较于去年同期成长17.82%，显示移动网络的使用者呈现大幅度快速成长的趋势。在无线网民使用连网设备的调查中，手机首次超越笔记本电脑成为主要的无线连网设备（使用手机为无线连网设备的相对人次为77.08人次，使用笔记本电脑为无线连网设备的相对人次为35.66人次），而在移动上网的连网设备的调查中，使用智能手机的相对次数更是高达91.20人次，智能手机成为主流的无线及移动连网设备[①]。

资策会FIND数据显示，台湾12岁（含）以上民众目前拥有智能手机人口占比高达43.1%，约917万人；持有平板电脑比率高达18.5%，约393万人。预计2015年台湾智能手机普及率将达到67.2%，持有人口将突破1400万；持有平板电脑普及率将达到31.6%，约为672万人。在移动服务应用方面，前3项关键应用依序为"浏览网页/看新闻（20.4%）"、"即时通讯聊天/通话（17.4%）"和"玩游戏（16.5%）"。在平板电脑的应用行为多以娱乐为主，浏览网页/看新闻（49.4%）、玩游戏（38.8%）、收看YouTube/影音内容（19.6%）、连结社群网站（17.9%）以及即时通讯聊天/通话（16.9%）[②]。

4. 受众媒体接触行为改变

网络的发展也带来了新闻接触行为的改变。台湾网友常在网上获取新闻，2013年95.6%网友通过门户网站下的新闻频道如Yahoo!奇摩新闻与MSN新闻以及各种原生新闻网站获取新闻[③]。创世际市场研究顾问公司于2014年5月底针对网友新闻接触行为进行的调查显示，网友获取新闻信息的渠道以电视（85.8%）及电脑上网（77.7%）的比例较高；此后则是移动设备（46.8%）。使用电脑或移动设备获取新闻的网友中，超过九成的网友每周至少会上1次新闻网站浏览新闻，而比例较高的是"1天多次"（46.7%）及"1天1次"（32.4）。一年来造访新闻网站人数最多的群体为

---

① 台湾网路资讯中心新闻稿：《2013年台湾无线网路使用调查报告出炉 行动网路使用者大幅度快速成长 手机首次超越笔记型电脑成为最主要的无线连网设备》，2013年12月31日，台湾网路资讯中心网站（http://www.twnic.net.tw/download/200307/20140109a.pdf），2014年6月16日查阅。

② 《行动装置夯 普及率近五成》，2013年7月17日，中时电子报（http://www.china-times.com/realtimenews/20130717002820-260410，2014年5月12日查阅。

③ 《创世际双周刊》2014年第12期，创市际市场研究顾问电子报（http://news.ixresearch.com/? p=7482），2014年5月20日。

25—34岁的网友,而15—24岁与45—54岁网友的造访人数上升幅度较为明显。原生新闻媒体中,不重复造访人数最多的网站为联合新闻网,而中时电子报在单一网友的使用量中表现相当突出。独立新闻媒体中,不重复造访人数最多的网站是 The News Lens 关键评论网,而单一网友平均停留时间与平均浏览网页数分别为 The News Lens 关键评论网与苦劳网。网友较常关注的新闻类型分别为"即时新闻"(44.5%)、"社会新闻"(37%)及"娱乐/影剧"(22.3%)。在原生新闻媒体中,以"ETtoday东森新闻云"的非电脑流量最为突出,且成长速度最快。使用移动设备浏览新闻的网友,"透过浏览器浏览新闻"(49.6%)的最多,其次是"开启新闻App浏览"(22.7%)。而使用的情境主要在"闲暇空档"(57.7%)、"等候时间(等人/等餐点/等车)"(39.1%)及"通勤/搭乘交通工具时"(33.9%)。他们的平均浏览时间为14.73分钟,在浏览新闻后,七成网友会分享或转发新闻内容,其中多数是将新闻信息分享至"社群网站"(69%)[1]。

随时随地获取信息的方式使得社交媒体在新闻传播中的作用越加显现,创世际2013年6月月报指出,观察原生新闻网站使用者来源,ETtoday、新头壳与苹果日报都有3成的网站连结是由Facebook点入[2]。

研究还发现,35—39岁的人比较偏好用电脑看新闻,40岁以上的人喜欢使用电视观看新闻,20—24岁的受访者较习惯使用智能移动设备。阅读报纸杂志的人则是40岁以上的人居多,且男性多于女性[3]。智能手机普及率由2012年的48.1%提高到2013年的86.9%,年龄在24岁以下的年轻族群、30—34岁的壮年族群、职业为学生的网友,使用智能手机最多[4]。

尽管Yahoo!奇摩的无名小站在2013年12月26日终止所有服务,脸书等社交媒体依然十分兴盛。2013年9月的数据呈现,台湾Facebook每月活跃用户多达1400万人,而每日的活跃用户数多达1000万。在行动平

---

[1] 《创市际双周刊》2014年第19期,创市际市场研究顾问电子报(http://news.ixresearch.com/? p=7532),2014年6月17日查阅。

[2] 《创世际月刊报告书》,2013年6月,https://docs.google.com/file/d/0By5gVRH3imwad0R0MDhEcW1Ubms/edit,2014年5月20日查阅。

[3] 《创世际月刊报告书》,2013年6月,https://docs.google.com/file/d/0By5gVRH3imwad0R0MDhEcW1Ubms/edit,2014年5月20日查阅。

[4] 《创市际双周刊》2014年第12期,创市际市场研究顾问电子报(http://news.ixresearch.com/? p=7482),2014年5月20日查阅。

台的每月活跃用户数也高达1000万，每日行动活跃用户达710万。换言之，有高达6成的台湾人口，为Facebook每个月的活跃用户，其中有71%的脸书用户是每天使用者[①]。

二 趋势与发展

（一）媒体改革运动走向深入，体制修正与公共媒体扩张双管齐下

台湾早期的媒体改革运动以争取言论空间进而促成政治改革为目的，通过开办党外杂志和设立地下电台等做法试图突破当时威权体制。报禁解除后，媒体开放，政治干预虽然减少，媒体市场上的恶性竞争却充分展现了市场力量"恶"的一面。媒体乱象催生了众多以改革媒体为目标的社会团体，包括"传播学生斗阵（传学门）"（1994年）、"台湾新闻记者协会（记协）"（1995年）、"台湾媒体观察教育基金会（媒观）"（1999年）、"无线电视民主化联盟（无盟）"（2001年）、"媒体改造学社（媒改社）"（2003年）、"新闻公害防治基金会（新防会）"（2003年）、"阅听人监督媒体联盟（阅盟）"、"公民参与媒体改造联盟"（2005年）等。

媒改运动的一个方面是针对自由经济与商业化展开，希望促进政府部门在两个方面有所作为：（1）通过规范传媒竞争介入传媒市场，针对私有化和垄断制定传媒游戏规则，通过由上而下的制度建设来保证新闻自由和弱势群体利益；（2）致力于公共媒体或公共传播活动的建立和扩大，期以政府预算投入公共媒体建设，为人民提供丰富、多元、具有建设性的媒体内容，与私营媒体的"煽色腥"走向相抗衡。媒改运动的另一个方面则是针对传播者的专业自主、传媒内容的质量和受众的媒介素养展开的改革运动，期望通过工会的组建保证从业者的专业自主权，通过对传媒内容的评估监管鼓励优质内容的产制，以及通过培养普通民众评判传媒内容的能力规避媒介的不良影响，更进一步，通过专业媒体工作者与公民记者的合作，丰富媒介内容。

1. 针对传媒制度与结构的媒体改革运动

（1）推动公共媒体发展壮大

为从根本上合理化传播制度，媒改团体不断针对媒体产业结构提出改

---

① 何英炜：《台湾人疯脸书 名列前茅》，2013年8月19日，中时电子报（http://www.chinatimes.com/newspapers/20130819000085-260204），2014年5月20日查阅。

革诉求。在80年代末到90年代的第一波媒改运动中,"党政军退出媒体"和"媒介公有、保障弱势"是主要的诉求点。1997年的年中,在记协等团体与传播学者共同组成的"公共媒体催生联盟"推动下,停滞八年之久的"公共电视法"通过立法院三读程序,1998年7月,公视开播,推动公视法立法运动取得初步成果。2000年11月,117位传播科系教师组成"无线电视民主化联盟"(无盟),推动组建"公共广电集团",希望促成无线电视的公共化、专业化与民主化,让无线电视台能够提供更公正、多元、优质的新闻报导与节目内容。2003年5月,以"无盟"为前身的"媒体改造学社"成立,该学社除了主张建立"公共广电集团"外,其关怀的改革面向还包括传播人员的工作权、公民传播权以及媒介素养。

台湾公共电视文化基金会第四届董、监事任期届满之时,第五届董事会却陷于难产,酿成一桩公共事件。2013年1月7日"文化部"公布"行政院"所提名的最新一拨公共电视基金会董事人选,多家媒改团体发表联合声明,呼吁公视董事举荐程序应公开、审查过程需透明并请"文化部"公布公广政策。因第五届公视董事审查委员会仍未完全通过,1月21日媒改团体发起"立即解决公视困局,全面启动媒体改革"静坐抗议活动,要求第四届延任董事立即辞职下台,第五届新任董监事立即就任。次日,媒改团体于"行政院"门口召开静坐抗议记者会,诉求"立法院"应召开临时会议修正公视法,下修董事席次,以保障公共电视内部运作早日步上正轨。1月23日媒改团体拜会台湾主要政党,再次要求公视法全盘修法,扩大公视的公共服务范畴,"立法院"下个会期完成健全公广法制的程序。

在社会各界的促动下,2013年6月底,第五届公视董事第五次审查会选出最后四名董事,加上之前四次审查会选出的13名董事共有17名董事,第五届公视董事会终于成立[①],至此,公视董事会悬缺已达934天。在这一过程中,媒改团体大力疾呼,要求公视抛弃党派成见,依公共精神与媒体专业进行董事审查,对催生第五届董监事会起了推动的作用。针对董事会最终得以成立,媒改团体发表声明,认为过去两年多来公视治理的乱象

---

① 第五届公视董事会董事长邵玉铭,董事钮承泽、陈郁秀、吴作乐、郑自隆、巴奈·母路、陈以亨、詹宏志、陈信宏(五月天阿信)、曾志朗、施振荣、姚仁禄、童子贤、陈倩瑜、陈淑丽、侯文咏、姜雪影;监事谢颖青、谷玲玲、周玲台。

充分暴露出政府对于公视运作的轻忽怠惰,呼吁"文化部"立即提出重建与扩大公共广电服务的政策、"行政院"完成公视法修法、新任董事会订定改革方案与时间表①。

媒改运动的主要发动者之一、台湾政治大学新闻系教授冯建三认为,壮大公共传媒不但是振兴文化的不二法门,也是反媒体垄断无可或缺的手段。公共传媒规模若大,就能监督并进而导引传媒秩序②。

(2) 反媒体垄断运动

近年来中时旺旺集团一再成为台湾媒体改革运动的标靶。2008年,旺旺集团董事长蔡衍明以个人名义收购中时报系。2009年,蔡衍明完成收购中天电视台与中视,建立旺旺中时集团。2011年,蔡衍明联手东森集团向NCC申请并购中嘉集团下的11家有线系统台。2012年,蔡衍明再度联合其他财团申请并购"壹传媒"集团。由于蔡衍明发表争议性言论引起舆论不满,且被认为利用自家媒体制造假新闻,打压反对其并购的学者,2012年2月,澄社、媒观等社会团体发起"当中时不再忠实,我们选择拒绝——拒绝中时运动"连署,声明"拒绝在中时媒体发表文章,直到它重新拾回'媒体资格'的那一天"。9月,台湾新闻记者协会等媒改社团,举办"你好大 我不怕——901反媒体垄断大游行",吸引了近万人参加。12月,传播学界发起台湾教育史上首次大学跨校联合课程行动,讨论媒体垄断,进行反媒体垄断思辨,呼吁订定反媒体垄断法规。

这一系列反对旺中的行动源于担心旺中媒体报导倾向于中国大陆、对中国大陆新闻过度正向置入报道和利用自家媒体打压异己,造成媒体言论市场的集中与垄断,损害多元化。在这一过程中,"中国因素"成为逐渐浮现的关键词,对中国大陆的疑虑不断发酵,在2014年3月更因《海峡两岸服务贸易协议》引发的争议酿成占领"立法院"和"行政院"的"太阳花学运"。

在各媒改团体的促动下,2013年2月,NCC发函检送"广播电视垄

---

① 《2013台湾传媒生态纪要》,台湾新闻记者协会,《2013台湾新闻自由发展年报》,第39—42页,https://drive.google.com/file/d/0B3yBPeV0uPdETGJUWG5uRlJ1Tmc/edit? usp = sharing,2013年5月30日查阅。

② 冯建三:《壮大公共媒体 变化中国因素》,2013年4月19日《人间福报》(http://www.merit-times.com/NewsPage.aspx? Unid=302444),2014年6月15日查阅。

断防制与多元维护法"草案。5月,"立法院"初审通过"媒体垄断防制与多元维护法草案",以市占率为管制标准,规定市占率达20%有线电视系统业者禁止整合无线电视、"全台性"日报、新闻及财经频道,媒体整合在任一媒体市占率超过三分之一禁止整合,以及无线电视彼此间不得结合。该草案并首度纳入编辑室公约、独立编审等维护新闻专业自主条款。但这个初审版本还是留下媒金分离条款、公益诉讼、代理频道等争议条款进入朝野协商,尚未获得新的进展。

反媒体垄断运动延续两年,被认为是台湾报禁解除之后最大规模的媒体改革运动,实质阻挡了旺中集团两大并购案,并引起台湾社会对于"中国因素"的争论。

(3) 官民互动,不断完善相关法规

台湾"行政院新闻局"于2012年5月裁撤,其原有的出版业务由"文化部"接管,NCC则负责通讯传播业务,包括通讯传播监理政策与法令的制定与修正。

为促进公共电视发展,"文化部"除提出公广政策外,并推动《公共电视法》修法。2014年4月"行政院"通过公共广播电视法修正草案,纳入广播部分,确认公广集团概念。此外,为使公视董事会运作更具效能,草案将董事人数从现行17至21人降为11至15人,同意门槛从3/4降为1/2。董事除依照现行规定,同一政党不得超过1/4,也增订监事中属于同一政党不得超过总额1/3。草案增订董事会组成应兼顾原住民及客家族群的代表性,并调整董、监事评选审查门槛标准。当董事出缺总额超过原聘任总额1/3、原住民籍或客家籍董事各未达1人时,应立即进行补聘。草案新增公广基金会应将受赠股份产生的现金股利及红利的70%捐赠公共化无线电视事业[1]。

在数位汇流政策方面,NCC于2012年3月提出广电三法修正案,经"行政院"审查通过后,函请"立法院"审议。2012年9月NCC成立"通讯传播汇流修法策略"工作小组,至2014年4月已召开30余次会议,并举行"促进固网宽频产业竞争,落实用户迴路管线平等接取相关监理"、"汇流修法架构下防制广播电视垄断与维护多元"及"政府、政党投资、

---

[1] 谢佳珍:《公共电视法修法 拟纳广播》,2014年4月10日,台湾中央社(http://www.cna.com.tw/news/aipl/201404100231-1.aspx),2014年6月17日查阅。

控制广播电视事业"议题的说明会①。NCC 表示,广电三法修正,重点包括以实质控制原则调整现行党政军退出广电媒体条款;引入广电节目制播资金,并保障台湾自制节目播出空间;确立平台与频道间合理关系及问责机制等②。

为了增加台湾电视节目制作资金,提高电视节目质量,NCC 于 2012 年 10 月通过适度开放电视商业置入性行销及赞助(含冠名赞助),要求业者做到"三不一揭露"原则,包括:不能违背节目完整性、不得过度呈现商品商标、不得直接鼓励消费;并须向观众揭露置入行销信息。2013 年民视除夕特别节目尝试了冠名赞助,2013 年 4 月开始中天"小燕之夜"开启品牌冠名赞助。2014 年 4 月 NCC 进一步开放冠名赞助,冠名节目的名称将可包含赞助厂商旗下(代理)品牌或产品的名称,亦可包含商标图像及相关附属图案③。

上述相关法规的修订是政府、媒改团体和业者多方互动的结果,尽管过程旷日持久,依然体现了民间参与立法的积极作用。

2. 针对传播者专业自主、传媒内容质量和受众媒介素养展开的改革运动

不同的媒改团体有不同的工作侧重点:

(1)以媒体工作者为核心,以"内部新闻自由"为主要议题,争取工作及专业自主。其中又可分为两类:一是媒体产业工会,如"中国时报工会"(已解散)、"联合报产业工会";二是以"台湾新闻记者协会"为代表的专业组织,积极争取专业自主,为记者权利呐喊。2012 年年底,在壹传媒并购案曝光后,壹传媒下的《苹果日报》、《壹周刊》、《爽报》与壹电视,陆续成立了企业工会,从初步拟定"编辑室公约"与"团体协约",到与资方实际协商,希望坚守编辑自主,保障媒体言论自由和劳工权益。媒体工作者通过以劳动者团结为基础所形成的力量,期望抗衡私有化下媒体的逐利逻辑,不仅捍卫新闻工作者的劳动自主,同时也捍卫

---

① 台湾"国家通讯传播委员会"全球信息网(http://www.ncc.gov.tw/chinese/11_10303.htm),2014 年 5 月 6 日查阅。

② NCC 新闻稿:《为数位汇流奠定基础,NCC 盼早日通过广电三法修正案》,2014 年 6 月 13 日,台湾"国家通讯传播委员会"全球信息网(http://www.ncc.gov.tw),2014 年 6 月 15 日查阅。

③ NCC 新闻稿:《NCC 进一步开放冠名赞助》,2014 年 4 月 2 日,台湾"国家通讯传播委员会"全球信息网(http://www.ncc.gov.tw),2014 年 6 月 15 日查阅。

新闻本身。

(2) 以改善媒体内容为主要宗旨,如"台湾媒体观察教育基金会"(媒观)、"新闻公害防治基金会"(新防会)。以"媒观"为例,从2000年起,该组织就以季度为单位,邀请学者和受众代表评选优质节目,以期正面鼓励从业者。除了此类常规性工作外,"媒观"也积极主动地监督、批评媒体内容。另一个常态性监督媒体内容的组织"新防会"每月发布"新防会新闻观察报告",例如,其2014年6月发布的报告,以4月间"林义雄禁食事件"为评估对象,整理主要报纸内容,指出"其中多有'主题建构''夹议夹述'的描写,或断章取义,或忽视平衡报道,或有错谬、混淆、'有闻必录'等缺失,或精炼不足,脉络不清,或未能深入作调查报导了解真相","暴露了主要媒体在专业自主、新闻品质的缺失,以及公信力的不足"。

(3) 以提高受众媒介素养为工作目标,公共电视、富邦文教基金会、媒体识读教育中心、社区大学等团体通过专题讲座、系列课程、节目评鉴、网络互动、协同教学、出版刊物及制播广播节目等方式,培养受众辨识媒体、解读信息,并进一步培养他们参与传播信息的能力。"卓越新闻奖基金会"持续推出媒体素养专栏,提供"教学大纲"供相关教师参阅学习,培养受众的媒体识读能力。公共电视推出的"PeoPo公民新闻平台"坚持在台湾各地社团、学校与部落举办工作坊、公民记者聚会、公民记者实习营队,并拍摄"公民记者123"新手指南,公布在网站上,供网友自行浏览、学习,培养公民记者。此外,"PeoPo"还和卓越新闻奖基金会合办"公民新闻奖",鼓励优质报导。在公民记者的积极参与下,"PeoPo"常年登载大众媒体遗漏或忽略的草根讯息,不仅在"PeoPo"平台上播放,公共电视每周六、日的午间和晚间新闻时段,也会固定选播,增加公民新闻的曝光度和影响力。这些努力,让"PeoPo"渐渐成为台湾新兴的公民新闻集散中心,截至2014年5月20日,该平台已有7566名公民记者注册,累积了9万余篇报道。

(二) 传统媒体转型危机与生机并存,公民媒体发展面临持续性问题的挑战

1. 传统媒体面临生存危机,力图转型

2013年,台湾网络广告量已达新台币135.61亿元,远超广播的32.69亿元,比2012年的114.92亿元增加了18%,相比于当年1147.89亿的总

广告量，市占率已达 11.81%。相比之下，报纸 2013 年的广告量只有 90.22 亿，比 2012 年的 95.98 亿下滑了 6%，市占率仅有 7.86%[1]。2014 年 5 月 8 日，凯络媒体周报发布 2014 年第一季广告量分析报告，报纸广告量再度下滑 13.5%[2]。新媒体使得报纸广告份额越来越小。

在争夺受众闲暇时间方面，报纸也落在新兴媒体之后。2012 年 7 月至 9 月，台湾传播学术界展开"台湾传播调查资料库"的调查，数据显示，2012 年读者每日读报时间为 22.72 分钟，这个数字在 2003 年和 2008 年分别为 38.94 分钟和 24.47 分钟。部分纸本报纸的读者群有可能转向阅读网络新闻，调查显示，55% 的台湾民众会上网浏览网络新闻，每天浏览时间平均为 18 分钟。民众使用网络的比例及时间呈现逐年攀升的趋势，2012 年网络用户的每周使用天数已成长至 5.83 天，而 2003 年为 4.71 天，2008 年为 5.68 天。每天网络使用时间也有所增加，2003 年为 196.56 分钟，2008 年为 157.37 分钟，2012 年为 247.38 分钟。

随着上网资费降低和智能手机普及，2013 年台湾无线网民及移动网民每天使用网络的频率较 2012 年皆成长超过一成，其中无线网民每天使用无线网路的比例为 53.98%，相较于 2012 年同期成长 15.54%，平均每次上网的时间则为 103.55 分钟；而移动网民每天使用移动网络的比例为 74.70%，相较于 2012 年成长 12.37%，平均每次上网时间为 112.79 分钟[3]。网民使用频率和使用时间皆呈现增长趋势，说明网络的使用已经成为日常生活中的重要部分。

传媒生态改变之下，传统媒体力图转型。以《联合报》为例，作为较早投入网络建设的传统媒体，《联合报》近年来更加强对"联合线上"的投入，"联合线上"的扭亏为盈为联合报开创了新的发展前景。联合报社社长项国宁 2013 年元月指出，联合报对"数据汇流"的操作定义是"任何时间、任何地点、任何载具，在同一载具上，可同时提供文字、图片、影

---

[1] 张咏琦、陈韵宇：《2013 台湾五大媒体广告量 家外媒体表现亮眼》，2014 年 3 月 19 日，动脑网站（http://www.brain.com.tw/News/RealNewsContent.aspx? ID=19898），2014 年 5 月 13 日查阅。

[2] 张咏琦、陈韵宇：《2014 年第一季台湾五大媒体广告量略为衰退》，2014 年 5 月 12 日，动脑网站（http://www.brain.com.tw/News/RealNewsContent.aspx? ID=20120），2014 年 5 月 13 日查阅。

[3] 台湾网路资讯中心新闻稿：《2013 年台湾无线网路使用调查报告出炉 行动网路使用者大幅度快速成长 手机首次超越笔记型电脑成为最主要的无线连网设备》，2013 年 12 月 31 日查阅。

音、搜寻、互动的精准服务",为此,《联合报》"致力数位汇流发展","未来同类型新闻应该成立平台,对各个载具发稿,等于打破以前垂直型的报系组织架构,改为横向跨单位的矩阵①"。联合报系的 udn tv 于 2013 年 8 月 1 日正式开播,一天提供七节新闻直播,也提供多个资讯与知识型节目,每日或每周于固定时段播出,涵盖领域包括健康、学习、汽车等。

随着媒体融合的深入,报纸记者身兼数职,报社也加强了对记者运用多媒体的训练,记者每次执行采写工作都配备视听媒体,返回工作场所则既要处理影像资料也要进行文字写作工作。2013 年,以《苹果日报》为代表的各大媒体大力推动网络即时新闻,记者采访之前要预发稿,采访中要电话回报,活动结束后打开电脑传稿,之后再根据纸媒所需角度写作稿件。记者"时常一早就到新闻现场采访,深夜截稿降版也不敢关手机,工作加上待命时间动辄超过 14 小时,甚至严格来说是 24 小时都不敢怠慢"②。

传统媒体的转型努力经年,是否能够最终突破重围,尚有待观察。

2. 公民媒体形式日趋多样,可持续发展尚待加强

(1) 网络催生公民媒体

台湾学者陈顺孝长期关注网络公民媒体的发展,他认为,公民媒体没有固定的形式和内容,不同时代不同地区的公民,选用当时当地的简便工具、探讨当时当地大众媒体忽略的议题,会创造出不一样的公民媒体③,形成与大众传播体系分庭抗礼的公民新闻传播体系④。

公民媒体"上下游新闻市集"是一家经营农产销售,以支持独立新闻网站的社会企业⑤,创办于 2010 年 9 月,其新闻最早将主题锁定在农业,以调查报导区别于其他电子、网络媒体的每日新闻。随着"上下游"的调

---

① 福建省报业协会:《新媒体时代的若干思考——访联合报社社长项国宁》,见《闽台报社高层访谈实录》2013 年 6 月,第 15 页。
② 林靖堂:《苹果即时政策的劳资对话》,2014 年 2 月 20 日,台湾媒体观察教育基金会网站(http://mediawatch.org.tw/node/4692),2014 年 5 月 3 日查阅。
③ 陈顺孝:《台湾网路公民媒体的发展与挑战》,卓越新闻奖基金会:《台湾传媒再解构》,巨流图书出版公司 2009 年版,第 243 页。
④ 同上书,第 264 页。
⑤ 李志德:《跨越资本与权力的高墙——独立媒体的发展及影响》,台湾新闻记者协会,《2013 台湾新闻自由发展年报》,第 18—21 页, https://drive.google.com/file/d/0B3yBPeV0uPdETGJU-WG5uRlJ1Tmc/edit? usp=sharing,2013 年 5 月 30 日查阅。

查报导逐渐为人所知和台湾开始接连爆发食物安全问题,"上下游"进一步从"农业"跨入"食物"领域。和其他媒体相比,"上下游"最不一样的就是她们养活自己的方式:开设农产品网络市集。对于"一手卖产品、一手报导相关新闻"的经营模式是否会有利益冲突的问题,"上下游"以其原则作为规范:"已经上架出售的商品,不做新闻报导;但新闻报导中发掘的产品,则有可能纳入商品销售",创办者希望在这一原则之下,辅之以公众的监督,使"上下游"能够维持新闻的公信力[①]。

另一家值得一提的网络独立媒体是莫拉克新闻网。2009年9月29日,莫拉克台风重创南台湾一个多月后,莫拉克新闻网开站,到2013年停止运营时已经累积了1545篇新闻报导。主流媒体对灾区的关注是短暂的,莫拉克新闻网则有专职记者长期进驻灾区,大量报导灾区重建资讯,观察并监督政府的永久屋政策。近四年后的2013年8月,莫拉克新闻网"停下脚步",其声明写道:"我们希望,这样的网站运作模式能够成为一个经验,透过一个固定的平台,关注特定的重大议题,让更多人能够了解、进而参与讨论"[②]。对于莫拉克新闻网存在的意义,台湾知名记者何荣幸写道:"无论天灾巨变已经过去多久,关于灾民的生存与尊严,我们任何时刻都不应该遗忘。台湾社会需要更多像莫拉克新闻网一样的独立媒体,在主流媒体弃守的地方长期埋锅造饭,才能让许多被忽视的角落有被看见的可能"[③]。

尽管公民媒体尚无法取代主流传统媒体,因为分散和众多也无法产生持续的影响力,但毋庸置疑,它大大丰富了传播图景,有利于多元社会的健康发展。2014年1月,苹果即时新闻与"上下游新闻市集"、"新头壳"、"苦劳网"、"公民行动影音纪录资料库"、"环境资讯中心"五家独立媒体合作,开启了主流传统媒体与公民媒体合作的序幕。

(2) 公众委制新闻(众筹新闻)出现并发展

当商业媒体在激烈竞争之下无心也无力提供优质的新闻产品,政府对

[①] 李志德:《跨越资本与权力的高墙——独立媒体的发展及影响》,台湾新闻记者协会,《2013台湾新闻自由发展年报》,第18—21页,https://drive.google.com/file/d/0B3yBPeV0uPdETGJUWG5uRlJ1Tmc/edit?usp=sharing,2013年5月30日下载。

[②] 冯小非:《感谢大家的坚定与支持,88news将在今天停下脚步》,2013年8月27日,http://www.88news.org/?p=22799,2014年6月16日查阅。

[③] 何荣幸:《感谢你,莫拉克新闻网!》,2013年8月28日,《天下》杂志网站(http://opinion.cw.com.tw/blog/profile/43/article/567),2014年6月16日查阅。

公共媒体的推动又不尽如人意，公众委制新闻模式的出现将台湾公民新闻发展带入了一个新的阶段。

2011年年底，"weReport调查报导公众委制平台"成立，是台湾第一个向公众集资的新闻平台，"希望透过大众的资助及参与，为台湾的调查报导扎根，为新闻业的重建铺路"①。截至2014年5月下旬，平台累计捐款人次为862人，非营利组织、学生、公民记者、独立媒体与独立记者等共提交46件提案，已完成的有23件，进行中的有14件。目前平台所赞助完成的报导中，已有多项报导获得网络、平面与电视媒体转载，五项报导获奖②，显示了公民记者的无限潜力。

（3）新媒体与传统媒体携手，社交媒体成为年轻一代的传播利器

2014年"太阳花学运"成为见证新媒体与传统媒体共舞的典型个案。据《凯络媒体周报》③，学运相关新闻从2014年3月19日于新闻频道开始发酵，其中攻占"行政院"事件及"330凯道大游行"的新闻成为这次收视率的最高峰。这一阶段，传统媒体试图进入更多层面，吸引年轻族群的关注——联合新闻网使用既有新闻素材，以时间轴方式让民众清楚事件经过，与此同时，也即时上传新闻资讯，利用新闻网站聚合其他新闻内容，期望成为话题的单一入口。

参与学运的人群以"网络原住民"为主，他们成长于网络时代，依赖网络且善于在多个屏幕中切换，懂得运用多种网络资源进行联系与号召，即便网络及讯号受干扰，他们仍可以通过蓝牙科技的手机APP - Fire Chat与范围内的伙伴同步接收和分享最新信息。学运的一个经典画面是学生用一台平板电脑即时转播"立法院"内的状况，而支撑这台平板电脑的是一双人字拖。学运中表现亮眼的"台大新闻e论坛"，一开始在"立法院"内

---

① "关于我们"，weReport网站（http: //we - report. org/about - wereport），2014年5月23日查阅。

② 获奖作品共计有：上下游新闻市集记者汪文豪的《校园营养午餐调查》获得消费者报导奖优等、入围卓越新闻奖；公民记者阿Ben所拍摄的《乐生地质调查》、公民记者林冠吟的《大肚溪污染》与旅韩独立记者杨虔豪远赴韩国拍摄的《韩国MBC罢工》三项报导获得Peopo公民新闻奖。中正大学传播系毕业制作团队所制作的《非常舞者》则获得华视第一届传播院校毕业作品比赛"武林大会"非剧情类金奖。于weReport平台接受公众赞助所完成的"铁兔子"纪录片，获第36届金穗奖学生作品奖最佳纪录片奖。

③ 《凯络媒体周报》第733期，2014年3月31日至4月6日，http: //www. magazine. org. tw/ImagesUploaded/news/13974543900920. pdf。

外侧做现场中英文即时报导时只有几位学生参与，到后来拥有近90人的采访团队，参与人员还包括来自政大、师大、交大、东华等各大学同学。学生将新闻现场报道以简单、直接、透明的方式发布在网络上，与传统主流媒体一争高低。更进一步，他们还通过 Flying V（延伸至 V democracy）群众募资网站以3小时的速度募资到690万新台币，在《苹果日报》和《纽约时报》刊发广告。

公民媒体发展的一大问题即是其可持续性，其资金的来源往往是避免商业力量介入的关键。"上下游"依靠网络售卖农产品的利润维持，经营模式受到质疑；而依靠小额捐款生存的公民媒体则常常处于寻求资金的困顿中。不论是资金来源紧张的公民媒体，还是因应特定事件迅速发展的独立媒体，它们能否持续发展，怎样维持可持续性，始终是一个值得关注的议题。

（三）传统媒体内容评估未尽人意，媒体自律有待加强

媒体观察教育基金会（媒观）委托进行的《新闻媒体专业表现调查报告》[1]于2013年10月发布研究成果，电视媒体方面[2]，公视大获全胜——在国际新闻的量与质上、议题多元性上、报导少数族群、性别平权与弱势群体方面议题的表现、公信力以及注意平衡报导不同政治主张、较少出现政府置入性行销方面、少出现商业置入性行销、用字遣词较中性、不过度使用配乐和音效、不过度使用戏剧性的肢体动作与恪守新闻事件描述与意见应分离等各个内容方面的评估，公共电视一枝独秀，其受访者整体评分是各家电视台中唯一超过80分的，其后为TVBS与TVBS-N、非凡电视台、民视与民视新闻台，平均分数在70分之上。在社会责任、新闻自由和客观性的评价方面，依然是公视表现最好，TVBS与TVBS-N次之。公视仅在地方新闻一项上表现次于民视与TVBS、TVBS-N。

公信力的负向得分方面，以中天电视台最多，三立新闻台次之；受访者认为不会平衡报导不同政治主张的电视台亦是中天电视台与三立新闻台，较没有恪守"新闻事件描述与意见"应分离之专业原则。中天新闻台

---

[1] 刘昌德：《新闻媒体表现观察指标》，2013年10月24日，台湾媒体观察教育基金会网站（http://mediawatch.org.tw/node/4647），2013年12月1日查阅。

[2] 观察对象为4家商营或商业营运的无线电视台（台视、中视、华视、民视）、9家卫星新闻频道（年代新闻台、东森新闻台、中天新闻台、民视新闻台、三立新闻台、TVBS-N、TVBS、东森新闻S、非凡新闻台）以及公共电视的新闻报道。

被认为最常出现政府置入性行销。三立新闻台被认为用字遣词较中性的表现方面较差。东森新闻台/东森新闻S台则可能过度使用配乐和音效,在"不会过度使用戏剧性的肢体动作"的表现亦差强人意。分数评价最低的电视台是中天新闻台,为58.81分,是唯一一家分数低于60分的电视台。

有趣的是,结合各家电视台收视率评估,公视"较好不叫座"。世新大学调查发现,民众最常收看的电视频道为民视无线,收视率为21.2%,其次为TVBS(13.7%)、三立台湾(12.8%)、东森新闻(10.9%)、三立新闻(10.2%)、中天新闻(9.9%),公视排在第17位,收视率为4.1%[1]。

平面媒体方面[2],报告指出,《联合报》在国际新闻的质与量上、议题多元性、少数族群、性别平权、弱势群体议题报道上表现最好,亦被受访者评价为用字遣词中立、事实与意见分离表现最佳者。《自由时报》在地方新闻的表现最好。《苹果日报》在少数族群、性别平权与弱势群体议题报导的表现上明显不如其他三家报纸。就公信力来说,《苹果日报》与《联合报》评价不分轩轾,《中时》与《自由》的评价明显较差,平衡报导则是《苹果日报》一支独秀。受访者针对四家报纸的整体表现以百分制评分,结果显示《联合报》的分数最高,为71.29分,其次是《苹果日报》,为69.52分,再次为《自由时报》,为62.98分,而《中国时报》居末位,为57.02分。在社会责任、新闻自由和客观性三个方面,《联合报》和《苹果日报》分居第一、二位,其后则为《自由时报》和《中国时报》。然而,反观报纸阅读率,根据世新大学的调查,《联合报》在2013年却是敬陪末座,以16.6%的阅报率落在《苹果日报》的53.0%、《自由时报》的45.4%和《中国时报》的18.0%之后[3]。

无独有偶,世新大学针对台湾29所大专院校、239位传播学者进行的调查,对报纸的观感,传播学者与民众颇有差异。根据世新大学2014年3月公布的传播学者媒体评鉴结果,《联合报》是传播学者最常阅读的报纸,

---

[1] 《2013台湾民众媒体评鉴大调查与十年回顾》,2013年7月19日,世新大学传播资料库(http://cc.shu.edu.tw/~cjc/downloads/activity/2013/7-12/102091801.pdf),2014年5月23日查阅。

[2] 观察对象为四家发行量较大之商营报纸(《苹果日报》、《自由时报》、《中国时报》与《联合报》)。

[3] 《2013台湾民众媒体评鉴大调查与十年回顾》,2013年7月19日,世新大学传播资料库(http://cc.shu.edu.tw/~cjc/downloads/activity/2013/7-12/102091801.pdf),2014年5月23日查阅。

贰 行业基础

且被认为"最能提供新闻资讯""内容最具深度""最公正客观""最好最优质"[1]。在针对民众展开的调查中,《苹果日报》获评"民众最常阅读""最能提供新闻资讯""内容最丰富多样""最好最优质",《自由时报》获评"内容最具深度的报纸""最公正客观"[2]。

同样由媒观委托进行的《时事谈话性节目观察报告》[3] 针对六个晚间收视时段的时事议题谈话性节目[4]做长时间的纪录观察,发现此类型节目内容表现上具有以下特点:(1)议题属性软性化;(2)讨论议题方式着重事件细节,但轻忽将议题提升至公共政策层面的评估;(3)言论一言堂现象,暴露"对话"或"论辩"的精神流失;(4)议题讨论刻意屈就节目进行节奏的紧凑性而牺牲了完整性;(5)对于特定延续性议题讨论过程暴露"脚本化"的问题。

除了民间组织针对媒体内容进行的评估之外,官方也有针对媒体的他律机制。2009年1月NCC设置"传播内容申诉网",为受众提供申诉渠道和查看案件处理情形,建立制度性的公民参与机制[5]。NCC2013年年度传播内容申诉分析报告[6]指出,NCC在2013年受理民众申诉广电内容有效件数共1787件,和2012年的2674件相比,减少三成以上(33.2%);其中,申诉电视件数1752件,较2012年的2521件减少769件,而申诉广播件数为35件,较2012年的79件减少44件;2013年申诉电视内容的案件仍占总申诉案件九成以上。在民众申诉不妥内容类型方面,申诉最多的类型仍是"内容不实/不公"。NCC核处违反广播电视法、卫星广播电视法等相关

---

[1] 许敏溶、唐镇宇:《学者评媒体:〈苹果〉最无政治立场》,2014年3月29日,苹果日报网站(http://www.appledaily.com.tw/appledaily/article/headline/20140329/35733049/),2014年6月16日查阅。

[2] 《2013台湾民众媒体评鉴大调查与十年回顾》,2013年7月19日,世新大学传播资料库(http://cc.shu.edu.tw/~cjc/downloads/activity/2013/7-12/102091801.pdf),2014年5月23日查阅。

[3] 唐士哲:《建立台湾时事议题讨论(政论)节目观察评鉴指标成果报告》,2013年10月24日,台湾媒体观察教育基金会网站(http://mediawatch.org.tw/node/4647),2013年12月1日查阅。

[4] 六个节目为TVBS"2100全民开讲"(含"周末开讲")、三立新闻台"新台湾加油"(含周末"惊爆新闻线"、民视新闻台"头家来开讲"、年代新闻台"新闻面"、东森新闻台"关键时刻"、公共电视"有话好说"(含周四"NGO观点"、周五"南部开讲")

[5] 《NCC NEWS》3月号,第6卷第11期,2013年3月出刊,第9—13页。

[6] NCC新闻稿:《NCC公布102年传播内容申诉分析报告》,2014年3月17日,台湾"国家通讯传播委员会"全球信息网(http://www.ncc.gov.tw/),2014年6月14日查阅。

法规的电视事业共计 70 件，较 2012 年的 113 件减少 43 件，核处金额共计新台币 914 万元，较 2012 年的新台币 2740.6 万降低约六成以上（66.6%）。从核处金额看，电视事业违规前三大项为"违反法律强制或禁止规定"、"节目与广告未区分"、"违反节目分级处理办法"。广播事业总核处金额减少，违规类型以"广告超秒"最多。

网络内容方面，"WIN 网路单 e 窗口" 2013 年度共接获 9943 件申诉案，其中网络色情超过一半。2014 年 1 月 1 日，"WIN 网路单 e 窗口"申诉处理业务并入由 NCC 召集各部会主管机关成立的"iWIN 网路内容防护机构"，2014 年 1 至 3 月该机构共接获 2475 件申诉，仍以网络色情最多，占比 66.59%，其次为网络诈骗，占比 15.84%[1]。

近年来随着媒改运动蓬勃发展，相关法令日趋规范，台湾新闻媒体的自律也得以进一步发展，既有集体自律的公协会组织，也有个别自律的新闻自律委员会，但尚有进一步发展的空间。

电视媒体方面，台湾"卫星广播电视事业商业同业公会"（STBA）设有问责机制"新闻自律及咨询委员会"，是台湾目前主要推动有线电视新闻频道进行新闻自律的集体自律机制。该机制订有"新闻自律执行纲要"，并定期召开新闻自律及咨询委员会联席会议，审议咨询委员和各界的申诉案。在 2013 年底之前，该纲要没有纳入谈话性节目，委员会发动座谈会研究如何将谈话节目纳入自律纲要，预计于 2014 年内确认谈话节目纳入自律规范[2]。

平面媒体方面，目前仅有《苹果日报》设置个别新闻自律机制"苹果日报新闻自律委员会"，于 2012 年 4 月正式营运，其他三报并未建立自律委员会，媒改团体呼吁各报成立新闻自律委员会，扩大报业公会的多元公民团体参与审议机制，并比照电子媒体卫星公会设置外部新闻自律咨询委员会，在报业公会之下设同业间的新闻自律咨询委员会，但并未得到各报的具体回应，新闻自律机制的推动尚有待努力与突破[3]。

---

[1] NCC "施政绩效"之"强化传播内容申诉机制"，台湾"国家通讯传播委员会"全球信息网（http://www.ncc.gov.tw/chinese/04_10303.htm），2014 年 6 月 14 日查阅。

[2] 叶大华：《2013 新闻自律发展纪实》，台湾新闻记者协会《2013 台湾新闻自由发展年报》，第 39—42 页，https://drive.google.com/file/d/0B3yBPeV0uPdETGJUWG5uRlJ1Tmc/edit?usp=sharing，2013 年 5 月 30 日查阅。

[3] 同上。

纵观台湾媒体2013年至2014年的发展，媒改组织和官方不断互动为台湾大众传播法制的完善提供了契机，科技的发展使信息传递在多种媒介间的无缝连接更为紧密，这对于传统媒体而言，既是挑战，也是机遇。与此同时，公民媒体茁壮成长，新旧媒体展开合作，丰富了新闻传播的样貌。

叁　内容供给与表达样态

- 治理　提升　融合
    ——中国公民新闻实践分析（2013—2014）
- 中国新闻生产的新样态与新词语（2013—2014年）
- 新闻舆论监督：凝聚反腐败的民意支撑
- 人民日报新闻传播发展报告（2013—2014）
- 人民网：融合与创新
- 引导社会热点　加强舆论监督
    ——《中国青年报》2013年新闻表达报告
- 中美主流媒体的国家利益观差异
    ——基于《华盛顿邮报》、《人民日报》（海外版）斯诺登事件报道的分析
- 我国对农电视频道品牌化建设研究报告
    ——以湖北电视垄上频道为例
- 政务微博对报纸媒体的议程设置报告
- 媒体从业者个人微博的新闻表达

治理 提升 融合
——中国公民新闻实践分析(2013—2014年)

申金霞[①]

公民新闻是公民个体或群体（主要是非专业新闻工作者）通过专门化的网站、非制度化的自媒体、小众媒体等传播渠道，积极主动地参与事件报道与时事评论的一种社会活动。2013—2014年，移动互联网发展迅速，微博使用率虽然有所下降，但其强媒介属性进一步显现，尤其在重大事件中，微博仍然是公民新闻重要的发布平台。微信异军突起，成为移动传播的赢家和公民新闻的另一重要发布平台。这一年，越来越多的大众传媒与公民新闻深入合作，不断创新新闻报道的方式和内容。本文拟从传播平台和传播实践方面探析2013—2014年中国的公民新闻及其未来发展。

一 2013年公民新闻的主要传播平台

（一）微博：重大事件中彰显媒介属性与传播优势

微博作为一种微型或即时博客，其不超过140字的表达字数限制，降低了使用者的写作门槛，也符合快节奏的生活节拍和碎片化的生活状态。2009年，新浪、腾讯等大型门户网站进军微博市场，推进了门户网站增值模式的发展。2010年成为微博发展的元年。

历经三年的爆炸式增长后，2013年的微博发展进入下滑通道。"从具体数字分析，2013年微博用户规模下降2783万人，使用率降低9.2个百分点。"[②] 下滑的原因包括"太浪费时间（40.1%）、玩微信去了（37.4%）、玩腻了（33.2%）、朋友更新少了、发微博无人回应等"。[③] 其中，微信等

[①] 申金霞，中国传媒大学教务处副研究员。
[②] 中国互联网络信息中心：《第33次中国互联网发展状况统计报告》，第6页。
[③] 中国互联网络信息中心：《2013年中国社交类应用用户行为研究报告》，第14—15页。

其他社交类应用软件的快速发展，使得微博的部分功能如分享信息、热点话题等被替代和转移，它的发展因而面临巨大的竞争压力。

来自微信、陌陌等其他自媒体的冲击，使许多人不由得为微博是否终将被取代而担心。但马航失联、昆明火车站恐怖袭击、薛蛮子被拘、东莞扫黄等重大新闻事件中，微博信息的丰富、快速与互动，使其媒介功能凸显，稳居公民新闻的首席发布平台，也堪当传统媒体的新闻源泉和舆论的晴雨表。

人际关系理论认为，人际关系网络分为强关系网络和弱关系网络。二者的区别在于人与人之间的感情深浅和疏密程度。强关系网络指与交往的人群感情深厚，关系密切，同质性高，彼此之间比较了解。弱关系网络指与交往的人群无太多感情因素，关系疏远，异质性强，彼此之间了解甚少，只是在工作、生活的某个方面有少许交集。关系的强弱直接影响个体获取信息的多寡以及达成个人目的的可能性的高低。按此分析，微博属于弱关系网络，在信息的丰富性方面具有明显优势，阅读信息成为网民使用微博的主要诉求。从图1可以看出，网民使用微博的功能中，分享/转发信息、搜索新闻/热点话题、发微博位居前三位，分别占70.1%、69.5%、64.6%。

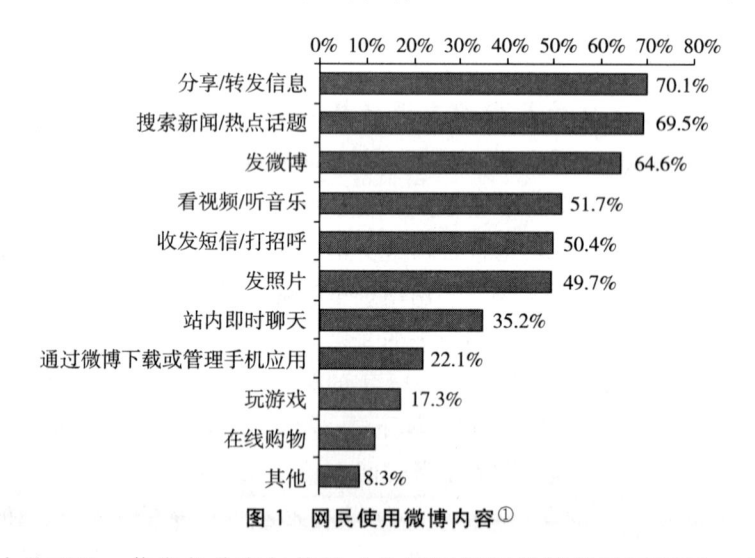

功能	比例
分享/转发信息	70.1%
搜索新闻/热点话题	69.5%
发微博	64.6%
看视频/听音乐	51.7%
收发短信/打招呼	50.4%
发照片	49.7%
站内即时聊天	35.2%
通过微博下载或管理手机应用	22.1%
玩游戏	17.3%
在线购物	
其他	8.3%

图1 网民使用微博内容[①]

由此可见，信息的分享与传递成为网民使用微博的重要原因，这使微博成为信息的汇聚地和集散中心，成为人们了解社会热点事件的重要渠

---

① 中国互联网络信息中心：《中国社交类应用用户行为研究报告》，第23页。

道，也成为大众舆论的承载和扩散平台，由此凸显了微博所具有的强大的媒介属性。在信息传播平台日益丰富和多样化的情况下，微博信息的自净功能和对冲功能，使谣言与虚假信息能很快被识破。从"新闻是最近发生的事实的报道"到"新闻是当前发生的事实的报道"，新闻发布已进入"行进中"的新闻报道时代，微博在人群中的传播速度也像病毒一样能够在极短的时间内传播开来，"其传播方式既不是传统媒体的线性传播（one to one），也不是网络媒体的网络传播（one to N），而是一种裂变传播（one to N to N）"。①

（二）微信：个性化平台与掌上舆论场

智能手机即时通讯软件微信（WeChat）源于美国2010年推出的Kik聊天软件，2011年初由腾讯公司正式推出并上线，是一款支持多人语音聊天、快速发送文字和照片的软件，其功能包括语音聊天、视频聊天、群聊、朋友圈、便捷支付、随身商务等。目前支持IPhone、Android、Blackberry等六大平台，同时支持PC端的网页版。随着版本的不断升级，其功能也越来越丰富与多样化，经历了从发送文字图片、语音对讲、陌生人交友、社交网络和开放平台、商业化飞跃等代际更迭。各版本功能演变具体见下表。

表2　　　　　　　　微信各版本功能演变②

更新日期	版本	新增功能
2011/1/21	微信1.0	发送文字、图片和更换头像
2011/3/10	微信1.1	修改备注姓名、通讯录会话列表搜索
2011/3/21	微信1.2	支持多人会话
2011/4/6	微信1.3	支持发送表情
2011/5/10	微信2.0	语音对讲、照片滤镜、QQ邮箱提醒
2011/6/8	微信2.1	通讯录好友、分享微信号、隐私设置
2011/6/30	微信2.2	QQ离线消息、好友推荐、好友验证、插件管理
2011/8/3	微信2.5	视频信息、查看附近的人、语音记事本、个性签名
2011/10/1	微信3.0	摇一摇、漂流瓶、通讯录助手
2011/10/27	微信3.1	文字语音切换、听筒模式
2011/12/20	微信3.5	二维码、自定义表情、动画表情、自定义背景

① 孟波：《新浪微博：一场正在发生的信息传播变革》，《南方传媒研究》2009年第21期。
② 《2013年微信商业化价值研究报告》，艾瑞咨询，第3页。

续表

更新日期	版本	新增功能
2012/4/19	微信 4.0	相册、朋友圈、开放接口、地理位置、群发
2012/7/19	微信 4.2	视频聊天、网页版、朋友圈回复
2012/9/5	微信 4.3	摇一摇传图、解绑手机号 QQ 号、动画表情下载、扫一扫
2013/2/5	微信 4.5	多人实时语音聊天、摇一摇搜歌、语音提醒、位置导航
2013/8/5	微信 5.0	折叠公众账号、游戏中心、新版扫一扫、支付
2014/1/28	微信 5.2	共享实时位置、街景扫描、照片墙、语音转化文字、群聊@提醒

从 2012 年 8 月至 2013 年 9 月,"微信的月度覆盖人数(即月度活跃用户)增长了 135.4%,用户量从 1 亿到 3 亿仅用了不到一年时间,至今仍以较高的速度继续增长,而如此之高的用户数量也使微信获得了'移动互联网第一张船票'"。[①] 传播学者陈力丹称之为"抢占了移动中的传播世界"。艾瑞咨询的数据调查显示,微信月度人均有效使用时间不断上升,2013 年 9 月已达到 226 分钟,较一年前增长了 148%,微信用户的粘性不断加强和提升。

微信使人际交往增加了温度,实现了交往空间的湿性化,使人与人之间的交往充满了人情味,情感交流拉近了人与人之间的距离,沟通的感觉更强烈,沟通的效率更高。

对微信的属性,业界将其界定为快速便捷价廉的社交工具。在微信的发展过程中,腾讯公司日益明确了微信与微博的功能差异。首先,在产品定位上,二者虽同属于社交类产品,但微信主打熟人社交,兼顾"陌生人社交圈"和"千米社交圈",属于强关系网络,通讯类工具的应用性更强。微博属于弱关系网络,与微信相比,微博媒体属性更强。其次,在信息传播方式上,微信融合了一对一、一对多的传播方式,有人将其称为人际大众传播,但其熟人社交特性、朋友圈的功能使其信息传递更为精准的同时,与微博单方关注、一对多的传播方式相比,微信信息传播的广度和范围会受到一定的影响。

腾讯公司在重点打造微信社交功能的同时,2012 年 8 月开通的微信公共平台则赋予了微信更多的媒体色彩。作为一个开放平台,无论企业还是个人,都可以 QQ 账号注册,方便快捷地开通公共平台。这一平台支持多人互动交流,能够公开发布信息,与微博、论坛功能相似。微信公共平台

[①] 《2013 年微信商业化价值研究报告》,艾瑞咨询,第 9 页。

分为订阅号和服务号。订阅号体现了媒体功能,为传者与受者搭建了一个微信沟通平台。其服务对象是媒体和个人,可以每天推送消息,但所有的订阅号被折叠在一个目录下,浏览信息需要二次点击,并且不会有即时消息提醒,信息的可见度大幅下降,因而必须培育忠实受众、增强用户粘性才能实现有效推送。

2013年,越来越多的媒体和个人开通微信公众号。2013年11月,腾讯微信产品部透露,"微信公众平台开放以来的15个月,每天保持8000个的增长速度,每天有超过亿次的信息交互"。[①] 个人用户将其视为分享信息、表达观点的自媒体,代表性的有"罗辑思维"、"小道消息"。其中很多个人用户是资深的微博用户,在微博上积累了丰富的自媒体的使用经验和广泛的人脉,微信公共平台成为其打造个人自媒体品牌、拓展影响力的又一平台。这也为公民记者推送公民新闻提供了又一方便快捷的平台。

(三) 大众传媒的公民新闻平台:融合与共赢

目前,大众传媒已经在与公民新闻合作开展新闻报道,公民新闻不仅改变着大众传媒的新闻来源和生产流程,也在价值观层面改变着大众传媒的新闻理念,进而在新闻实践方面推动大众传媒有更深刻的变革。信息传播技术在重构新闻生产者与消费者之间的传统平衡的同时,也重构了新闻报道专业本身。

在新闻来源和生产流程方面,作为对传统新闻报道模式的替代,美国学者保罗·布拉肖(Paul Dradshaw)提出了"新闻钻石"(the News Diamond)的7步报道模型。这是融合媒体时代,新闻记者对互联网无限空间与信息的有效利用的报道模型,主要采取新闻的在线生产方式,这种在线生产恰恰体现出新闻报道对速度与深度的双重兼顾。这一新闻的钻石模型主要包括7个步骤,分别为快讯、草稿、报道、分析/反思、背景、互动及定制。这一模式强调,新闻制作从传统的组织化生产向互联网生产平台转移,通过与网络用户互动进行新闻生产,体现新闻生产的互动性、即时性与广泛性。这也对互联网时代媒体记者的技术素养与应用水平提出了挑战。

公民新闻推动了大众传媒在实践方面的变革。2013年6月17日,为鼓励公民记者从事现场新闻报道,新华社推出"我报道"手机客户端。

---

① 中国经济网:《开放15个月,微信公共账号知多少?》,2013年11月19日,中国经济网(http://www.ce.cn/yd/gd/201311/19/t20131119_1770917.shtml),2013年12月6日查阅。

"我"指用户、受众或读者,"我报道"指"我来报道"或"我的报道"。其宣传推广语如下:"想要成为中国国家通讯社的'公民记者'吗?拿出手机,下载'我报道'客户端,发送图片、视频或文字——就这么简单"。"爆料、解读、评论,在信息获取日趋平等的社交网络时代,新华通讯社通过'我报道'来听'你'的声音。你——可以是任何人"。

之后,新华社又开通了"我报道"微信公众号。"我报道"微信公众号的功能是使"人民声音融入专业传播",微信认证为"新华社'我报道'是集用户原创、现场报道、解读评论、点题服务于一身的多媒体新闻集成交互平台。'我报道'除提供新闻传播专业服务,还广泛征集用户需求并提供内容点题和定制服务,构建专业记者与公民记者的实时交互平台"。作为国家通讯社,为公民新闻提供的这些官方传播平台,旨在吸纳"草根声音",丰富与拓展专业传播,是新华社与用户间的新闻交互集成平台,更是新华社主动拥抱新媒体迈出的实质性的一步。

2013年6月底,新华社面向全国高校发起"我报道"新媒体移动实习计划,招募对新闻报道有浓厚兴趣的学生进行新闻实践。最终,从众多报名者中选定10位同学作为"我报道"移动实习计划首批实习生,实习期限为一个月,由编辑部在线安排实习任务,新华社资深记者做在线指导老师,实习生的实习作品在新华社的新媒体平台展示。

二 2013年中国公民新闻的实践分析

(一)互联网生态治理整治网络谣言、提升公民新闻质量

2013年,中国互联网的生态治理发生了重大变化。8月19日,在全国宣传思想工作会议上,习近平总书记指出,互联网已经成为舆论斗争的主战场,要把网上舆论工作作为宣传思想工作的重中之重来抓。2014年3月13日,包括法制类、时政类等三十多家微信公众号被腾讯中止了服务,原因是这些微信公众号多次被举报、涉嫌色情、违规信息等。9月6日,最高人民法院、最高人民检察院出台了《关于办理利用信息网络实施诽谤等刑事案件适用法律若干问题的解释》,对办理利用信息网络实施诽谤、寻衅滋事、敲诈勒索、非法经营等刑事案件适用法律的若干问题进行了解释。如,对利用信息网络诽谤他人,规定"同一诽谤信息实际被点击、浏览次数达到五千次以上,或者被转发次数达到五百次以上的",应当认定为刑法第二百四十六条第一款规定的"情节严重"。这一文件的出台,标

志着政府对公民新闻依托的主要发布平台自媒体加大了管治,网络谣言和"网络大V"成为互联网治理的重要对象。如超级大V薛蛮子(原名薛必群)拥有1200万微博粉丝,因嫖娼被拘;活跃于云南的"便民"(原名董如彬)因恶意编造谣言牟利被拘;秦火火(原名秦志晖)、立二拆四(原名杨秀宇)因非法攫取经济利益、恶意侵害他人名誉以及蓄意制造传播网络谣言被抓获。而甘肃张家川县初中生发帖质疑男子死因涉嫌造谣被拘、河北1名女子网上询问"是否发生命案"被拘留、山东曹某因在贴吧骂"兖州交警真孬种"被拘等事件,使网络谣言的认定、与之相关的违法行为及其定罪量刑的司法尺度,一时成为公众话题的热点。

与此同时,中国互联网发展正在从"数量"向"质量"发展。截止到2013年12月,"中国互联网普及率为45.8%,较2012年底提升了3.7个百分点,普及率增长幅度延续自2011年来的放缓趋势。总体而言,中国互联网的发展主题已经从'普及率提升'转换到'使用程度加深'。"[①] 在此背景下,网民对自媒体的使用更加熟练,通过自媒体分享信息的使用习惯被进一步强化。"即时通信在网民中的覆盖率达到了86.9%,其中微信覆盖率为61.9%;社交网站(包括QQ空间)覆盖率为60.7%,微博覆盖率为55.4%"。[②] 下图是2013年100件热点舆情中首发曝光的媒介。可以看到,热点舆情事件首发曝光的媒介中,网络自媒体的首发比例高达47%,说明使用自媒体传递信息的意识和习惯已经嵌入网民日常生活之中,网络自媒体成为新闻的重要发布地。

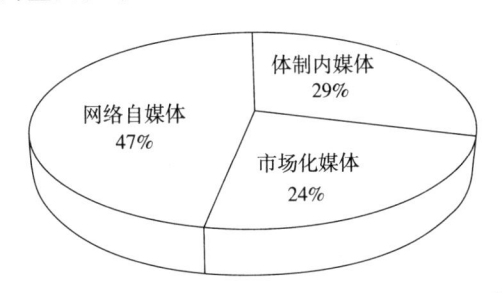

图2 2013年100件热点舆情中首发曝光的媒介[③]

[①] 中国互联网络信息中心:《2013年中国社交类应用用户行为研究报告》,第6页。
[②] 同上书,第4页。
[③] 单学刚、刘鹏飞、卢永春、齐四慧:《2013年中国互联网舆情分析报告》,2014年3月18日,人民网舆情频道(http://yuqing.people.com.cn/n/2014/0318/c364391-24662668.html),2014年5月16日查阅。

自媒体的大范围使用，使公民新闻的发布主体从先前的新闻爱好者或恰巧担起记者职责的不得不为之的公民记者，扩展到更为大众化、草根化的人人都是记者的时代。同时，量大质差也日益成为公民新闻的软肋，而虚假公民新闻更进一步影响着人们对其的信任。虚假公民新闻的呈现方式主要有三种：第一，无中生有，捏造新闻事实。出于吸引眼球或恶搞心理，一些公民记者发布没有事实依据的、随意杜撰、凭空捏造的新闻。第二，移花接木，偷换新闻要素。这一手法，最常见的是将过去的旧新闻重新包装，"略施粉黛"之后成为一篇新鲜出炉的新闻。第三，网络炒作，新闻策划过度。网络水军、网络推手等信息操纵行为，是更为复杂的虚假公民新闻现象。

网络推手有积极和消极两个方面的作用。其积极作用表现在通过对相关事件的策划，引发公众对权利、道德、人性的思考，一些事件甚至促进了社会法制的健全，如小悦悦事件、"我爸是李刚"事件、周久耕事件等。其消极作用体现在为追逐经济利益或扩大自身的社会影响，一些网络推手不择手段制造事件，媒介伦理和社会道德被商业利益所替换并覆盖。

2013年3月底，一则《深圳90后女孩当街给残疾乞丐喂饭》的虚假公民新闻被多家媒体转发，照片拍摄地点是深圳，一个女孩蹲在路边，拿着饭盒在给一名残疾流浪老人喂饭。据女孩讲，当看到一位满头白发的老人眼巴巴的看着快餐店的盒饭时，她想起了自己去世的爷爷，就自己掏钱买了盒饭并一口一口喂给老人吃，这张照片温情的一幕感动了很多人，照片中的女孩也被称为"深圳最美女孩"。第二天，就有记者指出，这是一篇假新闻，是由几个人自编自导自演的。文中报道事发地点在深圳南山欢乐海岸，但图片背景却是深圳东门老街。调查证明，这篇假新闻是知名拍客和网络推手石某为了商业目的一手策划的。图片中的女孩是"穿越时空·探秘古埃及"文明展的工作人员，为推广该展览，策划了这一假新闻。2011年，石某就因策划《眼癌宝宝母亲跪爬，被"富家公子"戏弄》的假新闻而向社会公开道歉。目前，虚假公民新闻的传播路径，大多是源于自媒体，然后流向门户网站和传统媒体，"'假'公民新闻故事，已成为主流媒体新闻饮食中的主菜"。①

---

① [澳]格雷姆·特纳：《普通人与媒介——民众化转向》，许静译，北京大学出版社2011年版，第71页。

2013年8月10日,"网络名人社会责任论坛"在央视新址举行,论坛主题是如何通过互联网传递正能量、抵制网络谣言与社会戾气、构建健康的网络环境。在论坛讨论的基础上,国信办主任鲁炜提出了互联网"七条底线",即法律法规底线、社会主义制度底线、国家利益底线、公民合法权益底线、社会公共秩序底线、道德风尚底线、信息真实性底线。研究表明,通过抽取100位活跃的"意见领袖"的微博,发现"以'七条底线'为拐点,此前两个月累计发博72481条,此后两个月累计发博65126条,下滑10.2%"[①]。从2013年3月至2014年3月,"体制内媒体和普通网民的舆论影响力上升,分别为37%和31%,意见领袖和市场化媒体的舆论影响力则有所下滑,分别为21%和30%。"[②] 由此可见,国家对互联网网络谣言和"网络大V"的治理,将互联网的管理纳入了国家法治的轨道,互联网不是法外之地,公众要对自己的言论负责,上述清网的举措为公民新闻质量的提升提供了保障。

(二)公民新闻推进社会参与、线下行动和依法抗争

长期以来,我国的社会动员模式采取的是群众运动模式,即依赖国家高度垄断的行政手段进行社会资源的强制性动员。1978年改革开放以来,以市场化为导向的经济体制改革和1987年党的十三大推动的政治体制改革,打破了国家对社会资源高度集权的计划性管控局面,多元社会主体的自主活动空间开始出现。同时,高风险社会的到来和社会转型期的现状,使得传统的完全由国家主导的群众运动模式开始向公众参与的模式转变,社会动员逐步从"国家完全主导"向"国家与社会良性互动"、"社会自主动员"的模式转变。

2013年发生的昆明PX项目遭遇抵制事件,充分体现了公民新闻推动公众社会参与、线下行动与依法抗争的动员效能。昆明PX项目规划年炼油1000万吨,以缓解西南地区成品油成本较高的问题。项目可行性研究报告于2013年1月通过国家核准,项目厂址位于安宁市草铺街道,距离昆明市中心45公里。此厂址位于昆明市的上风处,废气会排入城区。因担心化

[①] 祝华新、单学刚、刘鹏飞、卢永春、齐四慧:《2013中国互联网舆情分析报告》,2014年3月18日,人民网(http://yuqing.people.com.cn/n/2014/0318/c364391 - 24662668.html),2014年5月16日查阅。

[②] 刘鹏飞、卢永春、邱若晨:《2013年中国社交媒体舆情发展报告》,引自唐绪军主编《中国新媒体发展报告(2014)》,社会科学文献出版社2014年版,第77—78页。

工厂建成后影响民众健康，昆明市民纷纷通过多种方式要求政府公开项目可行性评估报告等信息。3月29日，昆明市政府组织召开新闻发布会，称项目经过最严格的审核程序，但却未公开项目的具体细节。4月19日，安宁市相关负责人回应称，因该项目关乎国家战略，需要剥离环境评估报告中的机密部分之后，才能向公众披露。

2013年4月底，一条社会动员类的公民新闻在微博、微信、QQ、短信等平台上发布，"反对PX项目活动：昆明5月4日下午13：30分、新昆百大门口文明站立，戴口罩、口罩上画'X'；不言论、不争执、不堵路、无垃圾，文明表达对家乡昆明的爱心；抵制安宁炼油厂项目！"

5月4日青年节下午，2000多人聚集在南屏街广场，一些人戴着写有红色叉的口罩、黑色PX的口罩，有些人举着"春城拒绝污染项目"、"PX……滚出昆明"的横幅，抗议PX项目落户当地。很快，警察组成人墙，围住了整个广场，人们只允许走出广场，不允许进入广场，抗议在和平中进行，与警察没有发生冲突。

之后，为防止大规模集会行动的发生，昆明下辖的很多市县实行买口罩实名制、禁止市场销售白色T恤衫等，这些强制性措施进一步激发了民众的愤怒情绪。而政府在项目相关信息披露方面的遮遮掩掩，更增加了民众对于项目危害性的不安和恐惧心理。

5月10日，中石油安宁炼化项目召开新闻发布会，昆明市长李文荣在新闻发布会表示："炼油的下游的副产品项目，包括网民提到的里面会不会有PX项目，我们上不上，上什么样的产品，市人民政府将充分尊重广大群众的意愿，大多数群众说上，我们人民政府就支持企业上，大多数人民群众说不上，就尊重民意，这个项目就不上。"

纵观这一事件的发展过程，群众和平、文明的抗议行动，使这一行动超越地方政府的控制，成为法律框架下被批准的抗争。首先，昆明市政府对关涉民生的PX项目信息公开的不充分，使其行为背离了2008年5月1日起开始实施的《中华人民共和国政府信息公开条例》的要求，也与中央保障人民的知情权、参与权、表达权、监督权的精神相违。其次，买口罩实名制、禁止市场销售白色T恤衫等做法，进一步使地方政府将自己陷于被动。对此，《人民日报》的新浪微博评论如下："石化项目引发的争议，固然有损昆明的形象，然而防民之口甚于防川，只会使裂痕加深、矛盾积累。以包容心态对待不同意见、以开放姿态充分沟通协商，才会避免对立冲突、修复官民互信";光明网《昆明"实名制":维稳已经黔驴技穷?》指出昆明市人民政府用口罩实名制的做法维稳,实不足取。

(三)公民新闻提升公众的维权能力、反腐效率和自我效能感

学者刘怡、谢耘耕认为,20世纪以来,中国的网络反腐经历了萌芽期(2003年—2007年)、爆发期(2008年—2009年)、高峰期(2010年至今)。2009年,中央党校出版社出版的《中共党建词典》,将"网络反腐"收录其中,成为中国政府认可网络反腐的重要标志之一。2010年,第十七届中央纪委五次会议召开,网络反腐被明确写进中央纪委全会公报。2012年底,第十一届全国人大常务委员会第三十次会议通过了《全国人民代表大会常务委员会关于加强网络信息保护的决定》,因该决定对行驶"删帖权"没有提出附加必要的条件,使很多人担忧其会影响普通公民网络反腐的积极性。但新一届政府既打苍蝇、又打老虎的反腐决心和反腐力度,使2013年反腐类型的公民新闻非常活跃。2013年,多家中央重点新闻网站和商业网站都在网站重要位置推出网络举报监督专区。9月2日,中央纪委监察部网站的正式开通,它推出的"每月e题"栏目,每月发布一个与反腐和党风廉政建设相关的主题,以留言板的形式,邀请普通公民就此主题发表公民新闻评论。

表2　　　　　　　　　　　中纪委"每月e题"主题

序号	时间	"每月e题"主题
1	2013年9月	反腐败如何用好互联网
2	2013年10月	"老虎""苍蝇"怎么打?
3	2013年11月	您怎么看在反对"四风"的前提下,妥善处理党纪国法与人情世故之间的关系?
4	2013年12月	抓住关键时间节点和"小事",坚决纠正"四风"。对此,你怎么看?
5	2014年1月	新的一年,如何办好中央纪委监察部网站,您有什么意见和建议?
6	2014年2月	怎样做到以"零容忍"态度惩治腐败?
7	2014年3月	纠正"四风",您认为还应该抓什么、怎么抓?
8	2014年4月	请您晒晒"四风"隐身衣
9	2014年5—6月	克服组织涣散、纪律松弛现象

网络反腐的主要对象为拥有社会资源和公权力的政府部门、公务员、公益慈善组织等,主要途径是新媒体,"在2011—2013年的282起网络反腐倡廉事件中,网络反腐对象是组织机构的事件为116起,对象是个人的

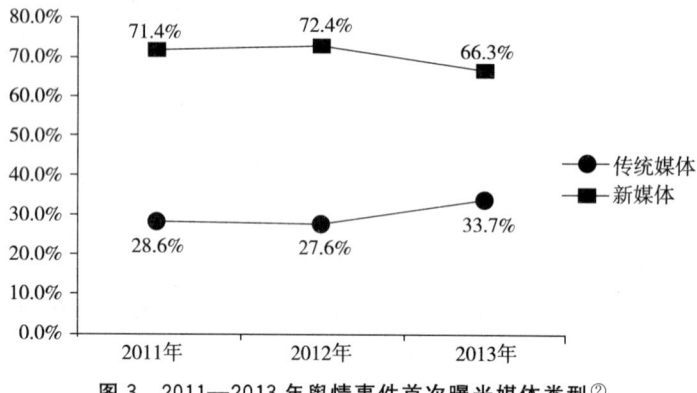

事件为 166 起。而新媒体作为首曝媒体的所占比例明显高于传统媒体。"①

图3 2011—2013年舆情事件首次曝光媒体类型②

就个体的心理层面而言，公民记者的公民新闻产制行为及其产生的影响，具有自我赋权的作用和功能，这种自我赋权能使公民记者产生自我效能感。行为心理学家班杜拉（Albert Bandura）认为，自我效能感（self-efficacy）是指"个体组织实施必要的行动来控制环境，以达到期待目标的对自我能力的个人感知。这种自我效能感的增强是通过'技术赋权'（即技术技能的获得）的方式来实现的"③。这种自我赋权与自我效能感，在公民记者网络反腐的公民新闻报道中得到了体现。

2013年，被称为"侦探式反腐"的公民记者陈玉献，以"有毅力、有方法、有手段、有技巧"的个人跟踪的反腐方式，在如影随形地跟踪上海法官出入各大歌厅、酒楼及豪华会所长达一年的时间后，从100多小时的录像证据中，精心剪辑成8分钟公民视频新闻《曝上海高院5官员招妓监控　副院长亲点小姐》，具体内容为6月9日晚上，上海市高级人民法院5名法官在浦东新区衡山度假村接受宴请并在夜总会娱乐的场面。并于8月1日上传到微博和视频网站，同时以@的形式将新闻发给几位舆论领袖。正如陈玉献预料的那样，视频新闻很快成为网络热点时间，下图为这一事件的微博关注度走势。

---

① 刘怡、谢耘耕：《网络反腐舆情事件的形成与演变机制研究——基于2011—2013年重大公共网络反腐舆情事件的研究》，《现代传播》2014年第4期。
② 同上。
③ 韩鸿：《参与和赋权：中国乡村社区建设中的参与式影像研究》，《国际新闻界》2011年第6期。

叁 内容供给与表达样态

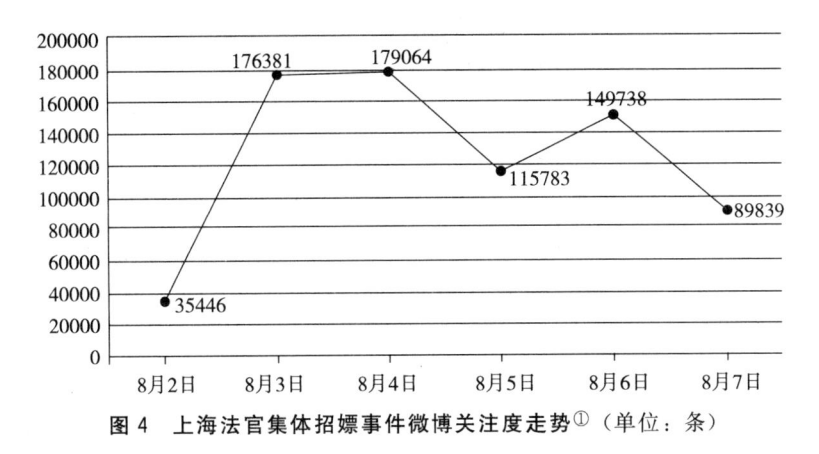

图4 上海法官集体招嫖事件微博关注度走势①（单位：条）

随着事件的急速发酵，官方调查随之跟进。8月2日，上海市公布了法官招嫖案件的处理结果，涉事法官均落马。

如此长时间坚定不移地开展侦探式、调查性报道，源于两年前陈玉献遇上的一场官司。在装修自己经营的快捷酒店时，因工程款问题和装修承包方诉诸法庭，因装修承包方和上海高院民一厅副厅长赵明华的亲戚关系，而使自己官司败诉，并被迫卖楼还债，支付装修承包方720万元。

官司败诉之后，陈玉献开始了艰难的上访过程。在找人写诉状，向上海多个部门投递无果后，"前后六次前往北京，两次还带了40多名员工以壮声势，他把材料一次次递进国家信访局、政法委、最高院的窗口，皆石沉大海。"②"上访走到死胡同了，走不通了。因为所有的信访最后都归拢到上海市高院。你想让老子处理儿子，可能吗？"③在上诉无果、走投无路的情况下，他想起了通过技术来自我赋权，他置备了整套的跟踪拍摄设备，如一款眼睛式的偷拍装置，并隔三差五换车进行跟踪，还通过多种手段得到了会所的监控录像。

陈玉献最后制作的视频新闻是由翻拍的多个监控画面剪辑而成的，为了能把它变成一个好看的故事，陈玉献用了两天时间，才完成了8分钟视频的剪辑合成。并开通微博账号"公平公正比阳光还温暖"，发布了自己

---

① 朱明刚：《上海法官集体招嫖事件舆情分析》，《中国报业》2013年第9期。
② 《上海法官集体嫖娼案是怎样"爆"出来的》，晶报多媒体数字版（http://jb.sznews.com/html/2013-08/11/content_2584060.htm），2013年8月11日A5版。
③ 张宏伟：《上海法官集体招嫖爆料者讲述跟踪举报始末》，搜狐新闻（http://news.sohu.com/20130810/n383834324.shtml），2013年9月10日查阅。

的公民新闻,这条新闻所在的原始微博被转发了数万次。同时,他的一条微博透露了以新技术进行自我赋权的心路历程:"当我无法得到公平公正的时候,我只能选择自己的方式去寻求公平。很多时候是逼于无奈。到底什么是对什么是错?"①

(四)公民新闻提升大众传媒公共性:生产方式的社会化与报道内容的公共性偏向

大众传媒传播权源自公众对媒体的信托,公众个体知情权、参与权、表达权、监督权的这种让渡决定了大众传媒传播权的公共权利属性,而大众传媒的生产活动所占用的生产资料的公共资源属性,赋予了包括私营媒体在内的大众传媒的公共性特征。学者潘忠党认为,"对传媒公共性的讨论,不能停留在'公共性为传媒的基本或根本属性'这个抽象命题上,而是要展开对传媒体制、实践和话语的历史场景独特的分析"。② 即对大众传媒公共性的判断与评价,应建立在对传媒实践的考量基础之上。web2.0技术支持下的自媒体平台、人们参与性文化的形成及权利意识的增强,推动了更多传媒公共性事件的发生,如华南虎事件、躲猫猫事件、汶川地震、厦门 PX 事件等,这些传媒公共性事件的成功解决,充分说明了在当前的体制性框架中,可塑的公共空间仍然存在,而公民新闻是推动这一公共空间形成的关键力量之一。

新华社"我报道"在生产方式社会化和传播内容公共性方面,进行了有益的探索和实践。首先,他们重视公民记者队伍的建设,通过形式多样的活动,如"远程实习生计划"、"真爱敦煌"等,培育一批热爱新闻报道的公民记者队伍。"真爱敦煌"活动从上千名申请者中遴选了 3 位公民记者,于 7 月 15 日至 7 月 24 日和新华社的专业记者一起,组成了多媒体报道小分队,报道这一大型公益活动。公民记者采写的报道《丝绸之路十大最"萌"文物》中网络流行语的运用,使报道生动活泼。新华社在此基础上,联合文物专家、公民记者和专业记者,制作推出图文集成报道《专家热议思路最"萌"文物》,汇聚集体智慧,进一步延伸相关报道。其次,结合重大活动和相关纪念日,策划报道主题,吸引公民记者撰稿。2013 年

---

① 据华商报:《跟踪他到 50 岁怎么也能让我逮住一次吧》,转载自新浪新闻(http://news.sina.com.cn/c/2013-08-11/073027918310.shtml),2013 年 11 月 6 日查阅。
② 潘忠党:《传媒的公共性与中国传媒改革的再起步》,《传播与社会学刊》2008 年总第 6 期。

"7.21"一周年之机,"我报道"策划了有关大雨的回忆性报道,其中《亲历:那一夜,广渠门》感动了很多读者。2013年6月至9月,在"蛟龙号"再次出征执行试验性应用航次任务的过程中,"我报道"策划了"蛟龙深海系列公开课",邀请"蛟龙号"上的随行人员以公民记者的身份开展系列报道,他们有的是科学家,有的是潜航员,如搭乘"蛟龙号"深潜器的首位女性和女科学家杨群慧就报道了她的"潜后感"。

由海南日报报业集团主办的南海网,早在2010年,就开办了公民新闻栏目"网友写新闻·马上告诉你",以全民参与、百姓发布、记者跟踪的形式,充分发挥网民无处不在的优势,为公众提供最鲜活的新闻。为了调动公民记者的写作积极性,南海网根据该栏目所发新闻的点击量和跟帖数,评选"最火新闻周奖"、"最火新闻季奖",并颁发奖品或奖金。2012年,此栏目更名为"新闻爆料台",提出内容真实、客观,以突发事件、不法现象、不文明行为或奇闻趣事为主的爆料要求。该爆料台下设网上报料、我在现场、图片海南、新闻追踪、呼声反馈、民生观点等板块。其中,"网上报料"是刊登公民记者提供的新闻线索;"我在现场"是公民记者对活动、庆典、车祸、事故、人物描写、纪实性新闻发表的稿件;"民生观点"是公民记者对新闻事件发表的评论;"图片海南"是公民记者提供的真实记录的新闻影像;"新闻追踪"是南海网记者针对公民记者提供的新闻线索,进行新闻采写力量援助和追踪采访的新闻稿件。为方便沟通,新闻爆料台开通了爆料热线、官方QQ群、微博爆料、微信爆料等多个渠道。针对上传的稿件,开通了阅读排行榜,并进行每周爆料汇总。自2012年5月22日至2014年7月15日,共发布审核后的爆料信息3841篇,既丰富了在线新闻的内容,也充分发挥了新闻媒体监督、预警、沟通的作用。

三 公民新闻的发展趋势

(一)大众传媒将搭建更多的公民新闻平台,丰富报道内容,改革新闻生产方式

在"国家队"新华社试水公民新闻后,还会有更多的大众传媒搭建公民新闻报道平台,丰富报道内容,改革新闻生产方式。尤其是电视媒体,在民生新闻发展十多年后,面对新媒体的竞争和新技术对普通民众的赋权,从民生新闻讲述故事化、语态亲民化、选题区域化,到公民新闻将普

通公民转变为采编播主体，将使大众传媒的公共性得到进一步提升，也将增强大众传媒自身的竞争力。

（二）网络治理将推动公民记者提升新闻素养，增强社会责任意识

随着网络管理的法治化，依法治网时代已经来临，对违规、违法的信息传布行为的规制将更加细密，运用网络传播规律，传递正能量，激发社会活力的网络治理要求，将促使公民记者提升新闻素养，进一步认清自媒体的公私媒体属性，增强文明用网的社会责任感和自律意识。

（三）公民记者的维权意识继续提升，有关反腐和民生的公民新闻将依然是报道热点

新一届政府打击腐败的决心和力度，与民众痛恨腐败的心理相契合，而自媒体技术使更多的腐败行为可能随时暴露于无处不在的公民记者的视线之内。转型期高风险社会的现实语境，使矛盾在长期的积累后进入高发期，其中民生领域的有关矛盾和问题，常常能够激发公民记者的报道热情。因而，有关反腐和民生的公民新闻将是公民新闻报道的高发区和持续热点。

（本文系中国传媒大学2013年校级科研培育项目《公民新闻与大众传媒公共性：理论与路径探析》的阶段性研究成果）

中国新闻生产的新样态与新词语(2013—2014)

王超慧[①]　曾庆香[②]

一　数据新闻：大数据时代下的新闻生产

随着信息技术的高速发展，信息呈现爆炸式的增长态势，数以亿计的用户行为数据、物流网中传感器信息、地理定位数据、社交媒体使用数据……汇聚成了一个庞大的数据网络。我们进入了大数据时代。从 2010 年开始，大数据就被应用到诸如 IT、医疗、公共卫生、交通等领域，为市场研究、行业分析提供了有益借鉴。此后，大数据逐渐渗透到新闻领域，数据新闻便是大数据时代新闻生产的一种新形式。数据新闻又被称作数据驱动新闻（data‑driven journalism），是通过对海量数据的统计、分析，挖掘发现新闻，以图表、数据、动态图画为主，辅之必要的文字，并最终通过可视化技术呈现报道内容的一种新闻报道方式。2008 年前后，世界知名媒体 BBC、《卫报》、《纽约时报》、《华尔街日报》等就已开始涉足数据新闻报道。2011 年，国内部分新闻网站、电视和传统纸媒开始了数据新闻的尝试，但大都局限在图表呈现、数据罗列的初级层面。直到 2013 年，随着大数据在我国的蓬勃发展，真正意义上的数据新闻开始出现并被普通受众所熟知。

（一）我国的数据新闻实践

1. 传统媒体的大数据新闻报道——央视"据说春运""据说春节""大数据看两会"

2014 年 1 月 25 日除夕夜，中央电视台携手百度地图推出"据说春运"

[①]　王超慧，中国传媒大学新闻学院硕士研究生。
[②]　曾庆香，中国传媒大学新闻学院教授。

栏目，通过百度地图的 LBS 定位技术展示了春节期间人口迁徙过程，让国内观众第一次从电视上接触到可视化大数据新闻。在"据说春运"节目中，百度 LBS 开放平台通过搜集手机用户的定位信息，使得数亿用户的迁徙轨迹呈现为一张实时变化的动态网图。通过选择这张动态迁徙地图中的日期、时间，再确定"迁入城市""迁出城市"和"最热线路"等检索条件，就可以实时获得"哪条返乡线路最热，哪个城市人口流入最多，哪个城市人口流出最多"等问题的具体解答。这种可视化和交互式的报道方式给观众带来了耳目一新的感觉，也使得原本抽象、模糊的新闻更加形象、生动、具体。"据说春运"后，央视再次将视角投向到年货、年夜饭等春节期间与普通民众息息相关的新闻中，借助百度指数（指关键词在过去 30 天内的网络曝光率及用户关注度）来解读年货、年夜饭、回娘家、恐婚族等新闻话题。

春运大数据取得成功之后，电视媒体的数据新闻不断涌现。2014 年 3 月的央视"两会报道"就是大数据新闻的又一次重要实践。在这次"两会报道"中，央视借助百度指数提供的数据，推出了"两会大数据""据说两会"等新闻版块，呈现普通民众最关注的两会热点，实现了大数据技术与虚拟演播技术在重大新闻报道中的结合，给观众带来了收看两会的全新视角与体验。

2. 互联网媒体的数据新闻实践

早在 2011 年 5 月，搜狐就率先推出了"数字之道"栏目，以数据图表和模块图等形式对国内、国际、专题、话题等多类新闻进行数据化解读。2012 年开始，网易"数读"、新浪"图解天下"和腾讯的"数据控"等网站频道和栏目相继推出了数据新闻报道专题。这几大门户网站的数据新闻专题形式各不相同，有的以新闻导语和图片组成，有的则以图表模块和文字模块相结合的方式呈现，还有的是纯图表新闻[1]。

互联网媒体的数据新闻选题广泛，涵盖了政治、经济、社会、民生、体育、教育等多个领域，聚焦于一些热点问题的深度解读。比如，2013 年 12 月 13 日腾讯"数据控"第 42 期《超生会被罚多少钱？》，就从社会抚养费的由来、超生罚款、各地社会抚养费征收情况等方面，深度剖析了超生罚款情况，还同时提供了"按夫妻二人年收入征收"以及"按当地评价收

---

[1] 丁迈、金梅珍：《数据新闻：基于创新思维的新样态》，《青年记者》2014 年 7 月下。

入征收"两种计算超生费用的方法。用户在"年收入""所在省份""户籍类型""罚款倍数"等相应选项内选择自己的符合条件后,就可立即计算出超生罚款的相应金额。

2014年初,随着央视"据说春运""据说春节"等节目的播出,"百度大数据"一跃成为中国数据新闻领域的佼佼者。2014年4月24日,第四届技术开放日上,百度正式宣布对外开放"大数据引擎",将开放云、数据工厂和百度大脑等核心大数据能力开放,向外界提供大数据存储、分析和挖掘技术[①]。作为一个综合性的大数据分析平台,"大数据引擎"并不局限于数据新闻领域,而是包含了"大数据营销""大数据预测""大数据统计""大数据工具""大数据统计""行业应用"等栏目。

以中央电视台为代表的电视媒体以及网易、新浪、搜狐、百度等门户网站在数据新闻实践中积极尝试,使得数据新闻在生产和呈现方式上有了一定突破,也为数据新闻的进一步发展鉴定了基础。但也应当看到,中国目前的数据新闻尤其是大多数的互联网媒体的报道,仍然以简单的数据统计、分析、呈现为主,并未发掘其中隐含的新闻故事,与真正以大数据为支持的数据新闻相比还有很大差距。

(二) 数据新闻对新闻报道的影响

1. 数据新闻是新闻生产方式的创新

大数据时代,信息呈现爆炸式增长,海量数据充斥着我们的视野。面对海量的、爆炸式的信息,新闻报道者需要充分利用大数据技术采集、筛选、分析出适合新闻报道的数据信息。数据新闻与传统新闻相比最大的不同在于:数据新闻把传统的新闻敏感性和有说服力的叙事能力,与海量的数字信息相结合。可以说,大数据时代的数据新闻是新闻生产方式上的创新,这既包括新闻内容的获取、分析、呈现,也包括新闻生产模式。

(1) 大数据带来新闻数据来源和数量的提升

正如世界上第一本数据新闻专业书籍——《数据新闻手册》所提到的:数据可以是数据新闻的来源,也可以是讲述新闻故事的工具,还可以

[①] 《百度正式开放大数据引擎》,新浪网(http://tech.sina.com.cn/i/2014-04-24/14549342910.shtml),2014年5月3日查阅。

两者兼具①。从技术层面上讲，大数据不仅有能力获取海量的全网、全样本数据，而且还实现了数据来源的多样化。这些多元的数据包括了记者的采访信息、政府与社会组织的公开数据、行业报告、产生于社交媒体平台的用户数据、移动终端的地理信息等等。相比传统新闻数据而言，数据新闻在数据来源和数量上都有了本质的提升。

(2) 大数据发掘新闻线索，提升新闻报道的广度和深度

在传统的新闻生产程式中，记者大多需要近距离接触采访对象获取新闻信息。数据新闻业务的开展则为记者提供了一种全新的解题思路，即基于大样本量，采取数据挖掘与统计的量化研究方法，更全面、完整地报道重大新闻主题②。就拿每年几亿中国人口大迁徙的春运来说，以往的新闻报道大多是从铁道部、高速公路站、客运汽车站、码头等获取出行动态、人口流动等信息，无法做到对整个春运迁徙动态的分析和把握，也难以获知细节信息。今年年初的"据说春运"出现后，借助于百度大数据，我们不仅可以实时获取动态迁徙路线图，还从中发现了成都到北京、上海的线路中出现了人口逆常态化迁徙趋势：即春节期间的迁徙不再是从北京、上海去往成都，而是由成都去往北京、上海。经过进一步的调查发现了其中原因：越来越多的人从"过年回家看父母"变成"把父母接到大城市过年"。如果没有大数据提供的洞察，逆向迁徙这一新闻点很难被发掘出来③。再如，凭借对海量数据的挖掘、分析，"大数据看两会"不仅完成了传统意义上的新闻热点、两会议题关注趋势、代表解读、历年两会对比等报道议题，还挖掘出了两会报道的全新视角。在3月3日第一期节目中，"大数据看两会"列举了10个最关心中国两会的国家，其中印度尼西亚排名第一，南美洲国家秘鲁对两会的关注从2011年的15.68%攀升至2013年的21.89%，排名第七。通过数据分析进一步发现，近年来印度尼西亚的年轻人对中国的关注度直线上升，他们最关注的话题是到中国来留学；而秘鲁则是因为牛油果出口贸易加大了对两会的关注。通过上述的成功报道案例，可以总结出大数据环境下新闻报道的一种新思路，即依靠大数据

---

① 数据新闻手册（http：//datajournalismhandbook.org/chinese/intro_0.html），2014年7月20日查阅。

② 方洁：《数据新闻：全球新闻界的新宠》，《光明日报》2014年1月11日第10版。

③ 《新闻联播"据说春节"：百度大数据洞察逆向迁》，环球网科技（http：//tech.huanqiu.com/internet/2014-01/4804495.html），2014年3月17日查阅。

发现趋势、规律等新闻线索，挖掘新鲜独特的新闻选题，进而通过更加详尽的深度报道阐释新闻事实的本质，呈现新闻事件的真相。

（3）数据新闻的可视化叙事

传统新闻报道以文字为主，有时辅之以必要的图片、表格等，可读性不强，对复杂问题的解释不够生动、形象。随着网络时代到来，大多数受众倾向于碎片化的阅读，大量文字便不再适合普通受众的阅读习惯。在数据新闻中，可视化技术实现了数据和新闻的完美结合，借助于图表、图形、动态图示、图解、动画等方式，新闻报道变得更加形象生动、简明直观。最重要的是，比之传统新闻的事后报道，数据新闻可以做到实时、动态的新闻呈现，事件发生的过程也就是新闻呈现的过程。2014年两会期间，人民网推出"李克强答中外记者问实时舆情展示"专题。人民网的技术支持合作团队在李克强总理答记者问时，抓取网友对问题的评论，对评论文本进行处理分析，采用分词技术，并进行词频统计，提取关键词，最后生成词云图。用可视化方式展现总理答记者问时互联网网民的实时舆情动态。随着时间的变化，网友评论关键词的词云也在改变。[1]

除了新闻呈现上的优势外，数据新闻还实现了可视化与交互式的融合，营造一种交互式的阅读体验。普通用户可以根据自己的需要选择相应的数据选项，获取个性化、定制化的新闻资讯。如在百度春运迁徙图中，用户将鼠标移动到特定地理位置或勾选相应的城市选项，地图上便会呈现出该城市春运迁徙线路、关联城市、客流量大小等更加详细的信息。另外，数据新闻的交互性还体现在将原始数据库开放给受众，并鼓励用户补充新闻数据，参与新闻制作。

（4）大数据改变传统新闻生产模式

《数据新闻手册》将数据新闻的制作分为三个流程：获取数据（Getting Data）、理解数据（Understanding Data）和传达数据（Deliver Data）。[2] 相较于传统新闻生产主要由记者、编辑个人完成，数据新闻报道采取的是团队合作的工作模式。在这个团队中，至少要包括三部分成员：传统的文字采编记者，负责数据采集、挖掘、分析的计算机工程师以及擅长数据可视化的技术人员。

---

[1] 丁迈、金梅珍：《数据新闻：基于创新思维的新样态》，《青年记者》2014年7月下。
[2] 王光艳：《大数据时代新闻特性的变化研究》，《编辑之友》2014年第6期。

2. 数据新闻对新闻从业人员素质提出新要求

"精确新闻学"奠基人菲利普·迈耶教授如此强调数据新闻的时代意义："现在是个信息过剩的时代，对信息进行处理很重要。我们需要做两步：一个是通过分析不断变动的数据以找到其中的意义和结构，另一个则是通过展示让用户了解哪些信息对他们具有重要性和相关性"①。数据新闻对新闻从业者的专业素质提出了要求：首先要熟练掌握新闻生产运作规律，其次还需要有数据处理分析的技能。新闻记者不仅仅要将大数据呈现的信息告知受众，更需要从海量数据中发现新的新闻线索，进一步挖掘数据背后的新闻价值。毕竟，技术只是我们获取资讯、解释新闻的工具，对信息的分析、解释才是新闻报道的重点。

二 众筹新闻：众筹模式下的新闻生产

2006年，著名互联网杂志《连线》主编杰夫·豪（Jeff Howe）在《众包：大众力量缘何推动商业未来》一书中提出了"众包"概念，并区分了四种基本的众包应用类型：集体智慧、集体创造、集体投票和众筹。②所谓众筹（crowdfunding），就是面向大众集资，"让人数众多的群体代替银行和其他机构成为资金的来源，其实也就是对资金来源进行众包（crowdsourcing）"③。

2008年11月，新闻众筹网站"Spot.us"④的上线标志着众筹模式进入新闻生产领域，众筹新闻（crowdfunding journalism）正式产生。所谓众筹新闻，就是媒体记者或自媒体人以众筹网站和社交媒体为平台，发起新闻报道计划，面向公众筹集报道所需资金，资金筹集成功后，便开展调查和报道；作为回报，受助人在整个新闻报道过程中需及时向捐助公众呈现报道内容。2013年开始，众筹新闻这一模式进入中国，引起了新闻生产者和传媒研究者的广泛关注。目前为止，已有数十个新闻选题以众筹模式开展调查，完成新闻报道。

---

① 转引自方洁《数据新闻：全球新闻界的新宠》，《光明日报》2014年1月11日第10版。
② 杰夫·豪：《众包：大众力量缘何推动商业未来》，中信出版社2009年版，第95—205页。
③ 同上书，第201—205页。
④ 网站 www.spot.us 由位于美国旧金山湾的一家名为媒体革命中心（Center for Media Change）的非营利性组织创办，创始人为美国人大卫·科恩。5年下来这个平台获得了超过2万名捐赠者，是全世界范围内最知名的新闻众筹网站之一。

(一) 众筹新闻在我国的发展情况

1. 我国众筹新闻类型

随着传媒技术与传播理念与世界的接轨,众筹新闻很快在中国落地生根。目前而言,我国的众筹新闻主要有两大类型:平台式新闻众筹和独立新闻众筹。

(1) 平台式新闻众筹

2013年开始,我国陆续建立起来一些综合性的众筹平台,这些网站大多仿照美国的Spot.us以及Kickstarter模式,设立了包括科技、艺术、音乐、出版、公益等在内的多个栏目。目前涉及众筹新闻的综合性网站主要有众筹网、点名时间、追梦网、梦立方、得募网等,众筹网的"资讯众筹"是其中最重要的代表。

2013年2月,众筹网站(Zhongchou.cn)上线,成为国内较早的综合性众筹网站之一。11月,国内首个"新闻众筹"平台在众筹网站上线①。在该平台上,《21世纪经济报道》高级记者侯继勇发起了中国首条资讯众筹报道——《成都创业者生存环境调查》,并在短短几天时间里获得96位出资人的支持,顺利募集到了3510元的报道资金。随后,一些媒体记者或自媒体人依托众筹网完成了曾因各种原因所耽搁的采访和报道选题。先后有《21世纪商业评论》记者罗东发起的《杭州:动漫之都的升级与转型调查》,资深记者信海光发起的《中国手游圈调查访谈》等14个新闻选题,项目成功率达到100%。

从选题发布、参与机制、回报方式方面来看,以众筹网为平台的众筹新闻模式,都有着很明显的Spot.us痕迹。尽管"新闻众筹"栏目被关闭,项目被暂时归为"出版"或"其他"栏目中,但上述成功的众筹新闻案例为我国新闻生产提供了新的方向和可能。

(2) 独立新闻众筹

除了以综合性网站为依托的平台式众筹外,独立众筹也是众筹新闻的另一重要途径。2013年7月,知名独立调查记者刘建锋通过微博和博客,发布了一个《独立记录者诚征后援》②的计划书。在计划书中,刘建锋明

---

① 众筹网(http://www.zhongchou.cn/)于2013年2月正式上线,最初的主要栏目分为科技、影视、设计、出版、公益等。

② 刘建锋博客:http://blog.sina.com.cn/s/blog_53e076820102e7b4.html。

确表明他准备以独立作者和社会问题观察者身份,用独立调查的手法,选择一些制度问题、重大公共事件、争议新闻人物以及重大内幕进行报道,一年完成4—6个选题。为此,他开设了一家淘宝店铺,并承诺每位出资100元以上的支持者,均享有"第一时间阅读""专页挂名"和"分享版税"等权益。

除了微博、博客外,以微信平台为依托的众筹新闻也不断开展,出现了诸如"众筹观察""众筹网""众筹公社""众筹部落"等一系列的公共微信账号,各自在其平台上随时更新行业资讯、调查报告并积极发布相关众筹新闻选题。《中国财富》记者宋志标等人,也选择通过个人微信公共账号进行新闻众筹[①]。

2. 众筹新闻的报道题材

众筹新闻依靠出资人集资来完成新闻报道,这种新闻生产机制决定了其在选题方面的局限性。首先,众筹新闻的整个生产过程是在我国政治、经济、社会、文化、法律的大框架下进行的,即使是在新闻审查并不严格的情况下,一些相对敏感的新闻话题仍然会被排除在外;其次,众筹新闻相对较长的生产周期决定了其选题主要为时效性较低的深度调查、产业新闻、文化生活类新闻,很少涉及时政类报道。经过笔者粗略统计,在众筹平台成功完成集资的30多个项目中,有9个属于调查性的深度报道,7个属于产业新闻(包括IT产业、时尚业、网游等),6个属于文化生活类新闻(包括旅游、历史、生活等)。

3. 众筹新闻的报道主体

(1) 专业的业余新闻记者

从国内已有的众筹新闻案例来看,无论是依托众筹网站,还是依托博客、微博、微信公众号等自媒体渠道,众筹新闻的实践主体均以专业的业余新闻记者为主。所谓"专业",是指记者作为新闻媒体的从业人员拥有新闻采访、写作的专业技能;而"业余的"则是指发起人在众筹新闻的生产过程中,并不是以所供职的新闻机构人员的身份,而是以一个自由的、业余的、对某个新闻事件感兴趣的社会公民的角色进行报道。

(2) 业余爱好者——公民记者

[①] 陈中小路、刘韵珊:《"新闻众筹"的中国实验》,南方周末网(http://www.infzm.com/content/96452),2013年12月19日查阅。

除了专业的新闻记者外，众筹新闻的另一重要报道主体就是作为业余爱好者的公民记者。正如豪在《众包：大众力量缘何推动商业未来》一书中所谈到的，众包的主体就是业余爱好阶级，亦即业余消费者成为了专业的内容生产者。从中国目前发展情况来看，业余爱好阶级开展众筹新闻的案例虽然不多，但却有着巨大的潜在参与优势。他们能敏锐的捕捉到一些具有独特视角的新闻题材，如自媒体人赵楠在众筹网上发起的《中国比特币市场调查》就是针对中国比特币团队模式、政策风险评估、市场机遇、如何防止洗钱等问题展开调查；余莹的《梦想实践之天使平民公主》（上、下）通过走访世界各地，收集、采访了上至挪威公主 Matha Louise、波兰财政部长 Ludwik Kotecki，下至街头艺人、平民百姓在内的几十个人物的梦想，以及去追求和实现人生梦想时走过的道路。

（3）社会组织、机构等

有些新闻选题时间跨度较长，涉及的领域复杂多元，仅靠专业记者和公民记者个人或小团体已很难筹集到完成报道的足够资金。针对这一情形，以第三方的组织、社团等机构发起的众筹新闻开始出现，这类选题大多与本机构密切相关，主要涉及的是公益组织、行业协会、民间社团等。

（二）众筹新闻的生产机制

众筹新闻生产机制中除了作为专业记者的发起人，还有另外一个非常重要的角色——即托夫勒（Alvin Toffler）在《第三次浪潮》中提到的"生产型消费者"（prosumer，producer 和 consumer 的合成）。早在 1980 年，美国未来学家阿尔文·托夫勒就曾预言生产者和消费者的界限将会逐渐模糊，二者将融合为一体，大规模生产转向生产高度定制化的产品，消费者将参与到产品的设计和开发环节中来。众筹新闻，从字面而言，突出表现了这一新闻生产模式的资金来源——受众集资，也就是凭借着"资金众筹"环节，发起人和出资人之间权责关系紧密结合起来，出资人所承担的"生产型消费者"角色，也在新闻生产的各个环节中得到充分体现。

1. 众筹新闻的生产机制

就生产流程而言，众筹新闻无论是在美国，台湾，还是中国大陆；无论是平台式众筹，还是独立式众筹，其生产机制都可以认定为是一种专业媒体人主导，公众适度参与的众包式深度新闻报道。通过对我国众筹新闻成功案例的分析，本文梳理出众筹新闻的一般性生产流程，可以将其概括为：

(1) 选题发布与资金众筹

众筹新闻的发起人大多是具有专业主义精神和职业素养的媒体记者或者之前从事过新闻报道的独立新闻人；报道选题方案由发起人经由众筹网站或者自媒体平台发布，供出资人了解和筛选。以众筹网为例，发起人一般会将发起人自述、选题的报道背景、报道计划、执行时间、发布渠道等信息予以公布，以期让潜在出资人对选题有基本了解后，出资参与众筹。这个过程当中，出资人以消费者的身份，在新闻产品的选题阶段便进行了筛选，亦即选题的确定在最初阶段便直接对接了消费者市场。

一般情况下，发起人会设定几个不同的出资额度，每个额度有相应的权限。比如，《新京报》记者巫倩姿在众筹网发布的《揭秘金钱左右下的时尚圈》就设定：支持10元——在腾讯博客发布公开感谢信表示感谢；支持100元——前5位网友可一起参加11月21日的爱马仕丝巾乐园派对；支持200元——获得新京报时尚权力榜颁奖典礼门票。刘建锋则设定支付新闻报道费用的出资人，将优先获得报道阅读权。

芬兰学者Tanja Aitamurto（2012）的研究表明，价值认同是决定出资人出资的重要因素。再在此阶段，出资人一般会从个人对信息的需求层次、对发起人的信任程度、价值认同等方面来对选题进行筛选。

(2) 新闻调查的开展与出资人的参与

众筹新闻的卖点除了成形的新闻产品，还有新闻生产过程的参与和互动。传统的新闻生产模式，只提供新闻产品，受众扮演的只是一个听故事的角色，而作为众筹新闻出资者的"生产型消费者"却有着较为强烈的参与意识和欲望。众筹新闻的生产机制允许并鼓励出资人在提供资金的同时，对众筹选题提出建议，有时甚至可以直接参与到众筹新闻的采访和报道中。例如《三联生活周刊》记者黑麦在《在三联生活周刊，开设另类"明星时尚栏目"》这一项目中就为出资100元的出资人提供采访机会。此外，发起人在采访报道的过程中有义务向出资人分享报道动态，及时公布项目进度。

(3) 新闻作品成形与出资人优先阅读

按照大部分众筹新闻的规则，出资人在新闻作品采写完成后享有优先阅读的权限。发起人需通过相应的平台，如微博、微信、博客、电子邮件、纸质邮寄等方式将新闻作品发送出资人。独立记者刘建锋所发起的《奇人传》/《异事录》项目中便明确规定：支持者享有第一读者的权利，不论是购买一份还是十份、百份以上的支持者，都将在同一时间获得作品的阅读机会。

至此，一个完整的众筹新闻周期基本完成，出资人作为"生产型消费者"有权参与到新闻报道项目的各个环节当中，新闻生产活动的选题—出资—采访—写作—发布的整个过程对出资者是透明可见的，因而出资人同时作为"生产者"和"消费者"在需求与付出，权力和义务之间形成了一个完整的闭环。

2. 众筹模式与其他新闻生产模式的对比

从上文所梳理的众筹新闻的一般性生产机制来看，众筹新闻模式在资金来源、组织形式、报道范畴、选题确定、报道过程以及作品发布等方面有着其自身的诸多特性。笔者将众筹新闻的生产模式与传统新闻生产模式（新闻编辑室模式）、公民新闻模式等进行比较（见表1），通过横向对比进一步明确众筹新闻生产模式的特点。

表1　　　　　　　　　各新闻生产模式对比

	新闻编辑室模式	公民新闻模式	众筹新闻模式
资金来源	媒体支付	个人承担	用户众筹
组织形式	记者编辑协同	网民协同	记者主导受众参与
报道范畴	不限	不限	行业资讯、社会调查生活文化
选题确定	编辑决定	个人决定	发起人与出资人协商决定
报道过程	记者执行	个人执行	发起人主导出资人参与
作品发布	公开发布	公开或半公开	直接精确对接出资人

综合上述对众筹新闻生产流程的纵向梳理，以及与其他新闻生产模式的横向对比，可以发现，众筹新闻的生产模式本质上就是美国传播学者亨利·詹金斯（Henry Jenkins）所提出的参与文化（Paticipatory Culture）——以Web2.0网络为平台，以全体网民为主体，通过某种身份认同，以积极主动地创作媒介文本、传播媒介内容、加强网络交往为主要形式所创造出来的一种自由、平等、公开、包容、共享的新型媒介文化样式[1]。这种参与文化凭借着最初的资金众筹环节，明确了整个参与过程中发起人和出资人的"权利"与"义务"关系。最终，一种"发起人主导，

---

[1] 周荣庭、管华骥：《参与式文化：一种全新的媒介文化样式》，《新闻爱好者》2010年第12期。

出资人参与"的新闻生产机制得以形成。

三　网络流行语言在新闻报道中的使用

网络流行语是指一定时期内在网络空间迅速传播、广泛流行的词语。网络流行语的广泛传播和大量使用不仅极大地丰富了我们的社交语言，而且还对社会心理、现实生活、民众情感等方面产生了一定影响。新闻媒体也敏锐地捕捉到这一新鲜的语言表达方式并在新闻报道中不断加以运用。

（一）网络流行语的分类

2013年12月18日《咬文嚼字》编辑部在网上发出2013年网络十大流行语。其榜单是：中国梦、光盘、倒逼、逆袭、女汉子、土豪、点赞、微XX、大V、奇葩。当然，这些还只是网络流行语中的一部分。笔者综合2013年1月—2014年6月网络流行语的使用情况，将流行语归纳为以下几类：

1. 缩略式词语

这一次类词往往是几个成语或者一句话的缩写，代表词语有：不明觉厉、普大喜奔、人艰不拆。这种组合看似是中国四字成语的形式，但并不符合汉语构词语法，只是网友套用汉语成语形式而进行的话语缩略表达。这类缩略式词语还有萌萌哒（感觉自己萌萌哒）、何弃疗（为何放弃治疗）等不规则表达。

2. 网络行为与网络调侃词语

网络行为与网络调侃的词汇是指表达在网络上从事的行为和大家在网络互相调侃的词语，典型的有：点赞、微XX；不作死就不会死。2012年底，微信4.0版本出现了朋友圈"赞"功能。从13年开始，"点赞"这一行为开始广泛流行。"点赞"由最初的赞赏朋友所发照片、状态的行为转变成了一种"默默支持""声援""赞扬"等行为。除了"点赞"外，以网络线上活动结合线下的"微公益""微电影""微话题"等活动也如火如荼开展，"微XX"也成为流传度极高的网络词语。

网络调侃词汇历来是网络流行语的重要组成部分，以"不作死就不会死"为代表，其表达了网民们自我愤慨、自我讽刺的情绪，并一度出现出了"no 作 no 死""no zuo no die"等更加简洁、利落的表达形式。

3. 人物及其关联事件或行为词语

在网络上流行的代表人物及其关联事件或行为的词语，如土豪、女汉子、奇葩、大V、中国大妈、小伙伴；土豪我们做朋友吧、我和我的小伙伴都惊呆了。2013年，"土豪"一词可谓是红遍整个网络。到现在，土豪已经和屌丝、白富美、高富帅一样广为人知的网络词汇。其实土豪一词在中国词典中早就存在，《现代汉语》词典的解释：乡里凭借财势横行霸道的坏人。后在网络游戏中引申为无脑消费的人民币玩家，用于讽刺那些有钱又很喜欢炫耀的人。

除了一些人物名词的流行外，人物关联事件和相关行为在一定程度的传播下也有可能迅速走红，以"土豪"一词而引发的"土豪，和我做朋友吧"，就是其中一例。2013年9月9日，微博上发起"与土豪做朋友"以及"为土豪写诗"活动，诞生了"土豪我们做朋友吧"这句名言，网友通过一系列的创意活动，不断丰富和创作着我与"土豪"的各种故事。

4. 现实新闻事件或群体行为词语

现实新闻事件或群体行为的词语是指因为某件现实新闻事件或群体行为而诞生的词语，如中国梦、失联、打老虎。2013年，在国家主席习近平的倡导下，"中国梦"成为一个引发全面讨论的词汇，它的含义十分丰富，包含了"积极""进取""自由""勤劳""勇敢"……2014年3月，马航NH370客机失联事件，引起了全世界人民的关注。"失联"这样一个航空领域常用词汇从原本的"飞机与雷达失去信号联系"扩展到了"失去音讯""消失"等含义，并被广泛应用到"人员失踪""贪官潜逃"等新闻报道中。除了"中国梦""失联"外，还有中央整治贪污腐败的"打老虎"、走基层转作风改文风的"群众路线"等也因新闻媒体和网络空间的广泛传播而成为了年度网络热词。

5. 流行语体

流行语体历来就是网络流行语的重要组成部分，从早年的"凡客体""甄嬛体"再到聚美优品CEO陈欧的"我为自己代言"体以及马伊琍回应文章出轨的"且行且珍惜"体等都积累了很高的人气，引发了网络空间的集体模仿。2013年至2014年的代表流行体有：陈欧"我为自己代言"体、马伊琍"且行且珍惜"体。以马伊琍的微博回应"恋爱虽易，婚姻不易，且行且珍惜"为例，不少网友都套用"且行且珍惜"的句式编出各种段子：@下班段子——吃饭虽易，减肥不易，且吃且珍惜，@树下野狐——英俊虽易，自恋不易，且帅且珍惜，@没有球踢的日子——英俊虽易，自恋不易，且帅且珍惜……微博上♯且行且珍惜♯的讨论量也超过900万。

6. 影视娱乐节目衍生类

影视娱乐节目衍生类是指由于影视娱乐节目的流行而衍生的词语，如爸爸去哪儿，中国好声音。2012年下半年以来，中国综艺节目中诞生了诸如《中国好声音》《爸爸去哪儿》《我是歌手》等人气超高的电视节目，不仅创造了超高的收视率，还成功衍生出了"中国好XX""XX去哪儿""我是XX"等网络词汇，一时间"中国好丈夫""中国好主持""妈妈去哪儿"等衍生词汇火遍网络。除了电视节目外，13年最火的韩剧《来自星星的你》和《继承者们》也在网络空间引发热议，"都教授""继承者们"一度成为花美男、高富帅、富二代的代名词。

（二）网络流行语在新闻报道中的使用情况

网络流行语主要在网络空间流行，网络是其建构和扩散的主要途径。但是随着网络影响扩散和深入，传统媒体的新闻报道或时评也成为网络流行语扩散的途径与平台，以报纸为例：

1. 在新闻标题或新闻内容中直接使用网络流行语

很多报纸为了吸引读者的目光，都会选择在新闻标题或新闻内容中直接使用相关网络流行语，如：

凝聚起实现"中国梦"的强大力量（《人民日报》2013年3月5日第1版）

好莱坞也要和土豪交朋友（《羊城晚报》2013年10月18日A25版）

微公益，为何一直微待遇？（《人民日报》2012年6月8日第6版）

用工荒倒逼产业升级（《人民日报》2014年2月21日第5版）

华尔街抵不过"中国大妈"说明啥（《河北青年报》2013年5月2日A3版）

2. 化用、套用网络流行语

"中国好丈夫"怕碰痰病妻在衣柜里睡六年（《东南快报》2014年1月24日）

"中国好兄弟"争孝救父（《人民日报》2013年8月28日第4版）

上海征集,"中国好作业"(《人民日报》2013年5月23日第12版)

副标题:高晓松与娇妻离婚双双发声明　主标题:你道人艰不拆我言死后重生(《京华时报》2014年6月29日第17版)

干部的时间应该去哪儿(《京华时报》2014年2月20日A02版)

化用和套用是新闻报道中较常出现的网络流行语使用方式之一。新闻媒体在使用网络流行语时会根据特定新闻事件、新闻人物等对流行语进行修改化用,使其更加符合新闻事实,如"'中国好丈夫'怕碰疼病妻在衣柜里睡六年"套用的就是"中国好XX"的网络流行语;而"干部时间应该去哪儿"则是2014年春晚上引起观众广泛共鸣的歌曲《时间都去哪了》以及湖南卫视亲子节目《爸爸去哪儿》的综合体。

3. 流行语作为一种现象、文化、新闻

"土豪"为何走红?(《北京晨报》2013年10月17日C6版)

"中国大妈"是怎样炼成的?(《中国青年报》2014年2月17日第2版)

副标题:文章致歉声明转发量超王菲离婚总数　主标题:"且行且珍惜"体走红(《东南快报》2014年4月1日A44版)

"爸爸去哪儿"不如"爸妈在这儿"(《京华时报》2014年2月3日第2版)

网络流行语作为一种传播范围广泛的语言形式,它们的流行本身作为一种社会现象也是新闻媒体报道的对象,例如"土豪为何走红?"就是从"土豪"一词的社会和文化隐喻以及自称土豪者多半为自嘲的角度来解读"土豪"一词为何会走红。而"爸妈在这儿"则是由春节期间热播的《爸爸去哪儿》大电影引发的热议进而来讨论留守儿童、留守老人的问题。指出父母对于孩子性格形成和人格培养具有无法替代的意义,解决留守儿童问题的关键,还是要打破家庭内部的"城乡二元"结构。

(三)网络流行语对新闻报道的影响

1. 适当使用可以增强新闻生动性

网络流行语生动形象、诙谐幽默,是一种具有亲和力和可读性的语言

形式。在新闻报道中适当使用网络流行语，可以丰富新闻语言，使表达更加贴切，如：

医院虚假宣传多　患者点赞"好评度"调查（《华西都市报》2014年3月4日A9版）

林鑫：高考失败者的成功逆袭（《中国青年报》2014年3月31日第12版）

上面两条新闻分别使用了"点赞""逆袭"等网络流行语，其中"点赞"准确、生动地表达了患者对"医院好评度"调查结果满意的心理和行为反应，与"支持""表扬"等词汇相比，"点赞"语气更加强烈，表达更为贴切；"逆袭"一词意味着"逆境中反击"，很好的契合了一个高考失败者再次取得成功的奋斗过程，接地气的表达也使新闻更加具有吸引力。

2. 影响新闻语言的准确、严谨

新闻报道使用的是严谨、准确的语言表达，而网络流行语中很多的表述是不符合现代汉语构词和语法规范的，例如"十动然拒"（十分感动然后拒绝）、"喜大普奔"（喜闻乐见，大快人心，普天同庆，奔走相告）"我伙呆"（我和我的小伙伴都惊呆了）等缩略词汇。如果这类在新闻报道中被广泛使用，极易影响新闻语言的准确和严谨。

3. 滥用与误用导致语义、语境、含义的不准确

新闻报道讲究真实、客观、准确，因此新闻报道中所使用的网络流行语必须与新闻内容高度相关与契合、表达准确。但很多新闻表达为吸引眼球，迎合受众低级趣味，在使用网络流行语时出现过度使用、语意含糊等现象，夸大和歪曲了事实，损害了新闻的真实性。这类现象多出现在娱乐类、体育类的新闻中，如《京华时报》的一则新闻[①]：

主标题：罢训女汉子指责教练太粗暴

副标题：主帅李昕称不会改变原则　俱乐部今日发布处理声明

仔细阅读正文可以发现，这是一则关于浙江女篮6名队员罢训的新闻。新闻在标题中用"女汉子"来指称罢训的浙江女篮队员，但在通篇新闻中

---

① 《京华时报》2013年11月14日第28版。

并未出现任何体现女篮队员"女汉子"行为特质的描述,且该主标题和副标题均没有体现出最重要的新闻内容,读者在看完新闻标题后依然是云里雾里。"女汉子"的使用与整篇新闻并不契合,属于过度使用,严重影响了新闻的真实性。仅仅因为女队员的罢训就称其为"女汉子",显然是为吸引眼球而刻意为之。

新闻舆论监督:凝聚反腐败的民意支撑

宋小卫[①] 向 芬[②]

新闻舆论监督是现代民主政治的重要组成部分,也是防治腐败的一种长效的、制度化的尖兵利器。正如国务院新闻办公室发布的《中国的反腐败和廉政建设》白皮书(2010年)所言:中国的新闻媒体在建言献策、参与监督、揭露腐败等方面发挥着重要作用。

在我国当代的政法和传媒文化语境中,新闻舆论监督与舆论监督、媒体监督等表述是基本同义的,其核心内涵,都是指新闻媒体根据公众的诉愿、媒体记者的访查或者党政机关的要求,对各种社会不良现象尤其是公权机关、公职人员的违纪、违法乃至腐败行为予以批评、揭露,为惩治腐败和廉政治理提供健康有利的舆论环境和民意支持,为人民群众行使知情权、参与权、表达权、监督权提供公共传播的媒介资源与条件。

本文分别从新闻舆论监督反腐败的现行制度框架、新闻舆论监督反腐败的媒体实践、对新闻舆论监督支持工作的改进与拓展空间等三个方面概要地介绍和报告我国防治腐败工作领域新闻舆论监督的基本情况。

一 我国新闻舆论监督反腐败的现行制度框架

可以从新闻媒体法制建构、媒介传播政策规制和传媒行业内部管理和自律规范等三个方面描述我国新闻媒体以舆论监督的方式参与国家反腐廉政建设的基本制度框架。

(一)法制建构

我国宪法第三十五条、第四十一条分别规定:公民有言论、出版、集

---

① 宋小卫,中国社会科学院新闻与传播研究所研究员。
② 向 芬,中国社会科学院新闻与传播研究所副研究员。

会、结社、游行、示威的自由。公民对于任何国家机关和国家工作人员，有提出批评和建议的权利；对于任何国家机关和国家工作人员的违法失职行为，有向有关国家机关提出申诉、控告或者检举的权利，但是不得捏造或者歪曲事实进行诬告陷害。这两条规定，是党的十七大报告提出的人民的"知情权、参与权、表达权、监督权"的法律基础，也是《国家人权行动计划（2009—2010）》中阐述的新闻记者的"采访权、批评权、评论权、发表权"的法律基础。值得强调的是，宪法第四十一条中所指称的批评、建议、申诉、控告或者检举，也都属于宪法第三十五条所确认的公民言论自由的范畴，之所以在第四十一条中予以特别确认，是因为针对国家机关和国家工作人员的批评和诉愿表达，对于民主政治和国家治理而言具有特殊的重要性，应予其较之一般的言论自由更具优先性的制度保障与权利保护。上述宪法两项条款，是确认我国新闻媒体以舆论监督的方式参与国家廉政建设合法权利的最高法律规范。

在全国人大及其常委会的国家立法层面，目前尚未制定综合调整新闻媒体及新闻传播领域社会关系的单行基本法律，但在《消费者权益保护法》（1993年）、《价格法》（1997年）、《安全生产法》（2002年）、《节约能源法》（2007年）、《食品安全法》（2009年）、《环境保护法》（2014）等相关法律中，设置了舆论监督的倡导性规范。例如，1993年出台的《消费者权益保护法》第六条第三款规定：大众传播媒介应当做好维护消费者合法权益的宣传，对损害消费者合法权益的行为进行舆论监督。2014年制定的《环境保护法》第九条第三款规定：新闻媒体应当开展环境保护法律法规和环境保护知识的宣传，对环境违法行为进行舆论监督。这类倡导性规范没有强制执行力，而是一种提倡、鼓励性的规定，用以体现立法者对新闻媒体积极开展舆论监督的责任强调和价值引导。

在地方人大的立法中，近十余年来全国大部分省市、自治区的人大常委相继颁布了《预防职务犯罪条例》，其中多数都确认了新闻媒体在预防职务犯罪的监督保障体系中的舆论监督作用。例如《云南省预防职务犯罪工作条例》（2013）第二十六条规定：国家机关、国有企业、事业单位、人民团体及其工作人员应当接受舆论监督，支持新闻媒体依法履行职责。对新闻媒体反映的涉嫌职务违法违纪问题，有关单位应当调查处理并反馈处理结果。《青海省预防职务犯罪工作条例》（2013）第二十五条规定：新闻媒体应当开展预防职务犯罪工作的宣传报道。有关国家机关和单位对新闻媒体报道和反映的问题,应当及时调查处理。新闻媒体及从业人员在开展预防职务犯罪工作宣传报道时,应当遵守法律法规、新闻纪律和职业道德。

在行政法规层面,目前含有新闻媒体舆论监督专涉条款的国务院行政立法尚不多见[①],专门规范传媒行业的两部行政法规《广播电视管理条例》(1997)、《出版管理条例》(2001年,2011年修订,2014年修改)中,均无"舆论监督"的表述[②]。但这两部行政法规对报刊和广播电视传播活动的保障性、规范性和义务性的规定,实际上也是对报刊和广播电视等传统媒体开展舆论监督所应获享的保障、应当遵守的义务的规定。例如有关新闻报道真实原则的规定,有关禁载、禁播内容的规定,有关合法出版物受法律保护,任何组织和个人不得非法干扰、阻止、破坏出版物的出版等规定,都与新闻媒体的舆论监督报道活动密切关联。

值得一提的是,2009年底,最高法院制定出台了《关于人民法院接受新闻媒体舆论监督的若干规定》,对媒体旁听庭审和采访报道制度等作出了明确具体的规定。它既是对人民法院接受新闻舆论监督成功做法的概括归纳,也是对人民法院接受新闻媒体舆论监督工作的进一步规范,对于保障公众的知情权、参与权、表达权和监督权,提供了强有力的制度保障。

在媒体行政管理部门制定的部委规章及相关规范性文件中,对新闻媒体的舆论监督工作设置了更细化的规定。2005年,当时的国家广播电影电视总局为贯彻落实中共中央办公厅《关于进一步加强和改进舆论监督工作的意见》和中宣部《加强和改进舆论监督工作的实施办法》,研究制定了《关于切实加强和改进广播电视舆论监督工作的要求》。该《要求》强调:要支持广播电视新闻采编人员正确开展舆论监督,为开展舆论监督创造必要的条件。要注意保护广播电视新闻采编人员的合法权利,保证广播电视舆论监督正常进行,要支持广播电视机构特别是中央和省级广播电视机构记者的采访活动,为采访报道提供方便。该《要求》还提出,要从坚持建设性监督、科学监督和依法监督三个方面改进广播电视的舆论监督工作。要敢于揭露现阶段有条件解决的问题,同时要跟踪报道有关部门采取的措

---

① 1996年公布的《中共中央、国务院关于切实做好减轻农民负担工作的决定》中要求:"要发挥人大、政协的监督作用,加强群众的民主监督和舆论监督。要严肃处理各种加重农民负担的行为。"

② 《广播电视管理条例》(1997)第三条中提到"舆论导向",原文为"广播电视事业应当坚持为人民服务、为社会主义服务的方向,坚持正确的舆论导向。"

施和处理结果;对地方、部门已经依法处理、妥善解决的孤立事件或个别问题,一般不再进行公开批评报道;严格把握跨地区舆论监督;新闻采编人员开展舆论监督工作,如果与报道对象或利害关系人是夫妻关系、直系血亲关系、三代以内旁系血亲关系及近姻亲关系,或是素有往来的朋友、同乡、同学、同事等关系以及存在具体的经济、名誉等利益关系等情况,应当回避等等。

2007年,当时的国家新闻出版总署印发了《关于保障新闻采编人员合法采访权利的通知》。该《通知》明确指出:新闻采访活动是保证公众知情权,实现社会舆论监督的重要途径,有关党政机关及其工作人员要为新闻机构合法的新闻采访活动提供便利和必要保障。并就各级党政机关及其工作人员和各新闻单位保障记者采访活动提出了7个方面的要求。2008年,国家新闻出版总署又印发了《关于进一步做好新闻采编活动保障工作的通知》,明确提出保障新闻单位对涉及国家利益、公共利益的事件依法享有知情权、采访权、发表权、批评权、监督权,并从六个方面作出加强保障的规定,同时也督促各新闻机构认真履行新闻工作职能,严厉打击假记者和伪造、仿制新闻记者证等各种违法活动,严禁借新闻采访活动搞有偿新闻、索贿受贿,严禁借舆论监督搞敲诈勒索。这些规章和规范性文件的出台,对推动新闻舆论监督工作的健康发展、维护新闻媒体和记者合法权益发挥了积极作用。

此外,同样值得关注的是,国内一些地方政府根据当地实际情况,也制定了若干富有特色的促进和保障新闻舆论监督的地方行政规范文件。例如,山西省环保厅为加强和改进舆论监督工作,充分发挥舆论监督在促进生态文明建设和构建社会主义和谐社会中的积极作用,于2011年出台了《山西省环境保护舆论监督制度》,这一制度明确了环保舆论监督的意义、重点内容,同时规范了环境保护舆论监督涉及的企业、个人和新闻采编人员的行为。该《制度》要求,新闻媒体开展舆论监督应当坚持新闻报道、舆论监督的基本要求,涉及的部门和企业必须认真对待积极整改,直至问题完全解决。对重大问题,应把处理结果反馈给新闻单位,以便跟踪报道。被批评单位和个人对舆论监督有异议时,可通过正当途径向有关部门反映或者通过法律程序解决,不得以任何手段干扰新闻舆论监督工作。这种将新闻舆论监督纳入地方法制建设体系的先行先试,也在为更大范围、更高层级的全国性新闻舆论监督立法积累着经验与条件。

(二) 政策规制

在我国的新闻媒体管理体系中，国家的执政党——中国共产党的领导居于核心地位，按照"党管媒体"、"党管干部"的原则，中国共产党为国内新闻传播事业健康、有序的发展提供有效的政治保证和组织保障。因此，党的媒介政策对国内新闻媒体的活动具有很强的组织约束性和规制力，在很多情况下，党中央专门就新闻传播与媒体管理制定的基本政策，往往成为国家创制新闻传播与媒体建制法规的先导性规范。

早在新中国建立初期，党中央就非常重视新闻媒体积极发挥反腐倡廉的舆论监督作用。1950年初，中共中央作出了《关于在报纸刊物上展开批评和自我批评的决定》，要求"在报纸刊物上展开对于我们工作中一切错误和缺点的批评与自我批评"，揭露党内存在的官僚主义、命令主义和各种消极腐败现象。该《决定》颁行后，全国各级党政机关及各地报社积极贯彻，报道了各地的一些典型违法乱纪事件，使不少群众反映强烈的问题受到重视而得以及时处理。当时党内尚未启用"舆论监督"这一表述，这方面的工作机制在许多方面尚不完善，但它开启了中国共产党执政后构建新闻舆论监督基本政策的历史进程，积累了一些有益的经验和启迪。

中国共产党的中央级文件启用"舆论监督"的表述，始于1987年党的十三大政治报告。该报告第五部分"关于政治体制改革"的第五节"建立社会协商对话制度"中提出："要通过各种现代化的新闻和宣传工具，增加对政务和党务活动的报道，发挥舆论监督的作用，支持群众批评工作中的缺点错误，反对官僚主义，同各种不正之风作斗争。"其后的历次全国党代会政治报告都对舆论监督问题有所阐述。2002年党的十六大政治报告在第五部分"政治建设和政治体制改革"的"加强对权力的制约和监督"一节中，提出"加强组织监督和民主监督，发挥舆论监督的作用。"表明舆论监督的主要对象是对权力的监督。十八大报告在谈到"建立健全权力运行制约和监督体系"时，强调要"加强党内监督、民主监督、法律监督、舆论监督，让人民监督权力，让权力在阳光下运行。"

2004年中共中央颁布的《中国共产党党内监督条例（试行）》，首次以党内法规的形式从党内监督制度的高度定位舆论监督，明确了舆论监督与党内监督的关系，把舆论监督制度作为十项党内监督制度之一，提出：新闻媒体要在党的领导下按照有关规定和程序，通过内部反映或公开报道，发挥舆论监督的作用。党的各级组织和党员领导干部应当重视和支持舆论监督，听取意见，推动和改进工作。该《条例》对于中央有关部门及地方党委开展舆论监督制度建设起到了重要的示范作用。中共海南省委在同一年12月出台了《中共海南省委关于舆论监督工作的暂行规定》，这是省级地方党委第一个关于舆论监督的专门性党内法规；2005年6月，中共浙江省委颁布了《浙江省党内监督十项制度实施办法（试行）》，其中一个办法是《中共浙江省委组织部舆论监督制度实施办法》，它从制度层面对舆论监督工作做了具体规定。

2005年4月，中共中央办公厅下发《关于进一步加强和改进舆论监督工作的意见》，从舆论监督的重要作用、原则要求、当前重点、重视支持、社会责任、组织领导六个方面对加强和改进舆论监督作了具体规定，同时要求"各地区各部门要认真研究制定加强和改进舆论监督工作的具体办法"。该《意见》提出的新闻媒体当前舆论监督的重点包括：加强对违法违规行为的监督，揭露和批评有法不依、执法不严、贪赃枉法等问题。加强对党和政府的方针政策落实情况的监督，反映人民群众对党和政府工作的希望和建议，揭露和批评有令不行、有禁不止、阳奉阴违、各行其是等行为。加强对侵害群众利益行为的监督，揭露和批评以各种手段和方式侵害群众利益的现象和行为。加强对社会丑恶现象、不道德行为和不良风气的揭露和批评。加强对党纪政纪执行情况的监督，揭露和批评失职渎职、滥用权力、消极腐败等行为，促进干部队伍廉政建设。

在中共中央办公厅印发《关于进一步加强和改进舆论监督工作的意见》的同时，中宣部出台了《加强和改进舆论监督工作的实施办法》。根据《意见》和《办法》的精神，国家广电总局等有关部门和各省、自治区、直辖市党委，各级市县党委及各级地方媒体等都结合各自的工作实际制定了具体的实施意见，对加强和改进新闻舆论监督工作的制度建设起到了积极的推动作用。

近年来，党的舆论监督思想及相关政策着力推进的一个重要方向，就是利用舆论监督推进预防和惩治腐败体系建设，强化舆论监督的反腐功能。

中共中央2005年1月印发的《建立健全教育、制度、监督并重的惩治和预防腐败体系实施纲要》，从"切实加强社会监督"的角度对舆论监督的作用作了明确表述。2008年6月，中共中央发布的《建立健全惩治和预防腐败体系2008—2012年工作规划》明确将新闻媒体列为惩治和预防腐败体系的监督主体之一,要求:加强和改进舆论监督,重视和支持新闻媒体正确开展舆论监督。各级领导干部要正确对待舆论监督,增强接受舆论监督的自觉性,听取人民群众的意见和呼声,推动和改进工作。新闻媒体要坚持科学监督、依法监督和建设性监督,遵守职业道德,把握正确导向,注重社会效果。

在2013年12月印发的《建立健全惩治和预防腐败体系2013—2017年工作规划》中,进一步重视了网络媒体的舆论监督作用,强调"运用和规范互联网监督","党报党刊、电台电视台和重点新闻网站要办好反腐倡廉专栏和专题。坚持正确舆论导向,完善反腐倡廉网络舆情信息工作机制。健全新闻发布制度,严肃宣传纪律,加强对外宣传工作。"

与此同时,中共中央也越来越强调新闻媒体在具体的政务和行业领域发挥应有的舆论监督功用,推进新闻舆论监督反腐实践的具体化。例如,2005年8月,中共中央纪委等部门发布的《关于清理纠正国家机关工作人员和国有企业负责人投资入股煤矿问题的通知》中要求"各地在清理纠正工作中,要充分发挥社会监督和舆论监督的作用,公开举报电话、设立举报信箱,鼓励煤矿职工和人民群众举报国家机关工作人员和国有企业负责人投资入股煤矿问题。"2009年8月,中央办公厅、国务院办公厅印发的《关于开展工程建设领域突出问题专项治理工作的意见》中也明确要求"充分发挥新闻媒体的作用,加强对工程建设领域的舆论监督和社会监督。"2013年,中共中央、国务院制定的《党政机关厉行节约反对浪费条例》中也规定,党政机关及其工作人员要"重视各级各类媒体在厉行节约反对浪费方面的舆论监督作用。建立舆情反馈机制,及时调查处理媒体曝光的违规违纪违法问题。"

(三) 新闻业界社团规范与媒体自律准则

在我国新闻舆论监督反腐败的现行制度框架构成中,最贴近新闻媒体日常业务体验的一类规则体系就是新闻业界社团规范与媒体自律准则,它主要包括新闻业界各层级的职业自律准则和业务操作规范,以及新闻界全国性社团为维护新闻工作者合法权益所建立的相关保障机制。

中国记协通过的《中国新闻工作者职业道德准则》(2009年第3次修改)表述了中国新闻工作者开展舆论监督的工作原则,即:把坚持正面宣传为主与加强和改进舆论监督统一起来,积极反映人民群众的正确意见和呼声,批评侵害人民利益的现象和行为,依法保护人民群众的正当权益。

加强和改进舆论监督，着眼于解决问题、推动工作，坚持准确监督、科学监督、依法监督、建设性监督。

国家广电总局2004年发布的《中国广播电视编辑记者职业道德准则》也对广播电视的舆论监督报道原则作了更加专业化的阐述，其第十六条、第十七条、第十八条分别规定："不参与任何可能有损于自身公正和信誉的组织及活动；不在自己服务的媒体上发表本人及亲属涉诉事件的报道和评论；不阻挠正当的舆论监督。""正确行使舆论监督职能，勇于批评和揭露违法违纪行为、消极腐败现象和违背社会公德的不良风气，弘扬社会正气，捍卫社会公正，维护社会稳定。""批评性或揭露性报道要有利于问题的解决。不追求所谓'轰动效应'、哗众取宠；不以个人情绪代替政策法律、发泄私愤、中伤他人。尊重被批评者申辩的权利。"

相比媒体的其他报道而言，舆论监督类的报道具有高风险、高成本、高专业技术含量、高影响度的突出特征，各家、各类新闻媒体都对舆论监督类的报道格外重视并根据自己的媒介定位和长期积累的实践经验制定出相关的操作规范，以求为本单位的新闻舆论监督工作提供履职尽责、防范法律风险的专业化指引，保证新闻舆论监督报道的水准和品质。

例如，中央人民广播电台总编室于2012年编纂了《宣传管理手册》，对多年来广播电视宣传管理的相关规范梳理分类，以便于查阅的体例汇编，成为广播采编人员和管理者的重要依据和参考工具书，其中收录的《宣传管理条例》对舆论监督报道作出了明确规范，要求每个记者在采访中严格贯彻。而中央人民广播电台的"中国之声"、"经济之声"等频率和《新闻纵横》、《天天315》等从事舆论监督的栏目组，对于舆论监督报道的流程、记者的职责等都有明文规定，以保证舆论监督报道的公正性。例如该台的中国之声特别报道部为提示记者在采制舆论监督报道时防范失误、规避风险，制定了《舆论监督报道十记》，其具体内容为：

1. 与当事双方保持必要的距离，从任何一方获取利益的行为不仅会影响立场，也为职业准则不允许。

2. 各类纠纷尽量不要涉足，如的确要做，节目要体现均衡原则，各方的声音、意见都要有。特别是不能回避事件的重要当事人，要给他们说话的机会。

3. 报道基本原则是对事不对人，尤其要注意避免报道对非责任人带来的负面影响。

4. 要注意甄别专家观点的政治正确性，他们的谈话有时看似很精彩，其实有失客观。

5. 在报道没有经过查处的事件和人物时，不能使用定性的、下结论的词语，要用事实说话。

6. 每一个写进稿件的事实都必须经过认真核实，避免合理想象，你的推理和判断往往站不住脚。

7. 避免情绪化、偏激的判断和言辞，无论事实还是评论，都要注意留有余地。

8. 不和被采访对象争论，做一个冷静的提问者和倾听者。

. 采访之后如未及时播放，再发时要了解最新进展。

10. 为自我保护，采访中的重要证据要注意保留。

再如，中央电视台新闻中心的一些品牌舆论监督栏目，也制定了自己的具体报道规范，以《焦点访谈》为例，它建立了严格的把关审查制度以确保真实客观，要求把好选题关、采访关、编辑关和播出关。

选题关：要求按照"政府重视，群众关心，普遍存在"的选题原则，主动而创造性地在党和政府的工作重点、群众关注的热点、各级政府部门着力解决的难点这"三点"之间寻找报道的结合点，把宣传党和政府的意志与反映人民群众呼声有效地结合起来，主要反映社会进步与发展过程中存在的问题和现象。选题实行"四级报批制度"，坚决杜绝"包打官司"、假公济私的情况；选题做不做，先要论证，再进行报批；经过报批进入操作的选题，没有正当理由，记者不能擅自停止。

采访关：要求记者一定要到达现场，要不畏艰险，多方取证，要把握事实和相关信息的真实性和准确性，对事实的把握一定要看得见、摸得着，严禁道听途说。

编辑关：要让证据环环相扣，要把握事实的整体性和完整性，严禁断章取义。

播出关：节目的审看有刚性标准，严格实行"三级审片制"，制片人、部主任和台领导对与导向、事实有关和可能违反法律法规、宣传纪律和职业道德的内容，层层进行"过滤"。要求用过程、细节、人证、物证展示事实，要求证据链必须完整，要求联系实际作出评价。

叁 内容供给与表达样态

此外,《焦点访谈》栏目组对于人员队伍也有明确要求:不能吃拿卡要、不能出入娱乐场所,要做到尊重事实,不主题先行;平等对待每个采访对象,不盛气凌人;兼听则明,保持话语权的平衡;不当法官;不把个人的好恶带进节目中;不陷入局部利益的纷争;不超越事实做出判断;不以偏概全;不在动态事实中只交代阶段性事实。这些具体的要求,能够保证其采编播出的舆论监督节目做到准确监督、科学监督、依法监督和建设性监督。

在新闻工作者的所有从业活动中,最容易受到权益伤害从而也最需要获得权益保障的工作领域,就是新闻舆论监督的采访和报道。一项全国媒体舆论监督情况调查的结果显示:在媒体开展舆论监督的过程中,41.2%的被调查媒体表示会经常遇到采访受阻的情况,58.8%的媒体表示有时会遇到采访受阻的情况。媒体舆论监督的阻力主要来自被采访对象的不配合、拒绝,甚至暴力抗拒。有多达35.3%的拒访者采取极端行为,实施暴力阻挠,个别企业甚至采用极端手段恐吓和报复记者[①]。中华全国新闻工作者协会(简称中国记协)早在1998年就成立了维护新闻工作者合法权益委员会(简称维权委),作为维护新闻单位和新闻工作者合法权益的专门性机构,依法维护新闻工作者的合法权益,保护其不受侵犯,努力促进新闻工作者合法权益得到充分的实现,推动全社会对新闻工作者合法权益的重视和保护。

维权委根据其制定的《中国记协维权委处理案件程序和办法》(2001)、《中国记协维护新闻工作者合法权益委员会工作细则》(2003),受理记者在执行采访报道任务时受到阻挠、恐吓、暴力胁迫、人身伤害等方面的投诉,也受理新闻单位在从事采访、报道、发表等正常的新闻业务活动时遭到围攻、冲击、破坏等方面的投诉。维权委处理投诉案件的具体方法包括:

1. 为投诉人出具口头或书面意见;2. 支持投诉人起诉;3. 与有关部门协商解决;4. 督促有关地方和部门对责任者进行处理;5. 居中调解;6. 召开专题座谈会、研讨会;7. 公开发表公告、声明、慰

[①] 参见孙京平《我国媒体舆论监督情况调查分析报告称舆论监督日益成为反映民意化解矛盾重要途径》,《中国新闻出版报》2011年6月21日第5—6版。

问电、抗议书、声援信或谴责文章、消息等。

维权委还可以通过新闻媒体对侵犯新闻工作者合法权益的事件进行曝光，对新闻工作者表示声援或慰问。对于严重的侵权事件，由维权委决定，向中央有关部门编发内参，以得到中央的重视和支持。

维权委曾针对北京电视台、兰州晨报、黑龙江日报、湖南人民广播电台、湖南电视台、中国食品质量报、重庆晨报、重庆电视台、重庆电视二台、重庆人民广播电台、湖北电视台、楚天都市报、光明日报等新闻单位的记者、通讯员在执行采访报道任务时遭受暴力侵袭导致人身伤害、被非法限制人身自由以及公私财产损害等严重侵犯新闻工作者合法权益的事件，发表义正词严的声明，促使肇事者受到了法律惩处，维护了新闻工作者和新闻单位的合法权益。

2014年1月，中国记协又公布了《中国新闻工作者援助项目实施办法》，对因公殉职、因履行新闻职责致身体伤残的新闻工作者（及其家属）提供公益性的经济资助，以弘扬职业精神职业道德，体现党和政府对新闻工作者的关心爱护，拓展权益保障工作新局面。

上述新闻传播法制建构、政策规制和新闻业界的社团规范与媒体自律准则为中国新闻媒体反腐败的舆论监督提供了制度化的保障、规范和引导空间，当然，上述制度能否全部落地，发挥最大的实际效用，还有赖于各地的制度执行力。同时，随着国家的发展和社会的进步，上述各种制度也会与时俱进地调整和不断完善。例如，《瞭望》周刊曾在2004年第31期发表一篇题为《中央关注舆论监督》的文章，介绍了"实施舆论监督的十条主流意见"，其中第四条意见"舆论监督要把握好信息来源渠道"中特别强调，"要特别注意：不能根据互联网、小报小刊和境外媒体的信息来寻找舆论监督的线索"[①]；2005年中央下发的《关于进一步加强和改进舆论监督工作的意见》中也强调舆论监督报道内容"不得编发互联网上的信息"。到了2010年，国务院新闻办公室在其发布的《中国的反腐败和廉政建设》白皮书（2010年12月）中则已明确表示："网络监督日益成为一种反应快、影响大、参与面广的新兴舆论监督方式。中国高度重视互联网在加强监督方面的积极作用，切实加强反腐倡廉舆情网络信息收集、研判和处置

---

① 杨桃源：《中央关注舆论监督》，《瞭望》2004年第31期。

叁　内容供给与表达样态

工作，完善举报网站法规制度建设，健全举报网站受理机制及线索运用和反馈制度，为公民利用网络行使监督权利提供便捷畅通的渠道。与此同时，加强舆论监督的管理、引导和规范，维护舆论监督的正常秩序，使舆论监督在法制轨道上运行。"这说明国家行政管理部门对新闻媒体利用网络开展舆论监督已经持有更加积极开放的立场和姿态。

二　我国新闻媒体反腐倡廉的舆论监督实践

目前，我国已经形成了由中国共产党党内监督、人大监督、政府内部监督、政协民主监督、司法监督、公民监督和舆论监督组成的具有中国特色的权力制约和监督体系。各监督主体既相对独立，又密切配合，形成了整体合力[①]。其中舆论监督的主力军，就是报刊、电视、广播等新闻媒体及其新闻网站，新闻传播的公开性、广泛性、及时性和强大的舆论动员能力，使其成为现代国家廉政反腐建设不可或缺的尖兵利器，当代各国的新闻媒体也无不将舆论监督、揭露权力腐败作为基本的社会担当和职业精神的重要体现。2014年8月25日下午，中央政治局常委、中央纪委书记王岐山在政协十二届全国委员会常务委员会第七次会议上所作的报告中也强调指出：推进党风廉政建设和反腐败斗争，要发挥群众和媒体监督的正能量。

2013年，中宣部、中国记协等决定在新闻战线探索建立媒体社会责任报告制度，推动媒体每年定期公开发布履行社会责任的情况报告。2014年6月9日，国内首批11家试点中央新闻单位、新闻网站和地方新闻单位的社会责任报告正式对外发布，其中"开展新闻舆论监督"的情况，就是这些报告呈现的媒体履行社会责任的重要内容：

• 河北日报社会责任报告（2013年）摘录：

舆论监督是党报重要的社会责任，也是拓展党报公信力和影响力的重要途径。《河北日报》发挥党报传统优势，不断改进和提高公开监督和内参监督的监督水平，适时适度适量刊发，努力实现科学监督、依法监督、建设性监督，使舆论监督在改进工作、解决问题、促进团结、维护稳定方面发挥了重要作用。

以舆论监督推动中心工作开展。《河北日报》把推动中心工作作为开

---

① 国务院新闻办公室：《中国的反腐败和廉政建设》白皮书（2010年12月）。

展舆论监督的重要出发点,紧紧围绕中央大政方针执行情况和省委、省政府重点工作选题,关注经济建设和改革发展中的一些全局性政策性问题以及需要研究解决的深层次问题,开设有"追访"、"记者暗访"、"报网互动民生直通"等专栏。在党的群众路线教育实践活动中,还充分发挥党报的舆论监督作用,深入走访调查,以深度报道的形式刊发了百姓心声、记者暗访、记者调查、热点关注、问题追踪5组系列报道,特别是记者暗访系列几乎篇篇引起有关部门的关注,起到了很好的舆论监督作用。2013年10月在一版新设的"追访"专栏,对政府政策落实和惠民承诺追踪报道,社会反响很好。

以舆论监督帮助群众解决合理诉求。《河北日报》把反映群众合理诉求作为舆论监督的重要内容,贯穿于日常报道之中,要求进行建设性监督而不是破坏性监督,化解矛盾而不是激化矛盾,推动问题解决而不是制造新的问题。报纸刊发的《提问高铁新火车站》、《关注高速拖车救援收费问题》、《谁来培养技术工人》等系列报道,在群众诉求和政府能够做到的地方寻找结合点,提出合理化建议,一些问题正在逐步解决。特别是"民生大视野"专栏,紧紧抓住群众关心的利益问题展开调查研究,推出的《土地碎片化 流动资金少 农技服务缺 种粮大户期盼帮一把》、《有人没房住,有房没人住——个别保障房缘何"晒太阳"》、《"电梯惊魂"频上演,怪谁?》、《"小农水",别断流》等稿件,及时反映了群众所盼所愿,引起有关部门重视。①

• 湖北广播电视台责任报告(2013年)摘录:

舆论监督直面社会问题,化解社会矛盾,促进社会和谐,是媒体的重要义务和责任。湖北广播电视台以建设者姿态开展舆论监督,积极提升主流媒体的社会引导能力。2013年,在省纪委、省委宣传部领导下,湖北广播电视台将运行8年的"广播政风行风热线"节目部拓展成为广播、电视、报纸、网络四位一体媒体问政平台,邀请64个政府职能厅局、公共服务企业和3个市(州)政府负责人轮流上线,节目共播出254期,上线嘉宾1006人,共收到咨询投诉电话82188件,经节目部筛选梳理后转给省直各部门办理的共2691件,群众咨询、投诉转办件的解决率超过98%,群众

---

① 河北日报社会责任报告(2013年度),中国记协网(http://news.xinhuanet.com/zgjx/2014-06/09/c_133390623.htm),2014年9月2日查阅。

满意率达到85%以上。精心承办的"落实责任、教育惠民"媒体问政特别节目和"落实责任、保障民生"2013政风行风评议活动特别节目,首次将参加民主评议政风行风的9个政府部门集中在电视演播厅,让广大群众直接参与评议和监督,共接到现场热线电话1200多个,参与互动的观众、听众、网友近10万人次;人民网、新华网、凤凰网等37家权威门户网站先后进行了报道。湖北垄上频道开辟《村委会值班室》直播节目,热线呼入量突破8万条,登记在案热线信息超过1万条,共回复处理问题5800余件。《经视直播》、《新闻360》等栏目以"当负责任的记者、做能帮忙的新闻"为宗旨,彰显建设者作为。《金银湖上现"孤岛",3万人出行难于上青天》、《居民急盼公交微循环延伸2公里解决出行难》等报道贴近民生,帮助解决群众困难,受到社会好评。对贩卖血液现象、假冒"周黑鸭"事件的跟踪采访,引起政府部门、相关单位和社会公众的强烈关注。[①]

• 中国青年报社会责任报告(2013年)摘录:

2013年,中国青年报在全国两会等重大新闻事件和突发社会热点事件中,加强宣传报道和舆论引导工作,全年针对重大社会问题,加强舆论监督,很多报道形成社会关注的亮点、焦点,产生积极广泛的社会影响。

法治社会版作为中国青年报履行舆论监督责任的重点版面,2013年部门所有记者、约稿地方记者几十次下基层,走访地域从云贵高原最大的淡水湖到中原腹地的违法楼盘,深入群众了解现实问题,采写刊发了《多个豪华别墅和高尔夫球场项目"包抄"抚仙湖》等一系列深度调查报道。这些报道在社会上产生较大反响,不少被监督单位引起充分重视迅速整改。

2013年3月底,本报记者在京参加面向国家科技重大专项培养工程博士校企对接会时发现,欧美国家含金量高的工程博士学位在国内存在严重异化的趋势:"不统考英语、不看重论文"的个性化授予方式,给了权势阶层钻营的条件与空间;985高校与承担国家科技重大专项企业各执一词,互不"买账";国家顶层设计严重滞后与缺失。经过近20天的调查采访,中国青年报教育科学版独家刊发报道《别让工程博士变味也沦为升官砝码》,让权贵者混戴博士帽子满天飞的趋向大白天下。

本报记者对这一事件继续追踪,发现985高校不对外发布招生简章,

---

① 湖北广播电视台媒体社会责任报告(2013年度),中国记协网(http://news.xinhuanet.com/zgjx/2014-06/09/c_133390660_6.htm),2014年9月2查阅。

极力回避学费与培养费等敏感问题,把建房子、买设备与教师工资等间接成本都核算成工程博士培养成本;把国家研究生计划内与计划外打通,变成对计划内研究生也收费,且收费达到6位数字,与MBA、EMBA学员收费相当,不享受奖学金;说一套做一套,明目张胆地把国家免学费培养的工程博士学位沦为挣钱工具。本报在第一时间刊发了《部分"985"高校被指借招工程博士挣钱》等系列稿件。

这组系列报道得到了教育部、科技部与国务院学位委员会办公室的配合。教育部领导批示:一要责成相关部门与单位把国家设置工程博士专业学位,培养工程领域"领军"人才的政策、标准与要求宣传好,贯彻好;二是过去的经验教训不少,要把好事办好;三是对违规招收工程博士的"985"高校,取消其试点资格。[①]

我国新闻媒体开展反腐倡廉的舆论监督,主要有"意见呈现"和"事实报道"两种形式,其中"意见呈现"包括媒体发表自家的评论和反映、报道社会各界的意见和主张,"事实报道"包括对社会某类较为普遍的现象的报道和对新近发生的具体个案的报道。

(一)舆论监督反腐倡廉的意见呈现方式之一:

新闻媒体发表评论,即新闻记者、编辑和时评撰稿人在自家媒体上发表评论,对社会上的渎职枉法、权力滥用、贪污腐化等现象进行剖析、抨击,向有关部门提出惩治的对策和建议。

• 年度媒体舆论监督范例

评论:《民生工程为何不得民心》,2013年10月3日南京广播电视台新闻综合频道播出。获得第二十四届中国新闻奖电视评论二等奖。

这是一篇针对政府工作的重份量评论、舆论监督,是南京市属媒体第一次对雨污分流工程进行深入的监督报道,主创人员从海量的调查采访中提炼素材和观点,通过详尽的事实和深入的分析,对南京市引发民怨的大规模雨污分流工程进行了批评。全片观点鲜明,逻辑缜密,语言和画面表现力强,是一篇优秀的电视评论。

该电视评论播出后引起了巨大社会反响,当天的收视率达6.08,节目的主动监督一定程度上起到了议程设置的作用,此后的一段时间,雨污分

---

① 中国青年报社会责任报告(2013年度),中国记协网(http://news.xinhuanet.com/zgjx/2014-06/09/c_133393562.htm),2014年9月2日查阅。

流工程的问题引起了各大媒体的关注和讨论,并推进了相关部门的深刻反思和整改。①

(二) 舆论监督反腐倡廉的意见呈现方式之二:

新闻媒体反映、呈现公众的意见和诉求,即新闻记者、编辑通过采访、编发人民群众对社会上的渎职枉法、权力滥用、贪污腐化等现象的意见、批评和谴责。

• 年度媒体舆论监督范例

调查结果报道:《90.8%公众力挺中央继续严厉整治"四风"——专家建议完善预决算制度以使整治"四风"问题长久化制度化》,《中国青年报》2013年11月12日第7版。

2013年11月,中央党的群众路线教育实践活动领导小组印发《关于开展"四风"突出问题专项整治和加强制度建设的通知》,对已进行5个多月的中央整治"四风"活动进行系统总结,强调把专项整治作为教育实践活动整改落实的重中之重。《通知》出台后,中国青年报社社会调查中心迅速组织实施调查,收集了解公众关于整治"四风"的第一手民意。在不到一周的时间里,17100名网友参与意见表达。记者采访了普通公众和专家,结合数据分析形成报道。

报道刊发后,引起强烈反响,不仅几十家网站当天转载,人民网、本报评论版等还针对调查数据推出相关报道。与此同时,该报道还受到了中央主要领导以及中纪委主要领导的关注与批示。批示中对本报社调中心的调查结果给予肯定,并指示要根据调查结果以及采访中的专家观点,将整治"四风"行动制度化、法律化。②

(三) 舆论监督反腐倡廉的事实报道类型之一:

媒体的新闻工作者通过调查采访,报道一定范围内较为普遍存在的某类权力滥用、权力失范、权力腐败等相关现象和事实。

• 年度媒体舆论监督范例

通讯:《一天陪洗八次澡 迎来送往该改了——来自基层的中国民生

---

① 引自第二十四届中国新闻奖评委会对《民生工程为何不得民心》的"作品评介"与"社会效果"的说明,中国记协网(http://news.xinhuanet.com/zgjx/2014 - 06/18/c_133417596.htm),2014年9月3日查阅。

② 邱春燕:《引导社会热点 加强舆论监督——中国青年报的社会责任担当》,《中国新闻传播的发展——现状与趋势研究报告(2013—2014)》,中国社会科学出版社2014年版。

见闻》,2012年12月19日播发。获得第二十三届中国新闻奖文字通讯二等奖。

这是一篇新闻性、时效性和贴近性很强的稿件。当时恰逢中央八项规定刚刚发布,明令要求厉行节约。新华社记者从内蒙古、陕西、北京、湖北、广东等地历时半个多月深入采访,分别采访了政府官员、司机、饭店工作人员、专家等,敏锐地挖掘出接待浪费在全国存在的共性问题。记者调查发现,基层接待任务非常繁重,群众意见很大。基层干部忙于接待根本无暇顾及本职工作,更是苦不堪言。稿件中提到的基层干部忙于接待导致的"一天洗八次澡"问题具有很强的典型性,被网民评为当前基层接待浪费的经典案例。

稿件一播发便成为网络热门话题,大量网民关注并引发强烈共鸣,以"县长一天洗八次澡"为关键词的新闻网页达到94万个。平面媒体采用达到近百家,《新华每日电讯》《中国青年报》等刊发评论,希望"一天陪洗八次澡"止于"八项规定"。[①]

(四)舆论监督反腐倡廉的事实报道类型之二:

媒体的新闻工作者通过调查采访,报道新近发生的某些权力滥用、权力失范、权力腐败等相关案例和事件。

• 年度媒体舆论监督范例

通讯:《北京北海地坛公园暗藏高端会所　公园方称"曝光也没用"》,2013年11月29日《经济参考报》,第12版。获得第二十四届中国新闻奖文字通讯二等奖。

一些优质、稀缺的公共资源正沦为权势和资本的附属品并滋生腐败现象,公众对此普遍感觉不平和焦虑。该篇通讯抓住"乙十六会所"侵占国家重点文物保护单位北海公园、地坛公园这一突出典型,以体验式的笔触、丰富的细节、均衡的文本结构和富有逻辑的叙述,揭露了公益价值被粗暴地商业化"变现"的现实,成为一个具有标本意义的观察样本,为制度化治理措施的出台,做了直接、有益的舆论推动。

该篇通讯刊登后,新华网、人民网和腾讯网、新浪网、搜狐网等权威

[①] 引自第二十三届中国新闻奖评委会对《一天陪洗八次澡　迎来送往该改了——来自基层的中国民生见闻》的"作品评介"与"社会效果"的说明,中国记协网(http://news.xinhuanet.com/zgjx/2013-06/18/c_132464489_2.htm),2014年9月3日查阅。

新闻、门户网站在首页显著位置推出，300多家网络媒体转载，在多家网站当日和本周点击量排行榜上位居前列。一些主流平面媒体就此刊发评论。住建部、国家文物局等部门先后给本报来电了解相关情况，北京市有关部门展开专门调查。2013年12月8日，中办、国办印发《党政机关国内公务接待管理规定》，明确提出"不得使用私人会所、高消费餐饮场所"。2013年12月25日，中央纪委、中央教育实践活动领导小组发出《关于在党的群众路线教育实践活动中严肃整治"会所中的歪风"的通知》。另外，2014年1月，乙十六北海店和红领巾公园店已被政府停业整顿。①

• 年度媒体舆论监督范例

通讯：《湖南省江永县：一些领导子女绕道进行政事业单位》，《中国青年报》2013年11月15日第8版。

2013年11月15日，中国青年报独家刊发的这篇报道，反映了部分县领导子女伪造外地任职的人事档案，再调进本地行政事业单位的现象。两天后，涉事7名领导子女被江永县清退。

举报这一事件的网贴2013年年初就出现了，省调查组也到江永调查过。此后，不见任何消息。中国青年报报道后，央视、新华社等媒体也先后跟进报道。在媒体不断追问和中央领导批示之下，江永县"违规进人案"继续发酵。2014年2月，原江永县委书记伍军（被处分时任永州市零陵区区委书记）、原县长陈景茂（被处分时任江永县县委书记）、县编办主任、县人力资源和社会保障局局长、县组织部副部长、县教育局副局长等6名官员被免职，另有9人受党纪处分。

2014年3月31日，中央组织部、人力资源和社会保障部联合通报，江永县因此事15名失职渎职人员被追责，另有7名县级领导干部受处分。其中，该县前后两任县委书记被免职，1人免职时为副厅级干部。②

新闻舆论监督的实践表明：促进权力规范运行，防治权力腐败，离不开舆论监督的强化。现实中，一些干部"不怕内部通报，就怕公开见报"，正体现了舆论监督的威力。"通过舆论监督激发出'十目所视''十手所

---

① 引自第二十四届中国新闻奖评委会对《北京北海地坛公园暗藏高端会所 公园方称"曝光也没用"》的"作品评介"与"社会效果"的说明，中国记协网（http://news.xinhuanet.com/zgjx/2014-06/17/c_133395605.htm），2014年9月3日查阅。

② 许雯：《人民网：融合与创新》，《中国新闻传播的发展——现状与趋势研究报告（2013—2014）》，中国社会科学出版社2014年版。

指'的效果,发挥好扶正祛邪、以儆效尤的教育警示作用,就能促进权力在阳光下运行。"① 目前,尽管公民个体通过基于互联网的各种新媒体应用所开展的"网络反腐"迅速发展,主流新闻媒体的新闻舆论监督仍然是我国反腐败的主力军。

中国社会科学院舆情调查实验室2013年实施的一项全国舆情指数调查显示②,在我国公众对政府和各种社会组织、团体的信任度排名中,新闻媒体在受信任程度方面排在第三位,仅次于中央政府和法院,比例达到了64.8%③。(见图1)

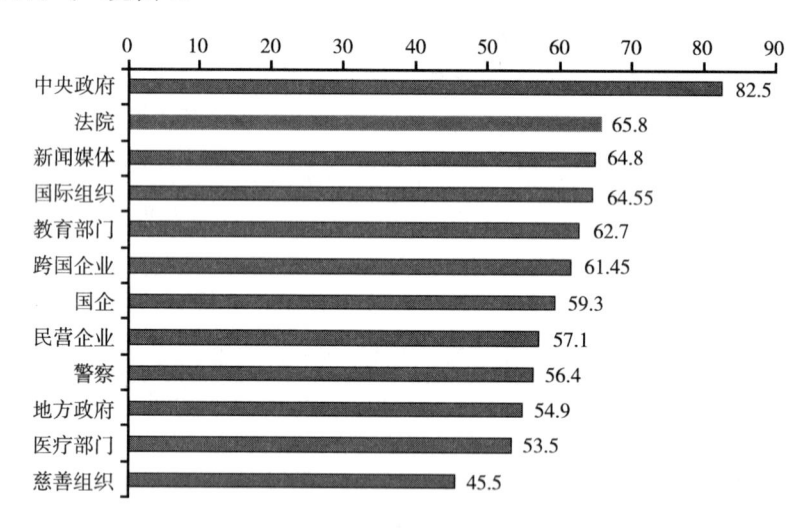

组织	信任度(%)
中央政府	82.5
法院	65.8
新闻媒体	64.8
国际组织	64.55
教育部门	62.7
跨国企业	61.45
国企	59.3
民营企业	57.1
警察	56.4
地方政府	54.9
医疗部门	53.5
慈善组织	45.5

图1 民众对各类社会组织信任度(%)

调查还显示,在公众心目中,当需要向政府相关部门表达诉求时,选择通过"向媒体反映"的比例超过了4成,紧排在"向政府相关部门反映"

---

① 本报评论员:《加大舆论监督力度——论持之以恒落实八项规定》,《人民日报》2014年5月2日第1版。

② 该项调查覆盖中国一二三线城市共计20个,具体为一线城市4个:北京、上海、广州、深圳;二线城市9个:成都、杭州、沈阳、西安、长沙、郑州、石家庄、长春、福州;三线城市7个:淄博、淮安、中山、襄樊、包头、阜阳、台州。调查对象设定为最近3个月未接受过调查访问的人员,样本容量为2000人,每城市100个样本,抽样方式为分层随机抽样,调查周期为一周,调查问卷采取网络在线调查方式填答。调查内容包括热点舆情、社会意识和价值观、对外意识、媒体接触与使用四个方面。

③ 刘志明主编:《中国舆情指数报告》(2013年),社会科学文献出版社2014年版,第86—87页。

叁 内容供给与表达样态

之后，居第二位①。（见图2）

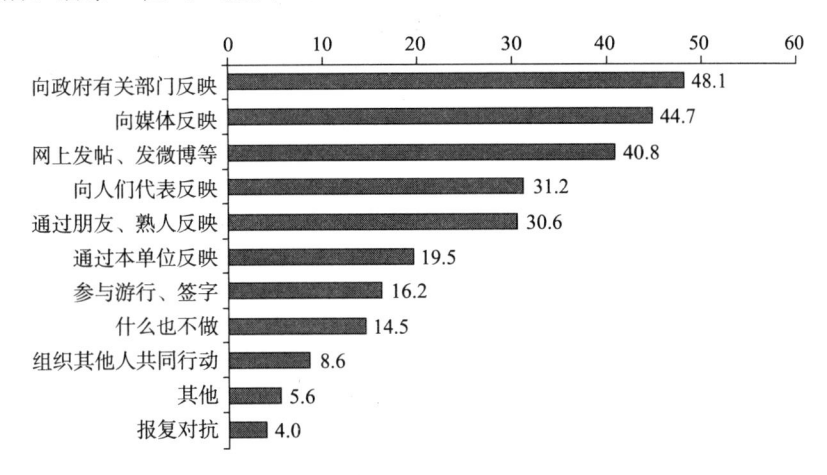

渠道	百分比
向政府有关部门反映	48.1
向媒体反映	44.7
网上发帖、发微博等	40.8
向人们代表反映	31.2
通过朋友、熟人反映	30.6
通过本单位反映	19.5
参与游行、签字	16.2
什么也不做	14.5
组织其他人共同行动	8.6
其他	5.6
报复对抗	4.0

图2 民众选择反映问题的渠道（%）

调查结果同时显示，接近8成的受访公众认为通过"媒体曝光/媒体热线"的方式是比较有效的诉求途径，排在第一位，远高于其他几种方式②。（见图3）

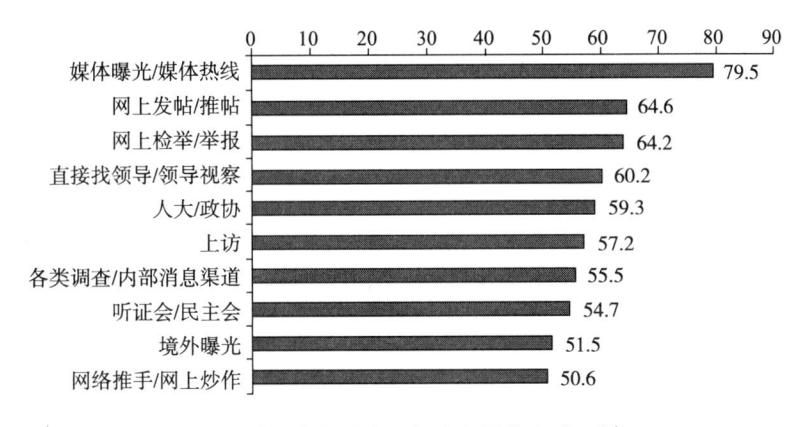

方式	百分比
媒体曝光/媒体热线	79.5
网上发帖/推帖	64.6
网上检举/举报	64.2
直接找领导/领导视察	60.2
人大/政协	59.3
上访	57.2
各类调查/内部消息渠道	55.5
听证会/民主会	54.7
境外曝光	51.5
网络推手/网上炒作	50.6

图3 对促进问题实际解决有用的方式（%）

上述调查表明，目前国内的新闻媒体在汇集和表达民众诉愿，化解社会矛盾、促进问题解决方面具有较强的影响力和公信力，各级、各类新闻

---

① 刘志明主编：《中国舆情指数报告》（2013年），社会科学文献出版社2014年版，第89页。
② 同上。

媒体理应不负人民群众的信托和期待，充分珍视、用好自己的影响力和公信力，通过舆论监督为国家的反腐败和廉政建设凝聚和倡扬广泛的民意支撑。

三 改进与拓展空间

2014年3月，中央宣传部、国家新闻出版广电总局等九部门联合印发了《关于深入开展打击新闻敲诈和假新闻专项行动的通知》，决定在全国范围内开展打击新闻敲诈和假新闻专项行动。当年6月，国家新闻出版广电总局通报了《河南青年报》违法违规案、《西南商报》记者张豪违法违规案、《南方日报》记者胡亚柱违法违规案等8个典型案件。据国家新闻出版广电总局负责人介绍，2013年以来，新闻报刊领域共受理举报案件400余件，其中不少涉及新闻敲诈和假新闻。而在新闻敲诈和假新闻案件中，有不少是打着新闻媒体网站、网站区域频道和网站记者名义进行的，也基本上是以"舆论监督"、"调查"、"曝光"相要挟攫取利益。这些害群之马的存在，损害了新闻媒体公信力，污损了新闻工作者的形象，恶化了新闻媒体的生态发展环境。《关于深入开展打击新闻敲诈和假新闻专项行动的通知》发出以后，中央主要新闻媒体以及各地党报、电台、电视台都给予了高度关注，全国有上千家媒体进行了宣传报道，形成了强大的舆论氛围，群众举报明显增多，出现了全社会对不法行为人人喊打的局面和声势，取得了重要的阶段性成果。

相比之下，目前国内对新闻媒体依法开展舆论监督合法权益的保障力度尚有不足。新闻媒体反腐败的舆论监督往往需要承担较高的新闻职业风险和外部压力，记者在采访过程中经常面临各种干扰、阻挠甚至被打、被扣押等风险。有调查数据显示，在媒体开展舆论监督的过程中，41.2%的被调查媒体表示会经常遇到采访受阻的情况，58.8%的媒体表示有时会遇到采访受阻的情况。除媒体正常采访受阻情况之外，报道刊播受阻也是舆论监督被阻挠的另一种形式。在批评性报道能否顺利刊播这一问题上，被调查媒体表示其干预主要来自说情者和上级机关，两者分别占到69.1%和61.8%，成为阻挠舆论监督的主要阻力。这种情况容易造成人们对一些上级机关权力滥用的质疑，甚至引发对立情绪，造成社会矛盾。媒体舆论监督的阻力主要来自被采访对象的不配合、拒绝，甚至暴力抗拒，有多达35.3%的拒访者采取极端行为，实施暴力阻挠。近年来，不时发生记者在采访中被殴打、非法扣留,摄像和摄影器材、设备被砸被毁,个别企业甚至采用极端手段恐吓和报复记者等阻挠媒体舆论监督的事件①。

因此,建议中央宣传部、国家新闻出版广电总局、记协等相关部门,在全国范围内适时开展打击非法干扰新闻舆论监督,侵害新闻工作者合法权益的专项行动,查办并公布这方面的典型案件。同时,进一步加强和发挥好中国记协维护新闻工作者合法权益委员会的维权作用,根据《中国记协维权委处理案件程序和办法》和《中国记协维护新闻工作者合法权益委员会工作细则》的规定,积极开展工作。目前,中国记协网公布的《记协维权典型案例》所收录的十五个典型案例,发生日期最近的仅止于2005年,还没有收录2006年至今的任何案例。该网站"维权服务栏目"刊登的消息,也止于2008年,需要及时更新。

相比新闻媒体的其他报道而言,采写反腐败方面的舆论监督报道成本高、风险大、难度也大,因此在每年的中国新闻奖、长江韬奋奖评选中,应对舆论监督方面的报道和在舆论监督方面卓有贡献的新闻工作者在评分标准上增加适当的权重。同时,鉴于舆论监督已被我国党政决策部门确认为权力制约和监督体系的重要构成,与党内监督、人大监督、政府内部监督、政协民主监督、司法监督和公民监督共同形成既相对独立,又密切配合的有中国特色的监督体系,可考虑由中共中央纪律检查委员会、中华人民共和国监察部与中宣部、国家新闻出版广电总局、中国记协等单位联合创设"中国新闻舆论监督奖",对卓有成效地开展新闻舆论监督的新闻媒体、新闻工作者及其优秀的舆论监督作品给予褒扬和奖励。

---

① 孙京平:《我国媒体舆论监督情况调查分析报告称舆论监督日益成为反映民意化解矛盾重要途径》,《中国新闻出版报》2011年6月21日第5—6版。

人民日报新闻传播发展报告(2013—2014)

戴莉莉[①]

办报质量和水平进一步提升、传统媒体与新兴媒体融合发展开创新局面,是2013—2014年人民日报新闻传播发展最显著的两大特点。

近两年,人民日报新闻报道工作坚持贯彻落实习近平同志在全国宣传思想工作会议上的重要讲话精神,牢牢把握正确舆论导向,不断提高舆论引导能力,切实发挥了"旗舰"和"领航"作用。人民日报媒体建设工作坚持按照中央关于重点新闻媒体加快推进传统媒体与新兴媒体融合发展的战略部署,全力推动融合发展重点项目,布局进军移动互联网新阵地,切实发挥了为全国新闻媒体创造新鲜经验的作用。

一 切实把握新闻宣传的时、度、效,报纸质量和水平稳步提升

习近平同志在全国宣传思想工作会议上提出,新闻宣传工作要"把握好时、度、效"。这是习近平同志在科学总结新闻宣传历史经验、深刻把握新闻传播基本规律、透彻剖析新闻工作面临的机遇和挑战的基础上,对新闻宣传工作提出的新要求,是坚持正确舆论导向、提高舆论引导能力的必然要求,是新闻宣传工作须臾不离的工作方法。

时、度、效,是新闻宣传必须把握的三个关键点。时,讲究的是时效要快、时机要准;度,讲究的是适量适度、把握分寸;效,讲究的是效果导向,动机和效果相统一。这两年,人民日报的新闻报道切实注重在把握时、度、效上高出一筹,更好地发挥了定海神针和中流砥柱的作用,当好了新闻战线的排头兵、融合发展的排头兵和改进文风的排头兵。

---

① 戴莉莉,人民日报社研究部媒体发展战略研究室副主任。

（一）把握好时，占据主动权和话语权

把握好时应有两层意思：第一层是注重时效，先声夺人，抢占舆论引导主动权；第二层是抓准时机，适时发声，掌握舆论引导话语权。

速度赢得先机，时效决定成效。注重时效，就是要求新闻媒体在新闻事实发生时，以最快的速度进行真实、准确的报道，对重大事件迅速发声、对突发事件及时反应，关键时刻不失语、重大报道不缺位。

今年3月1日21∶20分，云南昆明火车站发生一起严重暴力恐怖事件，犯罪分子持刀砍杀无辜群众，致使29人遇难、100余人受伤。22∶30分左右，本报法人微博随即发出文字报道，并在此后一个多小时内，每隔几分钟更新一则动态报道。3月2日，本报头版头条刊出习近平等领导同志的重要指示消息，配发本报评论员文章《严惩暴恐犯罪　保障人民安全》，铿锵有力地表达了依法严惩暴恐分子的坚定态度。3月3日，本报在报眼位置发表《国际社会强烈谴责云南昆明"3·01"严重暴力恐怖事件》综合消息，第一时间报道俄罗斯总统普京、联合国秘书长潘基文以及一些国家支持我国反恐的表态；2版集中报道昆明现场处置情况、社会各界的支持和声援，以及新疆人民和两会代表委员对犯罪分子的强烈谴责；3版发表评论《十足的虚伪与冷酷》，抨击一些西方主流媒体在报道中含混其词、阴阳怪气、挑拨离间，揭露美国政府及一些西方媒体在恐怖主义及恐怖分子问题上冷酷地奉行双重标准。3月4日，本报及时刊发案件告破的消息，并刊发署名评论《像石榴籽那样紧抱在一起》，引用新疆网友的真情表态，表明新疆维吾尔族群众痛恨暴行、企盼团结的心声。本报报道持续3天，共刊发16篇文章、5幅图片，数量虽不多，但在国内国际舆论场中发出了强势声音，可谓打了一场"短、平、快"的"遭遇战"。相较前几年我国媒体对拉萨"3·14"打砸抢烧事件的报道，因为晚报了一天，让美国有线电视新闻网（CNN）炮制的不实报道占了先，随后我们花了大气力辟谣、澄清，也还是难以完全消除西方媒体歪曲报道的负面影响。可见，面对新闻事件尤其是重大突发事件，抢不抢时效，结果迥然不同。先发制人，后发受制，历史的经验和教训，我们应当记取。

当前，媒体生态和舆论格局发生了很大变化，新媒体作为思想文化信息集散地和社会舆论放大器的功能日益凸显，越来越多的重大事件首先被新媒体公之于众，迅速扩散，形成热点，聚合成舆论场。由于新媒体速度快、传播广、互动强，监管难度大，其舆论场往往充斥着大量虚假报道、偏激言论和消极情绪，并且具有一定社会动员能力。在"人人都有麦克风"的今天，主流媒体对重大事件"慢报"甚至"瞒报"，不但不利于平息和解决事件，反而会使媒体本身被负面舆论裹挟和绑架。"当谎言已经跑遍全球，真理还在穿鞋"，往往会造成难以估量的后果。

时效很重要，时机更重要。抢时效考验的是基本功，抓时机则体现出高水平。很多新闻事实，马上报道未必有好的效果，找准时机往往能旗开得胜。舆论学认为，新闻舆论具有一定的周期性和规律性，一般会经历酝酿期、骤增期、裂变期和稳定期等阶段。从这个角度看，抓时机就是要踩准节拍、抓住节点、跟上节奏，在舆论周期的每个阶段采取对应的报道策略，最终达到引领舆论的效果。去年年底，本报对日舆论斗争报道就是一个突出的例子。2013年12月26日，日本首相安倍晋三参拜靖国神社，使其自钓鱼岛争端以来的对华挑衅行动达到顶峰。当时，在涉及二战历史问题上没有哪个国家愿意表态赞同日本，我报紧紧抓住这一难得的对日舆论斗争有利态势，从批判安倍晋三的错误行为开始，展开为期近一个月的对日舆论斗争报道，有力地引导了国际舆论。在舆论酝酿期即从12月27日起的几天里，本报在重要位置发表长篇文章《中国政府就日本首相安倍参拜靖国神社提出严正交涉和强烈抗议（肩题）日方必须对严重政治后果承担全部责任（主题）》，突出报道外交部长王毅对日交涉核心内容，集中报道日本有识之士、韩国政府、美国驻日使馆对其行为的谴责和不满；同时发表"钟声"评论《开历史倒车绝无出路》、《安倍在历史问题上"抓狂"》，被路透社、法新社、英国广播公司网站、日本时事通讯社、《读卖新闻》网站等广为引述。这一阶段的报道特点是立场鲜明、态度坚定、一锤定音，意在为舆论"定调"。在舆论骤增期即从2014年1月5日开始，本报开辟"日本历史问题聚焦"专栏，分5期论述、批判日本美化侵略历史的言行，这些文章引用的史料权威翔实、论据充分，打好了"历史牌"，占据了舆论制高点。这一阶段的报道特点是有理有据、据理力争、以理服人，防止舆论"走调"。在舆论裂变期即从1月6日开始，本报刊发"论安倍晋三参拜靖国神社的恶劣性质"系列评论4篇，挑明安倍拜鬼行为是对人类良知和公理正义的公然挑战，是日本政治右倾化的必然结果，是对东亚安全稳定的肆意冲击。这一阶段的报道特点是拢聚人心、传递观点、孤立对方，保持舆论"高调"。可以看出，在这次对日舆论斗争报道中，人民日报的报道密度、强度和重点与舆论节点基本呼应，做到了合时适时，从舆论上形成对日斗争的强大压力，从气势上形成"对日合围"的有利态势。

（二）把握好度，传递团结奋进正能量

把握好"度"，就是把握好新闻报道的尺度和分寸。新闻宣传要把握好度，既体现了马克思主义新闻观的政治观念、责任要求，也反映了马克思主义认识事物、处理矛盾的科学方法。

我们常说"把好关、把好度"，这是新闻宣传工作中最大的事情、最重要的事情，也是最难的事情。从长期的新闻实践来看，把好关涉及大是大非，是质的区别，相对容易辨别和把握；把好度则贯穿新闻宣传工作的方方面面，是量的差异，往往更难判断和控制。宏观报道要把握广度深度，重大报道要把握密度力度，报道时机要把握时间适度，新闻写作要把握详略分寸，宣传效果要把握接受程度……宏观上国内外形势的分析、舆论总量的把控，中观上成就业绩的褒奖、典型报道的程度，微观上新闻细节的描写、遣词造句用字，都存在把好度的问题。

最近，我国媒体对 MH370 失联的报道引起了广泛讨论，比如，媒体在报道重大突发性事件时如何处理好"快"和"准"的关系，如何把握事实报道和"煽情"文字的比重，"到底该不该采访家属"，等等。这种讨论本身就说明了把好度的必要性和困难性。

把握好度是一个不断实践的过程，就像系鞋带，松也不是紧也不是，只能一次次地根据脚面的感觉找分寸。度，把握得好，就可以达到预期的传播效果，为问题的解决开通道路；把握不好，轻则削弱新闻报道效果，重则关系舆论导向正误。应在地方报道的，拿到全国来报道；应该淡化处理的，却给予强化处理；应该点到为止的，却连篇累牍进行炒作；本来是偶发事件，但进行长时间、高密度报道，使人产生错觉；有的问题需要及时引导，却犹抱琵琶半遮面，引发各种猜测。在近期的新闻宣传中，有的媒体只讲市场在资源配置中的决定性作用，不讲更好地发挥政府作用；只讲积极发展混合所有制经济，不讲推动国有企业完善现代企业制度；只讲赋予农民对于承包地的各种权利，不讲稳定农村承包关系、保持长久不变的最严格的耕地保护制度；只讲如何分好蛋糕，不讲如何做大蛋糕，扩大促进社会公平正义的物质基础……凡此种种失度的报道，都不利于推动实际工作的开展。

把好度需要一把"尺"，明确标准，找准刻度。实际工作中，时时用尺子量一量，常常照标准比一比，就能做到心中有数、下笔不慌。主流媒体新闻宣传要把握好度，就必须贯彻团结稳定鼓劲、正面宣传为主的重要方针，以有利于改革开放、经济发展、社会进步，有利于国家富强、民族团结、人民幸福，有利于统一思想、振奋精神、开拓创新，有利于弘扬正气、抑制邪气、分清是非，有利于社会稳定、政治安定、人心安宁为衡量标准，在政治导向、政策宣传、热点引导、舆论监督上把好关把好度，弘扬主旋律，传递正能量，激发全社会团结奋进的强大力量。

（三）把握好效，凝聚共识实现中国梦

把握好"效"，就是要求新闻宣传注重效果，坚持新闻宣传工作的效果导向，就是在新闻宣传工作中贯彻"实践是检验真理的唯一标准"。产生实际成效是新闻宣传工作的最后环节，也应当是评价和衡量新闻宣传工作的最关键标准。新闻宣传工作干得怎么样，不是看新闻宣传工作的初衷如何、动机怎样，而必须用事实来说话、拿成果来表明、以实践来检验。在时、度、效这三个新闻概念中，有没有把握好时和度，也要靠最后的"效"来检验。

首先是重大主题宣传的实效。这两年，人民日报围绕十八大确定的宏伟目标和十八届三中全会描绘的改革蓝图，推出一大批专稿专栏专刊，刊发多系列评论理论文章，全方位多角度、持续深入宣传会议精神、解读政策措施，多次受到中央领导同志肯定，赢得社会关注和好评。"任仲平"文章《筑就民族复兴的"中国梦"》生动诠释"中国梦"蕴含的家国情怀，社论《让改革旗帜在中国道路上飘扬》深刻阐释十八届三中全会的历史意义，"深化改革方法论"系列评论论述有力、提振信心。"改革发展新景象"、"转型升级新脉动"、"我这一年"等重点栏目，充分反映各地区各部门学习贯彻十八大精神、推进经济社会发展、提高人民生活水平取得的进展和成就，全面展示了广大干部群众积极投身改革开放伟大事业的壮举和风貌。

人民日报先后推出3个系列71篇理论文章、12个系列70篇评论员文章，深刻阐释习近平总书记关于坚持和发展中国特色社会主义、努力实现"两个一百年"奋斗目标和中华民族伟大复兴中国梦等重要讲话内涵。社论《稳中求进改革创新》、"全面深化改革"系列述评、"做好当前经济工作"系列评论员文章，全面准确宣传中央经济政策，科学理性分析形势，解析我国经济社会发展中的总体性、方向性问题。报社还积极开展了党的群众路线教育实践活动宣传报道,率先推出述评《迎接新的时代大考》,开设"群众路线教育实践活动专论",推出"群众路线教育实践活动中的共产党员"专栏,共刊发了38篇理论文章、14个系列142篇评论员文章。

人民日报海外版、人民网、人民数字、人民日报法人微博以及各社属报刊,同频共振,立体发声,有效拓展了十八大和十八届三中全会精神的宣传渠道和传播纵深。

其次是以人为本的实效。这两年,人民日报继续坚持以人民为中心的工作导向,把实现好、维护好、发展好最广大人民根本利益作为出发点和落脚点,尊重人民群众的知情权、参与权、表达权、监督权。很多报道多以人民为主角,多报道人民群众中涌现出来的先进典型和感人事迹,多反映人民群众日常生活中遇到的苦恼和问题。2014年3月26日,人民日报"倾听·行进中的基层回声"栏目刊发报道《基层司法为何留人难》,反响很好。记者走进贵州、四川、广西的基层检察院和法院,写出了一篇反映基层司法工作人员心声的鲜活稿件。压力大、待遇低、招人难、难晋升,让基层司法留不住人才。"判了离婚案,当事人缠着法官要老婆"、"法官既要开处方又要当护士,文书、调解样样都靠一个人"、"一位法官一年'接收案件247件,平均每周需办案4.75件'"等文字,说出了基层司法人员的心声。

第三是正面宣传的实效。不管是形势宣传还是成就宣传,不管是典型宣传还是主题宣传,都要力戒形式主义、华而不实的空洞说教,摈弃语言生硬、形式刻板的模式套路,多挖掘那些富有时代气息、代表社会主流、具有广泛认同的人和事,多用通俗易懂、群众喜闻乐见的方式讲故事、讲道理。2014年3月18日,人民日报刊发一则典型人物报道《炼坚强意志 著道德文章——记罗国杰教授》,讲述了罗国杰教授这位新中国马克思主义伦理学开拓者投身教育事业50多年、不求闻达只爱兰花、6次顽强与病魔抗争的人生故事,让人感到罗教授的一生就是在践行其对马克思主义、集体主义的论述和理解,使人动容。这篇报道把弘扬社会主义核心价值观和典型人物报道相结合,让宣传主题顿时鲜活起来。

2014年4月27日起,人民日报头版头条连续推出"春天中国"系列特稿5篇,分别为《广东:排头兵筑梦"升级版"》、《湖北:中气十足楚天舒》、《浙江:钱塘春潮逐浪高》、《吉林:创新领航催振兴》、《甘肃:筑牢中华"挡风墙"》。这是十八大之后经济社会部策划、跨部门合作的一次大型战役性报道和大型"走转改"活动,该项活动由副总编辑带队,经济社会部、地方部、总编室、新闻协调部组成采访组,先后深入广东、湖北、浙江、吉林、甘肃五省,与5个地方分社的同志组成联合报道组,开展采访调研,报道五省全面贯彻落实十八大和今年"两会"精神的新思路、新举措、新气象,探讨如何破解当地经济社会发展的难题,展现广大干部群众共筑"中国梦"的精神风貌。这组特稿一经刊出,在全国各省市产生强烈反响。

这5篇特稿主题明晰,就是通过深度采写新一届地方党委和政府"怎么想"、"怎么干"以及"干得怎么样",真实再现十八大以来"春在千门万户中"、"实干托举中国梦"的生动局面。"中国梦"贯穿始终,"满园春"跃然纸上,成为5篇特稿的共有底色,在此基础上,坚持实事求是、各有侧重、点面结合,根据不同省份的发展现状确定每篇特稿的选题、角度和内容,鲜明凸显了五省的各自特点。

第四是国际报道的实效。国际部主动配合,积极策划,组织驻外记者采访外国专家学者,对部分外国舆论从个别数据和局部现象片面唱衰中国经济的论调作出及时回应,有力配合了中心工作。针对叙利亚局势、钓鱼岛问题、设立东海防空识别区、南海局势等重大热点敏感问题,充分发挥人民日报"国纪平"、"钟声"、海外版"望海楼"和环球时报"社评"等名专栏优势,正本清源,批驳谬误,有效引导国内舆论,有力影响国际舆论。《看好中国经济结构调整前景》和《中国经济能实现平稳增长》,以及"国际论坛"《中国正在推进经济改革》等文章,就是从外部视角看中国经济,借外国专家学者之口回应悲观论调,观点正面、积极,传递了"好声音"、传播了"正能量"。这些文章一方面指出"唱衰中国"的论调过于悲观,一方面强调中国经济正在逐渐实现从注重增速到注重质量的转变,中国能够实现有质量、有效益、可持续的发展,并继续为推动世界经济增长作出贡献。这些文章所体现出来的对中国经济未来充满信心的积极态度,营造了对我国有利的良好国际舆论氛围。国外分社、中心分社、人民网海外公司建设稳步推进,国际报道和国际评论力度继续加强,国际新闻自采率、原创率、首发率、转载率进一步提高。

二 优化整合新闻报道资源,新闻传播模式和机制不断创新

这两年,人民日报在报道模式和报道机制方面的创新主要是"1+1"模

式和融合报道机制。这些创新举措从记者编辑的个人行为开始,逐渐成为新闻报道常态,进而成为一种新的工作惯例,融入到日常的新闻报道中。

(一)"1+1"报道模式拓展新闻含金量

"1+1"模式是处理报纸头版头条的创新模式,就是把每天24个版的精华"萃取"后集中在头版展示,第一个"1",是要满足读者快阅读的基本需求,提高头版吸引力;后一个"1"是更详细、更深入的内容,供读者进一步了解报道内容所用。这种模式,扩大了一版的容量,丰富了一版的内容,活跃了一版的版面,既提高了记者的积极性,又方便了读者的阅读,一举多得,多方共赢。据统计,从2013年7月1日到10月25日这段时间,人民日报头版的"1+1"模式报道有116篇之多,几乎每天一篇。

如7月11日头版头条《22年,大爱绵延》,讲述了维族大叔倾情抚养汉族孩子,孤儿长大全力回馈抚育恩情的感人故事,在头版头条位置采用照片加文字的形式,而且文字只有208个字,简洁明快,充满情感,引发人们对详细内容的阅读兴趣。6版则以2500多字的篇幅,介绍了主人公突破文化的隔膜,彰显大爱大义的心路历程,突出爱的传递与传承,传递了社会发展稳定的正能量。这样的处理,是对传统"框框"的突破,闪耀着版面创新的光芒,它的精巧、精致、精美成为了当天一版的亮点,也给人留下过目难忘的深刻印象。

从标题式导读,到提要式导读,再到消息式导读,人们看到了党报不断前行的脚步,也感受到党报在与时俱进中焕发出的青春气息与奔涌活力。

在头条采用"1+1"模式取得良好的传播效果后,一版又将这一模式向深处和广处推进——从形式上看,除头条外,其他消息、通讯、言论、照片等,都尝试运用这种新模式,灵活机动,不拘一格;从内容上看,涉及主题宣传、地方成就、先进典型、重要消息、监督曝光、应时策划、国际讯息、体坛动态等。新模式、新表达为一版带来了新气象,体现了党报改文风、转作风的践行与追求。如10月10日一版照片《疯狂的渣土车》,在10月9日本报9版推出北京《渣土车夜间疯狂谁来管?》的文字报道基础上,再次刊发渣土车闯红灯的现场图片,以图为据,并有时间、地点及记者蹲守一小时之内渣土车的违规数据,体现了很强的监督力度,也成为当天头版最为抓人的报道。这样的处理,醒目、犀利、有分量,反映了本报对北京市有关部门沉默不语的态度,更是对群众呼声的回应,对于相关部门采取行动加以治理,起到有力的推动作用。选用新闻照片引导、统领后面的报道，收到了出奇制胜的效果。实践证明，这种"1+1"模式不仅实现了"短实新"的报道要求，其产生的辐射效应和一举多得的传播效果，更为党报创新提供了可资借鉴的新经验。

（二）"两会e客厅"融合报道机制激发新闻活力

"两会e客厅"栏目是人民日报今年两会报道特刊一版的全新的全媒体栏目。该栏目在两会期间，每期围绕"改革"这一重要主题，邀请10位政府官员、7位全国人大代表、3位全国政协委员和10位专家参与对话，发出文字、图片、音频、视频等众多报道形式的新闻产品，受到了中央领导、参会委员和广大受众的欢迎和好评。更为重要的是，"两会e客厅"带来的部门联动、机制融合的新闻生产方式，是一次成功的融合新闻新尝试。

从内容上看，"两会e客厅"栏目共组织对话11场，围绕市场准入改革、单独两孩政策、粮食安全、营改增、银行改革、养老、教育公平、保险市场化、民营银行破冰、中美关系、统计改革等话题，通过政府官员、专家学者之口，解读政策内涵、明晰未来方向、探讨发展空间。这些话题并不是源于编辑记者"拍脑袋"，而是基于报道策划前期网络调查、手机调查的排序结果。

从产品上看，"两会e客厅"将与专家的对话内容通过多种新媒体渠道进行全方位展示，传统文字报道与录播现场照片相配合、受访人的核心观点与网友的反馈相呼应，"改革话题点赞榜"以图表的形式呈现读者对改革的期盼，二维码视频则完整直观地将读者带入第一现场。整个报道有官方解读、有专家观点、有民间声音，通过两会特刊和人民网访谈专题，以及人民日报社旗下的微博、微信、手机专报、手机客户端、电子阅报栏等渠道，做到了一次采集、多种生成、多元传播。在纸媒上，每一块方寸之地，都充满引人眼球的看点；在纸媒外，通过多种e形态使报道得到N次传播，给读者以立体的、交互式的阅读体验，满足了受众的"全感观"接触，提升了两会报道的影响力与传播力。

从生产机制上看，"两会e客厅"汇集了人民日报几乎所有编辑部门的采编力量，以及几乎所有社属传播机构的采编力量。人民日报总编室、新闻协调部、政治文化部、经济社会部、地方部等的编辑记者，与人民网、相关社属报刊的团队共同合作，写稿记者成为出镜记者，出镜记者兼职音视频制作，技术团队共享，等等，基本实现跨部门、跨载体、跨形态、跨机构的通力合作和全面融合。

2014年两会报道的"新闻e客厅"尝试，做到了让有限的版面向更大的空间拓展，很好地实现了新闻报道的多次传播，以形态各异、载体多样的特点，对现代传播体系作出微观呈现，打造了一个传统媒体与新兴媒体并举、官方声音与民间舆论呼应的立体舆论引导形式，为两会报道植入了报道新手段，展现了党报与时俱进的生机活力，体现了主流大报在时代变革中的责任与担当，为党报报道的突破创新拓展了新思路、提供了新借鉴。

三　全力抓好重点项目，融合发展呈现新局面

近年来，人民日报在积极推进新闻改革、不断提高办报质量的同时，大力发展新兴媒体，取得一些成效。人民网经过十多年发展，2012年在中央重点新闻网站率先上市，融资后实力不断扩大，影响不断扩大，目前日均访问量在全球网站中的排名稳定在60名左右，在全世界报纸所办的网站中排名稳居第一。伴随着社交媒体的崛起，人民日报法人微博应运而生、一鸣惊人，在各类热点事件和突发事件中发挥了舆论引导、情绪疏导的重要作用。现在的人民日报，已经由过去的一张报纸发展到报纸、杂志、网站、微博、微信、客户端、手机报、手机网、网络电视、电子阅报栏等10种载体，基本覆盖了现有各类传播形态，一个传统媒体与新兴媒体并举、官方声音与民间舆论相呼应的舆论引导格局初步形成，一个形态各异、载体多样的现代传播体系已具雏形。总体上看，人民日报社已经走完了建设新兴媒体、推动报网互动这两个阶段，如今正在向推动深度融合、一体化发展的方向迈进。

（一）人民日报法人微博发展态势稳步向好

2013年7月19日、2014年7月22日，人民日报法人微博分别召开运营一周年、两周年座谈会。2013年7月18日，在人民网、新浪网、腾讯网三大平台的总粉丝数达到1840万，2014年7月21日，总粉丝数超过4600万，人民日报法人微博在新浪网报纸微博影响力排行榜上长期保持第一，是微博平台最具影响力的媒体微博。法人微博树立了权威、理性、正义、亲和的形象，逐步成为网民心目中"正能量"的催生者和弘扬者，在新媒体领域扩大了人民日报的传播力和影响力，在更广泛的人群中提升了人民日报品牌的认知度和美誉度。

法人微博的成功不仅是人民日报社布局移动终端的成功，更在于它倒逼了人民日报社新闻采编机制的创新。现在，人民日报总编室、评论部等

众多编辑部门都有与法人微博对接的专设人员，比如，很多新闻策划在一开始就考虑了新媒体传播部分，评论部新设新媒体评论室，新媒体评论员专门为微博撰写微评论等等。现在，人民日报社的编辑记者都把为新媒体供稿作为日常工作流程的一部分。此外，报社内部奖励机制、稿酬机制也因为法人微博的成功作出了相应的倾斜和改变。

（二）人民日报移动新闻客户端开局良好

2014年6月12日，全新的人民日报客户端正式上线，标志着人民日报形成法人微博、微信公众账号、客户端三位一体的移动传播布局，人民日报社多种传播形态的现代化全媒体矩阵形成。

新版客户端具有新闻内容定位更准确、新闻更新速度更快、互动性更强、覆盖范围更广等优点。客户端划分为闻、评、听、问四大板块，满足用户多层次信息需求。

"闻"板块为新闻信息流，不仅能阅读到人民日报精彩内容，还聚合了各类权威信源，专为移动用户提供原创、首发、独家的报道；"评"板块发挥人民日报评论优势，对于各类热点焦点实现即时评论，集纳精彩观点，汇集权威声音，提供对各类事件和问题的主流价值判断；"听"版块为音频新闻，除"三分钟读人民日报"等内容外，还包括了各类音频新闻和文化、服务类节目；"问"板块是地方领导留言板的移动端入口，对于群众提出的各类问题，由各地区相关部门进行制度性办理并回复，为各级政府机关和群众搭起沟通桥梁。

人民日报客户端不是一个简单的移动应用。它的背后，有人民日报及社属媒体强大采编力量支撑的内容优势，有着在中央重点新闻网站中率先上市的人民网所创造和积累的平台优势，更有着人民日报作为党中央机关报的政治优势。人民日报客户端将借助移动平台，充分展现人民日报的各类优质新闻内容，但它绝不是简单照搬报纸内容，而是要立足移动互联网传播，改变传统报纸的采编机制流程，呈现符合用户需要的新闻信息。今后人民日报及所属媒体的所有记者、编辑和评论员，都将逐步改变单纯为传统媒体供稿的模式，随时随地通过人民日报客户端向移动互联用户提供新闻事实和观点意见。

人民日报客户端自上线以来，受到了广大用户的热烈好评。用户普遍反映，客户端特色鲜明，定位准确，界面美观、大方，功能强大、全面，信息内容精彩、丰富、质量很高，是一款代表业界高水准的移动信息平台。

(三) 公共稿库建设取得新进展

打造一个融通全社所有媒体的公共稿库，是人民日报社近年来重点推进的技术项目。内网核心交换机是人民日报社技术体系的大脑。人民日报社现有的内网核心交换机是2001年投入使用的，已经历十二个寒暑。其间由三五十台计算机飞速发展到现在的上千台桌面终端，由当年基础应用一个系统，发展到现在二十多个系统。人民日报社技术部经过几个月的精心准备、刻苦攻关，决定于2014年6月22日进行核心交换机切换。相隔几代技术的交换机能不能兼容？近百个VLAN池的划分、近千个IP地址的重新认定、数千个接头接口、几十公里长的网线只要有一处失误或一处不兼容，就会满盘皆输。技术部解决了一个个技术难题，克服了一个个意料中和意料外的困难，终于实现了一次切换成功。

核心交换机的切换成功，为公共稿库二期和技术支撑体系建设打下了良好基础，为建设报社中央厨房式的新闻采编指导中心奠定了技术基础，也为今后十年到十五年人民日报的技术进步铺平了道路。

四　围绕中心、服务大局，把握未来新闻报道和媒体建设新重点

未来1—2年，人民日报社在新闻传播、媒体建设等方面可能会着力以下几个方面：

(一) 着力加强社会主义核心价值观宣传报道工作

培育和践行社会主义核心价值观，是推进中国特色社会主义伟大事业、实现中华民族伟大复兴中国梦的战略任务，必须贯穿和渗透到人民日报社各方面的宣传报道中。

习近平总书记曾提出"在全社会牢固树立社会主义核心价值观"的要求。2014年6月29日，中央政治局常委、中央书记处书记刘云山同志到人民日报社考察工作并发表讲话，指出做好新形势下的宣传舆论工作，一项具有全局意义的重要任务就是培育和弘扬社会主义核心价值观。要求深入学习领会习近平总书记关于社会主义核心价值观的重要论述，深刻认识核心价值观建设的重大意义、目标任务，进一步增强思想自觉、认清责任使命，把弘扬核心价值观要求体现到宣传舆论工作各方面。刘云山强调，要深入持久地宣传阐释核心价值观的丰富内涵、历史渊源、现实基础和道义力量，宣传阐释优秀传统文化与核心价值观的内在联系，不断增强人们对核心价值观的认知认同。要贯彻落细、落小、落实的要求，注重接地

气、贴民心，找准与时代的对接点、与百姓的共鸣点，把核心价值观宣传渗透和体现到各领域宣传报道之中，努力做到潜移默化、润物无声。新闻工作者承担着引领社会风尚、推动文明进步的重要责任，要恪守职业道德，做社会主义核心价值观的践行者、推动者、引领者。

按照习近平总书记的指示和刘云山同志的讲话要求，人民日报社制定了加强社会主义核心价值观宣传报道工作方案，计划将社会主义核心价值观的宣传报道作为当前以及今后一段时间的工作重点。在总体安排上，举全社之力，实现全方位、立体化、广覆盖；在具体报道上，见人见事、事理结合，做到落细、落小、落实；在典型选择上，要求实而新、小而近，做到春风化雨、润物无声；在报道力度上，坚持长流水、不断线，融入到各个领域各个方面的宣传报道中；在传播对象上，做到对内对外双向传播，内宣外宣结合起来，讲好中国故事，宣介好当代中国核心价值观。具体将做到：

社会主义核心价值观的宣传报道将注重把握正确导向，充分发挥人民日报作为媒体旗舰和领航者的引领作用。准确把握中央关于培育和践行社会主义核心价值观的要求，以高度自信、自觉，旗帜鲜明地奏响社会主义核心价值观交响乐，持之以恒地做好核心价值观宣传报道，不断增强人们对核心价值观的认知认同。相关系列报道将坚持正面宣传、正面引导、正面教育，扶正祛邪、扬善惩恶，既润物无声，又朗朗有声，最大限度凝聚社会共识，有理有据地辨析噪音杂音。

在表达方式上将积极创新形式，坚持落细落小落实的指导原则。坚持事实说话、典型引导、问题导向，深化"走转改"，防止"虚空偏"。找准报道与时代和社会的对接点、与读者和百姓的共鸣点，不断增强报道的吸引力感染力，使核心价值观的宣传报道既见人见物又有情有理，既接地气更贴民心。

在传播手段上将拓展传播路径，形成全社合力。人民日报社全社资源将积极联动，创新拓展社会主义核心价值观的传播路径和报道空间。人民网、法人微博、客户端和电子阅报栏等将充分发挥新媒体平台作用，形成社会主义核心价值观全方位、立体化报道格局，将其内容更多延伸、植入到各纸媒、各平台、各终端，覆盖不同受众人群，有效增强社会主义核心价值观宣传的渗透力影响力。

在报道密度上将把社会主义核心价值观的宣传报道贯穿于日常报道，

提升整体效应。人民日报版面、各社属媒体日常报道，将尽最大所能把社会主义核心价值观与日常报道挂钩，在文中体现，在提要中说明，使社会主义核心价值观的宣传报道落实到人民日报的各个版面，贯穿于人民日报及所属媒体的日常报道之中。

（二）进一步推动传统媒体与新兴媒体融合发展

2014年4月14日，中宣部部长刘奇葆在推动媒体融合发展座谈会上指出，推动媒体融合发展是一项紧迫的战略任务，必须进一步提高思想认识，加强统筹规划，制定总体思路，明确工作目标，在融合发展之路上走稳走快走好。4月23日，人民日报以《加快推动传统媒体和新兴媒体融合发展》为题刊发了刘部长的讲话。

由中宣部部长出席推动媒体融合发展座谈会，并发表重要讲话，这是首次。刘部长的讲话，也是高层对媒体融合发展最系统全面的阐释。讲话高屋建瓴，极富针对性指导性。可见，媒体融合发展今后将迎来一个新的高潮。

按照中央要求，人民日报社把加快推进传统媒体与新兴媒体融合发展作为一项战略任务和紧迫任务，专门制定了加快推进融合发展的总体规划，提出以导向为灵魂，以真实为生命，以人民为中心，全面增强传播力、公信力、影响力和舆论引导能力，力争经过不长时间的努力，使人民日报成为形态多样、手段先进、具有强大传播力和竞争力的新型主流媒体，努力达到国际一流水平。

人民日报社社长杨振武在出席2014年7月22日人民日报法人微博运营两周年座谈会上发表讲话，就着重谈到了人民日报社未来的融合发展基本方向。人民日报媒体融合发展将进一步着力优化新闻信息生产的体制机制，围绕采、编、发环节进行流程再造。以"全媒体新闻平台"为核心，推动在采编力量以及新闻信息的采集、制作、发布上实现融合，形成"一次采集、多种生成、多元传播的模式"，以巩固壮大人民日报法人微博、微信公共帐号和加快发展人民日报客户端为核心，推动在传播渠道上实现融合；以发挥人民日报深度报道和评论、理论等优势为核心，推动在加强话语体系和内容建设上实现融合。下一步还将利用大数据和云计算技术，建设人民日报数据中心，既面向社会大众，又深耕垂直行业，形成具有较强市场竞争力的信息服务产品集群。

推动融合发展是一个全新课题，也是一个奋斗过程、艰巨任务，要求新闻机构牢牢抓住有利时机，站在媒体和技术发展前沿，既要加强顶层设计、又要摸着石头过河，既要目标明确着眼长远，又要措施具体、科学可行，做到不偏不虚不空、落细落小落实。

未来，就传统媒体与新兴媒体的融合发展，人民日报社将着重做到以下几点：

一是更新思想观念，以改革创新的精神推动融合发展。媒体融合发展是传媒领域重大而深刻的变革。从层级上看，要从局部实践上升为顶层设计；从范围上看，要从多点突破扩展到全面转型；从重点上看，要从以报道创新为主转向以制度创新为主。在新起点上推动媒体融合，首先是要解放思想、转变观念。经过多年发展，传统媒体积累了广泛的社会资源，聚拢了优质的人才资源，形成了巨大的品牌资源。这些因素，都是推动融合发展的有利条件。但必须深刻地认识到，新媒体的迅猛发展是不以人的意志为转移的，如果无动于衷、望而却步，就会失去话语权。在融合的状态下搞传播，我们需要有"本领恐慌"的紧迫感，有"不甘人后"的使命感，掌握新思维、驾驭新载体、运用新手段，真正掌握融合发展的新本领。

二是必须创新思维，用互联网思维办媒体、抓融合、促发展。互联网强调"用户中心"，传播的基础是用户。媒体发展要赢得未来，必须强化用户意识，把占有用户、发展用户、集聚用户作为重要抓手，贯穿于媒体融合发展的全过程、各方面。要创新产品，搭建更符合现代信息传播的新平台，开发更适应受众信息消费需求的新产品。要创新用人机制，进一步激发干事创业的主动性和创造性。要创新投融资机制，目光不仅盯着体制内的钱，更要开门办事业，靠新的机制，用新的资金，引进新的基因，促生化学变化。只有这样，才能打开新局面，闯出新天地。

三是转变发展路径，实现技术与内容的两轮驱动。对媒体来说，内容是决定生存与发展的关键所在。推动媒体融合发展，必须始终坚持"内容为王"，把内容建设摆在突出的位置，以内容优势赢得发展优势。同时，必须转变"内容为王"的发展路径，高度重视技术的引领和驱动作用，尽快补上技术这个"短板"。大数据、云计算、移动互联等技术，是当今具有代表性的新技术，这些技术的发展和运用深刻影响着社会生产生活，也为新闻生产和传播开辟了广阔空间。在推进媒体融合发展过程中，我们要重视和利用好这些新技术，全面提升新闻的采集能力、加工编辑能力、解读分析能力和多元传播能力。要顺应信息传播移动化、社交化、视频化的发展趋势，通过新技术的应用，生产出满足移动终端用户信息获取和社会交往需求的内容，在品质上追求专业权威，在传播上注重快捷简约，在服务上注重分众化互动化，在展示上实现多媒体化。内容的优势不是一成不变的，技术上的创新也不是一劳永逸的。人民日报将紧盯技术前沿，瞄准发展趋势，不断以新技术新应用引领融合发展，走出一条内容和技术双轮驱动的融合发展之路。

四是坚守责任使命，在融合发展中提高舆论引导能力。互联网的快速发展，为人们获取信息提供了丰富快捷的手段，深刻地改变了社会生活和生产方式。然而，和现实世界一样，虚拟世界同样良莠不齐。借助互联网，一些消极负面因素得以放大。正因为如此，才更需要主流媒体发挥中流砥柱的作用，激浊扬清，罚恶扬善。要抓紧变革，也要始终坚守。通过融合发展，要更好满足受众的需求，但绝不能迎合庸俗、低俗的趣味。要形成平等交流的氛围，但绝不能模糊是非善恶的界限；要创新引导舆论的方式，但绝不能丧失党和人民的立场。面对网上快速传播和信息失真的矛盾、表达观点和观点极化的矛盾、传递情感和情绪泛化的矛盾，新闻人要保持定力，坚持正确舆论导向，弘扬主流价值观，靠公信力和权威性取胜。

五是倡导开放共享，走跨界协作、合作共赢的道路。互联网的精髓就是开放共享。在推进融合发展的过程中，作为传统主流媒体，特别需要开放的思维、连接的思维、共赢的思维。融合发展，绝不应该是关起门来搞融合，而要有借力发展的意识，不是什么都自己搞，也绝不能搞大而全、小而全，要把别人成熟的技术与平台用起来，实现更好更快发展。两年来，人民日报法人微博的成功实践表明，依托各类社会平台，完全可以把主流的声音传得更广，这条路以后还要继续坚定地走下去。人民日报社将充分与各类平台、各类渠道加强合作，把人民日报的声音传得更广，也将通过自身努力，让合作伙伴获得社会效益和经营效益。

人民网:融合与创新

许 雯[①]

人民网作为国际互联网上最大的综合性中文网络媒体之一,在报网融合、全媒体发展的战略实践中,不断积累着丰富的传播发展经验。

2013年,人民网在新闻宣传报道、舆论监督、官民互动、海外本土化网站建设、与人民日报的双向融合、全媒体报道等方面不断创新发展,进一步增强了自身的传播力和影响力。

一 报道与引导并重,发挥主流媒体优势作用

(一)围绕党和政府中心工作开展宣传报道

面对舆论引导格局和传播方式的深刻变革,包括重点新闻网站在内的主流媒体,在新媒体环境中日益凸显出治国理政的重要作用。作为国家重点新闻网站的排头兵,人民网在2013年的重要党务政务活动报道、国内国际重大事件报道,以及经济建设、社会建设等各方面的宣传报道中,多次挺"声"而出,及时、客观、准确地进行新闻报道,理性、公正地开展评论,及时、准确传达党和政府的路线、方针、政策,提供和传播权威信息。

2013年9月7日,国家主席习近平在哈萨克斯坦纳扎尔巴耶夫大学作重要演讲。这对人民网来说也是重要的一天,因为人民网在这一天受权完成了国家主席境外演讲的首次网络直播。这次直播任务的圆满完成,得益于直播前的周密筹备:直播前,人民网前方记者采访了中国驻哈大使、演讲大学负责人,发布图文视频报道,后方团队则推出了习主席历次出访演讲回顾、中哈友好等系列策划;更得益于直播当天的快速反应:前方记者及时刊发现场文字、图片及背景资料介绍,采访与会听众畅谈感受。在习

[①] 许 雯,人民网总编室编辑。

近平主席演讲当天，人民网在现场进行独家全程网络直播，中、英、俄、法、阿、西等六个语言版本同步报道，人民网微博进行实时播报，最终圆满完成任务。在直播前后的五个小时内，共有230余万名网友在线观看直播文字和网络视频，370余家国内外网站转载、援引网络直播内容。

10月3日，习主席出访印尼期间在印尼国会发表演讲。这一次，人民网组成了30人的报道团队，再一次出色完成了直播任务。中国驻印尼大使刘建超对人民网此次网络直播习近平主席演讲表示赞赏。他说，人民网是一个非常重要的平台，它在向中国人民、中国网民打开世界之窗的同时，也向世界人民打开了一扇中国之窗。

2013年，"社会主义核心价值观"和"中国梦"的宣传是人民网持续一年的主题宣传。人民网在首页第一屏位置持续放置"社会主义核心价值观"专题，收录了中央领导同志的重要讲话，人民日报及中央主要新闻单位的重要报道和评论；人民网还推出"'中国梦·我的梦'——全国百家网站寻找追梦人活动"大型专题，集纳了上百家网站推荐的"追梦故事"，集中展示一批优秀"追梦人"的事迹。

2013年年中，社会上、国际上唱空中国经济的论调甚嚣尘上，人民网积极回应，及时疏导社会情绪，对无理论调进行了有力的反驳。各路记者深入采访了宏观经济、财经金融、资本市场、地方债务等多领域近20名知名专家、学者，请他们针对热点问题，摆事实、讲道理，解疑释惑、回应关切。随后，在上半年经济数据发布的重要时间点，结合李克强总理关于经济形势的讲话精神和政治局会议对下半年经济工作的定调，人民网记者从怎么看上限下限、改革释放制度红利等五个角度，及时发表《中国经济怎么看》、《中国经济怎么办》等5篇有分量的系列经济评论，得到主管部门领导肯定，也得到网民认可，一些看法、观点被网民在社交媒体上转发传播。

2013年，人民网还围绕两会、十八届三中全会、全面深化改革、扩大开放，加强民主法制建设等主题，策划选题、组织采访，在PC互联网、移动互联网、法人微博、微信公众号推出众多系列报道，为网民了解当今大事、国家大局、世界大势提供了全方位的媒介平台。

（二）围绕社会热点问题开展舆论监督

人民网关注社会问题，不回避社会热点和敏感话题，秉持以事实为准绳、以促进问题解决为目的的报道原则，在2013年持续进行舆论监督，刊发了一系列批评报道。

2013年4月16日,铁岭监狱监狱长和副监狱长因监狱冰毒交易案被免职,一时舆论哗然,而这源于人民网的一次锲而不舍的报道。4月初,人民网记者敏锐捕捉到铁岭监狱冰毒交易案的新闻线索后,迅速反应,多名记者连续数日实地暗访,犯人家属、监狱附近餐馆老板、杂货铺老板、村民、曾在铁岭监狱服刑后获释的犯人……记者不放过一处蛛丝马迹,掌握了大量的一手资料,连续推出两篇重磅独家报道。28个小时,两篇文章转载媒体超过300家,各大网站在显要位置推荐此稿。"铁岭监狱乱象"更是成为当天百度热搜词。网友纷纷为人民网点赞,并评论说:人民网给力,肩负起了官媒的责任,持续追踪铁岭监狱乱象,政府迅速问责。报道也引发了中央部委及辽宁省委关注。稿件发表当天,辽宁省委召开常委会专门研究铁岭监狱问题,辽宁省监狱管理局局长带工作组赴铁岭调查。16日,辽宁监狱管理局政委一行赴人民网说明情况,对人民网的监督报道表示感谢,同日,铁岭监狱监狱长和副监狱长因管理不善被免职。

7月,人民网记者获悉上海多家金店正因价格垄断问题接受调查,后经过多方打探、证实,记者发出独家消息"多家上海金店正被国家发改委价格监督检查与反垄断局调查",并连续发表多篇追踪报道。一石激起千层浪,一时间,人民网的报道成为其他媒体聚焦和追踪的目标,新华社上海分社成立报道小组,视频、图片、内参、经济部联动,追踪并跟进挖掘人民网的首发报道。报道不仅引发社会强烈关注和热烈讨论,更引起国家发改委领导高度重视。在国家发改委督导下,国家反垄断局连同上海市发改委、上海市反垄断局对上海黄金饰品行业协会和上海15家金店进行清查。上海市反垄断局副局长王富山逐一约谈上海黄金行业负责人。

在这一年里,人民网还联合人民日报在多省市对建筑公司渣土车夜间疯狂违章行驶现象进行调查报道,使渣土车的疯狂行为大为收敛;最先披露"万宁校长开房案"消息的记者被辞退,人民网独家揭露辞退行为违规,中国记协对此进行调查,最终促使涉事单位撤销了对该记者的撤职处分;围绕"最难就业年"、买房难、租房乱等等问题,人民网组织了多个系列的报道,开展了几十场嘉宾访谈,取得了比较好的传播效果。

(三)打通两个舆论场,加固官民互动桥梁

大众麦克风时代,主流媒体需要做互联网上海量信息的挖掘机,偏激情绪的缓释剂,社会心态的压舱石。人民网强国论坛、地方领导留言板等互动栏目,注册用户近3000万,是互联网上著名的舆论场,既是下情上达、了解民心民意的重要渠道,也是上情下达,介绍、解读政策,凝聚共识的有效平台。

2014年8月2日,陕西省委书记赵正永在接受凤凰卫视吴小莉专访时说,"我非常喜欢上网,主要是通过人民网和大家交流。因为我主要是通过人民网和大家交流,所以大家在人民网给我留言比较多,留言我们一直有一个办理机制,办理机制也是坚持到现在,老百姓有留言,我们都要给答复,这个坚持到现在,我们现在各级政府,层层有一个办理网民留言的这样一个机构和人员。"这是赵正永第四次在公开场合表示他和网友交流主要通过人民网,而他在采访中提到的"留言板"指的就是人民网地方领导留言板。2013年,"地方领导留言板"上贴网民留言12万条,为网友解决8万多个问题,三级领导平均每天回复223条留言。目前全国96%的省、76%的市、40%的县开展人民网网民留言办理工作。2013年两会期间,人民网推出"我替网友问代表委员"、"我有问题问总理"、"我托书记省长捎句话"、"网友评两会"、"E政广场提案征集"等互动栏目。其中,"我替网友问代表委员"栏目通过强国论坛、博客、微博、手机、微信等各个平台征集网友提问,两会期间共征集网友提问3万余条,参与网友超过44万人次,71位代表委员回复了78个网友问题。人民日报、人民网的记者每天选取其中具有代表性的问题采访代表委员,得到的回复第一时间登报、上网,这也是人民日报、人民网首次联合推出的两会互动报道。两会期间,人民日报开辟专题同名栏目,陆续刊发"我替网友问代表委员"记者反馈专稿10篇,回复问题涉及异地高考、养老金双轨制、房价、城乡户籍制度改革等网友关注的热点。针对栏目中网友提问的热点话题,人民网撰写系列新闻稿8篇,先后有20多家媒体予以转载。两会前,路透社记者还专门到人民网采访了"我替网友问代表委员"专题的相关情况,认为该专题创意很好,网民的问题能够直接反映给代表委员。

为了帮助开展群众路线教育实践活动的部门、单位听取群众意见,人民网承办的群众路线教育实践活动官方网站——群众路线网专门开辟了"群众留言板",截至目前共收集到群众留言25万条,内容涉及党风、政风、工作作风等方方面面的问题。人民网通过归类、去重,分批向教育实践单位转送具有代表性的几千条意见,收到留言的单位就群众留言进行认真研究并提出整改措施,其中,有的群众留言还上了部门、单位的整改民主生活会,已有十多个省部级单位公开回复群众留言。人民网不仅搭建了让人民群众反映呼声要求的平台，还在党和人民之间、在领导干部和群众之间建起了沟通、交流的平台，加深了相互间的理解，促进问题的解决。

2013年，有近3000位嘉宾做客人民网，与网民在线交流。交流的话题，既有全面深化改革、新型城镇化、反腐败、APEC会议、中国与东盟合作、新丝绸之路、中美中欧经贸合作等重大国内国际话题，也有黄浦江死猪漂流、校长开房、"网络大V"社会责任、雾霾等网民关注的热点话题。这一年，人民网先后组织了600余位网友走进最高法，听大法官审案；走进工会十六大，看工会十六大代表如何议事；与部委新闻发言人交流，了解发言人的甘苦。这一年，人民网"部委领导留言板"已与40多个部委办局取得联系，部委办局更为关注人民网网友的留言了；继2012年首次通过网络回应股民问题之后，2013年证监会先后两次回复人民网网友提问共计16次，涉及上市公司分红、退市、股指期货、证券诈骗等投资者最关注的热点。强国社区的"百姓监督"栏目每周上贴近200条帖文，其中相当一部分是反映民众呼声要求的。

二 对外传播"走出去"，向世界讲述真实的中国

媒体是国家形象的"促销者"，在对外信息传播和国际舆论斗争方面，主流媒体肩负着特殊使命。信息有主权，网络无国界，媒体更需要"走出去"，向世界讲述一个真实的中国。2013年，人民网进一步加强国际传播能力建设。新增德文版面，多语种网络平台的建设日趋完善；总网与海外分公司联动报道，加大原创和评论力度，全面报道中国的真实情况，有力发出中国的声音；重视海外社交媒体推广，法人帐号遍地开花；积极拓展合作关系，组织对外交流活动，扩大知名度和影响力。

（一）新增德文版 加强外语频道建设

2013年1月22日，人民网德文版正式上线，它将为中国和德国、奥地利、瑞士等德语国家网民搭建新的交流平台，谱写中国与德语国家文化交流的新篇章。随着德文版的上线，人民网已经拥有英文、日文、法文、西班牙文、俄文、阿拉伯文、韩文、德文共8种外文版本，覆盖亚洲、欧洲、美洲、非洲、大洋洲，每天发布上千条外文新闻，全面介绍中国发生的大事、要事、新鲜事，介绍中国政府的新政策、新举措，介绍中国政府对世界事务的态度、看法。2013年，人民网海外分公司通过与驻在国传统媒体及新媒体合作，使人民网近万条新闻被驻在国传统媒体及新媒体转

载，成为外国网民了解中国的主要渠道之一。

（二）海外社交媒体推广卓有成效

对外传播不仅要"入耳"、"入眼"，更重要的是"入脑"、"入心"。社交媒体为网友提供了直通媒体的"网络专线"，也为媒体创造了新的用户来源，通过良好的互动，集聚更多的忠实用户，让对外传播"走脑"、"走心"。

2013年，人民网日本公司、韩国公司、南非公司、俄罗斯公司、香港公司、澳大利亚公司、美国公司、英国公司共8家公司通过新浪、腾讯微博、Facebook和Twitter等国内外主流社交媒体以及对象国特有的社交媒体进行内容推广。目前，人民网在Facebook上开设的英文账号已成为中国媒体粉丝数最多的账号。

此外，阿文版根据微信在中东地区比较流行的特点，开设微信账号，这是国内唯一一家在微信上获得认证的阿文外宣媒体。

（三）内外联动，突发事件报道有速度、有力量

2013年12月6日清晨，境外媒体有关曼德拉去世的消息传出后，要闻部第一时间联系本网驻南非公司核实确认。北京时间当日5时56分，人民网发出本网驻南非记者采写的快讯，发稿时间分别比中新网、新华网快了6分钟和25分钟。6时39分，人民网制作的包括文字、图片、音视频、连线、微博在内的全媒体专题上线，将曼德拉的音容笑貌、经典语录、不凡经历、中国情缘、传奇家事等大量内容囊括其中。与此同时，后方编辑部迅速组织、调动前后方报道力量，以多视角采写、编发南非国内悼念活动、中国声音及国际舆论最新动态，多名编辑紧盯世界各大通讯社、知名媒体官网、各国政府官网及Twitter网站，推出各大媒体头版关注曼德拉逝世的高清组图，并推出世界各国悼念曼德拉的滚动实时播报页面；与南非公司紧密联动，推出本网记者在现场的实时播报页面；记者当日全天在南非驻华使馆蹲点，及时发回使馆降半旗致哀组图、大使称将有中国官员前往使馆悼念曼德拉等多篇一手稿件。

2013年12月26日，日本首相安倍晋三参拜供奉有二战甲级战犯的靖国神社。9时左右人民网得知消息，人民网立即进入突发报道状态，后方编辑部与日本公司、韩国公司、人民日报驻日分社紧密联动，滚动播报安倍晋三组阁一周年参拜靖国神社等内容。随后，约请专家进行深度解读，共采访五位专家，发布了《专家：安倍选在年末参拜靖国神社系讨好右翼势力》、《安倍"拜鬼"称祈愿和平 专家：完全是贼喊捉贼》、《三专家解

读安倍"拜鬼" 中日关系是结构性恶化》等报道,对安倍"拜鬼"进行深入剖析。次日,后方编辑部继续跟进各国态度,整合世界媒体反应,推出综述《各国媒体强烈谴责安倍晋三参拜靖国神社》,一目了然地报道了各国媒体对安倍参拜靖国神社的否定态度。

(四) 各个领域"广交友",积极拓展对外合作

2013年,人民网进一步推进与外媒的信息互换合作。9月30日起,人民网韩国公司与韩国"中华TV"电视台正式开始新闻及广告互换合作。通过此次合作,人民网原创韩语新闻以字幕形式全文滚动播报,成功落地韩国本土电视台,为外宣方式开辟了新视野。截至目前,人民网与意大利安莎社、俄罗斯之声中俄文版等进行了有效的信息互换合作,每日互相转载原创稿件,进一步提升了人民网外文新闻的海外落地率,2013年全年落地海外媒体上万篇,人民网的国际传播力进一步增强。

人民网还积极拓展与国际组织的合作。2013年4月,人民网英文频道编辑赴阿联酋报道2013世界旅游峰会,活动主办方世界旅游业理事会对人民网中、英、阿三语的全方位报道表示非常满意,主动提出与人民网签署独家华媒战略合作伙伴协议。此外,英文版与联合国开发计划署建立了长期联系,并参与了2013全球减贫与发展高层论坛的报道。

2013年,人民网组织、参与了许多对外交流活动。这一年,外国驻华大使中有45人次接受人民网的访谈或专访。5月,人民网与海南省联合主办"外媒看海南"大型采访活动,来自俄罗斯、西班牙、哈萨克斯坦、韩国、委内瑞拉、日本等23个国家主流媒体的40余名记者深入海南各地采访,感受海南建省25年来的发展变化,全面介绍、报道海南的发展。9月,来自肯尼亚、坦桑尼亚、津巴布韦、利比里亚、赞比亚等非洲国家的20多位主流媒体记者来到人民网,以"中国梦牵手非洲梦"为主题,就进一步深化中非媒体合作、加强发展经验借鉴与分享等议题展开深入讨论。人民网用中文、英文、法文、阿拉伯文全面报道了此次活动,部分来访嘉宾通过视频访谈的形式与网友进行在线交流。

三 报网融合,实施新举措

互联网给媒体带来了新的更加广阔的空间,新媒体的发展带来了前所未有的媒体变革,适应这种变革,是媒体人的时代使命,走媒体融合发展之路,才能引领变革。媒体融合重在也难在"打通",如何有效地整合资

源，形成合力，全面提升，是媒体融合发展遇到的第一个难题。

2013年初，为进一步推动与人民日报社的报网融合，人民网设立报网互动部，负责协调、促进报网互动，组织人民网相关力量帮助人民日报采用二维码、云拍等技术，开拓传播形态的创新工作。

人民日报的立体化传播，实现了多媒体阅读，有效延伸了人民日报的传播力，扩大了人民日报的受众群，尤其是扩大了年轻人群的覆盖面。中国人民大学新闻学院新闻系副主任许向东评价说："人民日报的数字化进程在党报体系中还是很靠前的，体现出党报在传播理念、传播方式、传播技术等方面的革新与突破。"

日常工作中，人民网报网互动部还发挥着报网互动的桥梁和纽带作用，积极促进报网融合的发展。报网互动部既参加人民网新闻晨会，也参加报社编前会、报社相关编辑部的周策划会，充当报网间的中介与桥梁，让报纸的重要内容在网上、法人微博、微信公众账号上得到突出体现，也让网站的优质内容及网民的反馈、热议等落地报纸版面。报网互动部与人民日报评论部合办"人民日报评论"微信公共账号，与社属报刊积极合作，推动杂志和网络共享优质内容。

2014年3月22日至4月1日，国家主席习近平出席第三届核安全峰会并访问荷兰、法国、德国、比利时和联合国教科文组织、欧盟总部，国内外异常关注。人民日报社对习主席此次出访高度重视，制定了详细周密的报道计划，从总部派出随访记者，驻地记者参与采访，前方报道团队达10人。报道计划既有图文报道、版面安排、评论撰写，更有视频报道的设计。根据出访安排，选取10场重要活动安排视频拍摄、传输、编辑并制作二维码。3月21日，作为预热，人民日报发布了第一条视频二维码稿件，题为《友人眼中的习近平》，受到网友关注，视频页面访问量不断攀升。3月26日，由前方记者拍摄，融入央视部分素材的习近平主席出访的二维码报道《峰会：中国核安全观备受关注》刊登在人民日报三版。这是人民日报首次视频报道国家主席的活动，它意味着人民日报重大时政新闻报道的全媒体突破。27日，又一条习主席出访的二维码视频新闻出现在人民日报上，为完成这条视频新闻，前方记者争分夺秒抢拍视频，第一时间传输，人民网视频编辑与二维码编辑攻克视频比例不匹配等重重难关，确保了二维码如期上版。这条视频新闻的部分内容比央视新闻快了十几个小时。人民网还将视频新闻剪辑成多条视频片断在微视平台进行推送，传播效果颇佳。习主席出访前后十天，人民日报共发布二维码报道20条，其中报道习主席出访活动的视频报道14条，总时长35分钟。这是人民日报以视频报道国家领导人重要活动的成功尝试，积累了全媒体报道的宝贵经验。网友称赞人民日报上的视频二维码是这次报道的一个亮点，通过手机扫描二维码，实现了党报立体化的阅读，满足了不同年龄层读者的需求。

四 创新报道形式，拓展新媒体传播

2013年，人民网在创新报道形式、扩大新媒体传播力方面继续加大投入，在信息可视化、社交媒体等方面都取得了较好的传播效果。

（一）信息可视化取得长足进步

2013年两会期间，人民网尝试推出"图解十年两会"、"炫图表"，随后在5月正式开设"图解新闻"栏目。

"图解十年两会"专题从2月19日起每日推出一期，通过"外国媒体问总理"、"数字点亮民生"、"政府报告看改革路径"、"两会最热关键词"等9个图表梳理2003年以来的10次全国两会的重点内容。专题采用全flash交互式图表的展示形式，通过鼠标进行交互展示更多内容，给网民带来新颖的图表阅读体验。专题赢得了网友和各界好评。有学者评论称："人民网'图解十年两会（2003—2012）'把数据利用到极致，盘点了'十年两会总理记者会的外媒提问'、'十年两会政府工作报告'等，每一项盘点信息量大，图表简洁，一些动画效果的加入，提升了用户体验。"[①]

此外，两会期间人民网还推出"我有问题问总理"视频版，以地图形式呈现各地网友上传的"问总理"视频。2013年，人民网日均推出视频内容360分钟，比上年增加19%。

（二）积极运用社会化媒体 构建新型传播格局

社会化媒体的浪潮中，主流媒体同时面临着严峻的挑战和发展的机遇。2013年，人民网有效利用微博、微信等传播平台，利用新型传播载体，构建自己的立体化传播格局。

人民网的人民微博平台"以沟通促改变"，形成了鲜明的政务微博特色，成为权威的微博问政平台。截至目前，人民微博认证的党政机构及干部微博超过30000个。外交部、商务部等20家中国部委微博落户人民网，

---

① 程林：《2013年人民网两会特别报道创新研究》，《青年记者》2013年第20期。

叁　内容供给与表达样态

上百名部级以上官员在人民微博实现与网友互动交流。他们对社会热点事件的权威点评，成为人民微博突出的特点之一。

2011年，人民网先后在人民网以及新浪、腾讯、搜狐等微博平台开通人民网法人微博。法人微博全天滚动更新，每日发布50条左右的图文微博。微博内容新闻性、时效性、趣味性并重，粉丝增长迅速。截至目前，人民网法人微博在新浪、腾讯、搜狐、人民网四家网站的微博粉丝总数达到6800多万。

2013年两会报道期间，人民网法人微博@人民网两会报道专属账号对两会新闻进行滚动播报，第一时间将两会资讯传达到微博平台。法人微博在重大事件中快速报道，积极发声，顺利实现了从普通网络媒体向微博新媒体平台的转变，并不断尝试新的栏目形式，力争将人民网法人微博打造成一个全新的独立自媒体形态。

2013年年初，人民网法人微信账号开始运营。2013年的两会期间，法人微信开通"我有问题问总理"语音互动，在微博、专题等多个渠道推广征集网友提问，通过语音直接传达网友心声，利用新媒体手段与网友间实现了良好互动。

（三）发力移动终端促进传播渠道融合

2013年，人民网进一步整合资源，发力移动终端，促进传播渠道融合。

目前，人民网移动互联网应用覆盖苹果、安卓、Windows Phone、Windows 8等多个主流平台，拥有手机人民网（WAP版）、Windows 8版人民网，及人民云拍等客户端应用，并提供手机阅读、手机游戏、手机报等移动无线增值服务。

在2013年度的"中国智能手机应用大赛"中，人民新闻客户端2.0版凭借权威准确的内容、流畅的人机交互体验、良好的用户口碑，获得"中国智能手机应用大赛"创新奖。

在新媒介环境的巨变中，人民日报社正在走出一条体现时代特征、中国特色、国际水准的新兴媒体发展之路，成为传统主流媒体进军新兴媒体的排头兵，在这一精彩的历史进程中，人民网肩负重任，责无旁贷。面向未来，人民网将不断探索，全力践行重点新闻网站职责，强化新闻报道的权威性和公信力；还将不断创新，积极适应新媒体传播趋势，打造全新媒体形态，不断提升自身的传播力和影响力。

引导社会热点　加强舆论监督
——《中国青年报》2013年新闻表达报告

邱春燕[①]

中国青年报以"推动社会进步、服务青年成长"为办报宗旨,把履行媒体社会责任作为崇高使命,在读者中享有崇高声誉。中青报人认同这样一种核心价值观:追求公平、公正、公开的新闻理想;不唯上、不唯下、只唯实的大报气质;铁肩担道义、经时济世的家国情怀;勤于探索、引领风气的先锋意识;崇尚民主、尊重个性的团队精神。

中国青年报社的历任领导都要求编辑、记者,"要像珍惜自己的眼睛和生命一样,珍惜中国青年报的公信力"。2011年4月中国青年报第39次记者全会开幕式上,当时任报社党组书记、总编辑的陈小川面向全体采编人员作了题为《我们今天该作什么》的报告,他这样说到:

"我们作为一个有专业水准,有专业诉求,同时又有社会责任感的媒体。

第一,头脑要清楚。现在社会的浮躁很多时候体现在年轻人的焦虑感。其实焦虑是发展太快、变化太多的情况下产生的社会心态,不应该反过来抱怨发展太快。作为有责任感的新闻工作者不要增加这种焦虑感。中国青年报的编辑记者不要增加青年人的这种焦虑感,让他平静和理性。一个经济体在这么高速成长的过程中,稍微偏一点都可能出问题。

第二,用我们专业主义的眼光去报道这个社会,不偏激不狭隘。做报道时,一定要想着客观、真实,不要自设定义自设前提。没有冷静的时候,把笔先放一下。我们要用非常专业的手法来记录历史,记录新闻。假如你把你的情绪,你的预设前提,你的偏激执着都融入到我们的报道中去,那就不专业了。要有一种警惕,看到的不一定是真实。真实一定要客观。

[①] 邱春燕,中国青年报社办公室编辑。

第三,我们在用专业主义的眼光报道现实的时候,要注意一个区别,就是建设性和摧毁性。要区别建设性和摧毁性。中国青年报的这种尺度应该是建设而不摧毁,理性而不焦虑,平和而不偏激。"

正是基于对新闻专业性的追求,在这种共同的媒体价值观、责任观的指导下,中国青年报刊发了众多优秀的、社会反响强烈的新闻报道,以贴近读者的方式引导社会热点,以客观、理性的专业操作加强舆论监督。

一 引导社会热点

2013年,中国青年报一如既往注重新闻报道的贴近性,以贴近读者的方式,通过讲好故事来引导社会热点。

(一)注重时政新闻报道和评论的贴近性

2013年,在编委会领导下,中国青年报刊发了大量弘扬社会主流价值观的时政新闻和评论,在全国两会等重大新闻事件和突发社会热点事件中,加强宣传报道和舆论引导工作。报道过程中,编辑、记者不仅注重新闻采写的专业性和贴近性,也充分重视并利用了新媒体的传播优势,尽可能地扩大了新闻报道和评论的社会影响。

报道实例报告:

1. 两会报道

2013年两会期间,中国青年报两会报道组,贯彻党的十八大精神,紧扣"科学发展,深化改革"这一两会报道主题,以"为改革发展建言,为民生建设献策,为青年利益代言"为总的报道思路,拼抢新闻,挖掘故事,改进文风,提高思想含量,体现了民主法治、公平正义、市场经济、美丽中国等会议重大主题,凸显了青年特色,进一步探索了纸媒、中青在线、微博、视频访谈等多媒体立体呈现的两会传播样态,进一步扩大了中国青年报的社会影响力。

2013年,中国青年报首次利用本报法人微博进行两会报道,首次运用二维码推广中青报的微信账号和两会报道。中国青年报的微博账号及时发布记者采集的新闻,并把微博内容同步转换为网络快讯,在网站首页两会专区和两会专题进行重点推荐。许多微博报道产生了很大的影响力。如李克强总理寄语青年的微博阅读量达20万人次。

以《跟习总书记交流不念稿》(《中国青年报》2013年3月5日T1版)为例,这篇独家报道,记录了2013年3月4日,习近平以总书记身份首次参加政协会议讨论的现场。中科院院士姚檀栋委员在发言时念了网上流传的打油诗《沁园春·霾》，引起全场笑声。这种表达对环境保护和国家发展转型强烈期待的民间段子，借由全国政协会议传到最高领导人耳朵，这是严肃会场里的难得瞬间，报道让公众感受到最高议政殿堂里的新变化。与报道同时，本报官方微博账号3月4日首先将委员当习总书记面念《沁园春·霾》的细节发到社交网站，引起广泛转发评论。3月5日，中青在线将这条微博改编为一则两会快讯，引起了各大新闻网站的大量转载。本报两会特刊头条再刊发会场短特写《跟习总书记交流不念稿》，完成了从社交网站到报社官网再到报纸版面的新闻落地过程，这在报社内容生产中尚不多见。

由于内容独家、权威，这篇报道通过三个渠道发出后引起强烈反响。有媒体评论指出，政协委员向总书记念《沁园春·霾》是一份最好的"提案"，反映了"最直接的民意"。人民网评论，委员当着总书记面念《沁园春·霾》也是一种新风，政协委员敢说真话，习总书记在一旁倾听，如此交流轻松且顺畅，《沁园春·霾》是控诉也是"转型催促"，要"读懂《沁园春·霾》背后的民生期盼"。《工人日报》评论指出，"跟习总书记交流不念稿"等会场新气象，让公众耳目一新。"多年以后，此类标志性事件注定会被记起，而一并被记起的，还有中国的发展，以及由此类节点性变革而一步步向前的感慨。"

2. 本报评论员文章

中国青年报面对社会热点问题时，坚持正确的价值导向，引导青年在重大事件，和网络舆情面前保持清醒和冷静。在网络谣言流行之时，中国青年报先后刊发了两篇一版评论，《抵制网络谣言才能避免被其所伤》（2013年5月24日）、《谣言只会让真相越走越远》（2013年5月29日），观点鲜明地反对了网络谣言，表达了"网络非法外之地"的正确立场。这些评论充分展现了中国青年报理性、客观的思想水准，以主流媒体的价值观主动有效地引导了受众对社会热点的认识，很好地履行了中央媒体舆论引导责任。

3.《"蓝海"深处的心跳——深化改革·青年期待系列报道》

这组报道在党的十八届三中全会召开前夕，深化改革再次成为时代最强音的时刻推出，重点反映青年对改革的期盼。4组14篇报道由总编室、经济部、新媒体发展中心、记者部联合组织策划，报道组四路记者共十人完成了从京津到长三角、珠三角再到西部丝路新经济带这一全国范围的跨越。四个报道区域的安排具有极强的区域代表性，也是对十八届三中全会之后中国蓄势待发新一轮改革与走势的很好的象征。报道采访深入，宏观背景与人物故事及细节相互融合，大处着眼，小处落笔，特别是以青年人的现状及所思、所想为主线展开，配以记者手记深化文章主题，是一组引导青年理性看待改革、鼓励他们积极投身改革的好报道。

4. 关于"反四风"的一组评论

2013年12月3日，《中国青年报》在一版"中青评论"栏目发表《反四风不会只是"一阵风"》，及《制度落定"四风"就能刹住》、《让权力拔出利益泥淖》、《管住预算就管住了政府乱花钱》、《舆论监督为整风助力》等整版"反四风"专题评论文章，引起社会广泛关注。这组评论配合中央"反四风"，从年轻人视角，阐述"四风"与社会风气以及青年人的关系，强调它们的相互影响，从青年成长、制度建设、预算公开、舆论监督、历史反思等角度，邀请专家学者和纪检干部，对"反四风"进行了梳理，呼吁建设长久有效的制度机制，使反四风不致成为"一阵风"，进而带动党风、政风、社会风气根本转变。

（二）坚持青年特色，维护青年利益，服务青年成长

中国青年报一向重视青年问题的研究，在服务青年成长成才，为青年利益鼓与呼，为青年提供信息服务、生活服务和精神服务，组织青年开展社会性服务活动，帮助青年、群众解决实际困难等方面也做了大量的相关报道。2013年，《中国青年报》各版面从不同领域、不同角度，组织了很多有青年特色，传播效果好的报道，引导青年追求积极向上的人生观、价值观，以正确的价值导向、行为导向影响青年。

报道实例报告：

1. 《别"剩"——烟台大学7位餐厅保洁员吃学生剩饭倡导节俭》（《中国青年报》2013年11月18日第1版）

这是一篇引领舆论、掀起社会大讨论的新闻报道，报道从保洁员吃学生剩饭这一现象切入，重提倡导社会节俭之风。报社尝试全媒体形态的新闻形式，在报纸一版头条刊发该篇报道的同时，也将其在报社官方网站——中青在线上以视频访谈、网络专题和校媒等组合式、互动式的形式陆续呈现。该组报道在中国青年报首发后，引起中央领

导重视。中央电视台"新闻联播"做了跟进报道,特别报道了中国青年报正在全国青少年中发起讨论;《人民日报》以《"别剩"是面向人人的教育》为题,专题报道了本报的这篇新闻作品和讨论话题。新华社播发了通稿。

2.《父亲往事——忆我的父亲习仲勋》(《中国青年报》2013年10月11日第1版)

该篇报道以故事化、人性化、平民化的语言,还原了一位真实的老一辈无产阶级革命家的人生历程和人格境界,让广大青年感受到这位老革命家的人格魅力,弘扬了老一辈无产阶级革命家的优秀品质。报道备受读者关注,成为当日各大新闻门户网站转载的热门文章,在微博和微信等平台大量传播,获得了良好的传播效益。

3.《没有书香点缀的城楼》(《中国青年报》2013年5月31日第2版)

2013年2月,报社记者发现了一条微博线索,一个在山西临汾开书店的年轻人,受到相关监管部门的烦扰。聚焦版希望通过关注这个年轻人的生活和命运,看看年轻人创业过程中有可能会遇到的社会共性问题。随后,本报记者赶赴临汾进行了采访。由于当事人张俊敏和家人有顾虑,他们提出等到他的书店关门时,再进行报道。否则,他们怕得罪当地,没法生存下去。经过慎重考虑,记者答应了张俊敏的请求。5月底,他的书店准备关门了,经过进一步沟通,5月31日,本报聚焦版刊发了关于他的报道《没有书香点缀的城楼》。

该报道引起了李克强总理和国家新闻出版广电总局领导的高度重视。国家新闻出版广电总局组成调查组,形成了报告,向总局领导及国务院领导进行了汇报。2013年11月,李克强总理两次在全国性公开会议上讲了张俊敏的故事。一个青年的命运,与中央政府推动简政放权、鼓励年轻人创业的政策安排紧紧联系在一起。

4.《关注楼市调控系列报道》

再也没有什么问题能如同楼市涨跌一样牵动年轻人的心了。在过去的一年里,楼市调控政策的变化,以及其对诸多利益群体产生的影响,引发了全社会的关注。从年初到岁尾,围绕楼市调控、楼价上涨产生的一幕幕悲喜,不只关乎利益格局的变化,也是一个透视中国问题的窗口。《中国青年报》经济版推出多篇力作,如:《天津:房市面前婚书薄似纸》、《卖房征税20%，哪有那么容易？》、《房地产税收体系改革需通盘考虑》、《年轻人为什么非要买房（专题）》等，在真实记录的同时，更敦促社会思考，政府宏观调控的边界在哪里？政府该如何处理与市场的关系？解决中国楼市问题的钥匙在哪里？一句话，怎样才能保证居者有其屋，这是关系民生根本利益的大问题。

5.《大学起床协会：叫醒你的不是闹钟，是梦想》（《中国青年报》2013年11月5日第9版）

《中国青年报》的文化阅读周刊坚持聚焦青年现象、时代潮流的各种微小却微妙的变迁，在2013年先后刊发了《青年白领：人在城市，心在哪里》、《游戏不过是青春的载体》、《"慕课"能否取代学校课堂》、《大学起床协会：叫醒你的不是闹钟，是梦想》、《网络成语毁誉参半》等众多关注青年文化现象的报道，受到青年群体的广泛关注。其中，《大学起床协会：叫醒你的不是闹钟，是梦想》这篇报道尤其突出。

2013年10月，文化阅读周刊主编了解到在大学校园中正涌现出一些组织同学们发奋学习、与懒觉斗争的"起床协会"，于是安排记者对这一充满"正能量"的校园文化新风进行采访，选取了两家具有代表性的社团——北京大学"起床协会"和吉林大学"还睡呀协会"，采访了多位社团负责人及参与者，挖掘出许多生动有趣又催人奋进的故事和细节，于11月5日刊发报道。该文见报当天，即被人民网、新华网、凤凰网等媒体转载124次，在微信、人人网等自媒体上也被广为转发。

（三）注重新闻报道的人文关怀

当前媒体市场竞争激烈，有些媒体在市场化过程中受自身利益的驱使，报道上有迎合受众消费需求、降低报道格调的倾向，一些市场化媒体的表现尤甚。中国青年报一直有着注重人文关怀的传统，用心"讲有温度的故事"成为编辑、记者在新闻写作专业追求之一。重大自然灾害、灾难事故报道坚持以人为本、关爱生命；日常报道尊重社会弱势群体，深入人的精神世界，关心人的情感、启迪人的思想、激励人的全面发展。这一领域的许多报道，无论是选题、采写，还是记者的职业素养，无不彰显中国青年报的人文关怀精神。

报道实例报告：

1.《为心道歉——元帅之子与同学直面往事 造反学生47年后向老师鞠躬》(《中国青年报》2013年10月15日第3版)

这篇独家采写的冰点特稿及新闻照片，记录了以陈毅之子陈小鲁为代表的"文革"个人道歉者们付诸行动的经历和心路历程。该报道的采写历时两个月，试图在"很多东西已经改变了"的今天，让国人记住这段历史的现实意义。有人评价：在经济崛起、社会转型、矛盾凸显交织着的当代中国，冰点对陈小鲁们道歉新闻的深度挖掘，对那段历史的回顾，令人读后隐隐作痛，触动人们思考社会。

文章发表后引起很大反响，当天仅腾讯、网易、新浪、搜狐、凤凰网5家网站的参与讨论人数就超过15万人。广大读者以及媒体同行高度评价这一独家报道，一位读者在评论中写道：这是在有限的力量里力图最大化地负责任的媒体典范。

2.《守一村 守一族》(《中国青年报》2013年1月9日第12版)

报道对一个只有两人的村落进行了详尽描述。在村落逐渐萧条衰败的当下，江西省安义县这个村落的命运令人唏嘘：文中的主人公，在村落的衰落中无能为力。作为族中的长辈，他甚至无力去延续家谱。一个上百年的家族，以后的命运就是七零八散，走到大街上，可能谁也不认识谁。

这个村落的命运也令人深思：村落的衰败是不是一个必然结果？村落原先的生活模式及文化价值，当下又如何定义？在新农村建设、城镇化进程中，几千年来形成的村落模式是否已经失去其原有的意义？

该篇报道反映了社会弱势群体的意见呼声，发表后被不少网站转载。村落的凋敝再次成为一个媒体上广为讨论的热点话题。

3.《机关里的年轻人》(《中国青年报》2013年12月4日第12版)

该篇报道从刚结束不久的国考的一道关注度很高的题目入手，通过考场内外的时空穿插，真实地透视了当下机关年轻人真实的生活、工作状态，特别是他们对未来职业生涯的纠结心态，对愈演愈烈的公务员考试的众多报名者，是一个很理性的、很有说服力的提醒和参照。这篇报道有很强的青年性和现实性,报道深入人的精神世界,关心人的情感,启迪人的思想,在网络上,尤其是青年群体中影响很大。

4.《16个爸妈和偷来的女儿》(《中国青年报》2013年1月15日第9版)

报道讲述了今年15岁的赵天怡的故事。这个从出生起就没见过爸爸的女孩,在成长的过程中,隔三岔五被患有精神病的母亲打得鼻青脸肿,放学回家常被母亲关在门外。当她脸上满是淤青和抓痕,右眼肿得睁不开,趴在火车站值班室的桌子上写作业时,遇上了建筑工地的材料员,他联络了16个好心人,组成"爸妈团",把天怡从其母亲身边"偷"了出来,并负担起了她的生活。赵天怡的生命,开始书写出另一种可能。

报道发表后,新华网、人民网、凤凰网等网站相继转载,新京报做了整版的专题并发表评论《"偷"来的女儿反思应多于感动》,并联系中青报记者,写了采访手记在同版配发。

5.摄影专题:《非典妈妈》(《中国青年报》2013年5月22日第8版)

10年前的非典改变了她们的命运,作为特殊的妈妈们,她们想做和仅能做的,是用自己柔弱的身体对抗突如其来的命运变故,以母亲之名,证明生命继续的意义和尊严。面对这样极其敏感的特殊人群,中国青年报摄影记者郑萍萍放下相机,同她们进行了数年朋友般的交往。这保护了她们的隐私,给予了她们尊严,也取得了彼此的信任。

而在"非典十年"这个大背景下,郑萍萍没有滥用这种信任,她总是首先考虑保护、放弃,然后才是报道。她没有忘记承诺,她通过极其克制的拍摄和冷静的写作,记录了这个几乎被忽略的群体。这种用信任、尊重和关爱生出的报道,不煽情不刺激,却仍给人以震撼。

二 加强舆论监督

2013年至2014年上半年,中国青年报针对重大社会问题,加强舆论监督,很多报道形成社会关注的亮点、焦点,产生了积极广泛的社会影响。

(一) 严把舆论监督报道的选题关

中国青年报的新闻舆论监督,侧重于报道和反映社会、政府部门普遍关注,政府部门正在解决或有能力解决的问题,呈现这些问题的新闻事件具有样本意义,着眼于通过报道和批评促进问题的解决,增强公众的信心。中国青年报2013年的舆论监督报道选题,主要涉及教育公平、就业机会公平、社会诚信、青年合法权益等问题,与青年利益密切相关,公众关注度高。报社编委、特别报道部主任曾如是表述:"舆论监督选题'二坚持':坚持选取有样本意义、涉及公共利益的大事件,尽量不做个案化选题;坚持严肃、重大的选题价值取向,避免低俗、低级趣味。对可能撕裂社会伤口、增加社会焦虑的选题宁肯放弃。在正常选题中,增强弥合伤口、减轻焦虑的意识。"

报道实例报告:

1.《推进院士制度改革系列报道》

这组报道从张曙光贿选院士的事件入手,深入追问了贿选院士的经过,剖析了院士制度存在的某些漏洞和弊病,无论是深度还是核心信息,都可谓同类报道的典范。这是报社特别报道部在2013年投入人力最多、倾注心血最多、编采联动最紧密的一组报道,前后共采访20多位院士,相关采访对象近百人,共刊发报道6期,13篇,约4万字。

2.《千人计划入选者管敏鑫被解聘系列报道》

这组报道紧紧抓住国家"千人计划"入选者在聘期未满时被浙江大学解聘生命科学学院院长职务的突发事件,就"海外高层次人才回国后的状态"这一重要问题进行思考,试图回答:海外高层次人才为什么不愿意回国?回来的高层次人才工作和生活现状如何?如何用好海外高层次人才,最大限度发挥他们的能力?我们的社会环境、科研环境还存在哪些阻碍高层次人才归国的壁垒?等一系列问题。

该系列报道对我国加快形成具有国际竞争力的人才制度优势,完善人才评价机制有一定的借鉴意义。报道在学术界,尤其是海外华人学术界引起很大反响。在国内科学家聚集的科学网,有40多篇实名博文专门就此开展讨论。

3.《中国男篮溃败的"影子杀手"》(《中国青年报》2014年8月16日第4版)

2013年男篮世锦赛上,一直处于亚洲顶尖行列的中国男篮在亚锦赛中被中华台北队在1/4决赛中淘汰出局,无缘晋级2014年的西班牙世锦赛。这是中国男篮在亚锦赛的比赛中首次输给中华台北队,更创造了中国男篮38年来历史最差战绩。赛后,在一片声讨声中,本报记者凭借多年从事体育新闻的经验及记者的敏感,找到确切消息源,曝出篮管中心分管中国男篮多年的主管领导是隐藏在男篮溃败背后的"影子杀手",挑明其对主教练扬纳基斯进行技战术"指导"、给队员撑腰与主教练公然对垒、在亚锦赛名单安排上随心所欲的种种行径。由中国青年报体育版刊发的这篇报道,直指中国体育界官本位的弊端,揭露了很多官员裹挟着私利"作决定"的现象,对中国体育界不当的"行政干预"现状有所揭示和批评。

(二) 坚持新闻专业化操作,注重报道客观平衡和建设性

中国青年报在开展新闻舆论监督时坚持严格的新闻专业化操作,注重报道的客观平衡和建设性。报社编委会长期以来都要求编辑、记者坚持"用脚采访,用笔还原",用证据报道,追寻真相,拒绝"网友曝"。在采写舆论监督报道的时候,除非有充分的证据,被举报的一方不愿意接受采访这一特例外,见报的绝大多数报道都采访了对立的双方,给双方平等说话的机会,即使明显不占理的一方,也有张嘴说话的机会。此外,报道时会注重专家关于解决问题的建设性意见。

中国青年报的大多数编辑、记者认为,随着政府信息公开化的推进,公民参与舆论监督的意识增强,可用来开展新闻舆论监督的信息源更加丰富,获取相关事实、事件的证据也更加方便,因此,舆论监督的空间还是比较大的。

中国青年报作为一家主流媒体,理所当然要有社会担当,强化舆论引导和社会责任意识。在舆论监督上,既要敢于监督,弘扬正气,又要注意把握平衡。对一些社会热点问题,既敢于触及,又注意把好关、把好度,使报道发挥疏导群众心理,推动社会进步的建设性作用,而不是唱衰我们的改革开放和经济社会发展。

报道实例报道:

1.《别让工程博士变味也沦为升官砝码》系列报道

2013年3月底，中国青年报记者在京参加面向国家科技重大专项培养工程博士校企对接会时发现，欧美国家含金量高的工程博士学位在国内存在严重异化的趋势："不统考英语、不看重论文"的个性化授予方式，给了权势阶层钻营的条件与空间；985高校与承担国家科技重大专项企业各执一词，互不"买账"；国家顶层设计严重滞后与缺失。经过近20天的调查采访，中国青年报独家刊发了《别让工程博士变味也沦为升官砝码》（2013年4月20日第3版）稿件，让权贵者混戴博士帽子满天飞的趋向大白天下。

本报记者对这一事件继续追踪，发现985高校不对外发布招生简章，极力回避学费与培养费等敏感问题，把建房子、买设备与教师工资等间接成本都核算成工程博士培养成本；把国家研究生计划内与计划外打通，变成对计划内研究生也收费，且收费达到6位数字，与MBA、EMBA学员收费相当，不享受奖学金；说一套做一套，明目张胆地把国家免学费培养的工程博士学位沦为挣钱工具。报社随即在第一时间刊发了《部分"985"高校被指借招工程博士挣钱》（2013年7月4日第3版）等系列稿件。

这组系列报道得到了教育部、科技部与国务院学位委员会办公室的配合。教育部领导批示：一要责成相关部门与单位把国家设置工程博士专业学位、培养工程领域"领军"人才的政策、标准与要求宣传好、贯彻好；二是过去的经验教训不少，要把好事办好；三是对违规招收工程博士的"985"高校，取消其试点资格。

2.《多个豪华别墅和高尔夫球场项目"包抄"抚仙湖》（《中国青年报》2013年4月16日第3版）

本报记者赶赴抚仙湖畔，伪装成有高端购房意向的人士暗访。环湖近一周，走访10余个正在建设、出售的别墅楼盘和建筑工人的工地，通过服饰装束、包车等方式取信于工作人员，在询问中获得了"沿湖岸建设高尔夫球场"、"楼盘距离湖岸不到100米"等关键性信息的证词。

为公正平衡客观报道，记者还多方采访了云南省玉溪市抚仙湖管理局环保科、抚管局综合执法大队、研究抚仙湖等水体方面权威专家，并查证相关政府部门文件，深入调查背后的"土地财政"利益链，为取得多地建筑工地突破100米生态红线的关键物证，记者通过搭车、徒步等方式找到能拍摄工地靠湖岸一侧的山头，才最终成功取证，最终呈现了一篇证据扎实有力、研究深度丰富的调查报道。

报道见报后，引起强烈的社会反响，微博网络掀起"救救抚仙湖"的公共热点事件。玉溪市抚仙湖管理局迅速回应表示，已暂停新项目审批，将出台规划"控制无序开发"。

3.《湖南省江永县：一些领导子女绕道进行政事业单位》(《中国青年报》2013年11月15日第8版)

中国青年报独家刊发的这篇报道，反映了部分县领导子女伪造外地任职的人事档案，再调进本地行政事业单位的现象。两天后，涉事7名领导子女被江永县清退。

举报这一事件的网帖2013年年初就出现了，省调查组也到江永调查过。此后，不见任何消息。据《南方周末》报道，《中国青年报》报道后，"形势大变"，央视、新华社等媒体也先后跟进报道。2014年2月，原江永县委书记伍军（被处分时任永州市零陵区区委书记）、原县长陈景茂（被处分时任江永县县委书记）、县编办主任、县人力资源和社会保障局局长、县组织部副部长、县教育局副局长等6名官员被免职，另有9人受党纪处分。

4.《没有作弊考生的成人高考集体舞弊案？》(《中国青年报》2014年5月16日第7版)

该篇报道披露了江西科技学院3名教师实名举报全校成人高考集体舞弊一事，引起教育部的高度重视。教育部责成江西省教育厅继续配合当地公检法部门，对有关线索进行认真调查核实。江西省教育厅5月17日作出决定，取消江西科技学院2014年成人高校招生资格。

中美主流媒体的国家利益观差异
——基于《华盛顿邮报》、《人民日报》（海外版）斯诺登事件报道的分析

梁 虹[①] 张 敏[②]

2013年6月5日、6日，美国前中情局（CIA）职员爱德华·斯诺登（Edward Snowden）通过英国《卫报》和美国《华盛顿邮报》曝光了美国国家安全局（NSA）的一项绝密电子监听计划——棱镜计划（PRISM）。据曝光的文件透露，该计划自2007年起开始实施，监视范围十分广泛，电邮、即时消息、视频、照片、存储数据等都在监控之列，任何在美国以外地区使用参与该计划的公司所提供服务的客户，或是任何与国外人士通信的美国公民，都在监听之列。"棱镜门"事件一经披露，马上引发了国际热议，世界各国主流媒体纷纷予以报道，但各国报道的角度有所不同。本文以中美两大主流媒体《华盛顿邮报》及《人民日报》（海外版）2013年6月5日至2013年9月5日对斯诺登事件的报道为例，考察这两家主流媒体的报道差异及其所反映的媒体的国家利益观差异，进而探究差异背后的文化渊源。

一 研究样本、设计与研究方法

研究样本：中美两大主流媒体《华盛顿邮报》与《人民日报》（海外版）2013年6月5日至2013年9月5日对斯诺登事件的报道。

本研究选择中美两国作为考察的对象国，主要的考虑是，从文化和地域角度而言，中美两国分别是东西方具有代表性的大国，在意识形态、价

[①] 梁 虹，北京第二外国语学院英语学院教授，美国传媒文化研究中心主任，全球影视与文化软实力实验室联席主任。

[②] 张 敏，北京第二外国语学院英语学院硕士研究生。

值观等方面有很大差异；另外，斯诺登事件源起于美国，而中国也在美国的监听对象之列。将《华盛顿邮报》和《人民日报》（海外版）作为被考察的新闻媒体，则是基于以下两点考虑：1. 两报皆为广有影响的主流媒体。《华盛顿邮报》平日发行量为77万份，星期日发行量为106万份，是美国哥伦比亚特区最大、最老的报纸[①]。该家报纸在20世纪70年代曾率先报道水门事件、披露五角大楼关于越南战争的秘密文件，是美国最有影响力的三大报纸之一；《人民日报》（海外版）每期在国内外发行20万份，是中国在海外发行量最大的中文报纸[②]，同时也是中国对外开放最具权威的综合性日报。2. 两报皆地处首都且均以政治报道见长。《华盛顿邮报》凭借其身处华盛顿这一政治高地的优势，非常注重报道联邦政府和国会消息，经常刊登政府"内幕"报道，是全美率先曝光"棱镜门"事件的媒体；《人民日报》（海外版）地处北京，是中国共产党中央委员会的机关报，以政治报道为其主要特色，是海外了解中国时政动态的一个重要窗口。

本次研究的取样时段为2013年6月5日至9月5日，2013年6月5日"棱镜门"事件首次见诸报端，9月5日为本文资料搜集的截止日。具体的取样方式为：从《人民日报》（海外版）官方网站及Press Display报纸库中检索《华盛顿邮报》及《人民日报》（海外版）2013年6月5日至2013年9月5日所有版面中标题（Headline）包含"美国国家安全局（NSA）"、"棱镜计划（PRISM）"、"爱德华·斯诺登（Edward Snowden）"的文章。剔除重复和不符合标准的文章，得到符合条件的报道共计147篇，其中《人民日报》（海外版）31篇，《华盛顿邮报》116篇。因总体较小，所以对抽到的总体采取无需抽样的普查形式。

二 统计比较：报道中的差异体现

通过对资料的搜集、分析和整理，得出《华盛顿邮报》与《人民日报》（海外版）在主题、内容、情感、语言风格、报道出发点等方面的差异。具体情况如下：

[①] 蒋宝德、李鑫生等：《对外交流大百科》，华艺出版社1991年版。
[②] 甘惜分、钱辛波等：《新闻学大辞典》，河南人民出版社1993年版。

《华盛顿邮报》、《人民日报》(海外版)报道差异一览表(2013年6月5日—9月5日)

差异 \ 媒体	《华盛顿邮报》	《人民日报》(海外版)
报道总数	116篇	31篇
所属版面	头版(Front Page)(42篇,约占报道的36.2%);政治与国内新闻(Politics and the Nation)(24篇,约占报道的20.6%);国安监控(NSA Surveillance)(14篇,约占报道的12%);联邦政府专版(The Federal Worker)(2篇,约占报道的1.73%);国际新闻(The World)(20篇,约占报道的17.2%);美联储(The Fed Page)(8篇,约占报道的6.89%);社论、评论(Editorial)(2篇,约占报道的1.73%);自由辩论(Free for All)(2篇,约占报道的1.73%);经济(Economy and Business)(2篇,约占报道的1.73%)	要闻(12篇,约占报道的38.7%);环球扫描(10篇,约占报道的32.2%);台港澳(4篇,约占报道的12.9%);焦点关注(3篇,约占报道的9.67%);科教观潮(2篇,约占报道的6.45%)
报道主题	美国官方态度及行动(33篇,约占报道的28.4%);NSA监控计划(21篇,约占报道的18.1%);斯诺登行动,申请避难追踪(21篇,约占报道的18.1%);他国政府(中国、俄罗斯等)态度及行动(14篇,约占报道的12.1%);对泄密的担忧(7篇,约占报道的6.0%);协助斯诺登人员(6篇,约占报道的5.2%);斯诺登亲属态度(5篇,约占报道的4.3%);NSA承包商(3篇,约占报道的2.6%);斯诺登自身立场(2篇,约占报道的1.7%);其他报道(4篇,约占报道的3.4%)	中方就斯诺登案立场(8篇,约占报道的25.8%);指责美国侵犯公民隐私,窃取别国机密(7篇,约占报道的22.6%);维护网络主权,加强网络安全建设(7篇,约占报道的22.6%);俄罗斯就斯诺登事件的立场(5篇,约占报道的16.1%);其他报道(4篇,约占报道的12.9%)
报道倾向	谴责斯诺登及他国政府	拒绝接受美方指责
信息特点	直接引用为主	直接引用很少;客观呈现为主
报道出发点	美国国家利益	中美共同利益、亚太地区乃至世界和平、稳定与发展
涉及他国观点、行动报道的主题、比例及态度	谴责他国政府及地区不配合美国(24篇左右,约占报道的20.6%)	拒绝接受美方指责并对美方监控行为表示不满(20篇左右,约占报道的64.5%)

三 报道解读:两大主流媒体的国家利益观差异的主要方面

利益关系是国际关系中影响各个国家对外关系的最根本性要素,而国家利益则是国际关系中影响力最大的因素,是国家对外行为的最根本动因。

叁 内容供给与表达样态

世界各国是利益共享和利益争夺的共同体,同时也是利益互惠和利益损害的"他者"(The Other)[①]。他者(The Other)是相对于自我而形成的概念,指自我以外的一切人与事物[②]。他者的概念源起于西方哲学,后在现代西方文学、文化批评中被广泛使用。爱德华·赛义德(E. W. Said)认为,东方与西方互为"他者"。东方和西方都是相对于对方而言而存在的,它们互为参照系,彼此由于对方而存在。这种互为参照系的关系,是典型的"自我"和"他者"的关系[③]。

(一)对利益"他者"的关注度

对"他者"的关注体现着自身的身份认同和主体性确认,对"他者"的关注度和期望度越高,越能体现对自身利益的追逐[④]。《华盛顿邮报》对"他国政府对斯诺登案的态度及行动"的报道共计14篇,约占全部报道的12.1%,如题为"Putin sets terms for Snowden's possible asylum"("普京就政治庇护提条件")[⑤]、"U.S. spying efforts stoke fears in China about web security"("美国秘密监视引发中国网络安全恐惧")[⑥]等报道主要关注其他国家的立场及行动。值得注意的是,该报尤其关注中国(包括香港地区)、俄罗斯对斯诺登事件的观点及行动。如题为"Snowden's escape plan seems stalled in Moscow"的报道中称:"He flew from Hong Kong to Moscow a week ago, apparently on his U.S. passport. It had already been revoked, but Hong Kong authorities said they had not received the official request from the U.S. government"(显然,上周斯诺登用美国护照从香港飞到了莫斯科。他的护照早已经被撤销了,但是香港政府说他们没有收到美国政府的官方请求),这类报道中显示了美国政府对中方反应的关注,同时表明指责中国政府的利益意图。《华盛顿邮报》对"他者"

[①] 黄卫星、丁宁:《试析中美主流媒体的国家利益观差异——以〈纽约时报〉和〈光明日报〉的哥本哈根气候峰会报道个性为案例研究》,《新闻与传播研究》2010年第5期。

[②] 张剑:《西方文论关键词——他者》,《外国文学》2011年第1期。

[③] 林岩:《全球化中的他者——后冷战时期西方媒体中的中国人研究》,上海外国语大学博士论文。

[④] 黄卫星、丁宁:《试析中美主流媒体的国家利益观差异——以〈纽约时报〉和〈光明日报〉的哥本哈根气候峰会报道个性为案例研究》,《新闻与传播研究》2010年第5期。

[⑤] Kathy Lally, "Putin sets terms for Snowden's possible asylum", The Washington Post, July2, 2013, p. 10.

[⑥] William Wan, "U.S. spying efforts stoke fears in China about web security", The Washington Post, Sep5, 2013, p. 6.

关注也体现在以下报道中，如："President Vladimir Putin revealed Tuesday that Edward Snowden was indeed here but would not be handed over, confirming Russia's willingness to confound the United States."（周二，俄罗斯总统普京透露斯诺登的确藏身于俄罗斯，但俄方不会将其移交给美方，俄方明确表示意图对抗美国的立场）①，上述引文表明了《华盛顿邮报》注意展示其他国家、地区对此事件的态度，并同时传达了美方的相应态度，由此显示出美国的中心地位和利益核心取向。

《人民日报》（海外版）更具有本土报道意识，其报道集中于"中国政府及香港依法处理斯诺登事件"、"面临美方无理指责中方的立场"及"中方及全球网络隐私受到威胁"。对"中方就斯诺登案立场"及"维护网络主权"的报道共计15篇，约占全部报道的48.4%。如题为《香港期待美解释入侵计算机事件》②、《就斯诺登离港问题中方不能接受美方的指责》③、《香港无法律根据阻止斯诺登离港》④、《斯诺登已循合法途径自行离港》⑤等文章主要涉及中方的立场及行动，对美方的言说并未给予过多的关注。

（二）对利益"他者"的态度

中美关系为敏感话题，在涉及斯诺登话题时，《华盛顿邮报》频繁运用消极、否定的词汇，如：jab at the U.S（打击美国），defy international convention（违反国际传统），spotty human rights records（人权纪录糟糕），widespread Internet limits in China（中国大规模的网络限制），rife with corruption（充斥着腐败），dictator（独裁者），等等。同时该报还常将排斥类的情感浸润在对中国的叙事中，把中国和俄罗斯看作是斯诺登的"帮凶"，并用一种带有责难的语气批评中俄对斯诺登事件的处理方式。例如："the apparent cooperation of Russian government in Snowmen's attempt to avoid extradition to the United States outraged some members of

---

① Kathy Lally and Will Englund, "Putin says Snowden would not be extracted", The Washington Post, June 26, 2013, p.4.

② 牛琪：《香港期待美解释入侵计算机事件》，《人民日报》（海外版）2013年6月27日第3版.

③ 许栋诚、刘华：《就斯诺登离港问题中方不能接受美方的指责》，《人民日报》（海外版）2013年6月26日第4版.

④ 李永宁：《香港无法律根据阻止斯诺登离港》，《人民日报》（海外版）2013年6月25日第3版.

⑤ 尹世昌：《斯诺登已循合法途径自行离港》，《人民日报》（海外版）2013年6月24日第3版.

Congress"（俄方公开协作助斯诺登逃脱美国引渡，激起部分国会议员的不满）[1] 公开指责俄方协助斯诺登，表明美方"气愤、激怒"的立场。还有的报道"提示"中国政府与斯诺登可能颇有"渊源"，暗指中方是斯诺登的"同谋"，如："Snowmen's decision to flee to Hong Kong and his disclosures about alleged U. S. cyber operations against the Chinese have raised some suspicions of ties to that government"（斯诺登逃避至香港，同时还披露了所谓美国对中国的网络攻击行为，这不由引发人们怀疑斯诺登与中国政府的关系）[2]。

《人民日报》（海外版）关于"指责美国侵犯公民隐私窃取别国机密"的报道共计7篇，约占全部报道的22.6%。但主要是针对美方指责的反击而呈现事实，并未对美方做主观、偏激的评价。如在题为"棱镜门曝光美式暗战"的报道中称，"全球监控，美行为招各方声讨。对美国的全球监控行为，自认为是'美国亲密伙伴'的欧洲国家大为恼火。德国和欧盟官员就此提出投诉。德国总理默克尔对监控事件表达不满，要求奥巴马访问德国时继续澄清此事。欧盟主管司法事务的官员瑞丁致函美国司法部长，称担心美国已取得欧洲国家公民的大量个人信息，要求美方作出说明"。[3] 这类报道客观呈现了美方的做法引起全球不满，中方的批评较少主观情感。

（三）对"自我"形象的构建

赛义德（E. W. Said）认为："身份不仅是自然的和稳定的，同时还是被建构的，甚至偶尔还是完全被创造出来的。""每种文化的发展和维系都需要一个与'我'不同的、具有竞争关系的'第二个我'（alter ego）的存在。自我身份的构建也包括对自己的对立面（他者）的构建。"[4]

在相关报道中，《华盛顿邮报》的报道将美国构建为"无辜的受害者"，同时意图丑化"他者"形象。例如：题为"U. S. is worried about security of documents Snowden has"一文中报道"U. S. officials said their

---

[1] Kathy Lally, Anthony Faiola and Jia Lynn Yang, "Leaker leaves Hong Kong unimpeded", The Washington Post, June 24, 2013, p. 6.

[2] Kathy Lally, "U. S. officials fear leaker has more classified files", The Washington Post, June 14, 2013, p. 3.

[3] 张意轩、岳小乔：《"棱镜门"曝光"美式暗战"》，《人民日报》（海外版）2013年6月28日第15版。

[4] [美]爱德华·沃第尔·赛义德：《东方学》，王宇根译，上海三联书店1999年版。

assumption is that China and Russia have copied the materials that Snowden took from classified U. S. networks but that they had no way to confirm those countries had done so"(美方官员猜想中国和俄罗斯已经复印了斯诺登从美方网络窃取的机密资料,只是美方无法确认中俄的行为罢了)①,这类表述突显了美国"受害"的可能性和中、俄两国的从中"谋利"。又如"Putin said Russia has no grounds to extradite Snowden, because the two countries have no extradition treaty——a jab at the United States, which has resisted Russia's requests for one "(普京说俄罗斯没有理由引渡斯诺登,因为美俄没有引渡条约。俄方这是对美国的一次回击,因为美国曾经拒绝过俄方的引渡要求)② 等报道更是刻意强化"俄方胸襟狭隘,报复美国"以映衬出美国的"受害者"身份。在《华盛顿邮报》的报道中,美国不仅是"无辜的受害者",而且是"维护世界和平的化身"。如题为"Officials：Dozens of plots derailed"的报道中称："The U. S. Government's sweeping surveillance programs have disrupted more than 50 terrorists plots in the United States and abroad, including a plan to bomb the New York Stock Exchange, senior officials testified Tuesday"(周二高级官员们证实,美国政府全面监视计划已阻止包括策划轰炸纽约证券交易所在内的国内外50多起恐怖阴谋事件)③。"棱镜计划(PRISM)"的曝光使美国的国际威信严重受损,而提升"自我"形象的方式之一,就是贬低"他者"形象,而这正是《华盛顿邮报》追逐国家利益的一种软性方式。

《人民日报》(海外版)的相关报道则以构建致力国际合作、关注互惠互赢、具有大国风范的中国形象为基本诉求,但其报道的阅读体验使人略感抽象、空洞,缺乏具体细节的展示,如:"有关香港计算机系统被美国政府入侵的报道,香港政府期待美国政府尽快做出圆满和全面的交待,特区政府会有力跟进事件"④ 只是表明态度,未能挖掘和交代更多的具体事例和细节。

---

① Ellen Nakashima and Greg Miller, "U. S. is worried about security of documents". The Washington Post, June25, 2013, p. 7.
② Kathy Lally and Will Englund, "Putin says Snowden won't be extradited", The Washington Post, June26, 2013, p. 4.
③ Kathy Lally, "Officials：Dozens of plots derailed", The Washington Post, June19, 2013, p. 1.
④ 牛琪:《香港期待美解释入侵计算机事件》,《人民日报》(海外版)2013年6月27日第3版。

（四）利益言说的立场和身份

《华盛顿邮报》谴责他国政府及地区不配合美国政府的文章共计24篇，约占全部报道的20.6%。报道斯诺登泄密对美国造成的损失及危害的文章共计7篇，约占全部报道的6%。在《华盛顿邮报》的报道中，美国国家利益被置于首要地位。例如："We are now faced with a situation that, because this information has been made public, we run the risk of losing these capabilities. We are not going to know whether these leaks in fact have caused us to lose these capabilities, but if they do have the effect, there is no doubt that they will cause our national security to be affected."（因为安全监控计划已被公开，我们面临失去监控能力的风险。我们并不会知晓泄密是否会让我们已丧失监控能力。但如果确实有影响的话，毫无疑问我们的国家安全将受到影响）[1]，这类报道明显体现了以"美国利益"为中心的立场。

在《人民日报》（海外版）相关报道的表述中，中国政府并不仅仅谋求一己之私，而是同时将中美共同利益、亚太地区乃至世界和平、稳定置于较为重要的高度。如："华春莹指出，关于中美关系中方的立场是一贯、明确的。维护中美关系健康稳定发展符合两国和两国任命的根本利益，也有利于亚太地区乃至世界和平、稳定与发展。"[2] "准确认识中国在网络空间安全问题上的国家利益以及世界各国的共同利益，制定实施网络安全外交战略，为构建一个和平安全、开放公平、自由有序的和谐网络空间做出贡献。"[3] 这类报道展示了中国的国际主义立场及其大国风范的身份诉求。

四 国家利益观差异的文化促因

中美两大主流媒体——《华盛顿邮报》和《人民日报》（海外版）对斯诺登事件报道的差异各受其国家利益观的影响，而国家利益观的背后，则有着文化价值观的制动与支撑。

---

[1] Kathy Lally, "Officials: Dozens of plots derailed", The Washington Post, June19, 2013, p. 1.

[2] 许栋诚、刘华：《就斯诺登离港问题中方不能接受美方的指责》，《人民日报》（海外版）2013年6月26日第4版。

[3] 张保淑：《求解"后棱镜门时代"的网络安全》，《人民日报》（海外版）2013年7月22日第8版。

荷兰著名人类学家霍夫斯泰德（Hofstede）在20世纪70年代后期通过对IBM全球60多个国家的分公司和机构进行调查，在搜集大量材料、数据进行统计和分析后归纳出了文化价值观的四个维度，即个体主义/集体主义（individualism/collectivism）；权力距离（power distance）；不确定性回避（uncertainty avoidance）；男性化/女性化（masculinity/femininity）；根据相关性原则，可以援用其中的个人主义/集体主义、不确定性回避两个价值维度来分析隐藏于中美主流媒体国家利益观差异表象背后的文化因素。

（一）个人主义—集体主义

霍夫斯塔德在《文化与组织：思维的软件》（Culture and Organizations: Software of the Mind）一书中把个人主义/集体主义定义为："在个人主义的社会中，人际关系松散，人人各自照顾自己和自己的家庭；相反，在集体主义的社会中，人们从一出生开始就与强大而又具有凝聚力的内部集团结合在一起，而这种内部集团又对这些忠诚的成员提供终生的保护。"[①] 根据霍氏理论，中国文化个人主义指数较低，集体意识较高，而美国文化自我意识较高。

霍氏认为在集体主义文化中，人们更愿意将自己看作是团体中的成员而不是独立的个体。集体主义文化价值观强调整体、团结、协作、和谐、共同利益的重要性。集体主义国家的处世原则为和谐融洽。受此影响，《人民日报》（海外版）系列报道的主旋律并非对"他者"的态度及评价。该报虽对美方指责予以反击，但中方更加关心面对网络信息安全威胁，如何维护全球公众的隐私，保障全球公众的利益。中国并不仅仅谋求一己之私，而是致力国际合作、关注互惠互赢，同时将中美共同利益、亚太地区乃至世界和平、稳定置于重要高度，充分展现了中国国际主义立场及集体主义文化价值观。

在个人主义文化中，人们更愿意将自己看作是独立的个体而非团体中的成员。个人主义文化价值观强调个性自由、自立、崇尚竞争。竞争，一方面是锻炼能力的手段，更重要的是征服他人、强大自身。基于个人主义文化，《华盛顿邮报》把中国看作利益互惠和利益损害的"他者"。因此，

---

① Hofstede, G., Culture and Organizations: Software of the Mind, New York: Mc Graw-Hill, 1991, p. 51.

多篇报道中密切关注中国（包括香港地区）对斯诺登事件的态度，试图将美国构建为"无辜的受害者"，而中国则为斯诺登的"帮凶"，并用一种带有责难的语气批评中国对斯诺登事件的处理方式，通过与中国的"竞争"，意图丑化"他者"（中国）形象，以征服"他者"强大自身。

（二）不确定性回避

霍氏认为，"所谓不确定性回避就是文化成员对于不确定的或是未知的情况所感觉到的恐慌程度。这种不确定性给人们造成的恐慌表现为精神紧张或期盼未来的可预见性。具体表现就是文化成员对于成文和不成文规则的需要。其强弱是通过不确定性规避指数 UAI（Uncertainty Avoidance Index）来反映的。"[①] 根据霍氏理论，中国文化"不确定性规避指数"较高，而美国文化"不确定性规避指数"较低。

霍氏认为处于高度不确定性规避的文化为了避免不确定性和模糊性，常常向其成员提供稳定性，制定正式的规则，不容忍偏离正道的观点和行为，凡事倾向于按既定规矩进行，较多地依赖有形的、书面的材料。因此，《人民日报》（海外版）的报道集中于"中国政府及香港依法处理斯诺登事件"，强调中国政府按规则、规矩处理斯诺登事件，并未偏离正道。同时《人民日报》强调对事物整体的把握，而不着力展示细节和理性分析，使其构建的中国形象略带抽象、空洞性质。而具有低度不确定性规避特质的美国媒体——《华盛顿邮报》则敢于冒险、偏离常规，对中国的叙事中充斥责难、谴责的语气，在表述中国时频繁运用消极、否定的词汇，批评中国政府对斯诺登事件的处理方式，挑战中国。受低度不确定性规避特质的影响，《华盛顿邮报》也更倾向于对事物的本来面目进行追踪报道，探究事件根源，着力展示细节。

五　结语

主流媒体是维护国家利益的重要表达渠道，是展示国家利益观的重要窗口。新闻报道与国家利益紧密相关，受国家利益的影响，新闻媒体报道具有一定的倾向性，这种倾向性体现出不同的国家利益观。《华盛顿邮报》、《人民日报》（海外版）是中美主流媒体，受各国国家利益观的驱使，

[①] Hofstede, G., Culture and Organizations: Software of the Mind, New York: Mc Graw-Hill, 1991, p.113.

对同一事件的报道展现出诸多的差异。

媒体的观点在一定程度上受到国家利益的左右，完全的新闻自由是不存在的，新闻自由是一种有限的、相对的自由。中国的新闻媒体被称为党和政府的喉舌，新闻事业要为国家利益服务，"中国的新闻媒介坚持喉舌本位，将'喉舌'理论作为新闻事业的根本指导思想。"[①] 美国号称新闻自由，但《华盛顿邮报》的报道表明其媒体的报道受国家利益的影响。正如胡小虎在《以美国为例——新闻自由服从国家利益》中所说："新闻自由是标志公民言论自由的一项重要的权利，但本质上是国家利益基础上的自由。因此，在其权利的优先性上还是无法超越国家利益的至上性。"[②]

(本文受 2014 年北京市科技创新平台项目——全球媒介发展与文化软实力建构研究项目资助。项目编号 391002/001)

[①] 贺小玲：《喉舌本位与自由本位——中西媒介理论传统比较》，《鄂州大学学报》2008 年第 1 期。

[②] 胡小武：《以美国为例——新闻自由服从国家利益》，《新闻天地》2002 年第 10 期。

我国对农电视频道品牌化建设研究报告
——以湖北电视垄上频道为例

马 凯[①]

我国是农业大国,农业是国民经济的基础与命脉。在"三农"问题的解决以及社会主义新农村建设的过程中,对农广播电视承担着促进城乡信息交流、加强农村舆论引导、弘扬中国特色社会主义先进文化、提高农民政治文化科技素养、发展中国农村经济等重要使命。在当今媒体竞争日益激烈的环境下,电视频道要快速发展,就需要努力构建和扩大自己的品牌,就电视媒体而言,现在的竞争已经从单一、独立的栏目品牌竞争上升到频道品牌竞争这一更加整体化的层面。

截至目前,我国对农电视频道共有11个[②]。其中国家级的有中央电视台的农业·军事频道,省级的对农电视频道有河北电视台农民频道、吉林电视台乡村频道、河南电视台新农村频道、山东电视台农科频道、浙江电视台公共·新农村频道、陕西农林科技卫视以及湖北电视垄上频道。地市台开办的对农频道有山东临沂电视台农科频道、湖北随州电视台农村频道、安徽亳州电视台农村频道等。这些对农频道的栏目内容分布如表1所示:

表1　　　　　中国对农电视频道栏目内容统计表

栏目	数量	百分比
新闻资讯	21	13.0
娱乐	64	39.5
科技教育	32	19.7
信息服务	35	21.6
其他	10	6.2
合计	162	100.0

[①] 马 凯,中国社会科学院研究生院新闻学与传播学系博士研究生。
[②] 原有的重庆的公共·农村频道在2012年1月1日重新确定了其频道定位,凸显法治特色,原有的对农节目消失,已经不能算对农电视频道。

表1中的统计数据显示，占据对农电视频道最大比重的栏目是"娱乐"栏目（39.5%）。对农电视频道大量开办娱乐节目，这与农民频道服务农民的办台初衷和宗旨并不十分契合。其他类型的栏目中，信息服务栏目占21.6%，比重适当，科技教育和新闻资讯栏目均占不足20%的比重，是明显偏低的。

对农频道是推进我国农业发展和农村建设的重要力量，但有的频道在发展过程中，存在"体制机制不顺、广告经营困难、节目来源不足、复合型人才奇缺及覆盖错位"等问题[①]。我国农民的人数众多，对电视这种传播形式的接纳度很高，如何开发这块庞大的电视受众市场，利用好各地农村的现有资源，取得收视和创收的双丰收，是对农电视传播事业应予关注、研讨的重要现实议题。

一　我国省级对农电视频道品牌建设的现状

（一）吉林电视台乡村频道：品牌特色鲜明，影响力强

吉林电视台乡村频道2001年7月1日正式开播，是我国第一家省级对农电视频道。频道定位语是"情系民生，根植沃土，吉视乡村引领城乡幸福生活"。现在设置的主要自办栏目有：《乡村四季12316新闻眼》、《二人转总动员》、《我是农民》和《农村俱乐部》。《乡村四季12316新闻眼》是频道的品牌栏目。同时，几年来，乡村频道通过对吉林省二人转艺术资源有计划、有步骤的挖掘、整合和规范，形成了独树一帜的二人转曲艺节目品牌。"二人转节目还以可观的价格外销到黑龙江电视台公共频道等电视媒体，同时也已经与沈阳、河北、安徽等地的电视台达成了节目销售意向。"[②]

在节目编排上，乡村频道以精心巧妙的节目组合应对多重竞争。在活动营销方面，深入发掘东北地区深厚的黑土地文化，举办吉林省"转迷乐翻天"二人转大赛。同时，乡村频道还建立了"12316"新农村热线，搭建对农公共服务平台，也实现了品牌的拓展。

[①] 杨明品、王雷：《对农电视专业频道建设的问题和对策》，《新闻战线》2007年第5期。
[②] 傅玉祥、范宗钗等：《对农电视的困境与突围》，中国广播电视出版社2011年版，第33页。

叁　内容供给与表达样态

（二）山东电视台农科频道：品牌成长迅速

山东电视台农科频道于2002年4月20日开播。频道以《乡村季风》栏目为龙头，形成了《乡村季风》、《热线村村通》、《农科直播间》、《农资超市》四大日播类对农栏目。频道自办了《戏迷时间》和《每周一台戏》等周播栏目，实现了与其他对农、涉农栏目的互为补充。

《乡村季风》在山东农村家喻户晓，在全国也形成了很高的品牌知名度。常设栏目包括"传奇农民"、"植保110"、"乡村发明家"、"柱子搭桥"等。《乡村季风》策划组织的大型活动已经实现了常态化和品牌化，包括直播中国寿光菜博会，举办中国农产品挑战吉尼斯大赛、建设新农村致富金点子大赛。《乡村季风》还发挥自己的内容资源优势，曾经多次出版书籍、光盘，多年来还出版发行了同名的《乡村季风》杂志，并且与中国移动合作，开通了"乡村季风手机报"。《乡村季风》的品牌开发与推广也不断取得新的突破，与山东知名企业合作的乡村季风酒、乡村季风手机都具有很高的市场知名度。

2014年，频道将全天播出6集电视剧改为仅保留上午2集。同时增加早晨对农节目的重播，下午则播出老少咸宜的健康养生类节目《人间春色》，经典电影纪录片《电影传奇》，丰富观众需求。

（三）河北电视台农民频道：全方位进行品牌建设

河北电视台农民频道于2005年5月1日正式开播，该频道秉承"服务三农、关注公益"的理念，全方位进行品牌建设，在节目内容、主持人形象、大型活动以及包装上面都富有特色，被农村观众亲切地称为"咱农村老百姓自己的频道"。

河北农民频道有六档主打栏目，分别是：《三农最前线》、《农博士在行动》、《非常帮助》、《村里这点事》、《致富情报站》以及《全民总动员》。农民频道的节目运用"故事＋服务"的制作模式，显示出人文关怀的频道特征。主打栏目《三农最前线》的主持人苏老三，以近似农民的外在形象、浓郁的地方口音，为农民办实事的热情，拉近了农民同节目之间的距离，成为频道品牌形象的代言人。农民频道举办的大型活动"大地欢歌——河北省群众歌手擂台赛"、"绝对有戏——河北省戏迷票友电视大赛"、"又是一年春将至——涉农厅局长访谈"成为家喻户晓的品牌活动。2012年农民频道在河北省网所有频道收视排名中名列第二名，仅次于河北电视台经济生活频道，在石家庄市网所有频道收视排名中名列第五名[1]。

（四）浙江电视台公共·新农村频道：品牌特色不够显著

浙江电视台公共·新农村频道于2006年1月16日开播，每天20：30之前都是自办栏目，首播时长2个半小时，主要栏目有《新山海经》、《新农村纪实》、《农村大讲堂》、《政策面对面》。《新山海经》通过农业领域致富人物的亲身经历，引领更多人走上农业致富道路；《新农村纪实》全面展现农村的新人新事、民俗文化；《政策面对面》聚焦热点难点，解读政策法规，服务大众百姓。

然而，在电视媒体的市场竞争大潮中，公共·新农村频道经历了多次整合，对农节目时间安排较为零散。2012年1月1日起，频道更是经历了大变脸，推出了90分钟的新闻栏目《新闻大直播》，是浙江省内最长新闻直播节目。都市民生新闻、家居装修等取代了为农民服务的致富经验介绍、实用技术推广等，对农特色已不明显。

（五）河南电视台新农村频道："农"、"影"、"戏"品牌特色逐渐淡化

河南电视台新农村频道于2006年6月9日开播。主要节目有《新闻开汇》、《村长开汇》、《播报河南》、《明星有戏》、《对9当歌》等。新农村频道的品牌特色体现在"农"、"影"、"戏"3个字上。对新闻、电影、戏曲节目实行大板块编排，精心打造出一批特色鲜明的为"新三农"民生服务的栏目。新闻类节目有三档，即：以《开汇》为主的民生新闻节目，以《乡村服务社》为主的城乡服务类新闻节目和以《播报河南》为主的三农时政新闻节目。在戏曲节目方面，有《乡音剧场》播大戏、《明星有戏》办擂台、《微影星播》选主持人、《对9当歌》竞歌技、《莲花英雄汇》比竞技。

8年时间，新农村频道共推出精品栏目20多档，收视人群达7000多万，广告创收额度从2006年创办之初的600多万元增长到2012年的7000多万元[2]。然而，在快速发展的同时，河南电视台新农村频道也出现了对农特色相对淡化、节目设置向都市化方向倾斜的倾向。2013年8月，新农村频道对晚间节目进行了改版，《9号直播间》、《养生七日堂》、《老梁说天下》、《记录战争》成为晚间时段的四档节目。

---

[1] 陈若愚主编：《中国电视收视年鉴（2013）》，中国传媒大学出版社2013年版，第346、612页。

[2] 张克宣："7"彩梦想，"9"在路上——河南电视台新农村频道（第9频道）创办7周年的思考，《当代电视》2013年第6期。

叁　内容供给与表达样态

（六）陕西电视台农林卫视：高规格播出平台与品牌建设的失衡

陕西农林卫视是全国首家农林科技卫星频道，2008年3月31日开播。频道在全国10个省（市、区）的城镇和农村地区政策性落地。目前，农林卫视频道开办的专栏节目有《三农信息联播》、《天天农高会》、《致富故事会》、《农村大市场》、《忙罢戏楼》等12档自办节目。

品牌经营方面，陕西农林卫视联手政府机关和职能部门组建了股份制公司，由陕西电视台、陕西省供销合作总社、杨凌农业高新技术产业示范区管委会三方共同出资组建的"陕西华龙文化传媒股份有限公司"，迈出了全方位经营的第一步。然而遗憾的是，拥有这么高规格的播出平台，农林卫视节目自身也存在一些问题，主要表现在："节目多是套用别人的、创新少；各栏目设置不同，但形式、内容却大致一样；栏目资源缺乏，重播次数过多；高谈阔论的多，贴近实际的少"[①]，没有将卫星频道的优势充分发挥出来。

二　湖北电视垄上频道的品牌建设轨迹

目前的湖北垄上频道由原湖北电视垄上频道和荆州垄上频道整合成立。而从最早的2002年荆州电视台《垄上行》栏目开办算起，就逐渐在发展过程中形成了"垄上"品牌。《垄上行》选择农民关心的问题和事件，在语言和采访方式上都竭尽所能接地气。该频道的节目将实用性与趣味性巧妙结合，善于发掘农村朴素的原生态鲜活素材。在节目之外，《垄上行》栏目组举办了"春天垄上行"、"金秋垄上行"等以农村科技和文化赶集为载体，服务"三农"的大型现场直播活动。在此过程中，《垄上行》栏目的广告附着力也节节攀升。2002年，《垄上行》第一期节目广告收入只有2000元，到了节目开办的第二年，广告创收就达180万元，2009年达1000多万元[②]。

2009年1月8日，在《垄上行》栏目品牌建设取得卓著成功的基础上，荆州电视台成立了垄上频道，成为国内第一家地市级农业频道。荆州垄上频道着力延伸原有的"垄上"栏目品牌及其内涵特质，除《垄上行》

---

① 张武挥：《卫视农业节目的困境与出路——以陕西农林科技为例》，西北大学，硕士学位论文，2010年。
② 傅玉祥、范宗钗等：《对农电视的困境与突围》，中国广播电视出版社2011年版，第61—62页。

外，垄上频道还开播了《有么子说么子》、《垄上故事会》、《垄上气象站》以及《彭孟有礼》等新节目。到 2011 年，"荆州垄上频道广告额达 4500 万元。覆盖荆州及周边地区 20 多个县（市），农民观众近 2000 万人。"[①]

荆州垄上品牌的成功，为湖北电视突围全国提供了一个很好的突破口。湖北省广电局从 2008 年开始，启动了全省"垄上行"推广战略，在全省 17 个市、州电视台开办了对农栏目《垄上行》。为了进一步整合全省对农节目资源，创立湖北省独特的对农电视品牌，2011 年 8 月 18 日，湖北广电总台又开办了覆盖全省的对农频道——湖北电视垄上频道，该频道以服务"三农"和新农村建设为宗旨，开设的自办栏目有《垄上播报》、《垄上新气象》、《垄上故事会》、《垄上欢乐送》等。由于受到理念、人才、团队等多方面因素制约，湖北电视垄上频道自 2011 年下半年开播以来，在频道运营和品牌建设上并没有达到预期效果。与此同时，荆州电视台《垄上行》经过 10 年耕耘，已打造成知名的品牌，但是，受行政区划限制，不论是品牌输出还是产业拓展，都遭遇瓶颈，难以进一步突破创新。

2012 年 5 月，湖北广播电视台旗下的湖北长江广电传媒集团和荆州电视台旗下的荆视传媒有限公司共同投资组建湖北长江垄上传媒集团有限责任公司，投资双方的合作可以做到优势互补，取长补短，更好地运营全省垄上频道。该公司的注册资金为 5000 万元，湖北广播电视台方面出资 3000 万元，占 60% 的股份；荆州电视台出资 2000 万元，占 40% 的股份。2012 年 8 月 28 日，原湖北电视垄上频道和荆州垄上频道进行整合正式成立了新的垄上频道。

三　湖北电视垄上频道的品牌构建

（一）品牌建设的起点：准确的频道定位

湖北垄上频道的定位，从微观来讲，是在农村公共服务体系的建构中充当"协助者"；从宏观来讲，是农村现代化进程的"推动者"，其内涵覆盖了农村政治、经济和文化的全面现代化。

1. 农业政策服务中的解读者

专业化的对农电视节目是我国农民了解党和国家"三农"方针政策的重要渠道。为了让农民及时准确地掌握政策动态，湖北垄上频道一是在

[①] 幸敬华：《荆州"垄上频道"为何受农民喜爱》，《党建》2012 年第 4 期。

《垄上行》中开办了子栏目"垄上消息树",每周播出三期,以字幕和口播的形式,播出湖北省惠农政策的资金补助发放情况,并详细介绍几十种惠农政策的补贴对象、申报程序、标准等;二是推出"惠农政策到我家"系列报道,以一家农民所面临的情况为切入点,解读惠农政策,并通过相关职能部门的介入解决农民遇到的各种问题。垄上频道并不满足于机械地充当"传达员",而是耐心地做好"解说员",将晦涩难懂的书面语言转化为农民听得懂的家常话,深入浅出地表达出来。

2. 农技信息服务的普及者

农业信息科技服务是农业现代化的根本动力,是农村公共服务的重要组成部分。垄上频道《垄上行》中的"燕子看农事"栏目,带着农业专家下乡为乡亲答疑解惑;"科技大讲堂"活动,由农业专家田间开讲,让农民们在娱乐中增加农技知识;"春秋垄上行",每场活动少则三、五万人,多则十万人到现场。自2002年开播以来,《垄上行》联合科技、农业、教育、司法、文化等涉农职能部门,共同搭建了一个建设新农村、服务新农村的大平台。

2005年,在湖北省监利县,《垄上行》把转播车开到了田埂上,请专家现场示范并进行直播,把农技部门多年未能全面推广的水稻机械抛秧新技术在一个月之内迅速推广开。2006年,江汉平原遭遇百年不遇的稻飞虱危害,《垄上行》和近百名农业专家一道,到重灾区传授防治知识,避免了更大灾情的发生,为农民挽回了近1亿斤粮食。

3. 农村文娱服务中的引领者

《垄上行》在江汉平原的农村曾做过一个调查,大约90%的行政村在近五年时间里没有开展过任何形式的公共文化娱乐活动,精神生活相对贫瘠[1]。为此,《垄上行》开展了"垄上行农民艺术团演员海选"活动,许多农村草根文艺爱好者纷纷登台亮相,最后有25位农民成为艺术团的第一批演员。此前,荆州垄上频道的"春天垄上行"活动,也曾集中展示当地的人文风貌,让广大农民们在家门口就能看上大戏。随着湖北新垄上频道的成立,2013年的"春天垄上行"走进随州浙河,这也是其第一次在荆州之外举办该项大型活动。

---

[1] 陆先高、夏静、张晶:《电视频道,还可以这样办!——荆州电视台垄上频道亲农、惠农、暖农纪实》,《光明日报》2011年12月21日第16版。

(二) 品牌建设的主干：精品的节目内容

"内容为王"始终是电视媒体品牌建设的核心。2011年8月，湖北电视垄上频道开播，主打资讯的《垄上播报》、精选各类戏曲节目的《垄上戏院》、齐集符合农民口味电视剧、电影的《垄上剧场》等栏目贯穿全天24小时。此外开设的自办栏目还有《垄上新气象》、《垄上泥巴剧》、《垄上天天送》、《垄上娃娃乐》等。2012年8月新的湖北垄上频道开播时，保留了原荆州垄上频道的大部分节目，共有《垄上行》、《有么子说么子》、《垄上故事会》、《话农点金》、《垄上情报站》、《垄上新气象》、《城里乡里》、《垄上供销社》八档节目。但一段时间后发现，原荆州垄上频道的节目，被放置在省级平台上播出，在省内其他地方收视效果并不好。"例如《有么子说么子》是一档方言栏目，荆州话虽系北方方语系，却因其翘舌平舌不分，前鼻音后鼻音混用，部分声母韵母错用和声调错用以及声调调值不足等主要原因而远别于普通话。原汁原味的方言的确别有一番特色，但其他地区的人则听不懂。"[①]

因此，在2013年6月和7月，湖北垄上频道进行了改版。品牌栏目《垄上行》的直播时间延长至90分钟。节目开头的"垄上大喇叭"子栏目生动地再现农村广播站的播音效果，对当日精彩内容进行全景导读；随后的"垄上消息树"子栏目里，可以听到与农民生产生活密切相关的最新"三农"信息，比如国家对退耕还林农户的资助补贴，对农村医疗服务站建设的政策解读，对猪肉价格涨跌情况的追踪等等；"垄上行超市"子栏目是一个农资买卖讯息发布平台，由农户发布想要购买和卖出的农资，并留有联系方式；"燕子帮忙"是一个帮忙服务子栏目，农民有任何疑难杂症，只要一个电话、一条短信，栏目组立刻联系专家进村入户，进行"一对一"上门服务，实现了农村公共服务由"大众化"走向"定点化"的模式突破。

湖北垄上频道依托24小时的965333热线服务平台，设置了每天50分钟的直播节目《村委会值班室》，热线主要听取回复基层群众在惠农政策、务工维权、土地补偿、低保救助、合作医疗、供水供电、邻里纠纷、家庭矛盾、身份户籍、债务赔偿、农副产品供求等方面的咨询、投诉与求助。"自7月22日开播以来，节目播出时段热线呼入量已经突破4万条，登记

---

① 来自笔者对垄上频道记者、主持人王子也的访谈，2014年4月11日。

在案的热线信息超过4000条，回复处理问题2800余件。"①

《打工服务社》是垄上频道2013年6月策划推出的一档以农民工群体为服务对象的栏目，每晚播出半小时，将服务对象精准定位为在城里打工的农民。栏目口号是"打工路上有困难，服务社里找娘家"。此外，湖北省农民工工作联席会议办公室和湖北长江垄上传媒集团共同发起创办了全国首个超级打工综合信息服务平台，涵盖湖北电视台垄上频道、打工手机报、打工手机客户端、打工服务社网站，还开通了微博、微信平台，设有"965333呼叫中心"。"平台主要提供四大服务：信息服务，发布企业用工信息，向企业推送农民工求职信息；培训服务，通过培训提高农民工技能；维权服务，为农民工维权提供援助；生活服务，提供子女教育、医疗卫生、交友相亲等服务。"②《打工服务社》栏目选取具备普遍性、指导性的案例呈现给观众，着力提供点对点的服务。

《垄上气象站》是一档为"三农"服务的电视气象节目，在节目里，主持人叫"站长、预报员"，他们从不使用"鄂西北、鄂东南"这样的名称，而是用农民听得懂、看得明白的地名播报天气，为观众提供及时准确的农业气象信息和实用的农事指导，成为对农专业气象传播平台和农事与气象结合的样板。

（三）品牌建设的关键：整体形象包装

湖北垄上频道进行整体形象塑造的过程，实际可以视为导入一个CIS识别系统的过程。

1. 垄上品牌的理念识别系统

湖北垄上频道坚持以"农"为核心定位，呼号为"全心全意为乡亲服务"。用文化行动亲农，用实际行动惠农，用爱心行动暖农；把频道办成"没有围墙的农技学校、没有舞台的农家乐园、没有挂牌的农村福利院"③。

2. 垄上品牌的行为识别系统

湖北垄上频道的节目无论从信息的权威、全面解读，记者主持人的职

---

① 《打造村委会值班室推动村级便民服务——湖北垄上频道服务基层群众工作纪实》，荆楚网（http://news.cnhubei.com/xw/zt/2012xxsbd/201311/t2747894.shtml），2013年11月5日查阅。

② 喻珮、黎昌政：《全国首个超级打工综合信息服务平台上线》，新华网湖北频道（http://www.hb.xinhuanet.com/2013-08/09/c_116877155.htm），2013年8月9日。

③ 幸敬华：《荆州"垄上频道"为何受农民喜爱》，《党建》2012年第4期。

业素养，对农节目的制作能力还是舆论引导的水平来看，都是与其对农频道的品牌相符合的。"垄上频道始终把握一个原则，那就是记者要做农民，而不是农民家里的客人。栏目组的工作人员跟着农民跨沟渠、趟疫水、忙农活，走遍了江汉平原的大小村庄，主持人王凯成了农民心目中的'大腕明星'，《垄上行》很快就得到了农民的认可和青睐。"①

频道的主持人形象也是频道行为识别体系的一个重要组成部分。对农电视节目的主持人定位大体上应该是这样一个轮廓：真诚、热情、自然、大气、有一定的生活阅历。从风格角度来说，可以把对农节目的主持人分为机智型、幽默型、乡土型，甚至还可以根据需要，把主持人进行角色演绎，塑造出循循善诱、有一定威信的村支书型、说书人型。垄上频道的主持人之间存在着一定的个性差异。比如《垄上行》的魏建明是沉稳、知识型，崔建宾则是睿智、成熟型。《村委会值班室》的小桂属大气、庄重型，憨妹是清新的，《打工服务社》通过选拔产生的农民工主持人（"社长"）高攀则很具乡土气息。

3. 垄上品牌的视觉识别系统

对于电视媒体而言，视觉识别系统包括了台标、频道、栏目口号、节目宣传片和预告片，甚至话筒标志、采访车、工作服等众多方面。良好的电视节目视觉识别系统的构架直接表达了节目的独特风格，能够有效地建立起观众对电视栏目、频道的认知和对品牌形象的记忆。

（1）符号表达：频道、节目标识与色彩设计

垄上频道的标识由黄、白两种颜色组成，黄色是背景色，而中间一条蜿蜒的白色小道纵贯其中。"垄"的含义是农作物行与行之间的空地。黄色代表着收获的农田，而白色则是空地。垄上频道的台标设计与"垄"字的含义十分吻合，体现对农频道的特色，以其独特性和唯一性成为家喻户晓的品牌形象。《垄上行》的LOGO以绿色为主，加入适当的黄色，体现了扎根农村和服务农业的特点，在"行"字上插入两只脚丫，简介地表达出"行"字的含义，意味着足迹遍布垄上，节目内容贴近农民。节目的标题所用颜色也基本以黄色和绿色这两个最能象征农业的颜色为主。《村委会值班室》LOGO则是以圆盘和五角星为主体设计，代表着为农民提供星

---

① 荆州新闻网消息：《荆州电视台"垄上行"：服务新农村真情垄上行》，荆州新闻网（http://www.jznews.com.cn/article/shijiantansuo/293644.html），2013年12月20日查阅。

级服务。《打工服务社》LOGO 以盾牌为主体，在盾牌两侧伸出两只麦穗。盾牌是节目为农民工维权、帮忙的宗旨的象征。农民工是从农村中走向城市的打工者，麦穗通过代表农作物，象征农民工的身份。《垄上气象站》LOGO 以绿色为主色调，背景是树林以及飘在空中的白云。演播室则像是个农家小院。

（2）形象传达：广告口号和形象宣传片

频道宣传语是品牌核心价值的体现，它高度概括了推介主体的价值取向、目标、定位等。垄上频道"全心全意为乡亲服务"的宣传语是其核心定位。频道宣传片是彰显频道个性特点、强化观众记忆的形象短片。湖北垄上频道的形象宣传片分为采访版、锄禾版，采访版是记者在农家小院里采访农民，后面则是广袤的田地，音效明快，在片尾将公鸡鸣叫的声音作为背景声。锄禾版采用了公鸡鸣叫声、牛叫声、青蛙叫声、燕子叫声、知了叫声等农村常听到的动物鸣叫，音效极具乡土特色，画面最后落脚到农民在田里弯腰锄地的场景。正是这些乡土气息浓厚的包装，让农民没有陌生感，而且便于记忆。

（四）品牌建设的战略：媒体品牌的延伸

湖北垄上频道品牌的延伸分为向新媒体领域的延伸以及向对农产业链的延伸。

1. 垄上品牌向新媒体领域的延伸

（1）微发布：为垄上频道的影响力加分

垄上频道在官方微博和微信的探索中，根据新媒体的特点，优化和变革采编服务流程，强化互动，提升服务，核心目标是更全面地提升媒体品牌的影响力。垄上频道微博主要发布垄上频道动态、节目预告、亮点节目、农技知识、新闻通联、观众互动、媒体行动、公益活动等内容，同时形成用原创微博使用括号"【】"作为微博消息标题的习惯。垄上中国的微信提供垄上频道精彩节目预告，以及三农、交友、用工等方面的贴心实用信息。对突发事件和热点事件，垄上频道官方微博、微信能够对事件发生发展的过程进行微直播。所有突发信息，第一时间采用加 V 大号或者事发地官微发布的内容，如果垄上频道记者到达现场，则马上使用本台记者写的内容。这样，既保证了信息的即时性，又保证了消息的权威性。另外垄上频道微博经常对大型活动进行微直播，借助官微平台上巨大的粉丝量拓展活动的影响力。

(2) 微互动：强化读者关系价值

垄上频道官微每天都发布很多与新闻热点相关的内容，尤其是通过议题设置进行互动，吸引观众有针对性地提供新闻线索，参与评论及转发。读者私信及@垄上频道，是获取受众反馈的重要方面。微互动与垄上频道的品牌活动相互呼应，比如"农民工星主播"选拔期间，想要报名的选手可以在新浪微博上@打工服务社，@垄上频道，进入栏目组的寻找范围。垄上公众微信账号"垄上中国"和垄上行手机报也同时接受报名。

另一个重要渠道是微信报料。垄上频道965333呼叫中心通过微信实现了向多媒体呼叫中心的转型。在移动互联网时代，微信的传输功能嫁接到呼叫中心平台，这就使原来以电话为主的呼叫中心，进化为能够同步获得视频、音频、图片以及文字的多媒体呼叫中心。

2. 垄上品牌向对农产业链的延伸

垄上频道在巩固内容优势的基础上，挖掘潜在资源，努力开拓新兴产业，品牌不断向农业产业领域延伸。2012年湖北长江垄上传媒集团的成立，是垄上频道更好地延伸品牌，做大最强对农产业的标志。集团的业务格局分为五大块：垄上频道、湖北垄上行新公社三农服务有限公司、湖北垄上行新农会信息科技有限公司、湖北垄上优选绿色农业发展有限公司，以及正在筹备中的垄上保险公司。

湖北垄上频道以垄上品牌为基础，衍生出了农资连锁企业、农业信息公司、垄上行生态文化产业园一整条产业链，使电视频道不仅仅做节目、办活动，还开始做企业、做产业，走出了一条省级电视台根据自身特点发展壮大的新路子，是媒体自身跨越式发展的新探索。在品牌化建设的过程中，湖北垄上频道走了一条别人没有走过的路——频道+渠道的运营模式，也实现了由电视媒体产业链到一体化服务产业链的转变（如图1所示）。

一体化服务产业链，追求的是在节目之外，直接进行产业经营。将"频道"与"渠道"结合起来，把节目的品牌延伸到对农产业的品牌上来，让对农产业在农民身边成长。在湖北长江垄上传媒集团总经理李海昌看来，这叫"关的掉的电视，关不掉的服务"。

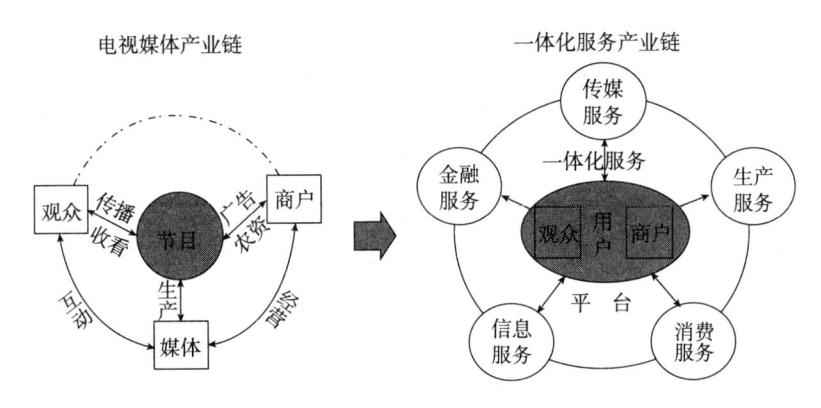

图 1 垄上品牌由电视媒体产业链到一体化服务产业链的转变

四 湖北电视垄上频道品牌化建设路径对我国其他对农电视频道的启示

我国对农频道是在国家大力推进广播电视公共服务体系建设的过程中逐步建立并发展起来的,受到政府政策的支持,依靠省级平台的支撑,对农电视频道在开始阶段发展迅速。但总体来看,很多对农电视频道的发展模式单一,过多依赖政府部门的支持,在节目内容、频道包装以及产业经营上趋于雷同,在频道的品牌化建设方面还仅仅停留在形象宣传的尝试阶段,并没有真正借助市场营销开展媒介经营,整体品牌建设的支撑点仍是个别栏目的品牌化,还没有上升到频道品牌建设战略体系这一经营高度。

除垄上频道外,目前国内其他省级对农频道品牌化建设的路径大都是传统"注意力经济"下的"二次售卖"模式,即通过节目内容吸引更多受众,提高收视率,进而吸引广告商。但传统电视在发展过程中,容易遇到两大天花板——有限的观众收视规模与有限的广告资源,对农电视也不例外。这使得对农频道在品牌化建设过程中面对巨大的经营压力,显得后劲不足。浙江公共·新农村频道以及河南新农村频道对农特色逐渐淡化,都市民生新闻、家居装修等取代了为农民服务的致富经验介绍、实用技术推广,就是当前对农频道在品牌化建设过程中遇到的两难境地的例证。

湖北垄上频道在品牌化建设过程中,走的是一条"影响力经济"的路径。与"注意力经济"强调受众对媒体的注意不同,"影响力经济"更注重营造媒体与受众之间的良好互动关系,获得一种无形资产:社会信誉与权威,从而传播媒体自身的影响力。垄上频道把"频道"和"渠道"结合起来,线上打造超强的"三农"综合频道,通过节栏目、影视剧、活动等手段,全方位满足需求,提供服务。线下打造以"垄上行"品牌为核心的产业体系,着眼于"小三农——农资、农技、农产品",全方位谋篇布局,形成品牌驱动和价值升级。将线上的传媒服务与线下的信息服务、生产服务、消费服务、金融服务相结合,从而实现了由电视媒体产业链到一体化服务产业链的转变。在这一条品牌建设路径中,垄上频道实现了三个切换:即新闻模式到服务模式的切换,广告模式到产业模式的切换,事业单位到市场主体的切换。这一独特的发展路径值得其他对农频道在品牌化建设过程中参考和借鉴。

政务微博对报纸媒体的议程设置报告

邵 立[1] 龚喜谜缘[2]

一 研究问题与设计

自 2009 年 8 月新浪微博上线以来，微博客服务展现了对公众舆论举足轻重的影响力。而政务微博的出现和发展，让公民个体和国家机关得以在同一个媒体平台上直接交流，塑造了国家和社会互动的全新形式。"2009年，湖南省桃园县开通的官方微博'桃源网'是国内首家政务微博。2011年被公认为我国的政务微博元年，此后我国政务微博进入高速发展期。"[3]根据人民网舆情监察室的统计，截至 2013 年 10 月底，新浪平台上的政务微博数量超过 10 万个[4]。那么，政务微博在数量上的增长是否意味着影响力增加？传统媒体（报纸）作为一个舆论标本，如何被微博的言论所影响？本研究尝试运用议程设置（agenda‐setting）理论来检视微博对舆论的影响力。

议程设置理论最早用于探讨新闻媒体对大众认知的影响。它的基本假设是："大众传播媒体报道量越大的问题，越容易被公众认为是当前最重要的问题。"[5] 反映在经验材料上，就是新闻媒体报道中提及越频繁的话

---

[1] 邵 立，美国锡拉丘兹大学（Syracuse University）马克斯韦尔学院（Maxwell School）政治学在读博士。

[2] 龚喜谜缘，美国锡拉丘兹大学（Syracuse University）纽豪丝公共传播学院（S. I. Newhouse of Public Communication）媒体研究在读硕士。

[3] 郑敏、许向东：《政务微博提升"微能力"的策略》，《新闻爱好者》2013 年第 4 期。

[4] 参见人民网舆情监测室《2013 年新浪政务微博报告》，新浪网（http://vdisk.weibo.com/s/A‐q4TgwJBi_a），2014 年 1 月 12 日查阅。

[5] 刘海龙：《大众传播理论：范式与流派》，中国人民大学出版社 2008 年版，第 224 页。

题,也会更频繁地出现在人们日常聊天讨论之中。最早的议程设置实证研究是测量美国教堂山居民对于政治竞选话题的讨论与媒体报道话题之间的相关性[1],是基于议题的研究。本研究则是以报纸媒体作为中介,探讨新媒体对公众舆论的影响。

报纸作为传统媒介,在新媒体的环境中有双重作用。首先,报纸在互联网舆论场里是天然的"大V"。报纸的影响力并不依靠粉丝的多少来决定。作为专业媒体,报纸拥有信息生产的专业性和权威性,对微博用户来说,它发布的信息往往比普通匿名用户发布的信息更具公信力。而且,报纸对互联网以外的群众也有影响力——对许多不使用互联网的人来说,报纸是他们获取信息的重要渠道。虽然新媒体的议程设置功能如日中天,但传统媒体的影响力也并未消逝。在微博上,许多公众议题也是由专业媒体或媒体工作者首先发起,例如微博实名举报国家能源局前局长刘铁男受贿的事件中,举报者罗昌平本身就是《财经》的副主编[2]。

其次,报纸的采编人员本身就是舆论场的一部分。在新闻生产的过程中,尤其是在生产与微博相关的新闻的时候,他们和普通用户一样,在同样的信息环境之中去搜索、阅读微博。新闻采编对微博信息的筛选、挖掘和解读和普通用户有差异,但这种差异不足以改变报纸反映微博议题的能力:新闻工作者重视新闻价值,对信息的要求更挑剔,能够进入记者视线的新闻通常都能够引起读者兴趣,或是已经在微博上引起了用户的关注。因此,探讨微博的议程设置能力,可以通过专业新闻媒体的报道进行判断。另外相对于广阔无边、复杂多变的公众舆论,报纸议程像一个"风向标",是较为稳定且可追溯的数据来源。

据此,本研究的基本假设为:

1. 微博的影响力能在议程设置能力之上体现,即微博的议题可以设置报纸议题;

2. 在微博上越具有影响力的议题将占据报纸上更多的版面和内容。

但是,本研究和传统的议程设置研究又有区别。本研究的关注对象是

---

[1] McCOMBS, Maxwell E. and Donald L. Shaw. "The Agenda-Setting Function of Mass Media." Public Opinion Quarterly 36, no. 2 (June 20, 1972): 176—187. doi: 10.1086/267990.

[2] 参见凤凰网报道《罗昌平实名举报国家能源局局长涉嫌巨额骗贷》,凤凰网(http://news.ifeng.com/mainland/special/fanfu/content-3/detail_2012_12/06/19906166_0.shtml),2014年3月10日查阅。

政务微博，相当于关注议题的设定者（agenda‐setter）而非具体议题。因此，本研究可能会在议程设置的基本假设上有所修正：

1. 微博的影响力体现在微博对报纸的议程设置能力。这种能力既体现为微博的议题能够设置报纸议题，也可以体现为微博作者（账号）对媒体议程的影响力。

2. 在微博上越具有影响力的议题将占据报纸更多的版面和内容。

3. 微博作者的影响力，体现在他们作为消息来源（信源）得到媒体的更多关注，占据报纸更多的版面和内容。

4. 所以，政务微博影响力的变化，可以通过他们在报纸上所占版面与报道数量的比例增减来考察。同理，微博自身影响力的变化，也可以通过微博在报纸所占版面与报道数量的增减来评估。

二 编码方法介绍

本研究主要采用"内容分析"的方法，即通过编码将样本里的报道来源分门别类。编码员为两名。本研究的样本采自报纸标题中带有"微博"二字的文章。时间跨度从2010年1月1日至2013年11月22日。在报纸的选取上，本研究既重视地域上的差别，也重视不同类型媒体的差别，因此采用了全国五省市的七家都市报和八家党报作为样本。地域选取标准采用人民网舆情监测室《2013年新浪微博报告》中政务微博地域分布的相关排名[①]，选取数量领先的省（广东和四川），处在中游的省市（北京和辽宁）以及处于追赶地位的省（甘肃）。总共取得样本文章7622条。

表1　　　　　　　　本项研究选取的报纸名称、种类及其归属地

地　区	党　报	都市报
四　川	《四川日报》《成都日报》	《成都商报》《天府早报》
辽　宁	《辽宁日报》《沈阳日报》	《辽沈晚报》《华商晨报》
甘　肃	《甘肃日报》《兰州日报》	《兰州晨报》《西部商报》
广　东		《南方都市报》
北　京	《北京日报》	
中　央	《人民日报》	

---

① 参见凤凰网报道《罗昌平实名举报国家能源局局长涉嫌巨额骗贷》，凤凰网（http://news.ifeng.com/mainland/special/fanfu/content‐3/detail_2012_12/06/19906166_0.shtml），2014年3月10日查阅，第1页。

中国新闻传播的发展

在中国，都市报和党报的功能不尽相同。党报以严肃的"硬新闻"为主，重点在发挥其政治功能。都市报除了基本政治功能之外，还受市场逻辑牵制，即更倾向于迎合普通读者的口味。相比之下，都市报可能更能体现公众舆论的流行话题，而党报则更能体现国家的政治原则和政策方向。本研究也就此探索党报和都市报对于微博的态度。图1、图2、图3和图4展示了上述报纸[①]的样本数量：

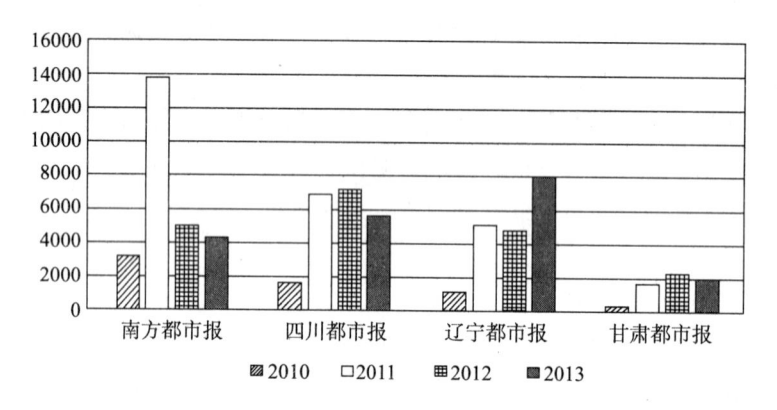

图1 都市报正文含"微博"报道数量

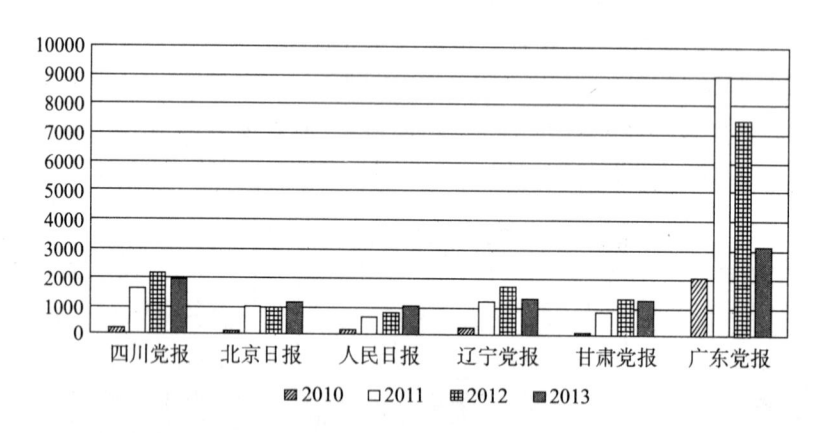

图2 党报正文含"微博"报道数量

由于本研究数据搜集截止于2013年11月下旬，因此2013年全年的报

---

① 本文所有数据来源于慧科搜索 http://www.wisers.com/corpsite/global/gb/products/wisenews.html；广东党报为《南方日报》和《广州日报》。本研究没有对这两份报纸进行内容分析。

叁 内容供给与表达样态

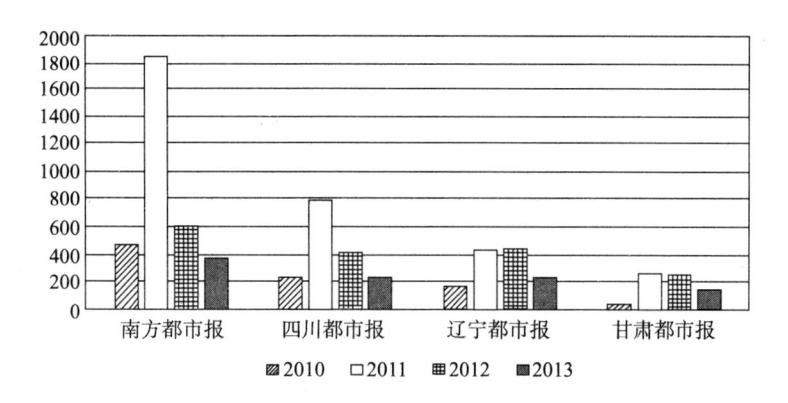

图3 都市报含"微博"标题数量

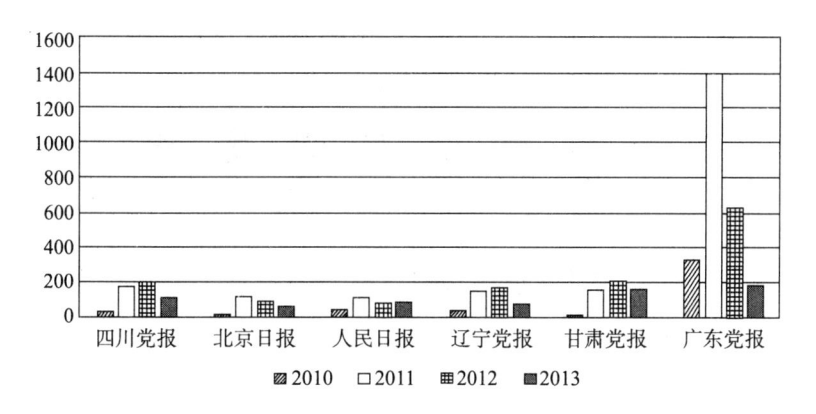

图4 党报含"微博"标题数量

道数量应该略多于图上所示。从正文含"微博"的数量上看，除了广东的三家报纸之外，其他报纸在2011年之后对微博的报道均呈上升态势，或至少与以往持平。但从标题含"微博"的报道数量上看，2013年呈现下降趋势。这里的差别会在第三部分详细分析。

本研究根据内容的差异，将样本分成8个类别：

1. 商业广告类：与财经、商业相关的报道，或者利用微博进行商业广告的文章，例如《微博家政一年创收100万元》、《广东联通手机微博上线》等。

2. 评论类：与微博使用相关的新闻评论类文章，例如《让真相在微博上呈现》《政务微博助推政务公开》等。

3. 国际类：与国外微博使用者相关的文章。例如《"联合国新闻部"微博"卖萌"》。

4. 媒体类：将微博作为一个媒体形式进行报道的文章，主要涉及微博管理、微博的发展前景等，例如《我国网民规模近5亿微博用户1.95亿》和微博实名制等新闻。

5. 公共新闻：内容涉及公共利益、公职人员和国家决策等的新闻。这是体现政务微博议程设置能力的关键类别，是本研究关注的主要对象。

6. 文体娱乐：和微博有关的文化类、消遣类新闻；娱乐新闻，体育新闻或休闲和副刊的文章，例如《姚晨，微博女王的微博人生》。

7. 社会新闻：报道对象是与公共利益不太相关的社会个体。例如《美女微博曝酒驾 当晚即遇车祸身亡》、《失智小伙走丢 家人微博急寻》等。

8. 其他：无法分类的标题。或者一个标题下含有多个类别内容的文章。

图 5 显示了 8 个类别所占比例：

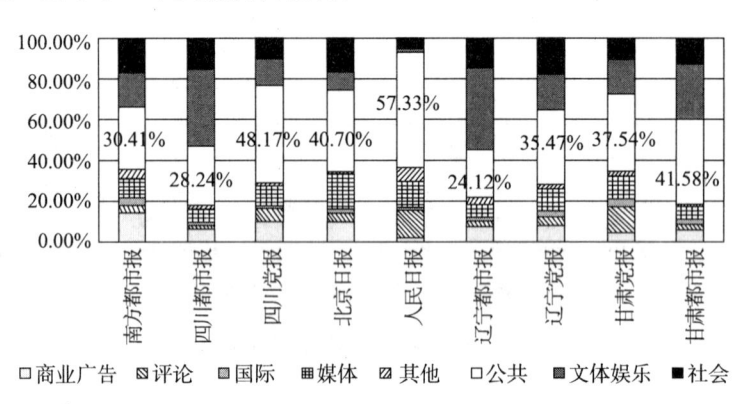

图 5 含"微博"标题的文章内容分类（其中百分比是指"公共新闻"所占百分比）

从图 5 中可以观察到，除了甘肃的两家都市报之外，其他都市报的公共新闻比例都在 24%—31%之间，而党报的公共新闻比例则在 35%—58%之间。这说明，党报更注重挖掘与公共利益相关的微博新闻。而都市报（以四川和辽宁为代表）更青睐文体娱乐等新闻。

本文对与微博相关的公共新闻进行进一步编码，确定其微博信息来源，即对于一篇特定的新闻，是哪类账号发的微博起到了提供新闻信息的作用。根据账号种类，我们共分出四类：

1. 政府类：即政务微博包括政府机构微博以及以政府机构为身份的个人微博发布的新闻。政府机构也包括一些与公众利益密切相关的国有企业，例如火车站、供电局等。这是本文重点分析的微博种类。例如《北京微博公布PM10等单项空气质量指数》、《警方微博曝小偷密码 网友笑问"国际通用吗"》、《民政局长"深度触网"玩微博》等。

2. 精英类：即没有政府背景机构（企业、社会组织）以及拥有众多粉丝的个人"大V"所发的涉及公共利益和公共机构（政府）的新闻。例如《那英为"警车开道微博"道歉 道歉声明称当天载助理取演出服的并非警车，也无警车开道》。

3. 大众平民类：即微博作者为普通人发布的新闻。例如《南江路"危险的枫树"欲倒市民微博求助》、《公交车也"涂牌"网友微博"揭发"》等。

4. 媒体类：即媒体机构开设的微博发布的新闻。这类微博多为媒体主动设置议程引起话题。例如《兰州晨报》的新闻《本报热线96555、QQ群、微博等多途径"解救乞讨儿童"平台将长期开通 寻找菲菲 爱心行动永不停歇》等。

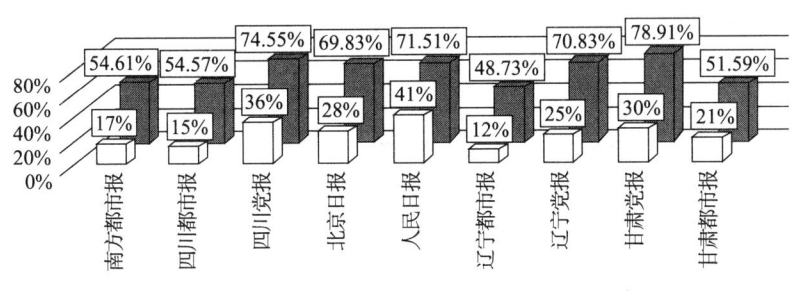

图6 各报纸刊登政务微博的比例

从图6和图7中可见，与政务微博有关的报道在公共新闻中占据较高的比例。对都市报来说，48%—55%的公共新闻来源于政务微博。对党报来说，69%—79%的公共新闻来源于政务微博。相比之下，南方都市报和辽宁的两家都市报较为重视普通人微博所发出的声音，均有接近三成的公共新闻报道来自普通人的微博。

为进一步分析哪类政务微博的影响力较大，本文根据政务微博所属的层级分成四类：中央、省级（包括直辖市级）、市区县级以及乡镇基层级

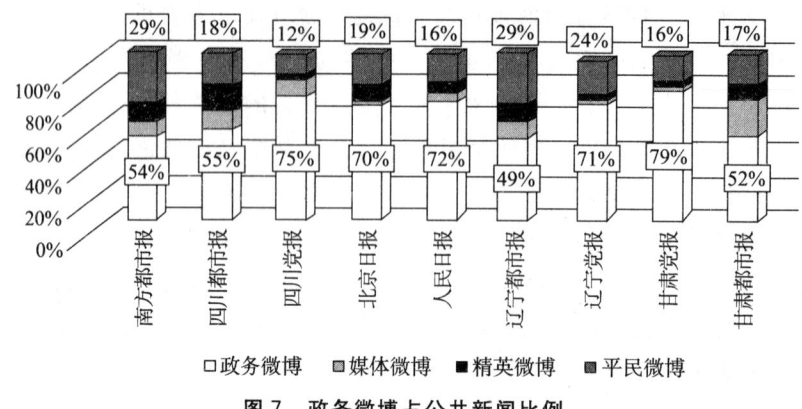

图 7 政务微博占公共新闻比例

（包括以模范、标兵等形式出现的个人）。分析比例如图 8 所示。显然，除甘肃四家报纸之外的其余报纸中，市区县一级政府机关及个人所发的微博最能得到关注：

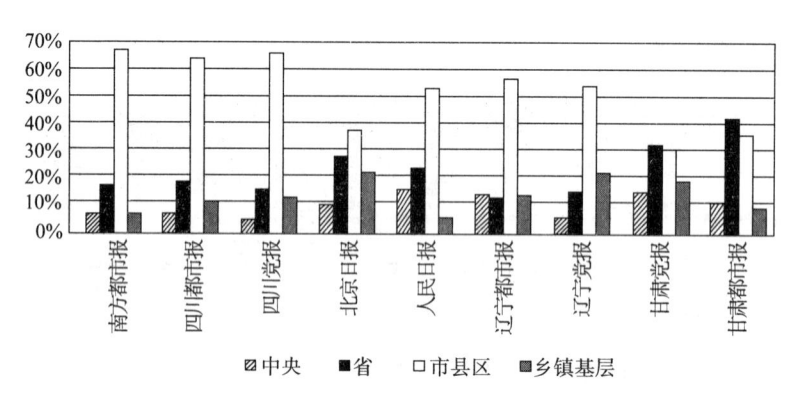

图 8 各报纸刊登政务微博新闻的政府层级的比例

最后，本研究还分析了哪些政务微博是由公安微博发布的，初步结果如下：

在第三部分，我们将对编码结果进行分析。

三 结果分析

（一）微博新鲜度的降低

回顾图 1 至图 4，"微博"一词出现在报纸报道正文的频次和出现在标题中的频次相比，其时间变化趋势明显不同。除了广东的媒体，大多数报

叁 内容供给与表达样态

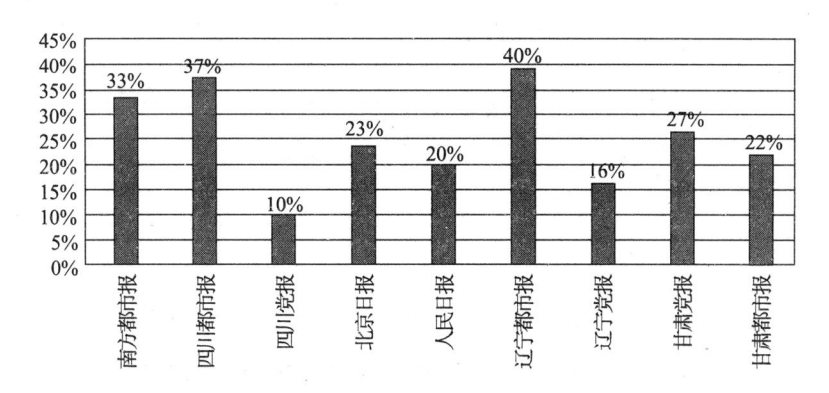

图9 各报纸刊登政务微博相关内容中公安微博相关内容所占比例

南方都市报 33%、四川都市报 37%、四川党报 10%、北京日报 23%、人民日报 20%、辽宁都市报 40%、辽宁党报 16%、甘肃党报 27%、甘肃都市报 22%

纸在2013年含"微博"的文章数量和2012年相仿，甚至更多。但从标题的数量做比较，大多数报纸在2013年的报道数量比2012年均有下降。这种差异产生的原因，是"微博"出现在报道标题和出现在正文的意义有所不同。通常来说，报纸标题往往更倾向于使用新鲜事物争取读者眼球。微博作为一个新兴的社交网站，更能激起报纸采编的兴趣，将其放入标题增加吸引力。而随着时间推移，微博从新兴网媒变成了"常规"网媒，其指称在报纸标题中出现的次数自然会减少，微博在2013年的新鲜度趋于下降。但这并不代表微博本身失去影响力。"微博"出现在报纸报道正文中的次数基本保持稳定增长，说明了它作为一种被人们普遍接受、不再新鲜的媒体形式，依然发挥着消息来源的作用。从这个角度来说，说"微博影响力衰落"为时尚早。

（二）政务微博对报纸影响力的变化

当然，微博本身的影响力并不代表政务微博的影响力。那么，政务微博是否维持了一定的影响力呢？要分析政务微博对报纸影响力的变化，就会遇到每张报纸的版面规模不一致的问题，不同的报纸在文章篇数上的差异很大，因此无法在绝对数量上进行横向比较。其次，正如上文所述，由于本项研究的样本来自标题中带"微博"的文章。文章绝对数量的增减受到微博"新鲜度"这个变量的影响，无法体现出政务微博影响力的变化。因此，本研究采用相对数量即比例的数据进行比较。图10和图11分别是都市报和党报的政务微博比例变化，即政务微博数量：标题中带"微博"的总体样本数。

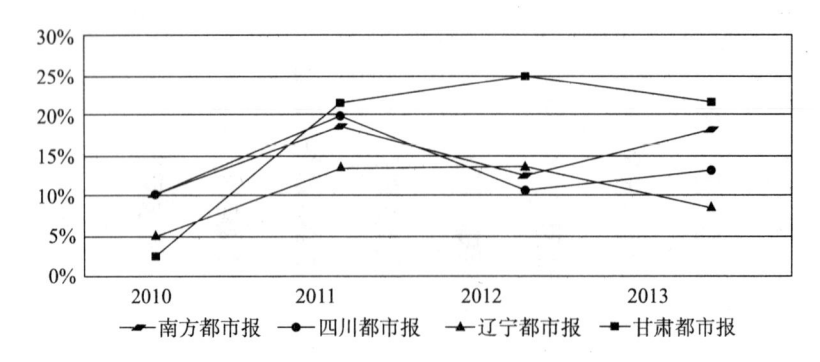

中国新闻传播的发展

图10 都市报与政务微博相关内容的比例年度趋势变化

由图10所示，2010年，政务微博发展较早、相对领先的地区，该地区的都市报多倾向于报道更多政务微博的内容。如《2011年新浪政务微博报告》[①] 所示，在政务微博（全国）地区分布之中，广东排第2位，四川排第6位，辽宁排11位，甘肃排28位。这说明，都市报的报道可以较好地反映政务微博发展的情况。而图11则反映，党报的报道和政务微博发展差异较大，以《北京日报》为例：我们手上没有北京2010年政务微博数量的数据。但从2011年的排名上看，北京位居全国第一。而且北京是接受过高等教育的人口聚居、互联网使用发达的地区，因此2010年北京的政务微博数量也应位居全国前茅。但《北京日报》对政务微博的报道比例却少于甘肃和四川的党报。

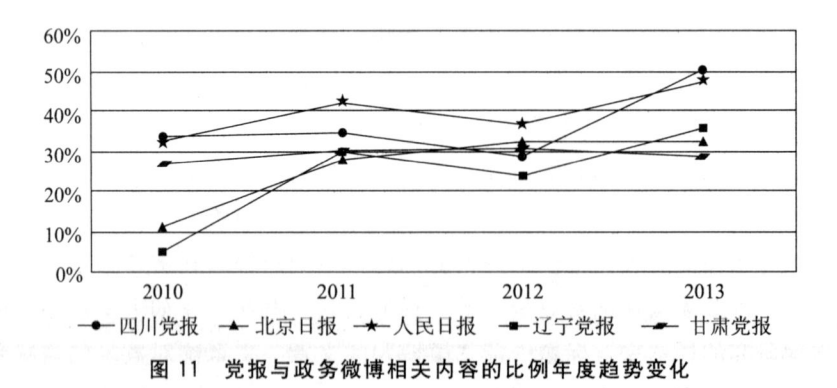

图11 党报与政务微博相关内容的比例年度趋势变化

---

① 人民网舆情监测室：《2011年新浪政务微博报告》，2011年12月，第7页，下载地址：http://yuqing.people.com.cn/mediafile/201112/13/P201112130915511972128634.pdf；2014年3月11日查阅。

叁 内容供给与表达样态

与政务微博有关的报道数量的多寡有可能来自两方面的原因。一是政务微博运作是否良好，能否吸引媒体关注。二是媒体本身是否关注微博提供的公共功能。政务微博的功能，正是体现在能够借助微博这个平台提供与公共利益有关的信息和服务。微博除了具有便利社交、提供娱乐消遣的功能之外，还具有一定的公共功能，即用以造福公共利益和提供公共服务的可能性。因此，还需要比较各媒体对公共新闻的关注变化。

图12和图13显示，在2010年，政务微博报道比例较少的甘肃两家都市报和《北京日报》，其公共新闻的报道比例均低于其他同类媒体。这说明，这几家媒体在2010年之时，还没对微博的公共性有充分的认识。但到了2011年，各家报纸政务微博报道数量和公共新闻的报道数量大都呈现增长态势，这也证实了2011年为"政务微博元年"的观点。

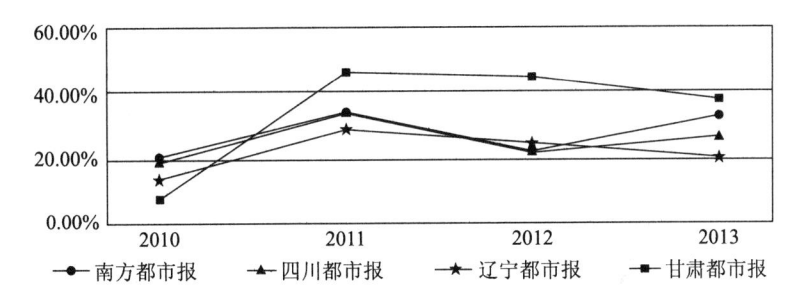

图12 都市报与政务微博相关内容中公共新闻所占比例的年度趋势变化

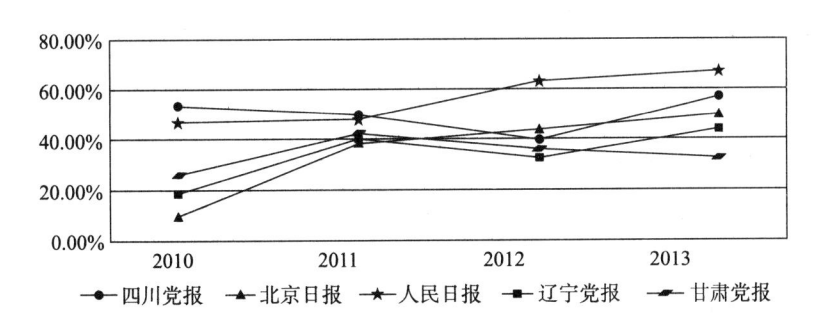

图13 党报与政务微博相关内容中公共新闻所占比例的年度趋势变化

研究还发现，2011年之后，在各个报纸上，无论是政务新闻的比例或是关于微博的公共新闻的比例均没有发生较大变化。它与"政务微博"这一概念在网络上的流行趋势有一定差异。图 14 是"百度指数"上"政务微博"一词的指数变化趋势①。"搜索指数"可大体看做普通网民对该词的兴趣,而"媒体指数"则与媒体报道有关。图 14 表明,公众舆论从 2011 年末才关注这个概念,这种关注大体保持至 2014 年初。而媒体指数则显示自 2011 年末至 2012 年初的一段时间之后,媒体对政务微博的兴趣有所下滑。本研究证明,这种下滑并非对政务微博本身失去兴趣,可能只是对"政务微博"这个概念或与微博相关的报道关注减少。

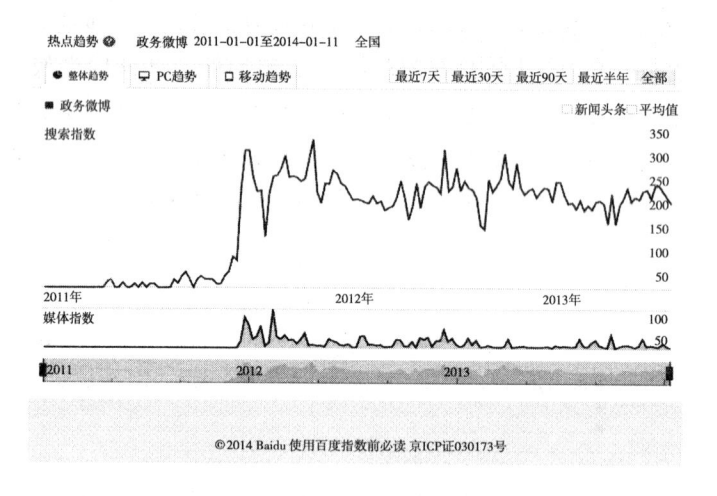

图 14 百度指数:"政务微博"关键词的指数趋势变化

以《南方都市报》为例。图 15 反映了《南方都市报》政务微博文章绝对数量的变化情况。可见,经历了 2011 年的爆炸式增长,政务微博文章的绝对数量迅速回到原位。图 16 显示了在这些报道中,政务微博数量:公共新闻数量比例的变化,政务微博的比例不但没有下降,反而略有上升。在本项研究考察的其他报纸中,也出现了类似的情形。

此外,本研究表明,报纸对政务微博的关注要早于百度趋势所体现的公众舆论对政务微博的关注。除图 16 的南方都市报外,图 17 是甘肃报纸的趋势变化。甘肃四家报纸在 2010 年很少关注政务微博,但在 2011 年,两家报纸都对政务微博保持了关注。这种关注并非来源于"政务微博"这个概念在 2011 年末的兴起,而是来自在政务微博发展时专业媒体本身的判

---

① 截图时间为 2014 年 1 月 12 日,来源:百度指数(http://index.baidu.com)。

叁·内容供给与表达样态

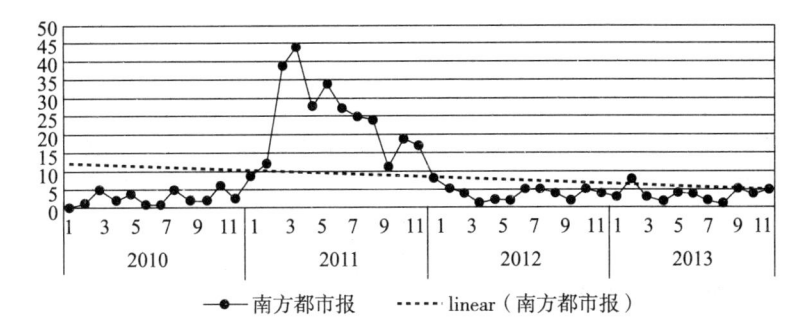

图15 南方都市报与政务微博相关内容的绝对数量趋势变化

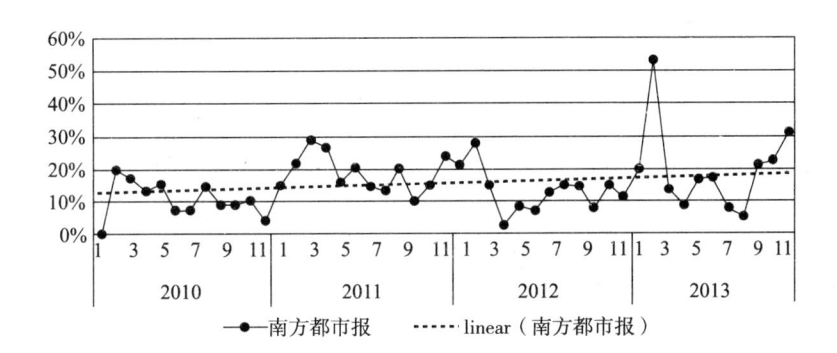

图16 南方都市报与政务微博相关内容的比例趋势变化

断。有理由相信，2011年传统媒体对政务微博的报道也是导致政务微博概念在年末流行的推力之一。

（三）公安微博对媒体的影响力

公安微博是政务微博中比较重要的一个类别。在本项研究确定的政务微博中，共有约27.81%的政务微博来自不同级别的公安账号。这和《新浪政务微博报告》中"Top200"最具影响力政务微博中公安微博所占的比例基本相符[1]，说明报纸分配给公安微博的注意力和网民相似。而从报纸种类上分析，都市报比党报更喜欢报道公安微博的内容（图18）。从内容上判断，公安微博往往与市民生活联系更为密切。例如交警微博提示出行，民警微博发布安全信息等。媒体报道公安微博的新闻，很多属于民生

---

[1] 人民网舆情监测室：《2011年新浪政务微博报告》，2011年12月，第5—6页。

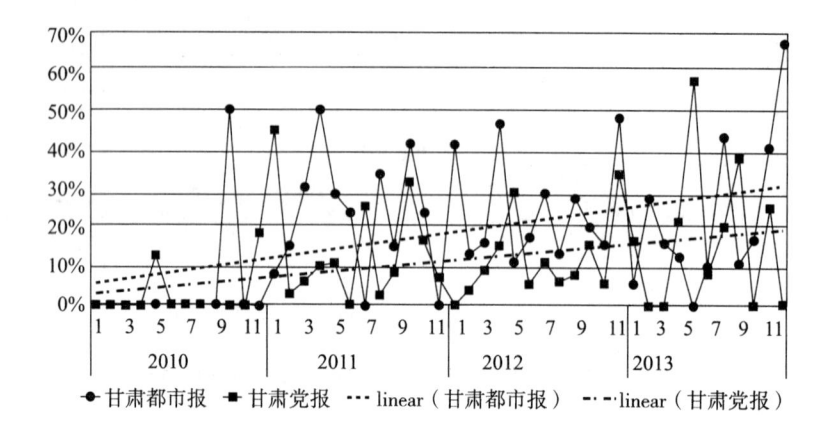

图17 甘肃报纸与政务微博相关内容的比例趋势变化

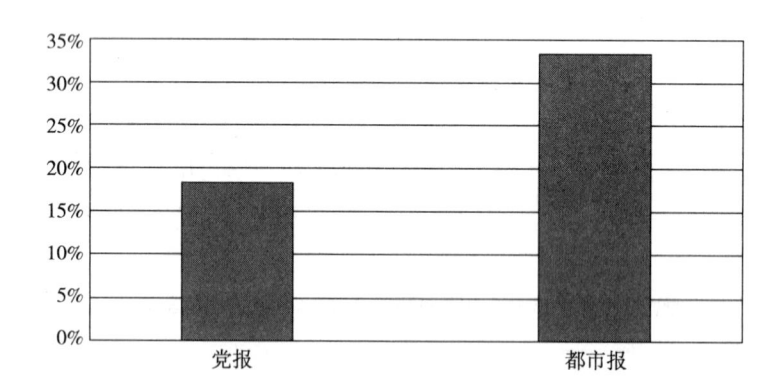

图18 不同种类报纸中公安微博相关报道占政务微博相关报道的比例

新闻,而都市报对民生新闻更感兴趣。

这也解释了从微博级别上看,为什么市区县一级的公安微博占据了更多版面空间(图19)。中央级别的公安微博来自公安部。而公安部微博出现在报纸上大部分篇幅是关于2011年初"微博打拐"一事的消息[①]。

从时间趋势上看,除《北京日报》外,其他报纸的公安微博报道比例在2013年不及2011年或2012年,表明政务微博的影响力在2013年的走向更多样化。与微博产生关联较早的公安微博对报纸的影响力有所

---

① 参见中国网报道《公安部打拐办主任陈士渠微博打拐找回上万被拐妇儿》,中国网(http://news.china.com.cn/txt/2013-05/18/content_28862357.htm),2014年3月10日查阅。

叁 内容供给与表达样态

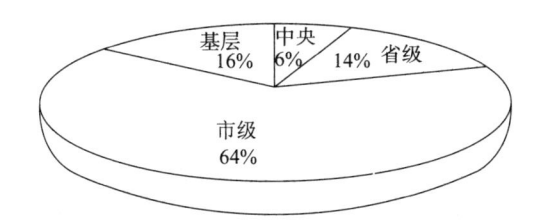

图 19 报纸报道的公安微博中各级公安部门的微博相关内容的比例

下降（图 20）。

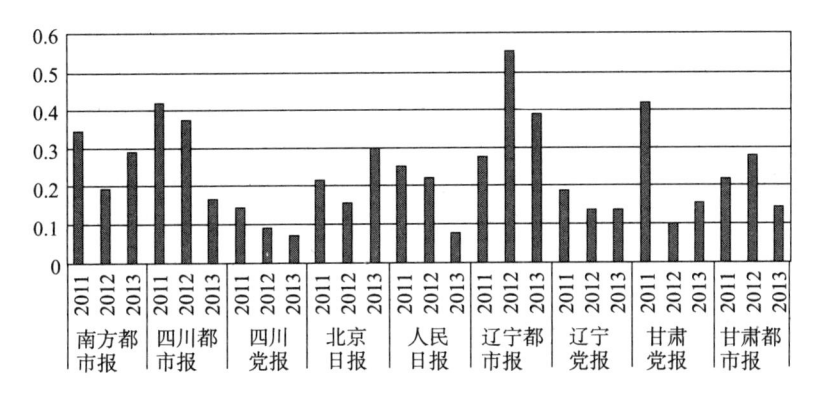

图 20 政务微博有关报道中公安微博所占的比例趋势变化

四 总结

（一）媒体对微博的态度

本项研究所考察的 15 份报纸，对微博关注的起始时间是有差别的。从图 1 至图 4 可知，从地域上分析，广东的媒体较早对微博产生兴趣并积极报道，而甘肃媒体在 2010 年对微博兴趣不大。从报纸类型分析，2010 年的都市报对微博的报道略多于党报，也体现了都市报媒体对新生事物接受能力更强，选题更灵活等优势。而当各媒体都注意到微博的影响力之后，党报对公共新闻的报道比例更大，也更热衷于报道由政务微博设置议题的新闻。但总的来说，研究发现媒体与政务微博有天然的接近性。图 21 表明，对于所观察的报纸来说，各年份中对政务微博的报道比例基本比大众微博要高。即使在政务微博幼年阶段的 2010 年，媒体还是更倾向于报道与政务微博相关的公共新闻。

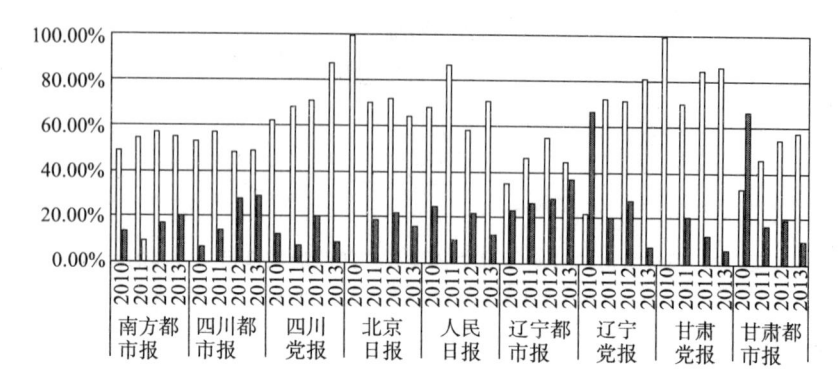

图 21　各报纸大众微博相关报道与政务微博相关报道的比例趋势变化

其次，第三部分的分析表明，媒体对政务微博的态度还有一个特点，就是前瞻性。报纸媒体在 2011 年集中对政务微博进行报道，时间上看，这要早于"政务微博"这个概念在 2011 年末的流行。从时间上看，有理由相信报纸在政务微博的普及和推广上起到了积极的推动作用。但是，还需要更有力的证据去证明两者之间的因果关系。

再次，媒体对政务微博的关注有"阈值"。2011 年末至 2013 年的政务微博爆发式发展，并没有体现在政务微博报道比例的跃进之上。第三部分第二节的时间趋势分析表明，以政务微博为来源的公共新闻报道在经过 2011 年的飞跃之后，基本保持在一定比例。这说明媒体在关注微博的时候，并没有忽视其他人群的声音。不过，这一比例是否能够在今后得以保持，尚待后续的研究去佐证。

最后，由于所属地和运营目标的不同，不同的报刊对不同层级的政务微博有不同的偏好。相对而言，本次调查的报纸注重对市一级微博的报道，而对基层微博的报道相对偏少。此外，都市报对公安微博的偏好，体现出它们比较关心微观的民生新闻。

（二）政务微博的议程设置能力

相对于网民而言，政府在开设微博的问题上属于"后进生"，但政府部门的公信力和公共服务功能为其在微博上赢得了影响力。

政务微博的出现，是否会"挤走"报纸对普通人微博的关注？本研究尝试利用回归分析进行评估。我们将各地报纸每年"由大众微博作为来源的公共新闻比例"作为因变量，自变量为"由政务微博作为来源的公共新闻数量"和"由精英微博作为来源的公共新闻数量"。另外，大众微博新闻的增减有可能和报纸性质、年份等因素有关，我们为报纸性质（党报为0和都市报为1）和年份（2010—2013，2010为基准年份）设置了4个虚拟变量（dummy variables）。报纸还可能因为更热衷于报道其他类型的新闻而影响了对大众微博新闻的报道。所以我们也控制了媒体、文娱和商业新闻的比例。最后，我们还控制了公安微博新闻的比例，以确认公安微博是否导致大众微博比例的波动。

利用 Excel 2013 的回归分析功能，所得结果发现，只有政务微博和2013年这两个变量在统计上是显著的，政务微博报道的增加都导致了对大众微博报道的减少，报纸上平均每多一篇关于政务微博的报道，就会"挤掉"0.1%的大众微博报道比例。作为对比，2013年大众微博的比例比2010年减少16%。这种现象需要进一步的研究才能得到合理解释。此外，该研究结果表明都市报并不比党报更热衷于报道大众微博的新闻，两种报纸的差异并不显著。

上述统计结果表明，政务微博的发展的确起到了抢占舆论高地的效果。但其效果是非常有限的。媒体对大众微博的注意力还受其他因素制约。对媒体来说，政务微博和大众微博上的内容应该同等重要。媒体的未来运作可以考虑如何平衡两者之间的关联性。

（三）启示

本项研究表明，报纸和普通用户对政务微博的关注偏好既相似，又有差别。例如，网民比报纸更喜欢关注基层政务微博的运营者。而报纸作为新闻生产机构对微博新闻的选择更加挑剔。报纸媒体凭借自身的公信力，在新媒体时代依然具有影响力。对政务微博运营者来说，也应该重视和报纸媒体之间的合作来增强自身影响力。

随着时间的推移，公众与媒体可能会对作为一种互联网服务的微博失去新鲜感，但这并不意味着微博功能的退化或衰落。本文的数据表明，失去标题位置的微博作为一个被"正常化"的工具，依然在报纸报道的正文中发挥作用。在互联网时代，人们的确会面临这种情况：某一个服务流行一时，但迅速被更先进、更方便的服务所取代。对于政务微博乃至电子政务的运营者以及报纸采编来说，拥有发现这种变化的嗅觉极其重要。回顾2010年的数据可以发现，都市报媒体的嗅觉似乎更好。

最后，媒体上对政务微博的报道存在"阈值"，说明政务微博的影响力并不等同于其数量的增长。政务微博的账户增长可以是无限的，但用户"粉丝"的人数、使用时间是有限的。受"注意力经济"制约，微博运营要提高影响力，还应从粉丝关注的角度出发去思考，考虑他们的需要。

媒体从业者个人微博的新闻表达

郑青华[①]

随着微博在中国的普及和发展,媒体从业者纷纷入驻新浪、腾讯等微博平台,并迅速成为微博平台上最为活跃的表达群体之一。人民网舆情监测室发布的《2013年政务微博媒体微博发展报告》显示,截至2013年10月底,新浪微博认证的媒体从业者个人微博有106373个,腾讯微博认证的媒体从业者个人微博有96731个[②]。

本文对中国媒体从业者个人微博新闻表达的考察,主要以新浪微博平台上的媒体从业者个人微博为研究对象。这里指称的"新闻表达",包括首发、转发、点评等不同的表述形式。在新浪微博名人堂"传媒"板块中,新浪微博把媒体从业者的认证微博分为传媒专家、旅游媒体、娱乐媒体、财经媒体、传媒行业公司、体育媒体、时尚媒体、网络、育儿媒体、电视、杂志、电台、汽车媒体、报纸、传媒高管15类,每类下又有更进一步的细分,如"报纸"这一大类下面,媒体从业者的认证微博又分为总编主编、记者、版面总编、编辑、其他五个具体的类别,又如"电视"这一大类下面,媒体从业者的认证微博又分为主持人、制片人、记者、导演、编导、电视宣传推广、其他七个具体的类别。为了研究的可操作性,本文主要以每个类别下的"分类人气榜TOP20"的个人微博为具体的观察对象,以之分析媒体从业者个人微博的新闻表达状态与特征。

[①] 郑青华,南京大学新闻传播学院博士研究生,烟台大学人文学院讲师。
[②] 人民网舆情监测室:《2013年政务微博媒体微博发展报告》,人民网(http://yuqing.people.com.cn/NMediaFile/2013/1202/MAIN201312021530000371459685323.docx),2013年12月28日查阅。

一 关注与讨论热点事件

关注热点事件,主动参与引导网络舆论,这是媒体从业者个人微博新闻表达的一个突出特点。虽然媒体从业者个人微博大多不是热点事件的首发地,更多的是对事件进行转发和评论,但与普通网民相比,媒体从业者个人微博对社会热点事件的关注度更高。

媒体从业者个人微博对社会热点的关注与网络舆情的焦点保持一致。据统计,网络"意见领袖"在微博中提及次数最多的 20 个词汇,依次是:政府、改革、自由、儿童、腐败、司法、举报、道德、谣言、公平、城管、房价、校长、移民、上访、强拆、民生、雾霾、转基因、性侵[1]。这些词汇也正是媒体从业者在其个人微博上频繁提及、表达的内容。

媒体从业者"新兴的在线行动者"[2]的角色更直接、充分地体现在其对热点事件的讨论中。但是在参与讨论的过程中,由于网络实名认证制的存在,媒体从业者个人微博的表达力度会根据热点事件的不同性质而有所差异。对普通的热点事件,媒体从业者的微博表达往往非常犀利,毫不拖泥带水,直指问题的实质。如在神木房姐龚爱爱事件中,媒体从业者个人微博的评论指向官员腐败、户籍制度等深层次的社会弊端。@秦枫(香港卫视采访总监)在微博上指出:"神木房姐事件涉及假户籍,房地产开发,商业投资等行为,基本上是一窝案。若没有权力支撑和金钱开道,一县城妇女这样神通广大?能够打通银行,工商,土地,税务,户籍警察等等部门?什么样味道的土壤能把苍蝇养的似老虎呢?"[3] @章文的文章(中国新闻周刊主笔)在个人微博上则抨击了中国的户籍制度:"对此案我的意见是:除非龚案涉及违法犯罪,否则仅以办北京户口一事不应追究其责任,中国户籍制度本就不合理,阻碍了宪法赋予的公民迁徙自由权,严重滞后于时代的发展,必须立即做出重大调整。"[4]

而在相对敏感的时政事件上,媒体从业者的点评,却是相对含蓄的。

---

[1] 人民网舆情监测室:《2013 年中国互联网舆情分析报告》,人民网(http://yuqing.people.com.cn/n/2014/0318/c364391-24662668.html),2014 年 3 月 29 日查阅。

[2] 卞清:《从"职业新闻人"到"在线行动者"——记者微博的中国场景》,《现代传播》2012 年第 12 期。

[3] http://weibo.com/1663010745/zgiofezRy.

[4] http://weibo.com/1884475047/zg3GEdtl6.

叁　内容供给与表达样态

在薛蛮子嫖娼被抓事件中，@大鹏看天下（河南广电映象网内容主编）连续发表三条微博，对案件细节提出质疑，"报道说，这是群众举报的，莫非???"，还有一条微博对央视媒体的表现进行了含蓄的猜测："今晚，《新闻联播》很可能将破天荒地报道一起嫖娼案。如果真的报道了，讲解案发细节、介绍两人身份，央视会怎样措辞呢？"另外一条微博则直接对各大媒体超常报道薛蛮子嫖娼案有所微词："央视、新华社、人民日报、各大网站及各自的官方微博，连篇累牍报道薛蛮子嫖娼案，一篇稿子恨不得转发几万次。请问，北京为什么会有这么多卖淫女，警方平时是干啥的???"①

二　披露新闻生产过程

对新闻生产过程的披露，也是媒体从业者个人微博新闻表达常见的内容之一。新闻的选择与建构是一个主观性很强的过程，其中有许多不确定因素，内部人士也未必对最终的选择全盘认同。这些不同意见在过去以口耳相传的方式在新闻圈内流传，微博出现之后，它们更容易通过公开的方式表达出来②。微博对新闻生产的披露，揭开了新闻生产的神秘"面纱"，让受众有机会了解新闻生产的"后台"，尤其是新闻采访的过程。

芦山地震发生之后，@秦枫曾赶赴灾区采访。她在个人微博上发布了其在庐山地震灾区的报道过程，从第一条微博报道其赶往北京机场的途中见闻，到最后一条微博报道其撤出灾区，三天时间累计发表19条微博。这些微博的内容非常丰富，包括途中见闻、灾区印象、参与救灾的战士、救灾指挥总部、李克强总理的救灾部署、救灾物资的分配等全方位的信息。这些微博既有文字新闻，也配有大量的现场新闻图片，如"战士连夜驰援"、"总理晚上居住的帐篷"、"灾区母亲领取婴儿奶粉"，视觉震撼力十足。新闻表达既有"见"与"闻"，也有"感"与"想"，如一条微博谈到对灾区下雨的担忧，对"现在怕雨得厉害，除了堰塞湖，塌方这类次生灾害，最直接与无家可归者相关的，就是帐篷。遇到大雨，这家人怎么过？"又如一条微博对救灾组织工作进行思考，"……这次在芦山，看到青

---

① http://weibo.com/1735047885/A6nR4tViK; http://weibo.com/1735047885/A6oaMBJfz; http://weibo.com/1735047885/A6XgArPXX.
② 刘海龙：《新闻工作者微博应用的困境及其根源》，《新闻记者》2012年第9期。

壮年灾民坐等,聊天,无所事事。不如把他们组织起来做点力所能及的事。"① 这些微博丰富了新闻背后的信息,是对媒体刊播新闻的补充,也满足了受众多方面的信息需求。

媒体从业者个人微博还比较重视与所在的媒体进行新闻生产的联动。这种媒体联动经常表现为对本媒体的活动进行转发、报道和评论。如@陈朝华(《南都周刊》总编辑)在其个人微博上经常转发@南都评论的评论,对南都周刊的一些营销活动进行报道。媒体联动还表现在媒体从业者利用自己在微博空间的地位及其对粉丝的吸引力,对本媒体的内容进行营销。如@胡舒立发表的大多数微博都与财经网的报道有关,而且微博内容里都会加上"——财新网讨论中",后面再附上财经网有关该事件报道的网址。

三 理性关照与感性表达

理性关照指的是媒体从业者个人微博能够使用专业理性分析、判断和报道新闻事件,对新闻事件做出负责的、理性的评论。媒体从业者往往具有独立思考能力和不偏听盲从的态度,在其个人微博上能够对新闻事件理性地表达立场和态度,用专业的角度和理性的声音让受众接受自己的观点,从而起到引导舆论的表达效果。

2013年兰考大火事件发生之后,《人物》周刊发表报道《厉害女士》,对袁厉害收养弃婴的动机进行质疑,由此引起了激烈的网络争论。一些媒体从业者凭借专业素养进行冷静地判断,驳斥了《人物》周刊的报道,努力还原事实的真相。@章文的文章在其个人微博上对《人物》周刊的逻辑提出了质疑:"……调查并展现袁的家产不是不可以,但暗指此为袁收养孩子的动机则非常不客观,也缺乏证据支持。另外一个问题是,行善之人就不该做点生意发财致富,只能甘守清贫么?在这么一个人心混沌的世道,袁纵有这样那样的缺点,依然是瑕不掩瑜。"@新民周刊杨江曾赴兰考采访过袁厉害,发表过调查报道,其在个人微博上《人物》周刊提出了严厉批评,认为《人物》周刊记者在没找到证据的情况下就强行引导读者:"@人物杂志说袁厉害至少20套房产,请一一亮出证据,这些房产到底与善款或者她行善有什么关联。新闻不要隐射,不是一个你们说'事实是……'那就是事实的,需要证据。"在爆出部分采访由实习生完成之后,

---

① http://weibo.com/1663010745/ztijcm4or;http://weibo.com/1663010745/ztsrUaco7.

@新民周刊杨江又表示责任不在实习生，而在报社，指出："……错不在实习生，不必苛责小习。我不期望给这孩子造成困扰，我更期望他能从此风波得到历练。"① 媒体人@韩福东、@刘万永、@刘炎迅、@刘炳路、@孙旭阳在微博上也对《人物》周刊表达了类似的批评和质疑。

对社会热点的讨论，网上经常存在着一些极端的、非理性的声音，此时需要媒体从业者个人微博发出冷静的声音，发挥舆论引导的作用。在夏俊峰案中，网络上支持夏家的声音呈现一边倒的态势，严重质疑法院的死刑判决。@宣克炅（上海文广新闻传媒集团电视新闻中心记者）在微博上则指出不能让同情代替理性思考："报道夏俊峰案，建议大家也去关注报道被刺死的两名城管的家人，谁来抚慰他们恸哭的亲人？……如何弥合社会分歧才是问题关键。用他人之酒杯浇自己心中之块垒，司法问题何时才单纯起来？"② 甘肃张家川"少年发帖被拘"事件发生后，很多网民称杨辉为"英雄和斗士"、"中国少年的代表"，对此@新民周刊杨江的点评显得非常理性："我个人觉得一些人恶捧这个孩子，将其提升至政治高度，对孩子的伤害程度绝对不亚于警方此前的错误刑拘，甚至比警方行为还要恶劣。"③

感性表达指的是媒体从业者个人微博直抒胸臆，情感表达强烈，表达自己对新闻事件或人物的感情好恶。媒体从业者个人微博的感性表达经常表现为对热点事件中强势方的质疑和对弱势方的同情。李某某等人涉嫌轮奸案中，被告家长表现非常高调，为儿子喊冤，其行为引起了一些媒体人的反感。@大鹏看天下在微博上发表评论："×××这对母子显然在撒谎，极其令人反感！！！"，"××当领导当惯了，她的意思就是——你们必须按我安排的说，法院必须按我想的判！"④ 面对社会上一些突破道德、人性底线的恶劣行为，媒体从业者个人微博直抒胸臆，甚至爆粗口，进行感性的表达。如对长春"304"案件中周喜军杀婴的暴行，@陈朝华在微博上发表点评："人渣！"

---

① http://weibo.com/1884475047/zhJGVyIda；http://weibo.com/1479770325/zhTkNfEri；http://weibo.com/1479770325/zhZbnojgt.
② http://weibo.com/1763251165/Abbf2EMZm.
③ http://weibo.com/1479770325/AaLBFDUrE.
④ http://weibo.com/1735047885/A6WBVj0nz；http://weibo.com/1735047885/A6Qoxfb9f.

四 新闻表达体现专业化素养

媒体从业者有着较高的新闻专业素养，他们不仅具有高于普通受众的新闻敏感、新闻发现和新闻表达的能力，而且深知受众的心理和接受习惯，因此在对微博信息进行加工处理时更能注意到：注明消息来源，保证消息的可信性；使用标题，顺应受众"浅阅读"习惯；提炼新闻要点，引导受众阅读；重视后续报道，满足信息需求。此外，对新闻业务的交流和讨论也是媒体从业者个人微博的重要表达内容。媒体从业者的专业化素养增强其个人微博新闻表达的传播效果。

（一）规范使用消息来源，保证可信性

2011年，国家新闻出版总署发布了《关于严防虚假新闻报道的若干规定》，对新闻机构的新闻来源审核等问题做出了具体的规范要求："新闻机构要规范使用消息来源。无论是自采的还是转发的新闻报道，都必须注明新闻消息来源，真实反映获取新闻的方式。"① 媒体从业者在日常新闻实践中对消息来源的规范使用，也延伸到其个人微博上。在微博上，人人都是信息的生产者，信息质量良莠不齐，如果不注明消息来源，容易出现虚假信息传播的问题。媒体从业者个人微博在转发新闻时，较为重视对新闻的真实性进行审核，常见的做法就是注明消息来源。如@大鹏看天下转发了一条"金正恩前女友被机关枪处决"的新闻，在博文的前面注明"韩国媒体报道"。又如@宣克炅在微博上报道突发事件，都会对消息来源、新闻图片来源进行了交代，如"许多微友向我反映：三号线目前限流，客流较大。什么原因？了解中。请各位注意安全。图@啊本本"②。

（二）制作微博标题，顺应受众"浅阅读"习惯

盖洛普公司所做的一项调查研究表明，网民往往通过浏览标题来决定是否要阅读这则消息。参与调查的读者们阅读过56%的标题，相比之下，调查对象只读过25%的新闻报道正文。而国内网民看新闻只阅读标题的比例则高达80%，点击网页详细看新闻的比例则不到5%。③ 新闻出版总署署长柳斌杰曾指出："以快餐式、跳跃性、碎片化为特征的'浅阅读'正

---

① 《关于印发〈关于严防虚假新闻报道的若干规定〉的通知》，国家新闻出版广电总局（http://www.gapp.gov.cn/news/1663/103339.shtml），2014年1月26日查阅。
② http://weibo.com/1763251165/zpkDNeAjd。
③ 郭伟、毛正天：《网络新闻标题制作》，武汉大学出版社2011年版，第38页。

成为阅读新趋势。"媒体从业者在个人微博上发布新闻时比较重视顺应受众"浅阅读"的习惯,使用新颖的标题、简练的文字、有视觉冲击力的图片,来吸引受众阅读博文。微博标题可以是对微博信息的概括,把微博信息的核心内容提炼出来,如"梦鸽坚信李××的本质好,忠厚善良又热情!""清华女教授:建议企业工人65岁再领养老金!"(@大鹏看天下)。此外,微博还可以使把最吸引粉丝的内容或亮点提炼出来,并且通过标点符号或表情符号,表达个人的态度,如"薛蛮子被拘满15日,仍未释放!"、快讯"高中生杀死班主任后潜逃!"(@大鹏看天下)。

(三)提炼新闻要点,引导受众阅读

媒体从业者在个人微博上对事件进行转发或评论时,往往直接把受众最关心的新闻事实提炼出来,以新闻要点的形式表达。在2013年上海H7N9禽流感事件中,@宣克炅对@上海发布有关禽流感的官方消息进行转发时,对其中最核心的事实进行提炼,方便网民阅读:"六例病人之间均无关联性","目前上海市场的鸡肉和猪肉还是可以放心食用的"[①]。在微博上对新闻要点的提炼,可以帮助网民更快更好地把握相关事件的核心信息;同时,这也是对所转发微博的一种意见呈现。

(四)重视后续报道,满足信息需求

媒体从业者在个人微博上报道新闻事件时,比较重视追踪事件的发展,做好事件的后续报道。尤其是突发事件和重大事件的报道,媒体从业者会在第一时间把这个事件转发出来,然后通过后续报道来展开原因、进展、细节等进一步的信息。在对一条吸毒人员高楼坠亡的事件进行报道时,@宣克炅发布了三条微博,第一条微博报道了男子坠亡的详情,第二条微博指出原因正在调查,第三条微博则发布了警方的调查结果,"更新:警方接110报警称蒙自路255号有人吸毒,敲门过程中一人欲爬窗逃跑,失足坠亡"[②]。媒体从业者个人微博对事件的后续报道,较传统媒体能更加及时、快速地满足受众的信息需求。

(五)讨论新闻业务,提高报道质量

微博为媒体从业者提供了一个讨论新闻业务的平台,他们在个人微博上对媒体在重大事件中报道的表现进行讨论,这种讨论促进了媒体从业者

---

① http://weibo.com/1763251165/zqHizsfL7; http://weibo.com/1763251165/zqj54qkpJ.
② http://weibo.com/1763251165/zDW3WhbBw.

业务素养的提高。重庆赵红霞事件发生之后，一些媒体把报道的焦点放到了赵红霞身上，对赵红霞及其家人围追堵截、探听隐私。很多媒体从业者在个人微博上对媒体的这种表现进行了批评，如@章文的文章发表微博，"从新闻专业角度出发，我不认为采访她的家人是必要的"，在另外一篇微博中进一步指出："……我认为媒体不应去骚扰其家人，而这样做的记者不是为了新闻价值，而是制造八卦效果。"① 又如泉州儿童医院新生儿被烤死事件中，@点子正在一篇微博中指出："……不建议发布死婴照片，婴儿也有尊严。"并且把微博"抄送各家平媒夜班编辑，明天排版请勿登照片"②。在四川芦山地震中，对报道中出现的问题的讨论也比较多，如电视台记者@老记生涯在一篇微博中对媒体蜂拥赶往灾区的表现进行了批评："灾害变成媒体的盛宴，这种恶习来自台湾。相比之下，欧美和日本冷静得多。既保证信息透明及时，也不会过分渲染。"③ 媒体人@陈先发在微博上也对媒体的报道倾向提出了批评，指出："……核心问题是及时报道灾区所需，而非塑造英雄，让新闻伦理在人道主义基座与专业素养上站立起来。"④

五 语言风格轻松幽默

总体上来看，媒体从业者个人微博在语言运用上呈现出两种截然不同的风格。在新闻报道上，媒体从业者个人微博的语言显得简洁、朴实、准确，而在意见表达上，则比较轻松活泼。第一种语言风格是新闻语言的风格特点在微博上的体现，不需要过多论述。在这里，本文重点对媒体从业者个人微博评论呈现出来的轻松幽默的语言风格予以展示。

轻松幽默的语言风格是媒体从业者个人微博的个性体现。与官方机构的媒体微博相比，媒体从业者个人微博的表达自由度更大，这点已经充分体现在他们个性化语言的使用上。

媒体从业者个人微博幽默的表达方式主要应用于对一些社会现象的批评，如针对罗昌平实名举报刘铁男事件中国家发改委新闻发言人的表现，@孟波（新浪网副总编辑）提出尖锐的批评："新闻发言人本是公职，怎

---

① http：//weibo.com/1884475047/zhdHXog6I；http：//weibo.com/1884475047/zhFCV9EOZ.
② http：//weibo.com/1584255432/A0ECTAAcr；http：//weibo.com/1584255432/A0EKki2Qu.
③ http：//weibo.com/1496868001/zta4zA6Ic.
④ http：//weibo.com/1885329072/ztac1cmo5.

会沦为'家奴'?"① 又如中国人民大学招生就业处原处长蔡荣生因涉嫌违法违纪接受调查,@黄炳良进行点评:"改名:人民币大学!"② 又如对李某某等人涉嫌轮奸案中一位被告家长的表现,报社记者@金其会_小卒发表微博:"今年最正能量的一句话:当上海的法官们想拼命甩掉'嫖客'身份的时候,×××夫妇在竭力为孩子争取一个'嫖客'的名份。所以:人活着要知足!"③

  除了文字表达,媒体从业者个人微博还经常通过对图片、标点、表情符号的单独或组合运用,来增强微博的情感色彩,让微博感觉上也更为生动。比如一个单独的表情符号可能就是媒体从业者个人微博的一条微博。有时候仅仅是一个"围观"的表情符号,表示对该事件的关注;或者是一个"弱"的符号表示对当事者的鄙视。在四川芦山地震中,媒体从业者的有的微博内容只有一个或几个"蜡烛"的符号,用来表示对灾区民众的关注。此外,媒体从业者还经常使用文字(图片)+表情符号的方式来表达意见。这种活泼的新闻表达形式增强了微博的情感色彩,也让微博更加生动。

---

① http://weibo.com/1497595933/zwpUx5mVj.
② http://weibo.com/1786885317/Alz1mm5zh.
③ http://weibo.com/1764643941/A5F8ClXRY.

肆 公众获享

- 议题属性的传导、互动与合议
  ——"东莞扫黄"事件的网络舆情分析报告
- 传统媒体舆论引导效能评估报告
  ——指标体系的建构及应用
- 微博意见领袖舆情活动分析
- 近年来抗议性谣言的传播特点及其应对建议

议题属性的传导、互动与合议
——"东莞扫黄"事件的网络舆情分析报告

张晓家[①]

2014年2月9日,春节假期刚过,随着央视暗访曝光东莞色情业的节目播出,迅速开启并形成了一个前后持续约一周的舆情热点,各个信息传播主体按照自己的立场参与到舆情之中,传递资讯、发表观点,期间的观点混杂和舆论走向颇为引人注目。本研究以此为案例,试图通过定量分析,探寻各方在议题属性层面的互动过程和所表现出来的特性。

一 "东莞扫黄"舆情的定性观察

(一)舆情的总体衍化路径

2014年2月9日上午11时左右,央视《新闻直播间》曝光了东莞的色情业问题,随后部分网络媒体转发了相关报道,但由于央视节目播出时间为周末中午,并非引爆网络舆论的最佳时间段,所以报道仅仅起到了舆论预热效果,未能迅速成为网站和网民的关注焦点。2月9日晚19时38分,央视《焦点访谈》以《管不住的"莞式服务"》为题再次进行了突出报道,由于《焦点访谈》节目所具有的巨大舆论影响力(也即议程设置能力),这一次迅速引发了网民在微博等互动环节展开热议。

从节目内容看,央视的报道对"东莞扫黄"这一议题的属性有着明确设置,是希望将舆论导向对色情业问题的关注和批判,从而通过舆论压力促使政府部门加大这一社会"毒瘤"的治理力度。但令人始料未及的是,网络舆情却沿着相反方向迅速发展。《焦点访谈》节目刚刚播完,19时59分网民"那个野和尚"即在新浪微博中发起"东莞挺住"话题,不到24小时该话题即跃居"新浪微博话题榜"榜首,达到30余万条,有关"央视曝

[①] 张晓家,北京市互联网违法和不良信息举报中心主任。

光东莞色情业"的讨论瞬间成为网络热点,"央视"和"东莞色情业"作为议题的不同属性,同时进入了网民关注的视野。

面对媒体观点和自媒体平台上网民观点的两相对立,《焦点访谈》10日晚又播出了后续报道《东莞扫黄 重拳出击》,将议题进一步引向深入。于此同时,《人民日报》等传统媒体也纷纷发表评论文章,点评东莞扫黄引发的舆论风波,反击网络上出现的戏谑偏激言论。例如,10日《人民日报》发表的评论文章《城市发展应向畸形繁荣说"不"》、11日《新闻晨报》发表题为《凭什么嚷嚷"东莞挺住"》的社论等。

随着争论的加剧,网络空间有关"东莞扫黄"的议题重心也逐渐从表层向深层次呈放射性延伸,争论的各方参与主体也纷纷被裹挟进议程之中,当客观中性的网络言论开始对这一轮的网络狂欢进行深入的探讨和反思后,一些共识性观点逐步在网络上被放大,经过充分竞争后符合各方观点态度的议题属性得到最大范围的认同,"沉默的螺旋"效应开始作用,一些与共识性观点不太一致的网络发言者通过对"意见气候"的感知,逐渐选择沉默。

一个典型的案例是,当新浪微博上的意见领袖"作业本"因为在恶搞"东莞挺住"中的引领作用,被《人民日报》等权威媒体作为反面典型在评论文章中进行批判后,"作业本"很快站出来在网上发表了《致吃狗粮长大的人》,以谩骂的方式进行了回击,这种言论交锋貌似体现了尖锐对立。但实际上网民"作业本"在文章开篇即明确写道:"我从来没有说过我支持卖淫合法化,嫖娼正义化,拜托媒体在做新闻时不要从字面意义去猜测和主观臆断。"议题在"色情业"这一属性层面的激烈交锋变成了双方按照各自"框架"对议题进行解读后的擦身而过,真正支持"卖淫合法化"等非主流观点的意见渐渐从议程中消失。

随后,如同所有的网络舆情热点一样,经过大约一周时间,当所有有关东莞色情业的新鲜信息和争议话题被媒体和公众消费殆尽后,新的热点话题开始逐步取代"东莞扫黄"舆情进入公共空间。

(二)网络媒体议程的递进式发展

2月9日《焦点访谈》节目播出后,"东莞扫黄"相关报道即占据了新浪、搜狐、网易、凤凰、腾讯这5家重点商业网站的网站首页和新闻首页要闻区等网页显要位置。由于"情色"内容一直是互联网上比较吸引眼球的话题,在随后的一周时间内,几家主要商业网站均通过大量转发相关报道，编发相关资料等方式，不断放大"东莞扫黄"议题的显要性，在网络互动环节起到了第一层面的议程设置效应，对微博等自媒体平台上相关舆情的爆发起到了推波助澜的作用。

2月10日，各网络媒体继续跟进报道，强化第一层面的媒介议程，并在议题属性层面进行拓展：一是"媒体曝光"视角，继续报道央视暗访东莞色情行业的情况，如《央视记者暗拍东莞五星酒店裸舞"选秀"》、《记者跟拍东莞酒店消费醉酒男子 奥迪公车接送》等。二是"政府措施"视角，报道地方政府查封涉黄场所等行动，如《东莞出动6525名警力查封12家涉黄场所》、《东莞成立专案组出动6千警力清查300多娱乐场所》、《广东省委书记：全省要像去年扫毒一样扫黄》、《央视曝光后东莞已抓67人 官员先停职再调查》。三是将议题推向深入，报道东莞个别涉黄场所经营者背景，如《东莞涉黄五星级酒店老总系人大代表 涉足石油业》。四是以评论的方式将话题推进到对管理部门的问责，如新华时评《阳光之下谁打造了法外"色情特区"》、红网评论《没有莞式治理何以催生"莞式服务"》、《京华时报》评论《纵容"黄流"泛滥只会害了东莞》等，均批评"相关管理和执法工作在当地的严重缺失"，质问到底谁在充当色情产业的"保护伞"？观察2月10日的网络媒体报道时，本研究发现，除了在议题各属性层面不断开掘报道资源外，政府应对措施等政策议程也已迅速进入了媒体议程，对媒体的报道角度起到了一定的平衡作用。万瑞数据针对新浪、搜狐、网易等10家网络媒体进行的数据统计表明，2月10日0时至17时，仅相关新闻点击量即达561.68万次，跟帖量41.66万条。

2月11日，政策议程向媒体议程转化的效应进一步显现。当天各网络媒体主要报道了政府管理部门的相关行动。一是报道广东、东莞方面扫黄的具体措施，如《广东将派暗访组严查涉黄活动 采取异地用警》、《广东东莞公布"扫黄"专项行动举报电话》。二是报道公安部派员督办情况，如《公安部派员督办东莞扫黄 重点打击"保护伞"》。三是继续沿着东莞涉黄场所经营者背景的视角挖掘新闻，如《港澳黑帮插手渗透东莞娱乐业 企图"分一杯羹"》。万瑞数据的统计数据显示，2月11日0时至17时，相应网站新闻点击量302.86万次，跟帖量92.66万条，和前一日数据对比可以看出，新闻点击量明显下降，而跟帖量却大幅上升，说明经过10日媒体的集中报道后，相关议题已占据公众议程的显著位置，网民开始更加积极地参与讨论。2月11日的媒体评论使更多的议题属性进入媒体和公众视野。一是继续问责政府管理部门,《人民日报》评论《城市发展应向畸形繁荣说"不"》批评东莞当地对色情行业表现出不可思议的宽容甚至是纵容。二是针对微博等自媒体环节"东莞挺住"等言论,权威新闻网站开始发声重磅反击,如新华网发表评论《重拳扫黄也要清扫某些人的思想黄流》,中国青年网发表评论《大V不该为"东莞色情"选边站》等。

2月13日,网络媒体的主要议程进入对"网络大V"等意见领袖的深入批判上,纷纷转载《人民日报》评论文章《是非界限岂能模糊——"东莞扫黄风波"的思考之一》,文章称,这次扫黄风暴中出现了令人诧异的杂音怪论,通过转移视线、偷换概念的方式,说腐败之害甚于色情,贪官比嫖客小姐更坏,甚至推导出卖淫嫖娼不算个事的错误结论。如果没有是非标准,没有言行底线,那么迷失方向的狂奔,就会成为法律和道德双重失重的沉沦。① 万瑞数据的统计表明,2月13日0时至17时,相关新闻点击量总计121.14万次,跟帖量26.5万条,无论点击量还是跟帖量都呈明显下滑趋势。按照网络媒体的舆情演化规律,如果没有新的议题属性被发掘——无论是新闻事件的更新报道或是引发新的争议话题——相关舆情将逐步平息(见图1)。

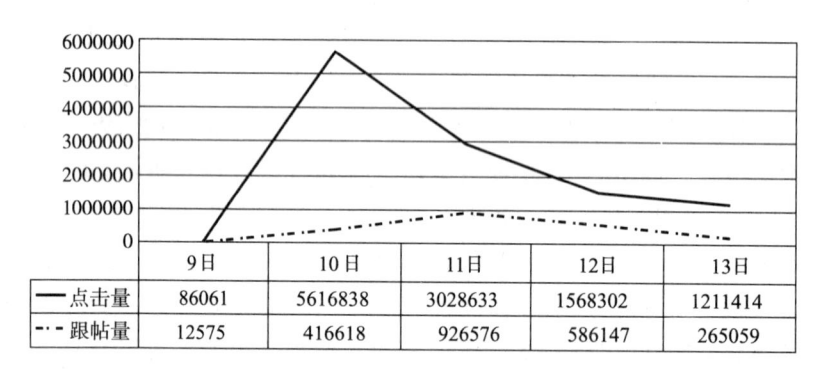

	9日	10日	11日	12日	13日
——点击量	86061	5616838	3028633	1568302	1211414
---- 跟帖量	12575	416618	926576	586147	265059

图1 "东莞扫黄"网络媒体报道点击量和跟帖量变化趋势

(三)自媒体平台上的意见分化

与网络媒体虽然报道视角多样,观点却基本一致情况相对应的是,以新浪微博这一自媒体平台上的言论为例,网民在讨论中意见逐步走向分

---

① 钟新文:《是非界限岂能模糊——"东莞扫黄风波"的思考之一》,《人民日报》2014年2月13日第4版。

化，持不同观点的意见领袖身后均跟随着自己的支持者。在议题属性层面，自媒体领域中的网民观点更加丰富和全面。

1. 支持央视曝光色情产业的视角

部分网民希望通过媒体曝光扭转色情业泛滥的局面，例如，网民"绿之047500"称："嫖娼卖淫违反国家法律败坏了社会风气，不管嫖娼卖淫能给地方带去多大的经济利益、这项产业也是一项丢人违法的产业，不能让它死灰复燃，良好的社会风气需要法律制度和人们共同去维护，在全国不只是东莞，各地对嫖娼卖淫都应进行拉网式排查，打击违法嫖娼卖淫活动，不能让黄流有生存的空间。"

2. 恶搞东莞扫黄报道，以戏谑的言论表达反体制情绪

最突出表现就是"作业本V"等微博大V不约而同地发博恶搞。"平安东莞""天佑东莞""东莞挺住""东莞不哭""东莞加油""今夜我们都是东莞人！"等成为网络热词。

3. 呼吁卖淫非罪化或合法化

例如，"罗永浩V"（锤子科技创始人，粉丝数539万）说："打击东莞，只会使原已相对完善管理经验的国内色情业示范型实验基地转入地下，因而会变得更难监控和管理（也包括行业自律），这只会造成更多的犯罪行为和疾病传播。随着中国经济发展，'嫖得起娼'的人越来越多，提倡卖淫合法化刻不容缓。""徐昕V"（法律学者，粉丝数577万）称："……并不是指卖淫不构成犯罪，而是指法律上不视之为罪过，不施加刑罚、治安处罚等任何法律制裁。""李银河V"（中国著名社会学家，粉丝数83万）说："现行卖淫法不仅无效，而且它造成的问题（黑社会、警察腐败、官员腐败、性工作者不断被抢劫被杀害）比它能解决的问题多得多。"

4. 质疑央视曝光东莞色情从业者时未做技术处理，违反新闻伦理

例如，"记者刘向南V"（知名媒体人，粉丝数19万）说："在东莞事件里，我最鄙视央视的一点是，暗访时对那些女孩不打马赛克，警方今晚抓嫖的新闻里对被抓的那些女孩仍旧不打马赛克。这是无视人权与人的尊严！""纪许光V"（知名媒体人，粉丝数47万）："批评一下CCTV，你们对广东东莞色情服务业的报道，严重违反新闻专业主义精神，对涉及的女性性工作者缺乏最起码的尊重。部分播出画面竟未做丝毫技术处理。太过分了！性工作者也是人，她们的权益也是女权（Feminism）的一部分，请

你们深刻反思。""联合国V"(联合国官方微博,粉丝数546万)称:"《艾滋病相关用词使用指南》指出,'暗娼'、'小姐'、'失足妇女'等叫法都带有歧视或者价值判断的含义,并且会导致对于性工作者更严重的歧视和排斥。"

5. 批评央视的报道方式,认为应该将舆论监督的矛头对准卖淫的经营者和保护者

例如,"赵楚V"(军事专家、专栏作家,粉丝数110万)说:"那些巍峨的娱乐服务和情色消费场所,不是卖淫女有能力开设和经营的。谁是这些畸形繁荣行业背后的推手与庄主呢?谁是操纵、保护和经营这些事业的人物呢?央视对此不敢置一词,却装模作样渲染抓卖淫女的画面,这受到人们鄙视不是很正常的吗?""五岳散人V"(知名网络评论人,粉丝数98万)说:"做小姐的是这个社会的弱势群体,要曝光此事,也应找背后的原因,不该用猎奇的手法拍下她们跳艳舞的镜头哗众取宠。一个掌控着巨大媒体资源的机构,它的使命绝对不该是如此做新闻。在你们拍下她们的艳舞之时,难道不明白这是让自己的职业蒙羞、跳了一场精神上的脱衣舞么?"

6. 认为网络舆论的反弹体现了官方与民间价值体系的巨大鸿沟

例如,"杨锦麟V"(资深媒体人、锦绣麒麟传媒创办人,粉丝数118万)称:"央视这次对东莞色情行业的暗访,或许足以写进中国的新闻史。官方舆论的义正辞严和网络舆论的一致反弹,恰好体现了官方价值体系与民间价值体系之间的巨大鸿沟。""十年砍柴V"(历史作家,粉丝数30万)分析称:"这反映了一种社会现象:庙堂之是非,天下必反之。""中青报曹林V"(粉丝数38万)也称:"央视此次暗访东莞报道引发如此大的网络吐槽,是社会对抗与分裂的反映。央视义正辞严的扫黄镜头被当成体制的象征,蹲地抱头掩面的失足少女被想象成了被压迫被欺凌的底层。这种对抗的隐喻,决定了央视扫黄舆情的基本面。加上舆论对央视符号的习惯性不满,还有官场性乱象的传闻引发的民怨,借此一并爆发。"有网民称,与其说是网民对央视的吐槽和对小姐的声援,倒不如说是自媒体对官媒的反抗,个体对体制的戏谑,而极具喜感的南"娼"起义,不正是拿着键盘鼠标的网民,对掌握报纸电视的那群人的反抗吗?

7. 从反腐或"打虎"等政治目的性视角切入评论

例如,一些网民认为央视此次曝光高端色情业有打击腐败的用意,是

政府寻找反腐切入口；揣测此时曝光色情业的政治目的，关注此次曝光的原因、时机；猜测官方打击东莞卖淫将引发政坛地震，将彻查背后的"保护伞"。

8. 批评一些"网络大V"言论缺乏基本是非观

批评网上的"东莞挺住"言论，认为并不代表东莞普通百姓的立场。例如，"传媒老王V"（报纸媒体人、纸媒研究者，粉丝数72万）："那些'一夜东莞人'是否在凭自己的好恶强加于人呢？他们能代表东莞人吗？难道东莞的普通百姓，希望这些色情产业日日夜夜地在家门口'刺激经济'吗？我只想提醒那些'一夜东莞人'，当你们自以为代表东莞人的时候，要想想普通的东莞百姓在想什么。"一些网民谴责某些大V痛骂"红色娘子军"，却力挺"黄色娘子军"，是缺乏是非观念的表现；谴责某些大V宣扬"卖淫嫖娼合法化，卖淫可以减少强奸犯"等观点。

从以上网络文本的梳理中我们可以看出，自媒体平台上的各种观点意见并未像媒体报道那样基本保持相同的倾向性，而更像一个可以进行自由交换的"意见集市"，有的观点甚至尖锐对立。另外，除了少量议题属性表现的和网络媒体报道观点相近外，多数网民意见并未能进入媒体报道的议程，比如对央视报道方式和报道中技术处理的指责，对官民价值体系分裂的点评，对"东莞扫黄"背后政治目的性的揣测等。如果在传统媒体时代，这些议题属性注定会被忽略，只能在很小的人际圈子内交流后迅速消失，但微博等社交化自媒体的昌盛，使得这类非主流声音突破了原有的时空限制，拥有了自行传播信息和强化议题的空间，令各方不得不关注相关的舆情动向。

二 "东莞扫黄"舆情网络媒体报道的定量分析

（一）权威新闻网站和重点商业网站的界定

本项研究将新华网、人民网定义为"权威新闻网站"，新华网作为国家通讯社新华社所办网站，人民网作为党中央机关报《人民日报》社所办网站，分别在网络传播领域起到党和政府的"喉舌"作用。两家网站以下，其他中央级权威媒体也都分别创办有相应网站，地方各级政府和党报、电台、电视台也随着网络传播的兴盛，创办了自己的新闻网站，构成了一个自上而下的网络媒体"金字塔"。由于网络传播的迅捷，国家层面的"政策议程"越来越多地通过新华网、人民网等"权威新闻网站"

发出。

新浪、搜狐、网易、凤凰等网站处于网络新闻传播的第一方阵，本研究将其定义为"重点商业网站"，这些网络媒体的商业属性决定了其并不具有新闻采访资质，在重大时政报道领域，只能是转载传统媒体和新闻网站的相关信息，这一刚性的法律规定一定程度上确保了"政策议程"经由传统媒体和新闻网站有效地传导到商业网站的媒体议程中。

需要说明的是，由于网站内容的海量性和网页内容的超链接呈现方式，新闻网站和商业网站的重要信息主要在"网站首页首屏"和"新闻中心首页首屏"等显要位置推荐，这些位置所吸引的点击量和评论量远远超出网站其他区域，故网站的重要编辑意图主要在以上区域呈现，网站编辑的观点立场也主要通过在以上位置精心制作标题来体现。故本研究特选择以上6家网站在网站首页和新闻首页首屏位置的"东莞扫黄"报道进行内容分析，研究其在本次热点事件中的议程设置情况。

（二）网络媒体相关报道的频数分析

1. 网络媒体日报道量的变化趋势

本项研究对2月9—16日之间，新华网、人民网这2家"权威新闻网站"的"首页首屏新闻区"和新浪、搜狐、网易、凤凰4家"重点商业网站"的"新闻中心要闻区"和"国内新闻区"所有有关"东莞扫黄"话题的报道进行了编码，通过分析数据以探析其中的规律。

数据分析表明，各网络媒体对于"东莞扫黄"议题的报道都很重视，共计363篇的报道中，有226篇位于各网的"头条区"（要闻区上部加粗推荐位置），占总报道量的62.3%，有83篇出现在"要闻区"其他区域，占比22.9%，而仅有54篇在"普通新闻区"（指要闻区周围的新闻报道区域，如"国内新闻区"等）刊出，占比14.9%。

按照每日报道量的维度对数据进行分析表明，当2月9日晚间央视《焦点访谈》节目播出后，当晚网络媒体即有7篇报道刊出，并且在2月10日达到了报道高峰96篇，由于10晚《焦点访谈》再次跟进报道，故11日仍然维持了89篇的高报道量，随后12日共有报道59篇，从13日开始，6家网络媒体报道基本维持在每日20余篇的报道量，直到舆情热点消散（见图2）。这一趋势反映了网络舆情热点的常规演化规律。

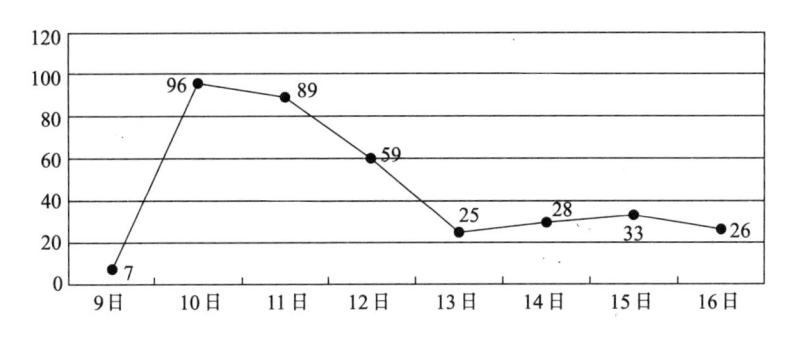

图 2 网络媒体"东莞扫黄"议题日报道量变化趋势

2. 各网络媒体报道总量比较

按照每家网站报道量进行分析表明,6 家网站在以上区域刊发有关"东莞扫黄"报道的平均篇数应为 60.5 篇,而实际情况是,新华网以 78 篇的报道量居 6 家网站之首,而新浪 68 篇、搜狐 74 篇、网易 76 篇,这 3 家网站之间未表现出明显差异,相比而言人民网 31 篇、凤凰网 36 篇则远远低于均值(见图 3)。通过对网站内容的观察和网络媒体从业者的深访发现,以上情况基本符合各网内容定位。由于网络媒体竞争激烈,每日内容同质化程度高,故几家主要网络媒体在报道数量上无明显差异在情理之中。而人民网为体现权威性,日常更加关注重大时政新闻的报道;凤凰网定位为"国际视野,中华情怀",更加注重国际时事和港澳台新闻的报道,对于内地社会新闻关注较少,故在"东莞扫黄"报道中,这两家网络媒体均未将其作为本网最主要的议题加以突出。新华网的报道量高居榜首,或许说明新华网正在努力加大社会性议题的报道力度,在权威性和贴近性之间寻求平衡,以扩大自己作为权威新闻网站应具有的社会影响力。

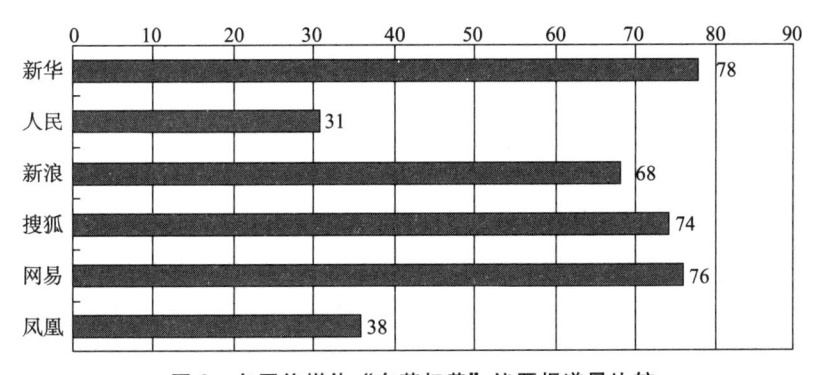

图 3 各网络媒体"东莞扫黄"议题报道量比较

3. 两类网络媒体日报道量变化趋势比较

由于"权威新闻网站"和"重点商业网站"在产权属性、社会角色、社会影响力、经营方式等方面均有着本质区别，所以在日常的新闻报道中，两类网络媒体在议程设置上具有一定的差异性。

在"东莞扫黄"议题上，由于媒体定位的差异和"政策议程"传导上的差异，两类网络媒体议程表现出既有一定的相关性，又有一定的差异性。计算每家网站的日均报道量后发现，"权威新闻网站"和"重点商业网站"日均报道量上升和下降趋势的变化规律总体一致，但也存在一定差异性。"重点商业网站" 2月10日达到报道量高峰后，报道量逐步下滑；而"权威新闻网站" 2月13日的报道低谷出现后，随后又刊登了一系列宣传报道相关部门"扫黄"举措和批驳"网络大V"的正面导向文章，试图在属性议题层面对公众议程施加影响，导致报道篇数出现了小幅反弹（见图4）。

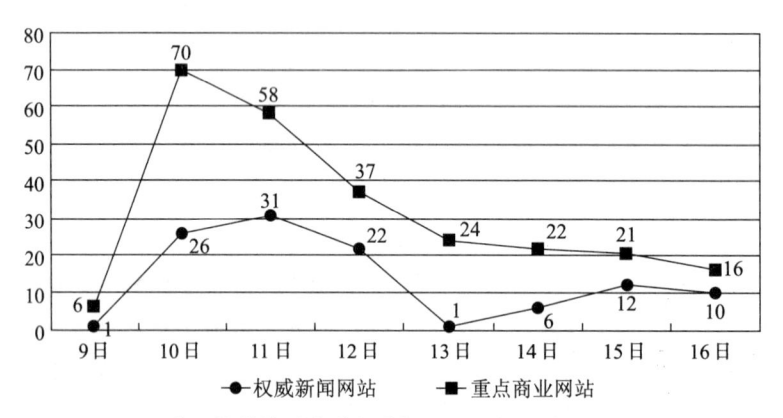

图4 两类网络媒体"东莞扫黄"议题日报道量变化趋势比较

4. 两类网络媒体相关报道推荐位置比较

对两类网络媒体相关稿件的推荐位置进行分析后，也发现了明显差异。"权威新闻网站"有关"东莞扫黄"的报道多刊登在网站首页不太显著的"普通新闻区"，45篇"普通新闻区"刊登的报道占了总报道量的41.3%，说明"权威新闻网站"囿于自己的网站定位，将"东莞扫黄"视为一般性社会新闻。观察表明，同一时期其"要闻区"更多刊登的是党和国家领导人的重大活动，国家重大政治、经济政策等内容。由于议题排序上并未将"东莞扫黄"议题置于突出位置，同样导致了"权威新闻网站"在本议题上的设置能力相对较弱。而"重点商业网站"刊登的有关"东莞

肆 公众获享

扫黄"的稿件中，有191篇（占比75.2%）均放置在位置十分突出的"头条区"，无疑更加突显了本议题的显要性，故在网络媒体影响"公众议程"的过程中扮演着主要角色（见图5）。

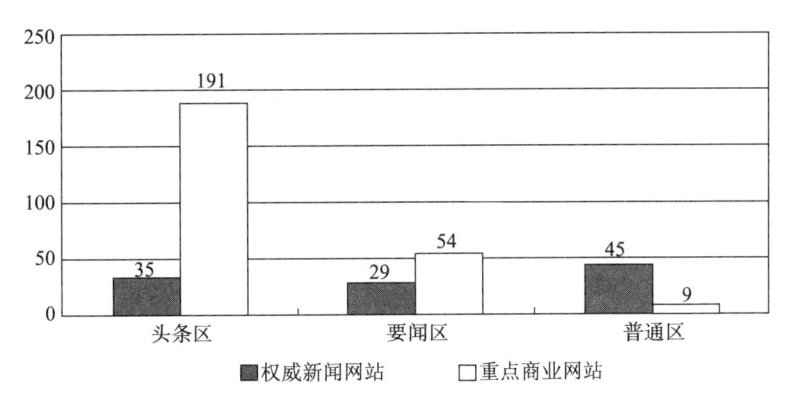

图5 两类网络媒体"东莞扫黄"报道推荐位置比较

（三）网络媒体的报道视角分析

为了进一步研究网络媒体在议题属性层面设置议程的效果，本研究在对相关报道进行定性分析后，归纳出"色情业"、"权威媒体"、"政府公权力"[①]、"网络大V"、"政治目的"等视角进行研究，对于不属于以上视角的报道均归入"其他"类别。

分析表明，网络媒体从政府视角报道"东莞扫黄"议题的文章最多，共计197篇，占比54.3%，即一半以上的报道是与"政府公权力"相关的内容，有关"色情业"视角的报道仅占17.6%，说明网络媒体在报道"东莞扫黄"过程中，并非仅从"卖淫嫖娼"这一社会现象切入，而是将其纳入政府治理社会能力的框架下展开报道，并且很多报道将"色情业"的相关内容纳入"反腐败"的框架内进行诠释。

而归入"其他"类别的报道中，经定性分析发现内容十分庞杂，有从经济发展角度关注的，如《经济学家：东莞扫黄将令经济雪上加霜 影响在千亿规模》；有报道相关花絮的，如《情侣开房被堵门》、《香港警务处：经东莞方面核实 无港警察因嫖娼被捕》、《李阳离婚案：前妻举报其曾去东莞嫖娼》等；还有一些报道已经延伸到其他领域，如《"东莞艳舞视频"

---

① 之所以将其中一个视角命名为"政府公权力"，是因为相关议题视角还涉及了国有企业人员、人大代表等政府部门之外的公共权力领域。

网上疯传 系为木马病毒》等。可见媒体在报道时，力图将议题充分拓展，只是有的报道维度过于狭窄，与社会深层问题和公众的关注点契合度不高，故相关报道只是一闪而过，从对自媒体平台上网民发言内容分析来看，这些议题视角并未能进入多数网民的议程之中，再次说明网络传播环境下的议程设置不是单向度的作用，受众心理因素得以通过自媒体传播平台，外化为网络舆情的变化，"意见气候"的改变被舆论场中的各方敏锐感知后，又会很快对自身的议程做出相应调整。

在对两类网络媒体报道视角做进一步细致分析后发现，两类媒体均高度一致地将报道视角主要集中在政府部门应承担的责任和应对举措上，"权威新闻网站"这一视角的报道比例占其报道总量的67.9%，而重点商业网站占48.4%，说明"权威新闻网站"更加彰显了自身关注时事政治的权威性，更多传递与政府部门相关的信息和声音。在有关"网络大V"的报道方面（主要为批判性报道），"权威新闻网站"的报道比例（15.6%）也略高于重点商业网站（10.6%），体现了"政策议程"对其具有更大的影响力。

而在色情业的报道视角上，"重点商业网站"报道占比21.3%（54篇），高于"权威新闻网站"9.2%的报道比例（10篇），说明商业网站更加从迎合受众的角度考虑报道内容；关于"东莞扫黄"是否具有深层的"政治目的"，"权威新闻网站"因受自身角色的限制，未刊发一篇这方面的报道，而"重点商业网站"却对这一视角报道有所涉及；"其他"方面的内容，"重点商业网站"15.7%的比例远高于"权威新闻网站"6.4%的报道比例，说明在拓宽议题的报道范围和报道层次上，"重点商业网站"有更加出色的表现（见图6）。

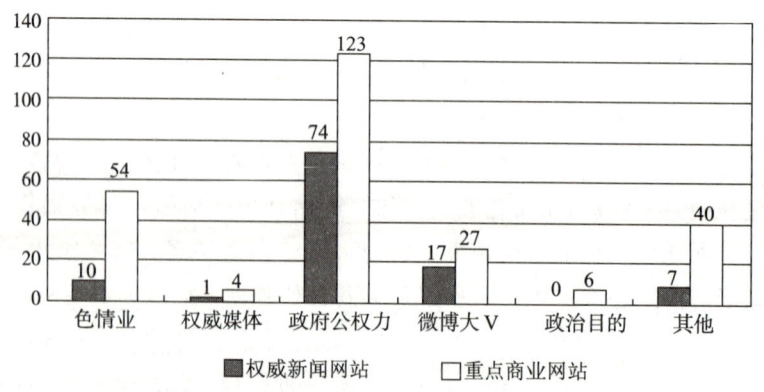

图6 两类网络媒体"东莞扫黄"报道关注视角比较

(四) 舆情暴涨期和舆情消退期的比较分析

1. 两舆情阶段中网络媒体报道比例变化情况

通过对整体舆情走势的观察分析,笔者认为2月12日是"东莞扫黄"舆情变化的一个临界点,2月9—12日期间,由于自媒体平台上网民言论的不可控性,以及部分网络媒体受利益驱动,采取迎合网民趣味的报道策略,使得整个舆论场充满喧哗噪杂之声。随着2月12日以后对议题的政策性规制加强后,自媒体平台上的相关谩骂攻击性言论得到更加严格的"把关",当《人民日报》发表评论文章《你同情卖淫家里人知道吗》,突出强调对"网络大V"批判的议题属性后,舆情焦点转向"网络大V"在此次舆论热潮中是非对错的辩驳上,直至逐步走向平息。

根据以上分析并结合有关"东莞扫黄"舆情变化趋势数据,笔者以2月12日为临界点,将10日、11日两天和13—16日4天网络媒体的报道情况进行了定量的分析比较,为了体现舆情变化的特点,本研究将10—11日两天称为"舆情暴涨期",13—16日称为"舆情消退期"。

数据分析表明,"舆情暴涨期"的相关报道共有185篇,占比62.3%;而"舆情消退期"的相关报道112篇,占比37.7%。考虑到前者时长为两天而后者时长为4天,则前后"日均报道篇数"分别为92.5篇和28篇,从中可以看出前后两个阶段报道量上出现明显落差。

进一步分析数据后发现,在两个舆情阶段中各网站在报道总量中所占比例表现出一定规律性。"权威新闻网站"变化比例明显,其中新华网迅速由"舆情暴涨期"的24.3%下降至13.4%,而人民网报道比例则由6.5%上升至12.5%。结合文本分析,笔者认为,导致比例数据一降一升的原因是,新华网在"政策议程"的抑制下明显减少了报道量,而人民网在"舆情暴涨期"报道量占比相对较小,在"舆情消退期"由于在议程设置上扮演着重要角色,连续转发多篇其母媒体《人民日报》批驳"网络大V"的相关稿件,如《评东莞色情业:应向畸形繁荣说不》、《二评东莞扫黄风波:底线不容亵渎》、《三评"东莞扫黄风波":媒体责任岂能丢弃》、《四评"东莞扫黄风波":治理责任不可含混》及《今日谈:"无良大V"的歪理邪说》等,网站发稿量反而出现了反弹。相比较而言,各重点商业网站却表现得十分稳健,虽然在两个阶段中的相对报道比例略有波动,但总体上报道数量呈同步减少趋势,这也说明目前商业性网络媒体之间报道同质化现象严重,报道步调往往高度一致(见图7)。

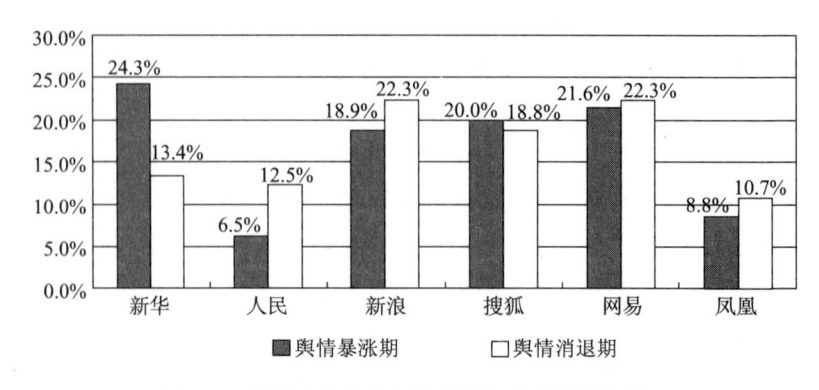

图 7　两舆情阶段中各网络媒体报道比例变化情况

2. 两舆情阶段中网络媒体报道视角的变化情况

在"舆情暴涨期"和"舆情消退期"两个阶段中，网络媒体的相关报道视角也明显发生了变化，变化不大的报道视角为"权威媒体"和"政治目的"，这两方面的议题属性在两个阶段的报道中，无论是"权威新闻网站"还是"重点商业网站"均有意弱化了相应的关注。而两个舆情阶段中，变化最为明显的为"色情业"视角和"网络大V"视角，有关"色情业"视角的报道明显受到"政策议程"的强烈影响，报道比例迅速由"舆情暴涨期"的24.9%降至"舆情消退期"的6.3%，而由于12日以后政策议程的导向作用（例如《人民日报》等媒体刊发了一系列评论文章），有关"网络大V"的报道从7.0%上升至17.9%。同时，我们可以看出有关"政府公权力"的报道比例在所有报道视角中也明显有所上升。（如图8）

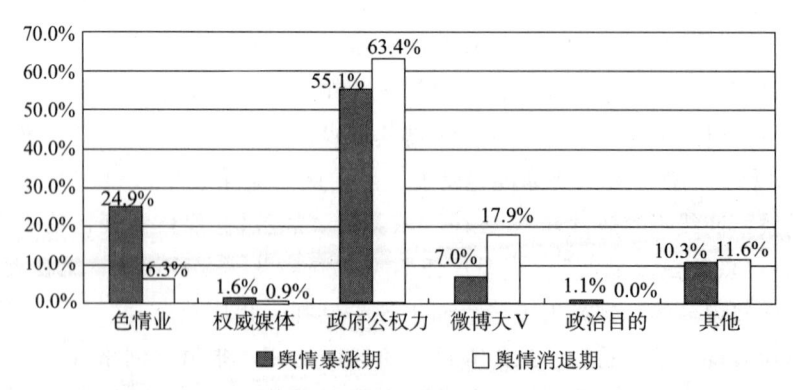

图 8　两舆情阶段中网络媒体关注视角的变化情况

三 "东莞扫黄"舆情中的"公众议程"

随着网络传播技术的不断发展，这些被链接入网的普通公众，他们的议程受到哪些因素的影响，成为一个十分复杂的问题。媒体议程固然继续在发挥重要作用，但由于传播的网络化，公众接受信息的渠道大大拓展，已经远远不再像前互联网时代，主要依赖于大众媒体的信息"填喂"，如果说那时的公众（受众）只能靠选择性接触、选择性注意和选择性记忆来体现自主性，那么现在的自主性则体现得更加充分。

为了解"东莞扫黄"舆情对公众的影响情况，同时考虑到研究的时效性和便捷性，笔者通过问卷星网站以"滚雪球"的抽样方式对社会公众进行了网络问卷调查，收集被调查者对于"东莞扫黄"话题的认知度、关注度和态度等方面的数据，进行定量分析，并结合内容分析的情况，研究各变量之间的差异性和相关性。

本次调查时间为2014年2月26日—3月8日，由于离"东莞扫黄"事件舆情热点时间尚短，比较便于了解被调查者的真实观点和态度。为了尽量照顾到调查的科学性，本次问卷调查通过多种渠道尽量扩大了被访者的地域分布面，最终分布在全国30个省（市、自治区），调查共回收问卷1279份，经过甄别后保留有效问卷1266份，有效问卷所占比例接近99%。

经过分析发现，本次的被调查对象主要为年龄居中、学历较高、在城市居住、工作和收入稳定的社会中产阶层，这一群体在社会人口总体中的比例未必高，但却是当前中国社会的中坚力量，对这一群体受议程设置影响情况的分析具有较强的社会现实意义。

（一）公众涉"东莞扫黄"话题的认知和行为分析

1. 公众对"东莞扫黄"话题具有很高的认知度

调查表明，被访者对"东莞扫黄"这一报道大多比较了解，看过央视曝光东莞色情业节目视频的比例为37.5%，"没看过但从其他媒体了解到相关新闻"的比例为45.3%，合计达到82.9%，几乎所有被调查者都看过这一节目视频或从媒体了解到相关新闻（见图9）。

2. 公众对"东莞扫黄"话题的关注度较为一般

调查表明，被访者对"东莞扫黄"话题的关注程度明显呈现中间高两端低的趋势，"非常关注"者仅占8.7%，"比较关注"者占比38.0%，关注程度"一般"者达到40.1%，而"不太关注"和"完全不关注"者占比很少。如果按照关注程度由低到高5个评价分别赋值为1—5分的话，则对于"东莞扫黄"话题，被访者的关注度得分为3.41分，说明总体上公众对这一新闻的关注程度在"一般"和"比较关注"之间，媒体的集中炒作并未能达到最大化的传播效果（见图10）。

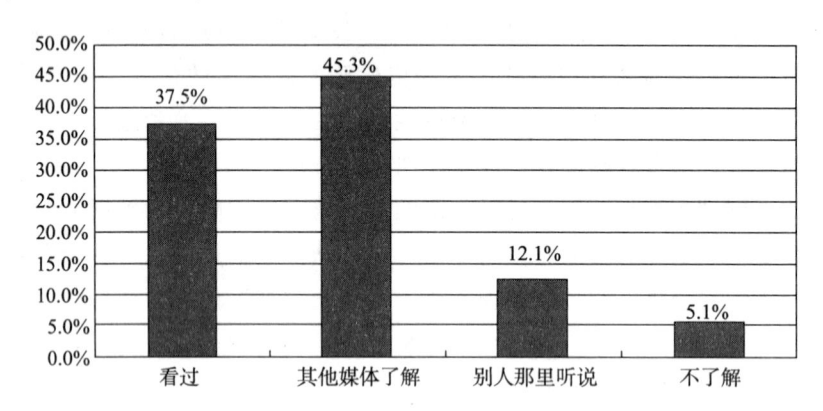

图9 公众对"东莞扫黄"话题了解情况

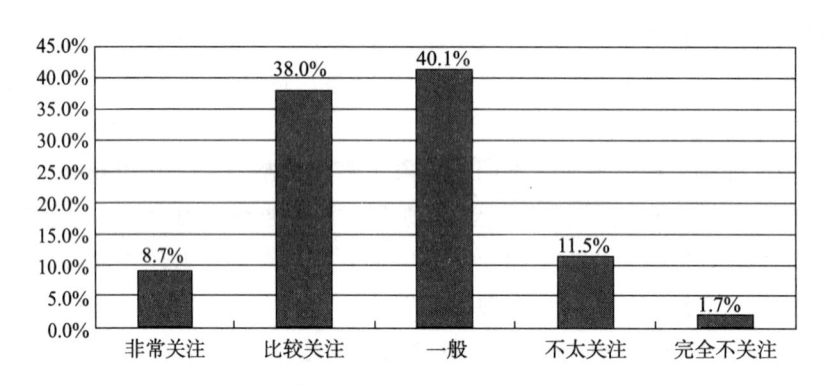

图10 公众对"东莞扫黄"话题关注情况

3. 公众在人际传播中倾向于偶尔谈论"东莞扫黄"话题

从人际传播的视角看，被访者中"偶尔谈论""东莞扫黄"话题的占比最高，接近三分之二（64.1%），而"多有谈论"者占比14.0%，"没有谈论"的占比21.9%（见图11）。

4. 大多数被调查者未参与"东莞扫黄"话题的网络互动

调查发现，在参与"东莞扫黄"这一热点舆情的网络互动行为上公众并没有太大的积极性，尽管社交网络蓬勃发展，但普通公众仍然只是单向

肆 公众获享

接受信息的"沉默的大多数"。被访的1266人中，尽管调查表明91.2%的人每天触网时间都在1小时以上，94.9%的被访者都知晓这一网络热点（如图9），但仅有25人（2.1%）"发过主帖或（微）博文"，即使是"发过跟帖评论"（5.6%）或"顶过或转过帖"（8.7%）的比例也显得相对偏小，五分之四以上的被调查公众均"没发表过意见"（83.7%），这一数据一定程度上也验证了"不应高估网络言论代表性"[①]的观点（见图12）。

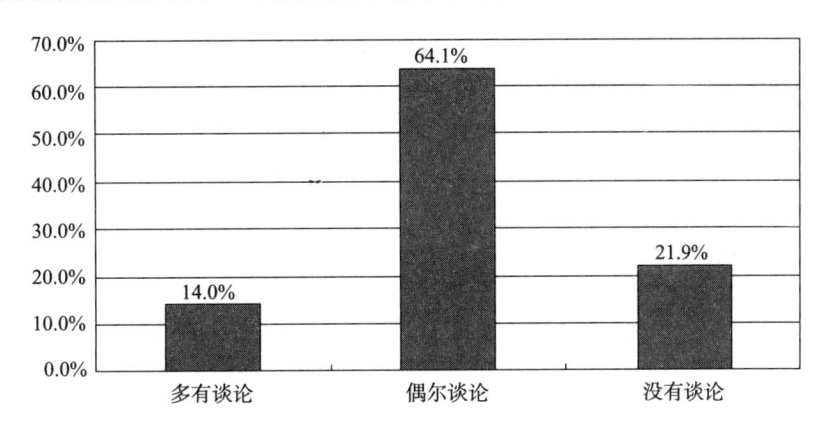

图11 "东莞扫黄"议题的人际传播情况

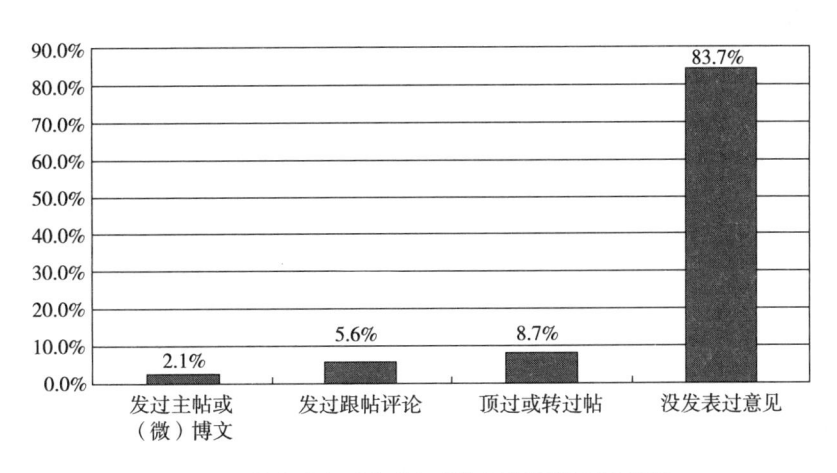

图12 公众参与"东莞扫黄"话题网络互动情况

---

① 王辰瑶、方可成：《不应高估网络言论——基于122个网络议题的实证分析》，《国际新闻界》2009年第5期。

5. 被调查者对议题属性的关注情况

在"东莞扫黄"舆论发酵过程中，网络媒体针对议题的不同属性分别进行了报道，笔者挑选了部分报道标题，通过调查被访者对不同属性标题的关注程度，来分析属性议程设置的效果。在问卷中，笔者从"色情业视角"（主要关注色情产业相关情况）、"媒体视角"（主要关注中央电视台等权威媒体报道和评论的情况）、"意见领袖视角"（主要关注调侃"东莞挺住"的"网络大V"言行）、"公权力视角"（主要关注政府等公权力在新闻事件中的情况）、"政治目的视角"（主要关注称"东莞扫黄"为反腐和"打虎"的报道和言论）等方面了解被调查者对相关新闻的关注情况，并在部分关注视角上选择具有正面、中性或负面等不同倾向的报道标题，以测量被调查者在潜意识层面的关注是否具有一定的差异。

为了确保调查的科学性和客观性，本项研究特别注意了以下问题：(1) 调查中将不同视角调查项的排列顺序打乱，并在调查中采取随机呈现方式。(2) 为了确保分析结果更可靠，每个视角的选项设置均不少于2项，并在后续的分析中通过取平均值的方式计算某一报道视角的获选比例。(3) 相较于直接询问被访者对各议题属性的关注程度，通过询问新闻标题的关注情况来测量议题各属性的关注度，能够避免被访者因为对问题具有警觉性而造成调查结果的偏差。

在问卷设置的12个标题5个报道视角（属性议程）中，按照研究的设计，"媒体视角"和"意见领袖视角"具有一定的对抗性和冲突性，因为在"东莞扫黄"议题中，"网络意见领袖"（"网络大V"）正是不满于央视等传统媒体的报道才采用"东莞挺住"等恶搞方式来解构传统媒体的权威，影响公众对传统媒体给予负面评价。而随后在政策议程的设置下，人民日报等传统媒体组织文章批判网络意见领袖（"网络大V"）模糊了是非界限，并继续传导使之成为网络媒体的属性议程。于是，同处于网络平台上的"网络媒体议程"和网络意见领袖（"网络大V"）的议程呈现出对抗性，并均试图对公众的议程产生影响。而"公权力视角"可进一步细分为正面（或中性）和负面两个视角，在本议题中，正面（或中性）视角实际上体现了政府所采取的应对措施通过媒体报道后，达到了"政策议程"向"媒体议程"再向"公众议程"传导的过程，而媒体报道的"公权力负面视角"，则体现了媒体对公权力的监督，实际上是"公众议程"（比如公众对于贪腐问题的痛恨）长期以来影响媒介，进而进入"媒体议程"，然后通过报道影响"政策议程"的一个动态过程。所以媒体针对公权力报道的正负两个视角，恰恰体现了"政策议程"和"公众议程"传导至"媒体议程"时，所表现出的互动和博弈。

故实际上问卷中有关被调查者对12个标题关注度的询问，可分为6个视角（议题属性）来考察，其中"权威媒体视角"和"意见领袖视角"、"政府公权力正面（中性）视角"和"政府公权力负面视角"之间的关系值得做更深入的探讨（见表1）。

表1　　　　　　　　网络媒体"东莞扫黄"报道标题与视角

标题	报道视角
《东莞的哥称"小姐"并非被逼无奈：出手挺阔绰》	色情业视角（负面）
《东莞失业人数猛增　副市长感叹》	色情业视角（中性）
《央视曝光东莞色情业遭非议》	权威媒体视角（正面或中性）
《三地女性抗议央视东莞扫黄报道不打马赛克》	权威媒体视角（负面）
《"网络大V"喊"东莞挺住"惹争议》	意见领袖视角（中性）
《"网络大V"调侃东莞扫黄遭批：是非界限岂能模糊》	意见领袖视角（负面）
《东莞纪委领导干部涉黄一律先免职再严处》	政府公权力视角（正面）
《东莞：110接警未出警　8人被停职》	政府公权力视角（中性）
《九江公车出入东莞娱乐场所　回应：只唱了歌》	政府公权力视角（负面）
《东莞一涉黄五星酒店老总系全国人大代表》	政府公权力视角（负面）
《东莞扫黄目的在于反腐　官场大地震刚开始》	政治目的视角
《东莞扫黄或是高层领导主导的打虎前奏》	政治目的视角

调查表明，被访者更关注"政府公权力"和"政治目的"等与政治属性相关的报道，两篇"政府公权力视角"的正面（中性）报道的获选比例平均为38.1%，两篇"政治目的视角"的报道获选比例平均为32.3%，明显高于其他议题属性；两篇"权威媒体视角"的报道获选比例平均为25.5%，两篇"政府公权力视角"的负面报道获选比例平均为24.0%，两篇"意见领袖视角"的报道获选比例平均为23.4%，这3个议题属性相关报道的获选比例基本差异不大；而两篇"色情业视角"的报道获选比例仅

平均为18.9%（见表2）。①

表2　　　　　　　被访者关注"东莞扫黄"报道情况统计

选项	小计	比例	排序
《东莞纪委领导干部涉黄一律先免职再严处》	575	47.8%	1
《央视曝光东莞色情业遭非议》	461	38.4%	2
《九江公车出入东莞娱乐场所　回应：只唱了歌》	232	19.3%	9
《"网络大V"调侃东莞扫黄遭批：是非界限岂能模糊》	224	18.6%	10
《东莞扫黄目的在于反腐　官场大地震刚开始》	430	35.8%	3
《东莞的哥称"小姐"并非被逼无奈：出手挺阔绰》	202	16.8%	11
《东莞失业人数猛增　副市长感叹》	251	20.9%	8
《东莞扫黄或是高层领导主导的打虎前奏》	347	28.9%	4
《三地女性抗议央视东莞扫黄报道不打马赛克》	152	12.7%	12
《东莞一涉黄五星酒店老总系全国人大代表》	345	28.7%	5
《"网络大V"喊"东莞挺住"惹争议》	338	28.1%	7
《东莞：110接警未出警　8人被停职》	341	28.4%	6
本题有效填写人次	1202		

（二）公众涉"东莞扫黄"话题的态度分析

1. 被调查者对"网络意见领袖"（"网络大V"）基本持中性态度

对于网络意见领袖（"网络大V"）的评价，总体看被调查者的评价为"一般（说不准）"的居多（占比66.9%），如果将被调查者对"网络大V"评价按照从负面到正面分别赋值为1—5分的话，则被访者的评价均值为3.19分。这可能是因为"网络意见领袖"（"网络大V"）群体人员庞杂，良莠不齐，言论偏左偏右者皆有，故被调查者很难对其做出总体偏向正面或者负面的评价。同时也说明，我们在探讨"网络意见领袖"主导的自媒体言论对"公众议程"的影响情况时，需要进行更加慎重和细致的分析。

"政策议程"在长效的态度层面的影响显然没有那么容易，被调查者既没有因为"网络意见领袖"（"网络大V"）在"东莞扫黄"事件中反体制反传统的表现而受到更多正面评价，也没有因为传统媒体和网络媒体的

---

① 注：考虑到央视曝光东莞色情业的相关报道是整个舆情热点的引爆点，故本研究在选择有关色情业视角的报道时主要从后续报道中选择，并尽量避免选择容易吸引眼球的曝光卖淫嫖娼细节的相关报道。

肆 公众获享

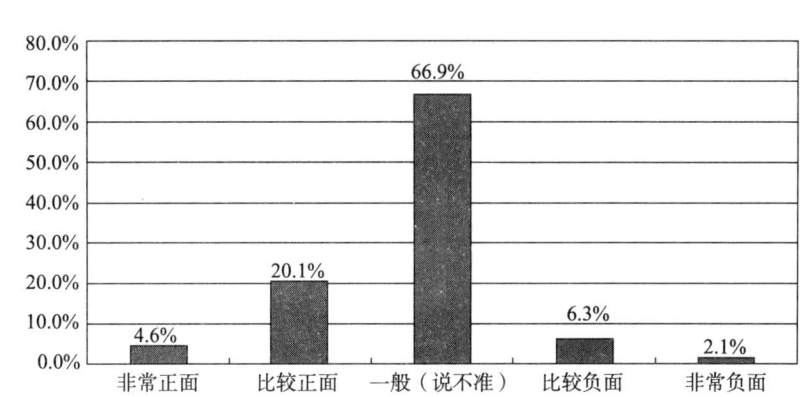

批判而对"网络意见领袖"的评价更加负面（见图13）。

图13 被访者对"网络大V"的评价情况

- 非常正面：4.6%
- 比较正面：20.1%
- 一般（说不准）：66.9%
- 比较负面：6.3%
- 非常负面：2.1%

2. 被访者多认为"东莞挺住"等言论属无聊恶搞

在"东莞扫黄"报道中，央视曝光节目引发的微博环节中"东莞挺住"、"东莞加油"、"东莞不哭"言论被疯狂转发，这一网络传播现象受到《人民日报》等权威媒体集中批判，并在网上引起很大争议。在调查问卷中，特意询问了被访者对此类言论的态度。可以看出公众倾向于对这一现象给予负面评价，选择"反感"和"无聊恶搞"两项的人员比例合计达到61.3%（"反感"17.5%和"无聊恶搞"43.8%），真正表示"有趣"（占比11.6%）和"赞赏"（占比3.8%）的人并不多（见图14）。

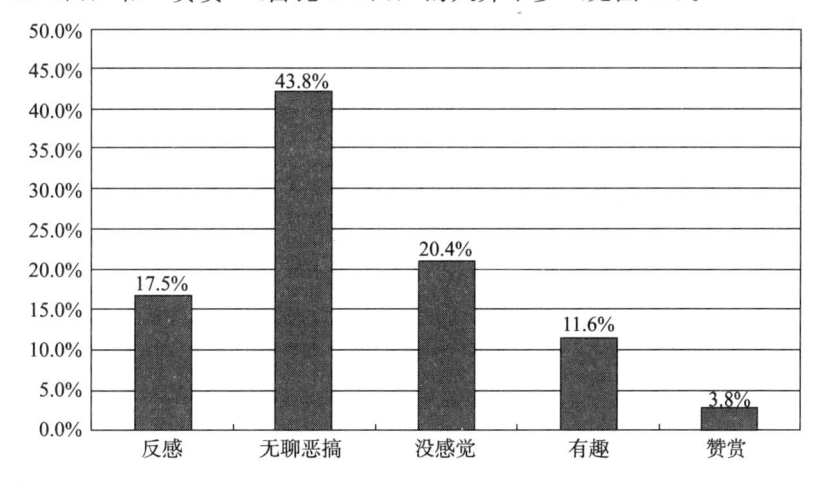

图14 被访者对"东莞挺住"等言论的评价情况

- 反感：17.5%
- 无聊恶搞：43.8%
- 没感觉：20.4%
- 有趣：11.6%
- 赞赏：3.8%

3. 被访者对色情业的态度呈现两级分化

前面的分析表明，在"东莞扫黄"的报道视角中，被调查者对于色情业的关注度最低，位于媒体各报道视角的最后一名。其中的原因既可能是央视曝光东莞色情业后舆论场中讨论焦点迅速转移，也可能与色情业这一议题属性对于公众来说关联性和不确定性均较低，故虽然色情业的被曝光是这次舆论热点的肇因，但其显要性在公众议程的排序中却未能靠前。

对网络媒体报道的观察和前文的数据分析表明，虽然央视是以批判曝光的方式报道东莞色情业相关情况，但重点商业网站在转载时更多地选择了客观中立稿件，即使是批评色情业的报道在重新制作标题时也更多采取了客观中立立场，而微博等自媒体舆论场中各种声音庞杂，且在热点后期，整个网络舆论场将关注和争论的焦点更多转移到媒体报道伦理、社会治理成败、色情业整治对地方经济的影响、对部分"网络大V"等意见领袖的批判等诸多方面。故我们可推测，在"东莞扫黄"报道中，"网络媒体议程"对公众看待色情业的意见方向和意见强度并未产生根本性影响。被调查者对待色情业的基本态度方向更多由属于社会背景环境的公序良俗所决定。

为了探寻"政策议程"是否影响了公众对待色情业的态度，本研究特意就此问题展开调查，结果表明，大部分被调查者倾向于认为对卖淫嫖娼现象（色情业）应坚决打击，这一态度倾向和社会公序良俗及政府政策在属性议程层面的设置是相符的（见图15）。

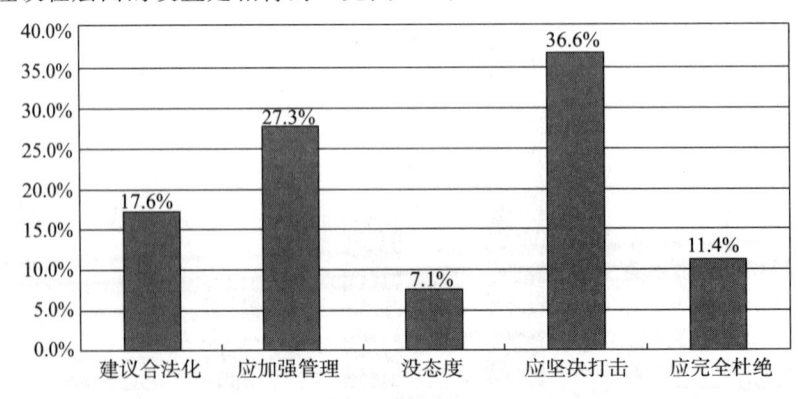

图 15 被调查者对待色情业的态度

4. 被调查者认为网络情色低俗问题较严重

由于色情业对于公众来说关联性和不确定性均较低，根据以前研究结果可推断，公众对于色情业的态度更多会受到媒体议程等影响，考虑到此次采用的是网络调查，被调查者均为网民，对于网络情色低俗现象会有更直观的感受，为了进一步验证和探寻被调查者对待色情问题的容忍程度，本研究进一步调查了受访者对网络情色低俗问题的看法。在问卷中，被调查者被要求按照"1为不严重、5为非常严重"的5级评分量表给"网络情色低俗问题"打分。结果显示被调查者给予了偏负面的评价，平均评分为3.70%，认为网络情色低俗问题"不严重"和"较不严重"的合计仅为13.0%（见图16）。

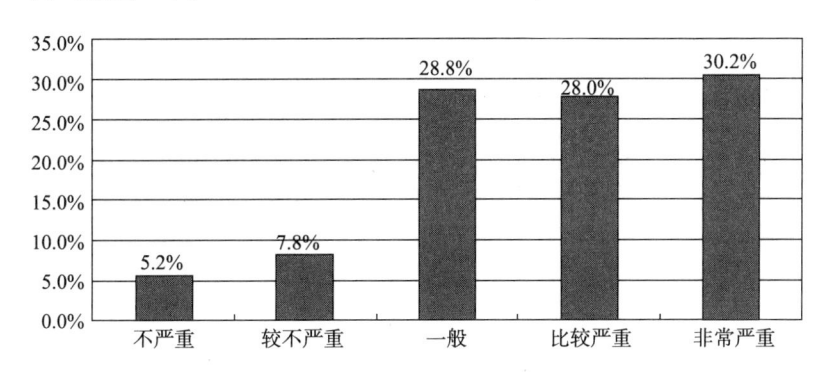

图16 被调查者对网络情色低俗问题的态度

（三）"东莞扫黄"议题中人口统计学特征导致的差异性分析

1. 男性比女性在信息认知和传播层面涉入更深

对于"东莞扫黄"这一和"性"高度相关的议题，性别变量无疑会对相关情况产生深远影响，数据分析也确实表明性别差异在话题的认知和传播层面上都表现出了明显差异。

在回答"是否观看过央视曝光东莞色情业的节目视频"这一问题时，男性被访者比例达到44.9%，而女性仅占29.8%，明显存在显著差异，由于节目视频被各网络媒体在显著位置予以推荐过，故可以推论，相对于女性，男性被访者更倾向于主动点击观看相关节目视频。而被访者中从"其他媒体了解"或从"别人那里听说"的女性比例要高于男性比例，则说明两性除对话题的认知程度上有一定差异外，总体的认知度并未表现出太大的差异（见图17）。

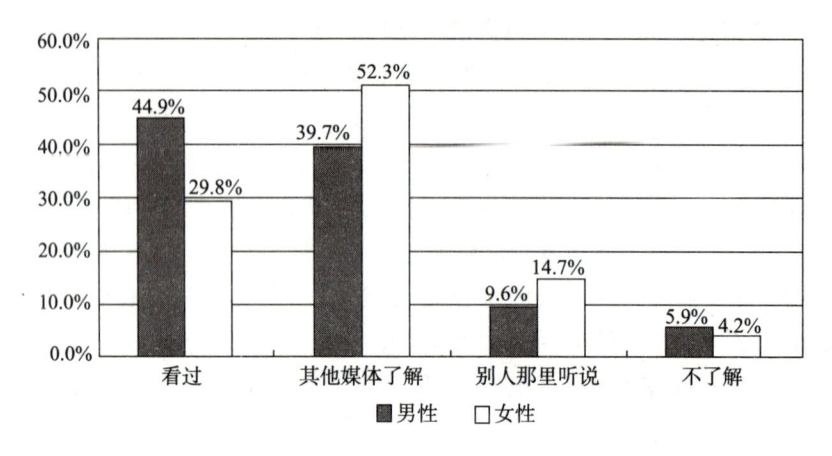

图 17 不同性别被访者对"东莞扫黄"话题了解情况

对"东莞扫黄"话题的关注程度上，不同性别也表现得差别非常明显，无论是"非常关注"还是"比较关注"，相应比例均是男性大于女性，说明主观意愿上，男性被访者对该话题表现出更大的兴趣。卡方检验表明，不同性别之间存在显著差异（P＜0.01）（见图18）。

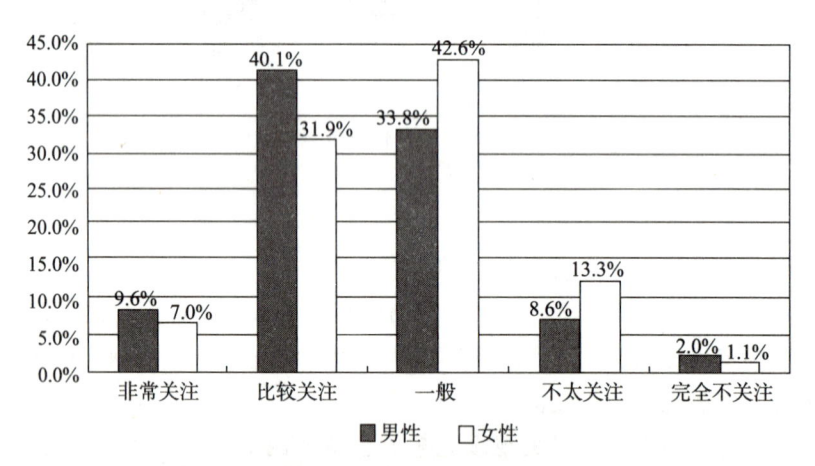

图 18 不同性别被访者对"东莞扫黄"话题关注情况

从人际传播的角度来看，相对于女性，男性被访者的参与程度也明显更高，卡方检验表明，两者之间存在明显差异（P＜0.01）。无论是"多有谈论"还是"偶尔谈论"，男性被访者的比例都高于女性被访者。女性"没有谈论"该话题的比例远远高于男性（见图19）。

肆　公众获享

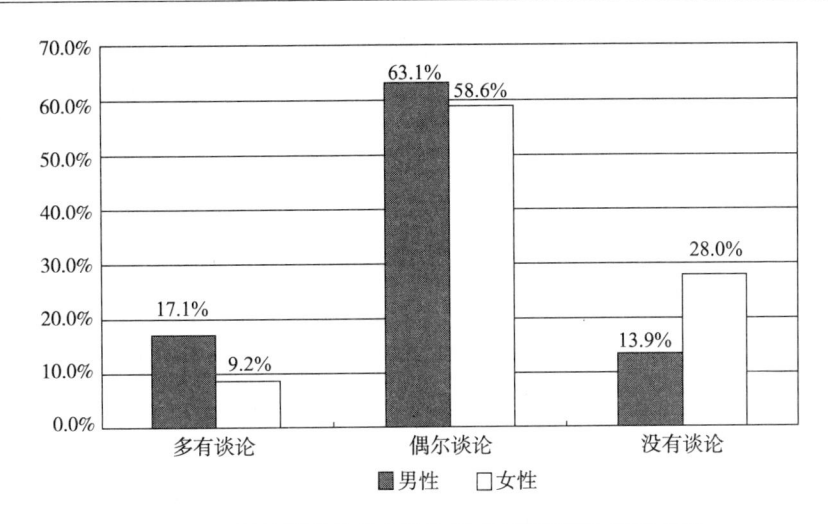

图 19　不同性别被访者人际传播"东莞扫黄"话题情况

数据分析表明，对于是否参与过网上信息互动，从发帖、跟帖还是转帖的情况来看，这是一个男性比女性更乐于参与的互动话题，每种网络互动情况里，男性的比例均为女性的两倍左右。当然正如前文所分析的，总体来看被访者参与网络话题互动的比例还是非常低的，说明"沉默的大多数"是网民的主体。卡方检验表明，不同性别之间参与网络互动方面存在显著性差异（P＜0.01）（见图 20）。

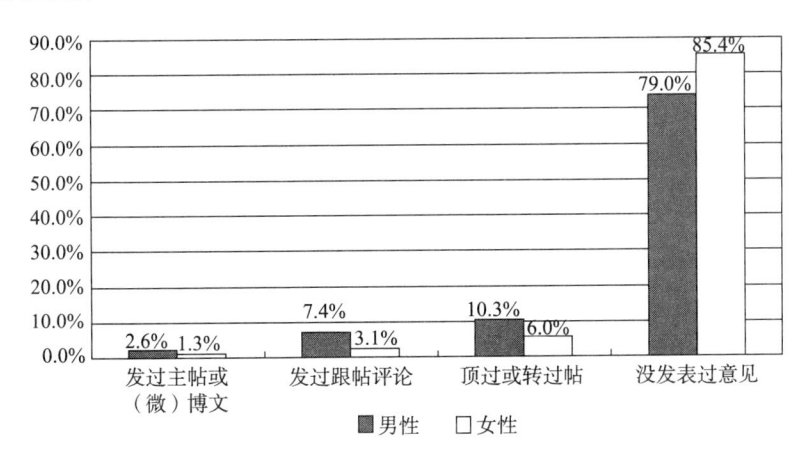

图 20　不同性别被访者参与"东莞扫黄"话题网络互动情况

以上的分析表明，性别差异在某一议题的认知和行为方面表现出明

— 397 —

显差异,这提醒我们,在具体议题的属性层面进行探讨时,需要注意议题在宏观层面的话题类别,有时性别差异在关注度、态度和行为意向方面均会引起明显差异。比如政治话题、经济话题可能男性参与议题议程互动的程度更深,而教育话题、食品安全话题等女性参与议题议程互动的程度更深。

2. 其他人口统计变量均未在信息认知和传播层面引起显著性差异

数据分析表明,无论是年龄还是学历、职业、收入、家庭居住地等变量均未引起被访者在"东莞扫黄"议题的认知和人际互动、网络互动等行为层面的差异。

这可能因为本研究考察的认知情况更多是指接受到相关信息的传播渠道,这和被调查者日常接触媒体的习惯有更大关系,而和年龄等人口统计变量的变化并无直接联系。同样道理,被访者是否关注本话题,或通过人际传播及网上发帖等行为参与话题讨论,会受到日常个人话题讨论习惯等多重变量的影响,年龄等人口统计变量则未必是影响最为明显的变量。

3. 不同性别对待涉性议题的态度表现出明显的差异

对待色情业的态度上,女性比男性被访者表现得更加严厉且差异明显,男性被访者中建议"合法化"的比例约为23.0%,而女性被访者中这一比例仅占12.0%,而支持"坚决打击"和"完全杜绝"的女性被访者比例则远远高于男性。卡方检验表明,两者之间存在明显差异(P<0.01)(见图21)。

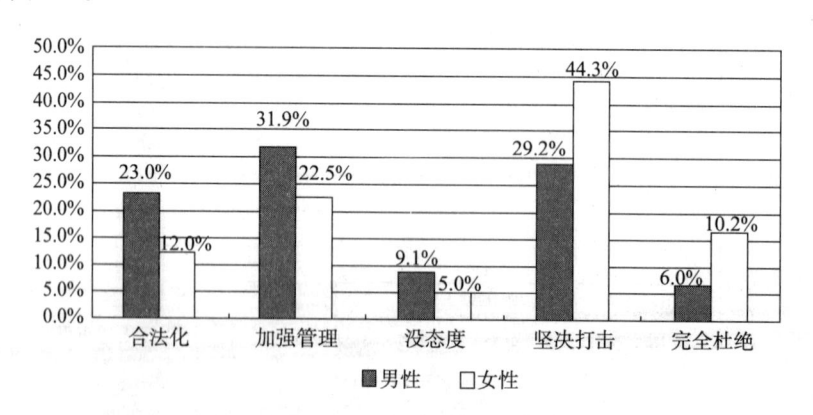

图 21 不同性别被访者对"东莞挺住"等话题的态度

在对网络情色低俗问题的判断上,两者态度相差也非常明显,更多的

肆 公众获享

女性被访者倾向于认为问题严重，卡方检验，两者之间存在明显差异（P<0.01）（见图22）。

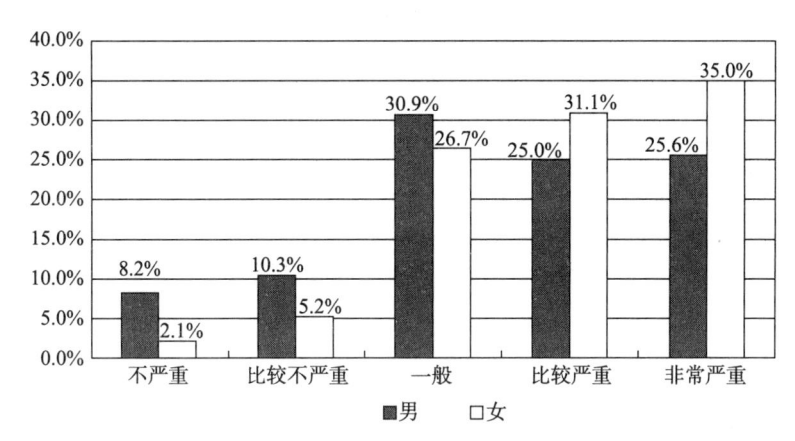

图 22 不同性别被访者对网络情色低俗问题的态度

对"东莞挺住"等言论的态度，相对于女性，男性被访者态度显得更加宽容。表示"反感"和"无聊恶搞"的女性被访者比例高于男性，而觉得"有趣"，表示"赞赏"的男性比例则高于女性。卡方检验，两者之间存在明显差异（见图23）。

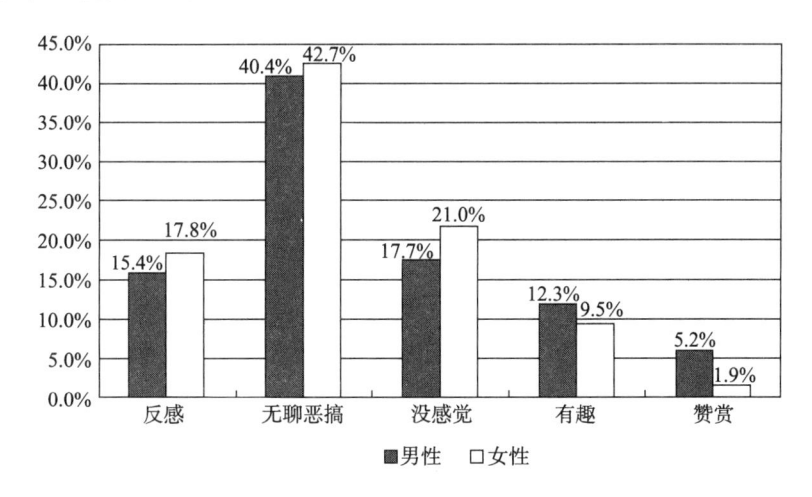

图 23 不同性别被访者对"东莞挺住"等话题的态度

以上的分析表明，在与"性"话题相关的网络舆论热点上，性别的差异会明显导致被访者的态度差异。由于男女性别差异会导致对于情色低俗问题的判断上存在先天差异，比如网络情色低俗现象，比如对卖淫嫖娼的态度等，这种差异又传导至不同性别被访者对相关议题属性层面的态度上，比如对待有关"东莞挺住"等言论的态度上。但在"东莞扫黄"议题中虽然部分"网络大V"表现出了对央视等权威媒体的恶搞和对色情业的偏正面解读，数据分析表明"网络大V"这一群体并未被女性给出更加负面的评价。

4. 不同学历在相关议题的态度上略有差异

在将"大专及本科"学历和"研究生及以上"学历两个群体的情况进行对比后发现，在对待大V的印象上，"大专及本科"学历者给予正面评价的比例相对更高，这说明"网络大V"往往扮演的是草根代言人的角色，相对而言学历较低者更加接近于草根群体，故可能出于群体认同感的原因，而给予相对较高的评分（见图24）。

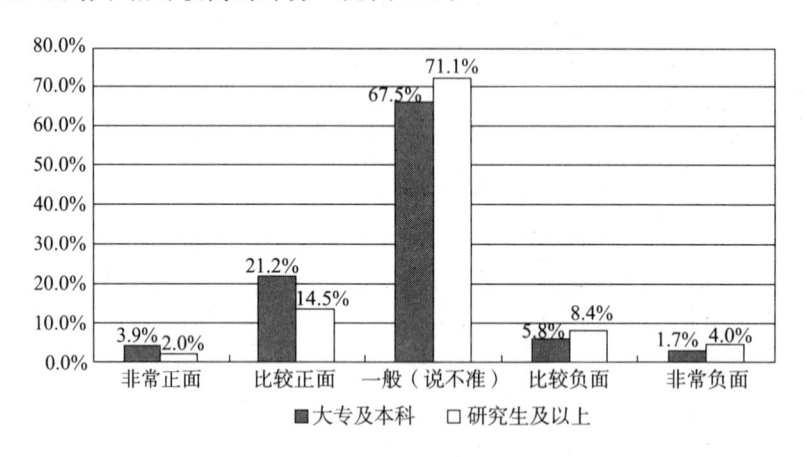

图24 不同学历被访者对"网络大V"评价情况

而在对待卖淫嫖娼现象和"东莞挺住"等言论的态度上，数据分析表明高学历者表现得更为宽容，在网络情色低俗问题的判断上，高学历倾向于认为问题更严重，但卡方检验未能发现其中的显著差异性，故我们无法将这些结论推及到更广泛的范围，但从中可以看出，高学历被访者对事物的判断显得既更加理性（对待"东莞挺住"言论）和多元（对待卖淫嫖娼现象），又具有一定的批判性（对待网络情色低俗问题）。

5. 不同职业在相关议题的态度上表现出明显差异

当我们将被访者中职业为"企业上班族"和"政府事业单位工作人

员"两类群体对"东莞扫黄"议题的态度进行对比分析后发现,"政府事业单位工作人员"作为体制内从业者相对于体制外的"企业上班族",在对待"卖淫嫖娼"现象和"网络大V"态度方面均表现出了显著的差异性。即使对"东莞挺住"等话题和网络情色低俗问题上未能表现出显著差异,但总体来看,体制内从业者在多重环境因素的影响下,表现出和"政策议程"趋同的态势(见图25和图26)。

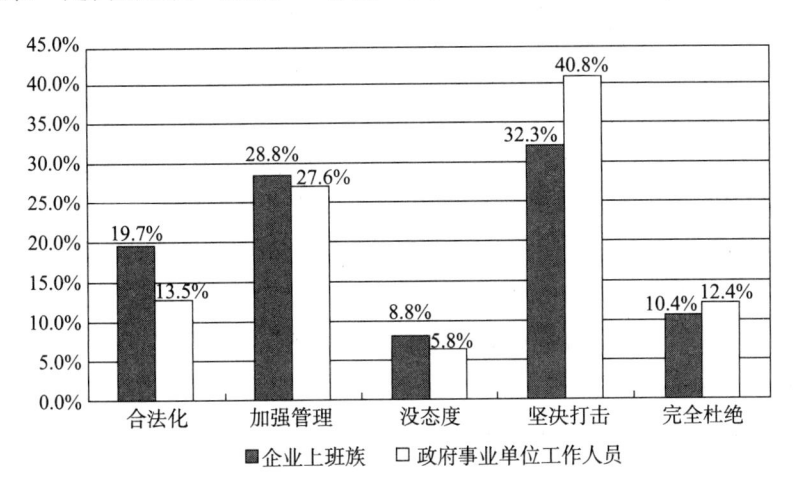

图25 不同职业被访者对卖淫嫖娼现象的态度

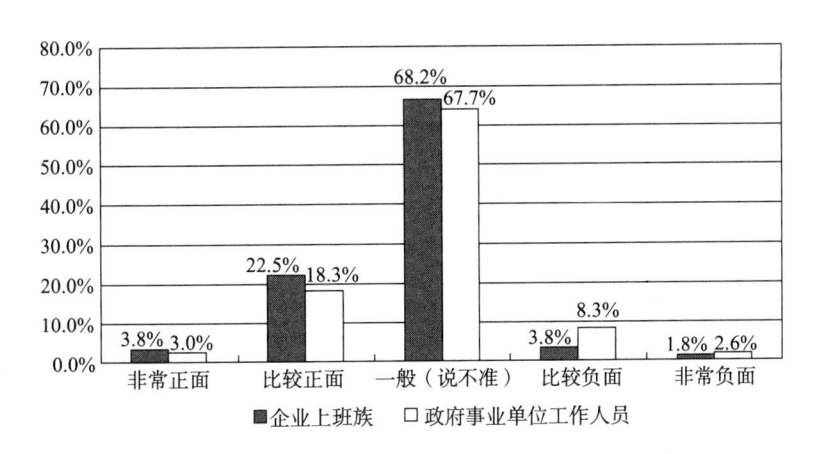

图26 不同职业被访者对"网络大V"的态度

四 议程的传导、互动与走向合议

（一）网络媒体议程对公众议程的影响

经过以上分析，我们发现本研究中的"网络媒体议程"与"公众议程"之间未表现出明显的因果性，两者之间的关系显得比较复杂。通过将"网络媒体议程"和"公众议程"中相对应的属性进行显要性排序后发现，无论是"权威新闻网站"还是"重点商业网站"，报道的侧重点均是"政府公权力"，而且在对所有报道视角进行频次统计后，有关"政府公权力"的正面、中性、负面意见倾向的报道均处于较高的位置。而在"公众议程"中对于"政府公权力"的排序也处于相对较高的位置。说明在"东莞扫黄"这一社会舆情中，网络媒体并非简单地走低俗化报道路线以博取网民眼球，而是能够很好地发挥自身应有的舆论监督职能。"政府公权力"属性显要性得以凸显，既说明"政策议程"对"媒体议程"具有强有力的影响，也说明公众渴望通过媒体实现对政府公权力的监督，各方共同的心理诉求，导致政治性议题的显要性很容易显现，即使是非政治性的议题，也往往经过媒体报道和公众认知选择后，最先显现出议题的政治性属性。

当网络媒体试图按照"政策议程"凸显"网络大V"这一议题属性时，却似乎并未能获得成功，首先议程从"权威新闻网站"传导至"重点商业网站"时，这一议题属性的显要性就有所下降，而相对而言公众似乎更加关注"权威媒体"这一议题属性，而有关"权威媒体"在"东莞扫黄"报道中的得失是网络媒体所刻意忽视的，说明公众并非被动的任由网络媒体设置议程。笔者观察到在那一段时间内，即使传统媒体也同样忽视对"权威媒体"这一属性的报道，可见公众关注这一议题属性更可能是受到自媒体平台上意见领袖言论的影响。

有关"色情业"的议题属性无论是在"网络媒体议程"还是在"公众议程"中显要性均不突出，说明有关纯粹的"色情和性产业"的探讨无论对于媒体还是对公众来说，都还存在一定的禁忌，除了少数意见领袖敢于亮明自己诸如"卖淫合法化"的观点并因此受到其他网民的人身攻击外，相关话题仍不为主流社会观念所认同和包容，在各类议程中被刻意予以回避。从另一个侧面也说明，所谓"东莞不哭"、"东莞挺住"等恶搞言论，并未引起公众的误解，解构权威的搞笑式表达方式达到了其相应的效果。

而媒体虽然忽视或弱化了有关"央视被非议"的报道,而公众仍然给予了较大的关注(见表3)。

表3　　　　　　　"东莞扫黄"议题属性显要性的排序情况

	权威新闻网站	重点商业网站	被访者
色情业负面	5	6	9
色情业中性	6	4	7
权威媒体负面	9.5	7	10
权威媒体中性	9.5	8.5	2.5
权威媒体正面	8	10	2.5
政府公权力负面	2	2	4
政府公权力中性	1	1	5
政府公权力正面	3	3	1
"网络大V"负面	4	5	8
"网络大V"中性	7	8.5	6

(二) 公众议程与其他议程的关系

在类似"东莞扫黄"的此起彼伏的各类网络舆情事件中,本项研究的观察发现,在议题议程层面,通俗的说,往往表现为"官""民"双方互相设置议程,并均能很快进入到"公众议程"中去;但是在属性议程层面,由于意见的分歧,往往以博弈和对抗的姿态出现,博弈的结果或者是政府等精英阶层的权威被消解,草根阶层的恶搞文化在网络空间大行其道,或者以损害网络媒体公信力特别是自媒体平台的公信力为代价。两种观点和意见的割裂,反映在网络空间中即是不断的争论,从一个议题到另一个议题。但同时我们也不必过于担心网络空间中偏激的言论会误导公众,作为开放的系统,网络传播渠道中永远会充满不同的声音,公众不再是信息匮乏时代的"饥不择食",不会盲目地被某一种议程所左右,而是根据自己的意志做出相应的选择。随着公众媒介素养的不断提升,政府及媒体所需要做的就是提供更高质量的信息,这样才可能使其中所承载的议程在互动中取得优势。

(三) 公众议程与"社会心理势阱"

实际上,公众除了作为议程设置的客体受到各方影响外,其在议程互动过程中对其他议程具有深远的逆向影响力,在此笔者试着引入"社会心理势阱"概念加以说明。所谓势阱,作为物理学概念,是指"粒子在某力场中运动,势能函数曲线在空间的某一有限范围内势能最小,形如陷阱,称为势阱"。[①] 在社会心理层面,如果我们将某一议题或者某一议题的属性比喻为一个"粒子",将潜在的关于某一议题的社会心理和相关社会心理外显而形成的舆论比喻为"场",我们将会观察到类似的现象,为了减小议程传导过程中的阻力,避免议程的逐渐衰减,当相关议程发生时空位移时,会沿着大多数社会公众心理所形成的场域中较小心理势能的方向运动,网络传播环境下,对很多网络媒体议程和自媒体议程进行观察都能发现类似现象。那些少量的和社会公众心理吻合度不高的个人议程会很快被筛除,就像"粒子"在"场"中泯灭一样。

心理学家勒温在拓扑心理学中曾提出"心理场"概念,"勒温认为,人就是一个场,人的心理现象具有空间的属性,人的心理活动也是在一种心理场或生活空间中发生的。"并提出了一个著名公式 B＝F（P·E）[②],即人的行为都是行为主体和环境双重作用的结果。[③] 而这里所说的形成"社会心理势阱"的"心理场",则是指每个公众个体的"心理生活空间"通过信息传播不断同构和强化的社会心理层面的宏观"场"。

在网络空间中,由于不同网民的心理因素和外界环境因素均在相互影响,相互作用,最后外显的表现就是生成了一个混杂的舆情环境。但当外界环境出现具有强大影响力的因素时,或者在媒体的集体诱导下（这一过程往往是通过媒体设置议程实现的）,使处于其中的每个个体的"心理场"产生方向大致相同的偏转,这种偏转叠加以后便会围绕每个社会热点,形成相关的"社会心理势阱"。

当前中国社会中的多数网民,由于相对缺乏独立思考和判断能力,网络媒介素养教育也十分欠缺,在个体心理层面往往表现为明显的"场依存性"特点。在接受和传递网络信息的过程中,根据海德（F. Heider）的"平衡理论",网络化生存的社会公众在强烈的信息冲击下,为了达到心理状态的平衡,必然根据外在的媒体议程和自己所认同的意见领袖的议程,

---

① 百度百科"势阱"词条（http://baike.baidu.com/view/535351.htm? fr=aladdin）。
② 注：B 表示行为,P 表示人,E 表示环境。
③ 库尔德·勒温：《拓扑心理学原理》,浙江教育出版社 1997 年版。

不断调整自己对议题显要性和议题属性的情感、态度和意见,以使自己的心理势能处于相对较小的"社会心理势阱"之中[1]。这一过程正是"议程融合"存在的心理机制,同时也是议程设置能够显现效果的心理机制。

这一心理状态的外显表现则是,公众中的大多数人对于社会热点的心理预期往往是符合主流观点的,人们乐于受到从众心理的支配。只有当外界环境因素发生了巨大变化后,原有的"社会心理势阱"被打破了,社会公众才会改变自己对事物的认知和态度,在新的"社会心理势阱"中找到平衡。

而网络媒体和网络意见领袖作为社会舆情中的先知先觉者,他们在"心理场"中施加给公众的心理势能较大,同样受到心理势能的作用力也较大。他们在"社会心理势阱"的形成过程中起到关键性作用。由于"社会心理势阱"是潜在的,所以因其存在并作用后生成的"舆论势阱"更能够为我们所观察到,我们经常会发现,媒体往往迎合社会热点话题和迎合社会情绪展开集中报道,而这些报道又引起了社会公众的"共鸣"。这一过程说明,传播过程中的受众并非只是被动的接受议程的设置,议程设置的过程都是在相应的心理场域中进行的,正是因为"社会心理势阱"的存在,使得议程设置主体会自然而然地调整自己的议程,使之获得最大的有效性,从而导致议程逆向影响效果的出现。以上所做的各议程主体之间相关性的分析一定程度上佐证了议程在"社会心理势阱"中互动的复杂机制,网络传播时代应该说使得这一过程变得更加剧烈和明显。

从另一角度看,"社会心理势阱"的存在正是各类议程最终形成合议的社会心理基础,无论政策议程和媒体议程与公众议程之间以何种方式传导和互动,当有关某类议题的社会心理势能相对较小时,这种传导和互动是多向的,但心理势能在现实社会环境中受各种因素作用并累积增大后,议程同构、意见合议的效应将越来越显著。

五 本研究的不足和后续研究设想

由于受研究者能力、研究时间和研究条件所限,本研究还有许多环节有待完善:

---

[1] 张晓家:《虚假信息传播中的"心理势阱"——以失实报道"老外扶大妈被讹"为例》,《军事记者》2014年第2期。

首先，本研究未能做到完全随机抽样。虽然无论是进行内容分析还是问卷调查，本项研究都尽量设法获得一个相当大的样本量，并设法令选择的样本分布更加广泛和均匀，但一些不可控因素的存在，仍可能导致相关数据对总体的推断缺乏科学性。在后续研究中可以对抽样方式加以改进，对本研究的相关结论做验证性研究，以更加准确地观察议程互动的过程。

其次，研究中对于"政策议程"的作用，多是通过间接的定性分析方式来论证，笔者希望在条件许可时，能够对"政策议程"做更加细致精确的定量分析，以考察在当前中国社会中，"政策议程"在信息传播、舆论形成等过程中所发挥的不可替代性作用。

第三，本研究有关"公众议程"的分析基本上还是局限在网民这一特殊的公众群体中展开的，虽然目前中国网民已经达到了6.32亿[1]，应该说社会的主流人群都已经成为网民，但未能和互联网产生接触的底层民众，如何在议程设置的链条末端受到影响、形成自己的议程，这一过程值得将来的研究深入探讨。

最后，按照还原论的观点，类似于传播学等社会学科的研究，都可追溯到心理学的本源。在将来的研究中，可以从心理学视角对议程互动的相关现象进行更加深入的剖析，相信能够对相关传播学理论进行更加深刻的解读。

---

[1] 中国互联网络信息中心（CNNIC）：第34次《中国互联网络发展状况统计报告》，第10页。

传统媒体舆论引导效能评估报告
——指标体系的建构及应用[1]

詹新惠[2] 高春梅[3]等

互联网时代,传统主流媒体能否有效引导舆论关系到社会肌体能否健康运行,影响到社会稳定和谐发展。一直以来,传统主流媒体将舆论引导作为自己的职责和使命,坚持以正确的舆论引导人,取得了一定的成效。但是舆论引导的效能究竟如何,却只能依赖媒体自身收集的转载量、领导批示等来进行大致判断和逻辑推论,缺乏定量研究成果给予支撑。能否建立一套科学有效的指标体系,以量化的方式来评估传统主流媒体的引导效能,是舆论引导研究与实践面临的重要课题。鉴于此,国家社科基金项目《互联网时代传统主流媒体舆论引导效能与方法创新研究》课题组运用专家调查法建构了"舆论引导效能评估指标体系",并应用此指标体系分析具体个案,形成本次报告。

一 建构指标体系的意义与方法

互联网环境下,面对重大突发事件、网络热点事件等引发舆论关注的事件,如何提高传统主流媒体舆论引导的效能成为政府部门、媒体自身乃至新闻传播学界普遍关注的现实问题。从科学管理角度考量,可测、可量化、有效的舆论引导效能评估体系能够为政府部门、宣传主管部门测评主流媒体的舆论引导效能提供客观依据;从媒体自我完善的角度考量,效能评估指标体系不仅能让媒体依据指标的客观标准进行内部测评,

---

[1] 本报告节选自国家社科基金项目《互联网时代传统主流媒体舆论引导效能与方法创新研究》,课题编号12AXW001,项目负责人马利(人民日报副总编辑)。

[2] 詹新惠,博士,中国传媒大学新闻学院副教授,硕士研究生导师。

[3] 高春梅,人民网研究院研究员。

而且能根据评测结果改进和创新舆论引导方法，为传统主流媒体提升舆论引导提供思路与方向；从推进学术科研的角度考量，过去学术界在评判传统媒体舆论引导效能时，大多采用单个案例、个别指标分析的模式，很少运用一套客观的、完整的、统一的指标体系做出第三方评估，往往出现对同一家媒体同一个事件的新闻报道引导效果评判不同的情况。有了指标体系，就能将其作为一个通用的评估工具施用于新闻报道的客观评判。

本文指称的"评价指标体系"，是指由表征评价对象各方面特性及其相互联系的多个指标所构成的具有内在结构的有机整体。而"传统主流媒体舆论引导指标体系"，则是指由多个相互独立而又具有系统性和逻辑关系的用来评估传统主流媒体新闻报道舆论引导效果的完整测评系统。

课题组采用了特尔斐法（即专家调查法）依据以下步骤对舆论引导效能评估指标体系进行调查、设计和确定：

第一步：由课题组根据文献研究以及媒体从业人员调查的结果，确定初始指标体系。

第二步：确定专家，包括业界、学界的知名专家。请专家根据课题组确定的初始指标体系，对各个指标进行打分。

第三步：根据第一轮专家打分的结果，进行汇总分析，依据一定的评判规则删除指标体系中部分指标，确定剩余指标为核心指标，再反馈给各位专家。

第四步：请专家们对由核心指标构成的指标体系进行第二轮赋值打分。

第五步：对第二轮专家打分的结果进行分析，确定各个指标的权重。

二 指标体系的设计与建构

为了科学有效地测评传统主流媒体在新闻报道中的舆论引导效能，课题组在反复讨论、召开专家座谈会、专家访谈及对中央级媒体从业人员问卷调查的基础上，首先设计确定指标体系的总体框架、建构思路和初始指标，然后由专家进行二轮打分，最后完成了舆论引导指标体系的建构。

（一）指标体系的总体框架和逻辑思路

指标体系的总体框架包括两部分，一是指标类别设计（A类），二是媒体报道舆论引导效能指标（B类）。一家媒体新闻报道的舆论引导效能不仅取决于新闻报道的质量和水平，而且与媒体资源、媒体品牌及媒体覆盖等媒体基础实力密切相关。媒体针对特定事件采编并传播的具体报道直接影响着舆论引导效果，而媒体的基础实力也会对其舆论引导效果产生间接的影响，只有综合这两类指标才能客观衡量媒体的舆论引导效能。最终的舆论引导效能由 A*B/100 得出。

在设计媒体报道舆论引导效能指标时，我们通过相关研究发现，重大主题报道、重要时政报道、突发事件报道和社会热点报道是最易于引导受众的报道领域，也是传统主流媒体舆论引导的主要着力点。因此我们将舆论引导的落脚点确定为上述四类报道。鉴于四类报道的性质不同，报道手法有别，舆论引导效能评估指标也可能存在差异，因此在B类指标"媒体报道舆论引导效能指标"设计中，本研究设计了四套指标，供调查专家进行筛选，最终根据专家的评分意见得出四套相应的指标。

根据指标体系的总体框架，我们把媒体基础实力指标即A类指标分解为媒体资源、媒体品牌、媒体覆盖三个一级指标；其中"媒体资源"下设采编人员、媒体性质、经济实力、政府资源、传播渠道、社会资源6个二级指标，"媒体品牌"下设知名度、公信力、受众偏好度、受众忠诚度4个二级指标，"媒体覆盖"下设传统媒体覆盖情况和新媒体覆盖情况两个二级指标；上述大部分二级指标之下，又细分出三级指标，详见表1。

根据影响媒体报道舆论引导效能的情况分析，我们对"媒体报道舆论引导效能指标"即B类指标设计了三个一级指标，包括新闻生产、传播途径和报道反馈。"新闻生产"下设报道内容、报道方式和议程设置三个二级指标；"传播途径"下设传统媒体、新媒体和媒体协调三个二级指标；"报道反馈"下设普通受众、社会名流/意见领袖、业内评价、管理部门评价4个二级指标。部分二级指标下又根据具体情况设计了三级指标。

由此完成了整个指标体系的初始设定，见表1和表1—B。

表 1　媒体舆论引导效能评估初始指标体系 A. 媒体报道舆论引导基础实力指标

一级指标	二级指标	三级指标
媒体资源	采编人员	人员数量1
		学历构成1
		引导意识2
媒体资源	媒体性质1	行政级别
		媒体属性
	经济实力1	
	政府资源1	资金支持
		政策倾斜
	传播渠道1　①	信息源
		子报子刊
		新闻网站
		客户端
		微博
		微信
	社会资源1	专家学者
		通讯员
		读者库
媒体品牌2	知名度	
	公信力	
	受众偏好度	
	受众忠诚度	
媒体覆盖1	传统媒体覆盖情况	发行量/收视率/收听率
		覆盖地域
	新媒体覆盖情况②	网站点击量
		微博影响力
		客户端下载量
		微信用户数

注：1—3指代调查方法，其中1代表媒体调查，2代表问卷调查，3代表内容分析。

肆　公众获享

表 1—B　媒体舆论引导效能评估初始指标体系 B. 媒体报道舆论引导效能指标

一级指标	二级指标	三级指标
新闻生产	报道内容 3	权威性
		及时性
		客观真实
		内容贴近
		形式贴近
		倾向性
	报道方式 3	消息
		评论
		深度报道
		专题报道
		图片报道
		现场报道
		音视频报道
	议程设置 3	系统策划
		动态跟进
		信源选择
		报道时机
		角度选择
传播途径	传统媒体 3	传统媒体报道量
		占用版面/时段
		版面大小/时长
	新媒体 1	网络媒体报道
		新闻客户端报道
		微博报道
		微信报道
	媒体协调 1	日常协作机制
		重大事件协作
		子媒体参与数
		报道资源共享
		报道人员融合

续表

一级指标	二级指标	三级指标
报道反馈	普通受众	线下反馈 2
		网络新闻反馈 3
		社交媒体反馈 3
	社会名流/意见领袖	线下反馈 2
		自媒体反馈 3③
		社交媒体反馈 3④
	业内评价 3	客观评价⑤
		主观评价⑥
	管理部门评价 1	内部批示
		部门级别

①—⑥对应指标的解释说明：
①"传播渠道"中的各项指标，均从"有/无"层面衡量，表示各种传播渠道建设的基本情况；
②"新媒体覆盖情况"中的各项指标，均从新媒体渠道的影响力层面考量；
③指社会名流/意见领袖在自媒体平台上对媒体报道的反馈；
④指社会名流/意见领袖在社交媒体平台上对媒体报道的反馈；
⑤指其他传统媒体和新媒体对报道的转载量和引用量；
⑥指其他传统媒体和新媒体对该媒体报道的态度倾向。

（二）专家打分与指标体系的建构

课题组选取在主流媒体舆论引导方面有诸多研究成果和丰富实践经验的19位学界专家和媒体从业人员参与专家调查，完成了两轮打分。第一轮专家打分请专家对舆论引导指标体系进行初步评判，将不直接影响到舆论引导效能的指标剔除，从而简化指标体系。第二轮进行权重打分，请专家按照各项指标的重要程度，对第一轮保留下来的指标赋值，最大值为7，最小值为1。课题组综合各位专家的赋值，计算各级指标的权重，由此形成了媒体舆论引导基础实力指标和四类不同报道的引导效能指标。在此，我们仅以一个指标为例来介绍如何确定指标权重。

以A部分媒体舆论引导基础实力指标为例，媒体实力部分共有三个一级指标"媒体资源"、"媒体品牌"、"媒体覆盖"。课题组算出专家打分的一级指标的平均值，然后将三个指标相加，得出总和。再将单个指标除以总和，得出这个指标的权重。在一级指标"媒体资源"中又有三个二级指标，把这三个二级指标得分再相加求和，每个二级指标的得分所占的比例就是在这个

肆 公众获享

一级指标下每个二级指标的权重。依此类推,计算每个二级指标下各个三级指标的权重。最后,计算每个三级指标在整个指标体系中的权重。

A部分媒体实力中,一级指标媒体资源权重为0.33;媒体资源中有多个二级指标,其中采编人员这个指标的权重为0.36;在二级指标采编人员中,三级指标学历构成的权重是0.47,则学历构成这个三级指标在整个体系中的重要性就是:

0.33 * 0.36 * 0.47 = 0.056 = 5.6%。

按照以上的思路和算法,根据第二轮专家的打分结果,计算出了各级指标的权重,并在表格的最后一列给出了具有操作性的三级指标在整个指标体系中的权重,以百分比形式显示,见表2。

表2 媒体舆论引导各项指标权重 A. 媒体报道舆论引导基础实力指标

一级指标	一级指标权重	二级指标	二级指标占所在一级指标的权重	三级指标	三级指标占所在二级指标的权重	三级指标在指标体系中的权重
媒体资源	0.33	采编人员	0.36	学历构成	0.47	5.6%
				引导意识	0.53	6.4%
		传播渠道①	0.33	信息源	0.38	4.2%
				新闻网站	0.31	3.4%
				微博	0.31	3.4%
		社会资源	0.31	专家学者	1.00	10.3%
媒体品牌	0.35	知名度	0.25			9.0%
		公信力	0.28			9.9%
		受众偏好度	0.23			8.1%
		受众忠诚度	0.24			8.6%
媒体覆盖	0.31	传统媒体覆盖情况	0.47	发行量/收视率/收听率	0.52	7.8%
				覆盖地域	0.48	7.1%
		新媒体覆盖情况②	0.52	网站点击量	0.34	5.5%
				微博影响力	0.35	5.7%
				客户端下载量	0.32	5.2%

注:①"传播渠道"中的各项指标,均从"有/无"层面衡量,表示各种传播渠道建设的基本情况;
②"新媒体覆盖情况"中的各项指标,均从新媒体渠道的影响力层面考量。

表 2—B—1　　　　　媒体报道舆论引导效能指标
（重大时政报道，根据第二轮打分结果计算的权重）

一级指标	一级指标权重	二级指标	二级指标占所在一级指标的权重	三级指标	三级指标占所在二级指标的权重	三级指标在指标体系中的权重
新闻生产	0.37	报道内容	0.37	权威性	0.34	4.7%
				及时性	0.31	4.3%
				客观真实	0.34	4.7%
		报道方式	0.32	消息	0.19	2.2%
				评论	0.21	2.5%
				深度报道	0.22	2.5%
				现场报道	0.20	2.4%
				音视频报道	0.18	2.2%
		议程设置	0.31	系统策划	0.26	3.0%
				动态跟进	0.26	3.0%
				信源选择	0.24	2.7%
				报道时机	0.24	2.8%
传播途径	0.34	传统媒体	0.32	传统媒体报道量	0.34	3.7%
				占用版面/时段	0.34	3.7%
				版面大小/时长	0.32	3.5%
		新媒体	0.36	网络媒体报道	1.00	12.1%
		媒体协调	0.32	日常协作机制	0.30	3.2%
				重大事件协作	0.36	3.9%
				报道资源共享	0.34	3.6%
报道反馈	0.29	社会名流/意见领袖	0.51	自媒体反馈③	0.48	7.1%
				社交媒体反馈④	0.52	7.8%
		业内评价	0.49	客观评价⑤	1.00	14.5%

注：③指社会名流/意见领袖在自媒体平台上对媒体报道的反馈；
④指社会名流/意见领袖在社交媒体平台上对媒体报道的反馈；
⑤指其他传统媒体和新媒体对报道的转载量和引用量。

表 2—B—2　　　　媒体报道舆论引导效能指标

（重大主题报道，根据第二轮打分结果计算的权重）

一级指标	一级指标权重	二级指标	二级指标占所在一级指标的权重	三级指标	三级指标占所在二级指标的权重	三级指标在指标体系中的权重
新闻生产	0.36	报道内容	0.36	权威性	0.26	3.4%
				及时性	0.23	3.0%
				客观真实	0.28	3.6%
				内容贴近	0.23	3.0%
		报道方式	0.31	深度报道	0.27	3.1%
				专题报道	0.25	2.8%
				现场报道	0.24	2.8%
				音视频报道	0.24	2.8%
		议程设置	0.33	系统策划	0.36	4.3%
				动态跟进	0.32	3.8%
				信源选择	0.32	3.9%
传播途径	0.32	传统媒体	0.34	传统媒体报道量	0.35	3.8%
				占用版面/时段	0.33	3.6%
				版面大小/时长	0.32	3.5%
		新媒体	0.36	网络媒体报道	1.00	11.5%
		媒体协调	0.31	重大事件协作	1.00	9.9%
报道反馈	0.31	普通受众	0.23	社交媒体反馈	1.00	7.3%
		社会名流/意见领袖	0.27	自媒体反馈③	0.46	3.9%
			0.25	社交媒体反馈④	0.54	4.5%
		业内评价	0.25	客观评价⑤	1.00	7.9%
		管理部门评价		内部批示	1.00	7.7%

注：③指社会名流/意见领袖在自媒体平台上对媒体报道的反馈；
④指社会名流/意见领袖在社交媒体平台上对媒体报道的反馈；
⑤指其他传统媒体和新媒体对报道的转载量和引用量。

表 2—B—3　　　　　媒体报道舆论引导效能指标
（突发事件报道，根据第二轮打分结果计算的权重）

一级指标	一级指标权重	二级指标	二级指标占所在一级指标的权重	三级指标	三级指标占所在二级指标的权重	三级指标在指标体系中的权重
新闻生产	0.36	报道内容	0.37	权威性	0.33	4.4%
				及时性	0.33	4.4%
				客观真实	0.34	4.5%
		报道方式	0.32	消息	0.25	2.8%
				图片报道	0.25	2.9%
				现场报道	0.26	3.0%
				音视频报道	0.24	2.7%
		议程设置	0.32	系统策划	0.32	3.6%
				动态跟进	0.36	4.1%
				信源选择	0.33	3.7%
传播途径	0.33	传统媒体	0.32	传统媒体报道量	0.51	5.3%
				占用版面/时段	0.49	5.1%
		新媒体	0.37	网络媒体报道	0.26	3.2%
				新闻客户端报道	0.24	3.0%
				微博报道	0.26	3.2%
				微信报道	0.24	2.9%
		媒体协调	0.31	日常协作机制	0.30	3.0%
				重大事件协作	0.37	3.7%
				报道资源共享	0.33	3.4%
报道反馈	0.31	普通受众	0.49	社交媒体反馈	1	15.3%
		社会名流/意见领袖	0.51	社交媒体反馈④	1	15.7%

注：④指社会名流/意见领袖在社交媒体平台上对媒体报道的反馈。

表 2—B—4　　媒体报道舆论引导效能指标
（社会热点报道，根据第二轮打分结果计算的权重）

一级指标	一级指标权重	二级指标	二级指标占所在一级指标的权重	三级指标	三级指标占所在二级指标的权重	三级指标在指标体系中的权重
新闻生产	0.36	报道内容	0.36	权威性	0.25	3.2%
				及时性	0.23	3.0%
				客观真实	0.27	3.5%
				内容贴近	0.25	3.2%
		报道方式	0.32	评论	0.34	3.9%
				深度报道	0.34	4.0%
				专题报道	0.32	3.7%
		议程设置	0.32	系统策划	0.26	3.0%
				信源选择	0.23	2.7%
				报道时机	0.26	3.1%
				角度选择	0.26	3.0%
传播途径	0.33	传统媒体	0.33	传统媒体报道量	0.34	3.6%
				占用版面/时段	0.34	3.6%
				版面大小/时长	0.32	3.4%
		新媒体	0.37	网络媒体报道	0.34	4.1%
				新闻客户端报道	0.32	3.9%
				微博报道	0.34	4.1%
		媒体协调	0.30	日常协作机制	0.46	4.5%
				重大事件协作	0.54	5.3%
报道反馈	0.31	普通受众	0.25	线下反馈	0.31	2.4%
				网络新闻反馈	0.34	2.6%
				社交媒体反馈	0.34	2.6%
		社会名流/意见领袖	0.26	自媒体反馈③	0.48	3.9%
				社交媒体反馈④	0.52	4.2%
		业内评价	0.25	客观评价⑤	1	7.8%
		管理部门评价	0.24	内部批示	0.51	3.8%
				部门级别	0.49	3.6%

注：③指社会名流/意见领袖在自媒体平台上对媒体报道的反馈；
④指社会名流/意见领袖在社交媒体平台上对媒体报道的反馈；
⑤指其他传统媒体和新媒体对报道的转载量和引用量。

三　舆论引导效能评估指标体系的应用

指标体系主要用于评估传统主流媒体对四类新闻事件，即重要时政新闻、重大主题报道、突发事件、社会热点展开报道后的舆论引导效能。这套指标体系的运用主体可以是宣传主管部门，也可以是传统媒体自身。前者可以用指标体系来评估不同媒体对同一事件进行报道后的舆论引导效能，实现横向评估；后者可以用指标体系评估媒体在不同时期对同一类新闻进行报道后的舆论引导效能，实现纵向评估。

各级指标满分为100分，三级指标的分值划分为以下五个等级：90—100分为优秀，80—89分为良好，70—79分为中等，60—69分为合格，60分以下为不合格。在运用指标体系时，只需要对三级指标进行打分再乘以权重，然后将相加后的A类指标乘以B类指标即可得到舆论引导的量化数据。没有三级指标的直接对二级指标打分。评估指标体系的最终得分满分为100分，分值越高，说明舆论引导效果越好。

对重要时政新闻和重大主题报道进行的舆论引导效能评估，应在新闻报道开展之前预先安排和布置，并在报道过程中追踪跟进，以便及时观测、系统观察，收集到完整的评估指标；对突发事件和社会热点进行舆论引导效能评估，应与新闻报道同步展开。无论是宣传主管部门进行横向评估，还是媒体自身进行纵向评估，都需要成立3—4人的评估专家小组。评估小组可采取查阅资料、媒体基本情况统计、新闻报道内容分析、网络舆论的内容分析等方式，基于客观实际和主观评判对各项三级指标统一进行打分。

媒体每一次报道所面对的具体情况都不同，有些指标很难给出绝对量化的评估标准，需要评估小组根据实际情况给予分值评定。比如，对于国内突发事件和国外突发事件而言，在"时效性"这一指标的评估上很难以报道时滞为限给出绝对统一的量化标准。

四　基于效能指标体系的个案分析与测评

我们选择了两家中央级媒体运用上述指标体系进行舆论引导效能的评估。一是横向评估重要时政报道，选择了《人民日报》和《中国青年报》的2014年两会报道；二是纵向评估突发新闻事件，选择了中央人民广播电台2013年芦山地震报道和2010年玉树地震报道。由于两个新闻事件的报道均已完成，我们主要依据文献资料、内容分析和网络数据进行打分。

(一)《人民日报》与《中国青年报》关于2014年两会报道的舆论引导效能评估

1. A类指标的分析与打分

在A类媒体基础实力的指标体系中,共有4个二级指标和11个三级指标。我们依据各方面的资料和数据对两家媒体进行了主客观分析与评估。

(1) 学历构成。根据《互联网时代传统主流媒体舆论引导调查报告》[①]显示,《人民日报》从业人员中拥有研究生学历者的比例为66%,占到其总人数的三分之二。与人民日报相比,《中国青年报》从业人员的学历总体略逊一筹。《人民日报》95分,《中国青年报》85分。

(2) 引导意识。在《互联网时代传统主流媒体舆论引导调查报告》中,对"互联网时代传统主流媒体缺少主动引导意识的赞同程度"打分(五级打分),《人民日报》的受访者打分均值为2.81分,同意这种说法的受访者占25.5%,说明对《人民日报》来说,存在引导意识不足的问题。《中国青年报》虽是团委机关报,参考《人民日报》的调查数据,评分下降一个级别。《人民日报》70分,《中国青年报》60分。

(3) 信息源。《人民日报》作为党报和中国第一大报,能够获得有关重大新闻的多方面的信息来源,信息来源多元而又权威。而《中国青年报》无论是从多元的角度还是从权威的角度来说,都逊色于《人民日报》。《人民日报》90分,《中国青年报》70分。

(4) 新闻网站。《人民日报》旗下人民网为中央重点新闻网站,中国第一大新闻网站,内容丰富信息量大,《人民日报》发布在人民网上的文章大量被转载和引用。《中国青年报》的网上发布平台为中青在线,网站设计相对简单,知名度小。《人民日报》95分,《中国青年报》75分。

(5) 微博。以新浪微博为例,《人民日报》自开通微博以来,共发布3.4万条微博,利用率非常高。而《中国青年报》的微博总量不及两万条,从数量上与《人民日报》有很大差距。《人民日报》95分,《中国青年报》70分。

(6) 专家学者。《人民日报》自身拥有很多新闻传播领域的专家学者和很多优秀的评论员。《中国青年报》相对于《人民日报》来说,专家学者的资源是其劣势。《人民日报》90分,《中国青年报》80分。

---

① 此调查报告为本课题组为完成课题所做的针对传统主流媒体从业人员进行的调查问卷报告。

（7）知名度。《人民日报》是党中央机关报，创刊时间较长，是中国最具权威性的综合性日报，其知名度较高。《中国青年报》虽然也是中央级媒体，但是以服务青年为目标，能够影响到的目标人群有所局限。《人民日报》90分，《中国青年报》80分。

（8）公信力。《人民日报》作为传统主流媒体，又是中央级媒体，在重大新闻的报道上是受众信任的信息源，公信力高。与《人民日报》相比，《中国青年报》的公信力略低，但在中国主要报纸公信力调查中，《中国青年报》连续10年位居前3名，因此《中国青年报》的公信力相对比较高。《人民日报》90分，《中国青年报》85分。

（9）受众偏好度。《人民日报》的受众很大一部分是党政机关的工作人员，读者群不够广泛，有所局限。《中国青年报》的读者群广泛，并且在有关社会民生、社会热点等与广大受众贴近的内容方面，《中国青年报》受到更多受众偏好。《人民日报》80分，《中国青年报》80分。

（10）受众忠诚度。虽然《人民日报》的读者群不够广泛，但是读者的忠诚度比较高，一般是固定的受众阅读《人民日报》。《中国青年报》的读者群偏向青年群体，青年有更大流动性和随机性，受众的忠诚度稍逊于《人民日报》。《人民日报》85分，《中国青年报》80分。

（11）发行量。《人民日报》的发行量在2013年初突破了300万份，平均发行量也在两百多万份。《中国青年报》的发行量加上电子报在内，只有不到100万份。《人民日报》80分，《中国青年报》60分。

（12）覆盖地域。《人民日报》覆盖了全国各个省市、自治区，并且在全国各地设有35个分印点。《中国青年报》在中国国内25个省份设有印点。《人民日报》85分，《中国青年报》75分。

（13）网站点击量。2014年8月22日，通过第三方平台分别对人民网和中青在线进行统计分析，人民网的世界排名为64，日均PV约为57469200。中青在线的世界排名为60799，日均PV约为15120，与人民网差距很大。《人民日报》90分，《中国青年报》65分。

（14）微博影响力。以新浪微博为例，《人民日报》的粉丝数有2385万，而《中国青年报》的粉丝数只有47万；从转发和评论数量来看，《人民日报》很多微博的转发量和评论量一般都在几百和几千，而《中国青年报》转发和评论少则几条，多则一两百条，远少于《人民日报》的微博。《人民日报》95分，《中国青年报》65分。

(15) 客户端下载量。在百度手机助手上《人民日报》客户端有 76 万次的下载，在应用宝上有 94 万次的下载。《中国青年报》本身并没有推出综合客户端，其推出的青梅客户端，在应用宝上只有不到一万的下载量，而在百度手机助手上没有直接的客户端下载，利用率不高。《人民日报》85 分，《中国青年报》60 分。

基于以上数据和分析，我们对两家媒体的 A 类各项指标打分如表 3：

表 3　　　《人民日报》与《中国青年报》媒体基础实力指标得分

一级指标	二级指标	三级指标	《人民日报》得分	《中国青年报》得分	指标编号
媒体资源	采编人员	学历构成	95	85	(1)
		引导意识	70	60	(2)
	传播渠道	信息源	90	70	(3)
		新闻网站	95	75	(4)
		微博	95	70	(5)
	社会资源	专家学者	90	80	(6)
媒体品牌	知名度		90	80	(7)
	公信力		90	85	(8)
	受众偏好度		80	80	(9)
	受众忠诚度		85	80	(10)
媒体覆盖	传统媒体覆盖情况	发行量/收视率/收听率	80	60	(11)
		覆盖地域	85	75	(12)
	新媒体覆盖情况	网站点击量	90	65	(13)
		微博影响力	95	65	(14)
		客户端下载量	85	60	(15)

2.B 类指标的分析与打分

在 B 类媒体基础实力的指标体系中，共有 22 个三级指标。我们依据各方面的资料和数据对两家媒体进行了主客观分析与评估。

(1) 权威性。《人民日报》的很多消息都直接来源于两会的代表，还有专门的权威评论员和稀缺的媒体资源。《中国青年报》对权威代表的采访报道远不及《人民日报》，虽然也有特色报道，但是权威性不及《人民日报》。《人民日报》95 分，《中国青年报》85 分。

(2) 及时性。《人民日报》两会的会议进程和热议内容报道比较及时，比如在3月7日的两会中,《人民日报》从各个角度报道了各地代表团与中央领导讨论的议题。相比而言,《中国青年报》对此的报道及时性和全面性欠佳。《人民日报》90分,《中国青年报》80分。

(3) 客观真实。在2014年两会期间,有关两会基本议程的报道,《人民日报》和《中国青年报》都进行了客观真实的报道,最大程度上为读者还原了两会的真实面貌。《人民日报》和《中国青年报》均90分。

(4)(5)(6)(7)(8) 消息、评论、深度报道、现场报道、音视频报道。课题组随机抽取两会期间的一天3月12日两家媒体的报道进行对比,《人民日报》总共有132条新闻,有关两会的消息有98条,是《中国青年报》消息数量的两倍,消息覆盖面广,对两会的报道全面而充分。相比之下,《中国青年报》对两会的报道数量少,且不够全面。《人民日报》推出了专门的评论版面,虽然《中国青年报》仅有1篇报道是纯评论性的报道,但有态度、有深度,观点犀利而深刻,从质量上取胜。《人民日报》虽然有近10篇的深度报道,但仅占日报道两会数量的8%,《中国青年报》的报道基本为深度报道,并且擅用调查性数据,结合两会热点,并用图表的形式表现,非常具有易读性。融合人民网平台后,《人民日报》的现场报道包括视频直播、新闻和评论的实时更新能够得到充分体现,《中国青年报》融合中青在线平台展现的现场报道主要体现为"两会抢鲜看",信息量及栏目设置较少。人民网的两会音视频报道非常丰富,包括两会e客厅、我与代表有话说、一说到底、问总理上头条、两会访谈等。《中国青年报》结合自身的优势,在2014年两会推出了《曹亮说会》《代表日记》等视频栏目,但在视频报道的数量上还是不及《人民日报》。五项指标的得分见表4。

(9) 系统策划。在2014年的两会报道中,《人民日报》的一个特点是,策划主题,围绕主题进行报道,除了对两会议程等事实性新闻的客观报道外,《人民日报》的两会特刊版面都是围绕一个主题来进行报道的。《中国青年报》2014年报道主题定为"春雷动",围绕改革作了很多关于两会的报道和评论,主题性非常强。《人民日报》90分,《中国青年报》90分。

(10) 动态跟进。《人民日报》对两会的一些动态积极跟进,及时准确地发挥了第一大报的独特优势和引领作用。《中国青年报》也非常重视对两会的报道,对两会议程的跟进也在要闻中呈现出来,不过缺乏对内容的细致报道。《人民日报》90分,《中国青年报》80分。

(11) 信源选择。《人民日报》的信源选择权威而直接,比如今年《人

肆　公众获享

表4　《人民日报》与《中国青年报》两会报道各项指标得分

一级指标	二级指标	三级指标	《人民日报》得分	《中国青年报》得分	指标编号
新闻生产	报道内容	权威性	95	85	(1)
		及时性	90	80	(2)
		客观真实	90	90	(3)
	报道方式	消息	90	70	(4)
		评论	85	90	(5)
		深度报道	85	90	(6)
		现场报道	95	85	(7)
		音视频报道	95	85	(8)
	议程设置	系统策划	90	90	(9)
		动态跟进	90	80	(10)
		信源选择	85	85	(11)
		报道时机	90	90	(12)
传播途径	传统媒体	传统媒体报道量	95	85	(13)
		占用版面/时段	95	80	(14)
		版面大小/时长	95	85	(15)
	新媒体	网络媒体报道	95	85	(16)
	媒体协调	日常协作机制	85	80	(17)
		重大事件协作	90	80	(18)
		报道资源共享	90	90	(19)
报道反馈	社会名流/意见领袖	自媒体反馈	90	85	(20)
		社交媒体反馈	90	80	(21)
	业内评价	客观评价	90	80	(22)

民日报》两会报道的特色栏目《两会e客厅》，将权威专家的政策解读和观点直接呈现在受众面前。《中国青年报》的信源选择巧妙而隐晦，突出的特点就是从平民的视角谈起，容易引起受众的关注，并获得信任，信源的选择上较为巧妙。《人民日报》和《中国青年报》均为85分。

（12）报道时机。在两会这类重要时政新闻报道上，《人民日报》非常注重报道时机。在3月2日，《人民日报》就发表了《带着信心起跑（迎两会看形势）》的文章，为接下来即将举行的两会进行预热。而《中国青年报》对报道时机的把握更为灵活，可以随时抓住问题点进行报道，针对最高人民法院工作报告,《中国青年报》刊发《公开审判权　斩断"捞人"手》、《法的归法　官的归官》,进行了一系列报道。《人民日报》和《中国青年报》均为 90 分。

(13)(14)(15) 传统媒体报道量、占用版面/时段、版面大小/时长。据不完全统计,从 3 月 3 日到 13 日,《人民日报》两会报道共推出 100 多块版面,刊发文字稿件 800 多篇,配发图片、图表、图示 300 多幅,涵盖了要闻、评论、理论、两会特刊的各个版面,90% 的报道都与两会有关。《中国青年报》两会报道覆盖的版面有要闻、综合新闻和春雷动两会特刊,只占用了一半的版面。三项指标的得分见表 4。

(16) 网络媒体报道。据统计,人民网两会专题中子频道 30 多个,发布稿件近 4000 篇。《人民日报》法人微博发布两会微博近 400 条,单条转发量最多达 4.5 万次以上。《两会 e 客厅》栏目通过《人民日报》两会特刊、人民网两会专题、微博、微信、手机客户端等多渠道进行立体传播和互动。《中国青年报》的规模相对较小,开设的专栏也没有《人民日报》多,从微博的报道数量看,《中国青年报》也略逊一筹。当然《中国青年报》也有全媒体报道。《人民日报》95 分,《中国青年报》85 分。

(17)(18)(19) 日常协作机制、重大事件协作、报道资源共享。《人民日报》设有媒体协调部,日常协作机制已经成为常态。在今年两会报道中,《人民日报》设立了机动采访组,发布了一系列出彩的新闻报道。如"两会 e 客厅"的团队组建和发布平台的协调,通过传统报纸、互联网平台、微博、微信等及时的更新传递文字、音视频等,全方位、立体传播、共享新闻资源。相对来说,《中国青年报》的采编队伍更小,日常协作较为灵活,重大事件的协作规模略小。三项指标的得分见表 4。

(20) 自媒体反馈。自媒体的反馈以博客、论坛、社区的反馈为分析对象。在第三方的反馈渠道中,如新浪博客,有不少评论人引用了《人民日报》的报道,《人民日报》本身有丰富完善的社交媒体互动机制,如强国论坛和强国社区等。《中国青年报》对两会的报道在第三方的自媒体平台上也有少量反馈,自身也建立了反馈渠道,但是相对于《人民日报》,影响力稍逊一筹。《人民日报》90 分,《中国青年报》85 分。

(21) 社交媒体反馈。社交媒体的反馈以微博上意见领袖的反馈为分析对象。3 月 4 日,《人民日报》的微博发表了"图解两会"的微博,得到了 5254 次转发,其中不乏权威机构,包括甘肃发布、昆山发布等。《中国青年报》两会期间所发表的微博,反馈数量少于《人民日报》,但也有微博取得较好反馈。《人民日报》90分,《中国青年报》80分。

(22)客观评价。在2014年两会报道中,《人民日报》首次推出全媒体高端访谈栏目《两会e客厅》,受到中央领导的肯定,有550余家媒体转载了相关报道。清华大学新闻与传播学院副院长陈昌凤评价,《两会e客厅》增加了互动的可能,将信息接受者变成自己新闻产品的用户[1]。而关于《中国青年报》两会报道的评价还不是很多,但从媒体的转发和评论,我们可以窥见一斑。《中国青年报》《总理座位只有1个透明水杯,去年矿泉水瓶被抢》这则花絮,得到了不少的微博转发,并且被新浪、搜狐等转载,爱奇艺和酷6等视频网站转发[2]。《人民日报》90分,《中国青年报》80分。

3. 两家媒体舆论引导的效能分值与结果分析

根据以上主客观评析得出的评分结合权重进行计算,得出《人民日报》和《中国青年报》的基础实力指标分值分别为86.58分和73.94分,换算为系数并保留两位小数,分别为0.87和0.74;两家媒体在两会报道方面的舆论引导效能指标分值分别为91.06分和83.43分。基础实力指标与舆论引导效能指标相乘,得到《人民日报》和《中国青年报》关于2014年两会报道的舆论引导效能分值分别为79.22分和61.74分。

传统媒体进行舆论引导,媒体的基础实力和重大时政报道的表现同样重要。《中国青年报》的舆论引导效能指标分值与《人民日报》相比差距并不大,但由于基础指标较低,因而总体得分不高。相反,《人民日报》因为媒体资源、品牌和覆盖面等基础实力都强于《中国青年报》,舆论引导效能总体反映较好。因此,媒体基础实力是支撑,越是重要新闻报道,越需要有实力的媒体发挥出舆论引导的作用。

舆论引导指标体系是一个综合性、完整性的指标建构,即使媒体在某一方面较弱,也可以用其他强势力量来弥补。《中国青年报》的新媒体指标打分比较差,但他们把握住新闻价值规律,及时、客观、真实地报道两会,发挥出评论、深度报道、系统策划的优势,抓住报道时机,选择贴近百姓生活的选题,充分实现报道资源共享,这些指标数据基本和《人民日报》持平,因而在两会报道整体的舆论引导效能指标上落后《人民日报》并不多。

---

[1] 杜飞进:《增强媒体融合度,提高版面可视性》,《新闻战线》2014年第4期。
[2] 吴湘韩:《改革主线,全媒呈现》,《法制新闻传播》2014年第2期。

（二）中央人民广播电台关于2013年芦山地震报道和2010年玉树地震报道的舆论引导效能评估

因为是对同一家媒体同类事件不同时间段的新闻报道进行舆论引导效能评估，因而不再对媒体的基础实力指标进行分析和评分。仅以具体事件报道的各项指标进行分析和评分，得出的分值即为舆论引导效能分值。

1. B类指标的分析与评分

（1）芦山地震报道的新闻生产水平略高于玉树地震报道

玉树地震17分钟后，中国之声从中国地震局证实青海玉树发生地震，插播报道了地震消息，是中央媒体当中反应速度最快的，中国之声还是第一家从现场发回报道的中央媒体。8时40分，中央人民广播电台驻青海记者从西宁市独家连线播报新闻："居民房屋90％倒塌。"在后续的《玉树紧急救援》报道中，中央人民广播电台更是全天滚动播出地震消息。

同样，芦山地震18分钟后，中央人民广播电台中国之声在《新闻纵横》节目中插播快讯。随后，中央人民广播电台迅速启动应急报道机制，13人应急小组赴芦山设立直播间。两个小时后，中国之声领先于所有广播电视媒体推出24小时抗震救灾特别直播《雅安紧急救援》。4月22日早晨8点30分，"国家应急广播·芦山抗震救灾应急电台"在芦山县城的一个帐篷里开播[①]。相对于玉树地震的报道来说，芦山地震中微博、微信的报道优势凸显出来，而《雅安紧急救援》和国家应急广播电台的开播，更是中央人民广播电台进行地震报道的一大亮点。

在报道方式上，中国之声在芦山地震中首次以"国家应急广播"为呼号，及时为灾区人民服务，迅速有效地报道了灾区的最新概况，其现场报道、音频报道更为频繁，动态跟进能力增强，系统策划能力也有所提高。因此，芦山地震报道总体的新闻生产能力要明显高于玉树地震报道。

（2）芦山地震报道的新媒体利用率明显增加

在芦山地震报道中，中国广播网集中滚动播出国家应急广播电台的报道，实时动态更新。整个网页比玉树地震报道显得更加清晰和立体化，图片报道更加丰富，报道量也明显增加。

微博的表达与传播是突发事件报道舆论引导的重要指标，课题组对中

[①] 刘照龙、李兴满：《从芦山地震看国家应急广播的建设与作用》，《中国广播》2013年第10期。

国之声新浪微博的帐号分析发现，在玉树地震中，从 2010 年 4 月 14 日到 22 日中国之声共发微博 38 条，其中关于玉树地震的微博有 37 条，转发次数最多的有 33 次，评论最多的有 19 条（见图 1）。在芦山地震中，从 2013 年 4 月 20 日到 28 日共发微博 423 条，其中有 226 条微博是关于芦山地震的。芦山地震发生 22 分钟后，中国之声即发出了第一条有关芦山地震的微博。4 月 20 日当天，中国之声共发了 83 条有关芦山地震的微博。从 8 点 24 分到 23 点 51 分，平均每隔 11 分钟就有 1 条微博产生（见图 2），用户转发和评论的次数也明显增多，最高转发量达到了 5452 次，最多评论数有 544 条（见图 3）。

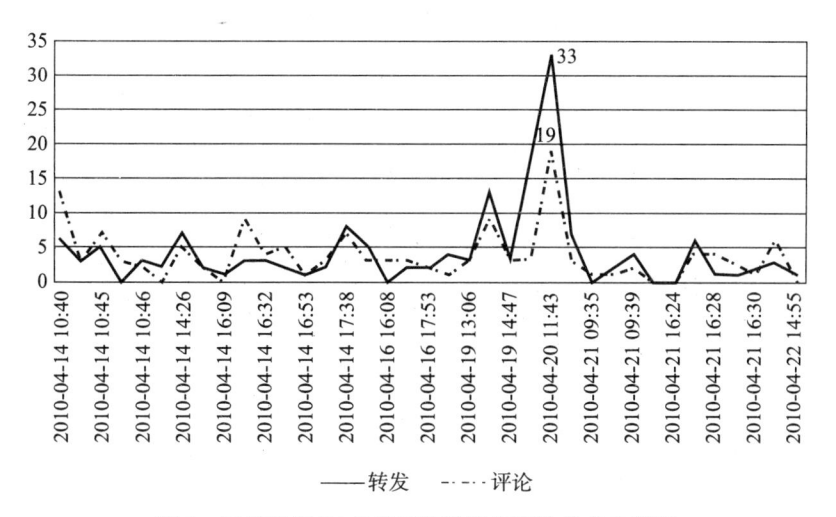

图 1　玉树地震 37 条微博的转发和评论数分布情况

在芦山地震的微博中，中国之声直接在微博上进行舆论引导。2013 年 4 月 24 日 10 点 46 分发布"捐款越多，道德越高吗？"微博，以问句的形式设置议题，引发话题讨论。还有"生命比黄金更宝贵"、"借地震造谣呸"等微博，都有明显的舆论引导倾向，表明中国之声一方面意识到在突发事件中要有意识地进行舆论引导，一方面注重利用微博进行舆论引导，其引导效能逐渐凸显。

（3）芦山地震的报道反馈明显要优于玉树地震报道的反馈

2010 年玉树地震发生时，微博、微信之类的社交媒体发展还处于初期阶段，用户参与度有限。2013 年的芦山地震报道中，用户通过社交媒体的参与度和反馈明显提高。中央人民广播电台对社交媒体中意见领袖的建议

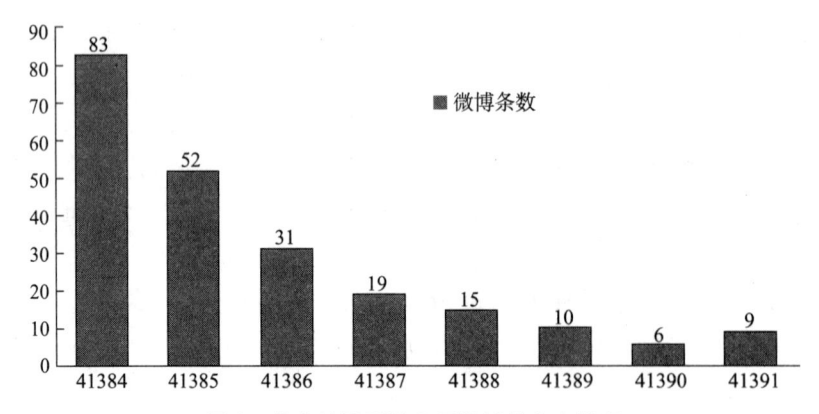

图2 芦山地震后近8天微博量分布情况

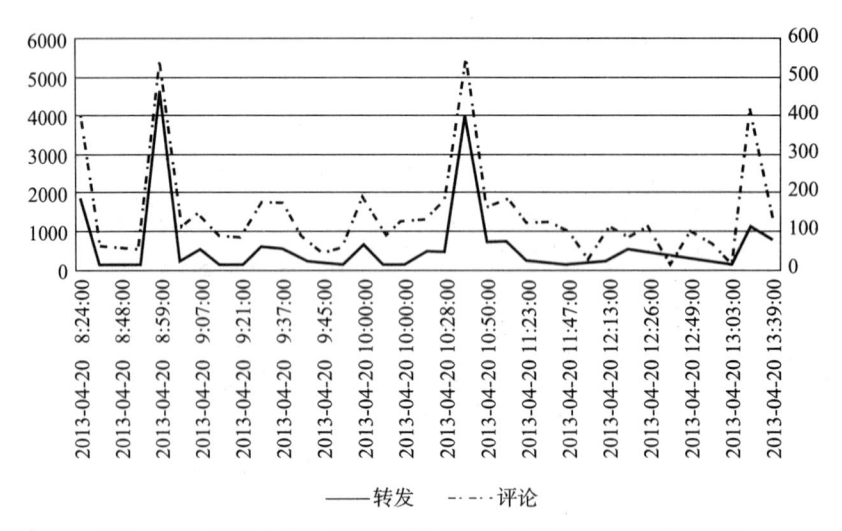

图3 芦山地震后近5小时中国之声的微博转发与评论分布情况

和观点多有借鉴。

芦山地震发生后不久,就有资深新闻从业者和新闻传播学学者借助社交媒体列出各项"采访须知",提醒记者不要煽情、不要做秀、不要干扰救援、不要渲染悲情、不要为了树立"典型"而对灾民构成二次伤害。当有女主播穿婚纱播报新闻,"被感动"之余,也有很多人从专业主义角度提出了质疑和批评。[①] 央广微博对来自用户反馈的微博选择性地进行了转发。

---
① 常江、邵若斯:《彰显新闻本位——解析芦山地震中的广播电视媒体》,《新闻与写作》2013年第5期。

肆 公众获享

基于以上的数据和分析,课题组依据突发事件舆论引导指标体系对中央人民广播电台玉树地震报道和芦山地震报道的三级指标进行了评分,见表5。

表5 中央人民广播电台玉树地震和芦山地震报道各项指标得分表

一级指标	二级指标	三级指标	玉树地震报道得分	芦山地震报道得分
新闻生产	报道内容	权威性	95	95
		及时性	85	85
		客观真实	90	90
	报道方式	消息	85	95
		图片报道	60	70
		现场报道	85	95
		音视频报道	90	95
	议程设置	系统策划	90	95
		动态跟进	90	95
		信源选择	95	95
传播途径	传统媒体	传统媒体报道量	85	95
		占用版面/时段	85	95
	新媒体	网络媒体报道	70	85
		新闻客户端报道	0	60
		微博报道	60	85
		微信报道	0	60
	媒体协调	日常协作机制	90	90
		重大事件协作	85	95
		报道资源共享	80	85
报道反馈	普通受众	社交媒体反馈	60	85
	社会名流/意见领袖	社交媒体反馈	60	85

2.两次报道舆论引导的效能分值与结果分析

通过对各项指标的打分和计算,玉树地震报道的舆论引导评估分值71.69分,芦山地震报道的舆论引导评估分值87.19分,芦山地震报道的舆论引导效能要高于玉树地震报道。

在评分过程中,我们考虑到是同一个媒体针对同一类事件进行新闻生产，因此，对其报道内容评估是一致的。因此，作为媒体，不论是过去还是现在，在权威性、及时性和客观真实上都应该保持一贯的特色和风格。

两次地震报道的舆论引导效能差距较大，盖因2010年玉树地震发生时，央广之声还没有新闻客户端和微信报道，因此这两个指标分值均为零，网站和微博的运用也不够充分，分值也较低，因此影响了整体的舆论引导效能。

从2010年到2013年，中央人民广播电台媒体融合战略显现出成效。传统媒体借力新媒体平台后，其报道手段、方式方法和传播渠道都有了不同程度的改进和扩大，因而在报道方式、新媒体、报道反馈等方面的分值明显有所区别。这就提示传统媒体加强新媒体平台建设，加快媒体融合进程，在突发事件中更大程度发挥新媒体的优势，以此弥补传统媒体的短板。

课题组对两个个案采用了不同的分析方法，第一类为不同媒体间的横向评估，采用逐项观测的方式进行比对，打分更为精准，效能评估更为客观。第二类为媒体内部的纵向测评，存在个别指标趋同的情况，因而采用重点指标综合分析的方式，重在考察媒体在不同时间段新闻报道的变化，从中观察舆论引导的变化，评估舆论引导的效能。

建构舆论引导效能指标体系的价值在于为评估舆论引导提供了一个系统的、完整的指标参照，但也因此每一类报道的指标项较多，有一定的评估难度，其中还涉及主客观评估标准问题。这也是舆论引导指标体系的一个缺陷，留待后续研究逐步解决。

（文本系国家社科基金项目《互联网时代传统主流媒体舆论引导效能与方法创新研究》课题组的科研成果，执笔詹新惠、高春梅、寇娇、彭继春、阳爱姣、王乐。）

微博意见领袖舆情活动分析

王 艳[①]

微博意见领袖，即活跃在微博这一社会化媒体上，通常积极主动传播观点或转发评论信息的、拥有众多追随者且具有较强话语影响力的个人或者团队。本文这样给微博意见领袖下定义，主要是基于两个维度：粉丝量的多少、转发及评论数的多少与话语权的强弱。前者是判断微博意见领袖的显性标准，后者是判断微博意见领袖的隐性标准。微博意见领袖不仅扮演着强势内容源的角色，更是信号的放大器、信息流向的调节阀以及舆论气候的营造者。当公共事件发生时，观点各异的微博意见领袖积极参与表达，并与微博网友沟通和互动，往往能够促成公共事件上升为公共议题。

本文通过对具体个案的分析和梳理，运用微博在线参与式观察等方法，实证研究该群体如何利用微博推动公共议题的形成和发展，试图多角度地还原议题传播过程。本文资料来源主要是新浪微博相关信息的截图，以及传统媒体对该事件的相关新闻报道，文中所选取的微博意见领袖样本来自人民网舆情监测室 2012 年根据一定的指标体系所测量出的百位意见领袖。

一 微博意见领袖对公共议题的建构

（一）"议题建构"的追溯

最早提出"议题建构"这一概念的是美国传播学者马克斯韦尔·麦库姆斯（Maxwell McCombs）和唐纳德·肖（Donald Shaw），在对美国大选报道对选民的影响展开调查研究之后，他们于 1972 年发表了论文《大众传

[①] 王 艳，农民日报社编辑。

播的议程设置功能》,提出了议程设置理论,其主要观点是:媒介突出强调的议题会直接影响受众对议题重要性的认知和排序[1]。后来的研究又发现,尽管很多议题想要引起公众注意,但实际上,媒介所报道的议题中仅有一小部分能够成为公共议题。而郎氏夫妇根据对"水门事件"如何在公众中形成议题的研究,提出了"议题建构理论",他们认为一个问题从新闻报道到成为公共议题的过程需要一段时间,并且需要经历几个步骤[2]:

1. 报纸突出报道某些事件或活动,并使其引人注目;

2. 不同种类的议题需要不同种类、不同份量的新闻报道,才能吸引人们的注意;

3. 处在关注焦点的事件或活动必须加以"构造"或给予一定范围的意义,从而使人们便于理解;

4. 媒介使用的语言也能影响人们对一个议题重要程度的感受;

5. 媒介把已成为人们关注焦点的事件或活动与政治图景中易于辨认的次级象征联系起来,人们在对某一议题采取立场时,需要一定的认识基础;

6. 当知名且可信的人开始谈论一个议题时,议题建构的速度会加快。[3]

在新媒体时代,尤其是微博产生以后,媒介议题的设置模式也发生了变化,能够对议题进行建构的已不仅只限于大众媒介。每当公共事件发生时,只要其关乎社会上大多数人的利益,在大众媒体还未介入进行新闻报道时,就已经在微博上引起了广泛关注。当微博意见领袖介入该公共事件,线上线下联动,便会形成大量的粉丝群体围观,从而推动公共事件形成公共议题,甚至成为传统媒体报道的议题。

(二)微博意见领袖与议题关注度——以"昆明火车站暴力恐怖事件"为例

1. "昆明火车站暴力恐怖事件"议题动态回放

2014年3月1日晚,微博网友爆料称,有人持刀具冲进昆明火车站广

---

[1] [美]简宁斯·布莱恩特、道尔夫·兹尔曼主编:《媒介效果:理论与研究前沿》,石义彬、彭彪译,华夏出版社2009年版,第1页。

[2] Lang, G. E, . and K. Lang (1983). *The Battle of Public Opinion: The President, the Press, and the Polls During Watergate.* New York: Columbia University Press. 转引自[美]沃纳·赛佛林、小詹姆士·W. 坦卡德《传播理论:起源、方法与应用》,郭镇之、徐培喜等译,中国传媒大学出版社2006年版,第201页。

[3] 同上。

场、售票大厅见人就砍。据现场的微博网友称，持刀砍人的歹徒手持刀具、统一着装，现场已有多人受伤。10多辆警车已赶赴现场紧急处置。在事发之后，微博网友最先对该暴恐事件进行了微博直播：

事发后的第一条微博：3月1日21：25（事发后5分钟）
@我要存钱买药：昆明火车站！为什么警察救护车还没来！！！看见拜托转一下！！！谢谢！！我在这里：昆明站
事发后的第二条微博：3月1日21：26（事发后6分钟）
@乔雨诺_sky：昆明火车站杀人！！！！
事发后的第三条微博：3月1日21：29（事发后9分钟）
@Berra是易玲：好可怕啊、昆明火车站有疯子乱砍人、流了好多的血哦、@梦木梅檬@小张哥-52010我在这里：|昆明站
事发后的第四条微博：3月1日21：31（事发后11分钟）
@黄Y3欣-Dione：吓死了，昆明火车站发生砍人事件，好在刚好排完队，在餐厅吃饭，突然冲进一大堆人，然后看见一个穿着全身黑的，拿着两把长刀追着人砍，太恐怖，太猖狂了 我在这里：昆明站

随后，官方媒体微博发出了第一条有关昆明火车站砍人事件的微博。事发26分钟后，即21点46分时，@春城晚报就网友昆明家装宋强所发的微博："听说，昆明站包裹寄存处，有人持刀闹事，求真实消息@昆明警方@春城晚报，不要变为谣言"，进行了评论和转发："@春城民记求证！"

3月1日22：30，《人民日报》官方微博发布微博，并配发三张现场图片：

@《人民日报》V：【1伙男子持械冲昆明火车站广场见人就砍】据@云南网@8099999：刚才一伙男子持械冲进昆明火车站广场、售票厅，见人就砍，现场有人员伤亡。10多辆警车已赶赴现场紧急处置。这伙歹徒手持刀具、统一着装，现场已有多人受伤。大批民警赶到现场后，火车站内传来枪声，目前永平路至火车站实行紧急交通管制。

3月1日23：13，加V认证的昆明广播电视台K6春城频道《街头巷尾》、《新闻重新说》、《新闻夜总汇》、《8099999民生杂志》发布最新消息，并配发两张现场图片新闻：

@8099999V：最新消息：目前已有一名被砍伤的市民确认死亡，一名民警被砍成重伤正在抢救。民警扩大封锁范围，对昆明火车站实施三层封锁。K6春城频道正在进行直播报道。

事发后第一个以媒体人的身份报道砍人事件的是微博名为@孔狐狸的孔璞。他的认证身份是报社记者。该记者在3月2日凌晨1点30分时联系上了在事发现场的左如兴，并在第一时间发布微博称：

3月2日凌晨1：30

@孔狐狸V：刚刚和一位名左如兴的先生联系，事发时他在售票大厅门口的临时棚子，看到七八个黑衣人突然抽出长刀，朝周围人砍，人们立刻奔逃。他同行朋友潘华兵6岁女儿眼看被刀砍到，潘扑上前拉过女儿，刀顺势砍在潘喉结下方。左看到血大量涌出，潘倒在地上说"不行了"。左拉过两孩子飞跑，终逃脱，两孩子一直哭。

微博意见领袖也纷纷对该事件发表言论。比如，@韩寒。他转发了@二逼瓦西里的微博："来，跟我念：我反对一切针对平民的恐怖主义行为，无论你的命运是多么悲惨动机是多么高尚，当你把伤害无辜的普通人作为手段时，你就是人类的敌人、可耻的懦夫和人人可诛的罪犯。我没有兴趣听你的任何故事，不会在乎你的诉求，不可能跟你谈判并妥协，唯一要做的事就是：当场格杀，事后追剿，绝不原谅。"并对此条微博加以评论：

3月2日凌晨2：39

@韩寒V：转发一条老微博。针对平民的恐怖主义行为必须诛之，没有妥协。也愿人们不要将仇恨记在他人的整个民族或者宗教上。诸恶莫作，众善奉行。

肆　公众获享

随着事态的发展，网络上的舆论开始多元化，有些网友纷纷在微博上传播其他地方发生暴力恐怖事件的信息，使民众产生一定的心理恐慌。于是，《人民日报》官方微博发表声明，澄清其他地方的暴力事件信息均为谣言：

> 3月2日00：29
> @《人民日报》：警方："昆明市大树营今晚也发生了暴力事件"系谣传】央视记者从云南省公安厅证实，目前网络上在传的除昆明火车站暴力事件外，其余多地的暴力事件信息均为谣传。请大家不要传谣信谣！

同时，官方媒体微博不断更新最新消息，告知网友有关该事件的进展。并及时将党和国家对该事件所作出的举措公之于众。

> 3月2日00：54
> @新华—我报道：官方证实，1日晚发生在昆明火车站的持刀伤人事件截至2日零时许已造成27人死亡，109人受伤。
> 3月2日01：25
> @《人民日报》：受中共中央总书记、国家主席习近平和国务院总理李克强委派，中央政治局委员、中央政法委书记孟建柱3月2日凌晨赴云南昆明指导处置3月1日晚发生在昆明火车站的暴力恐怖袭击事件，并慰问受伤群众和受害者家属。
> 3月2日4：47
> @《人民日报》：微倡议：请不要肆意传播血腥和谣言】面对发生在昆明的暴力恐怖袭击事件，在表达悲伤与愤怒的同时，也请注意：①请不要传播血腥画面，那样只会助长暴徒嚣张气焰，伤害孩子的心灵；②请不造谣、不传谣、不信谣，谣言只会扰乱人心。我们相信，真相终将大白，暴徒必被严惩。逝者安息，伤者平安！

3月2日7：03，新华社消息称，记者从昆明市政府新闻办获悉，昆明"3·01"事件事发现场证据表明，这是一起由新疆分裂势力一手策划组织的严重暴力恐怖事件。截至2日6时，已造成29人死亡、130余人受伤。

随后，中共中央总书记、国家主席、中央军委主席习近平高度重视，立即作出重要指示，要求政法机关迅速组织力量全力侦破案件，依法从严惩处暴恐分子，坚决将其嚣张气焰打下去。中共中央政治局常委、国务院总理李克强对处置工作作出批示，要求抓紧追捕和坚决严惩暴徒，各地公安机关要加强治安防控措施，做好人群密集的公共场所防范工作。

2014年3月3日下午，政协开幕会上全体与会者为昆明严重暴力恐怖事件中的遇难者默哀。

3月3日晚，新华社消息称：3月1日晚发生在云南昆明火车站的严重暴力恐怖案，经公安部组织云南、新疆、铁路等公安机关和其他政法力量40余小时的连续奋战，已于3月3日下午成功告破。现已查明，该案是以阿不都热依木·库尔班为首的暴力恐怖团伙所为。该团伙共有8人（6男2女），现场被公安机关击毙4名、击伤抓获1名（女），其余3名已落网。

由此可见，微博在议题的形成过程中扮演着重要的角色。"昆明火车站暴恐袭击事件"最先由网友在微博上传播消息，随后，传统媒体微博和微博意见领袖纷纷通过微博关注该议题，推动该议题的发展。自3月1日21：20分，昆明火车站砍人事件发生之后，网络上对该事件的关注度持续升温。将"关键词"设定为"昆明火车站＋昆明火车站暴恐事件＋昆明火车站砍人事件"，通过百度指数搜索可以发现，3月2日，有关该事件的搜索量达到最高峰值。3月3日，随着两会的召开，网友对该事件的搜索量和关注度逐渐降低。根据百度指数显示，从3月1日至3月5日，"昆明火车站恐暴案"的搜索指数如下（如图1所示）：

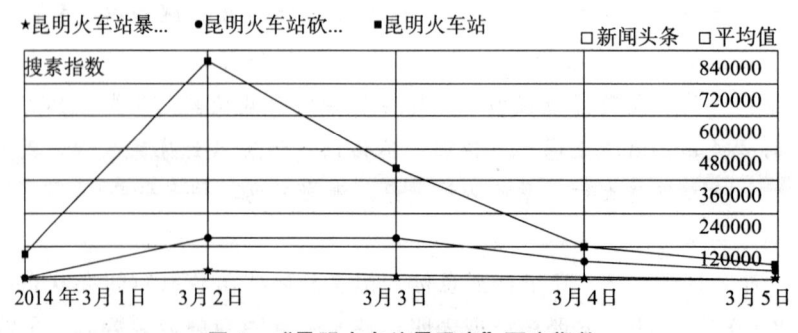

图1 "昆明火车站暴恐案"百度指数

肆　公众获享

为分析微博意见领袖对该议题的构建，本文将分析该议题的时间段选定为3月1日21：20分事发至3月3日24点，将微博平台选定为新浪微博。通过在线参与式观察，对事件的发生发展过程进行梳理之后发现，在新浪微博平台上，"昆明火车站暴恐案"整个事件的传播路径基本如下（如图2所示）：

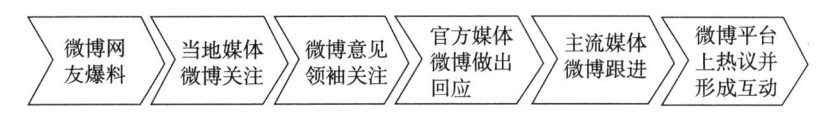

微博网友爆料 → 当地媒体微博关注 → 微博意见领袖关注 → 官方媒体微博做出回应 → 主流媒体微博跟进 → 微博平台上热议并形成互动

图2　"昆明火车站暴恐案"微博传播路径

在这一信息传播的过程中，微博上的观点有以下几类：

第一，对暴力恐怖事件持谴责态度。无论是微博网友、微博意见领袖，还是媒体微博等，对待该暴恐事件的态度趋于一致。但同时，也有部分网友发表针对维族人的过激言论，不利于民族团结；第二，向英雄致敬。在这次反暴恐行动中，涌现出不少人民英雄，有普通的老百姓，也有人民警察等。网友呼吁向这些不怕牺牲自我而解救他人的英雄致敬；第三，要求严惩暴徒。网友们痛斥该暴恐事件惨绝人寰，泯灭人性，对这些丧尽天良之徒应出重拳严惩，还遇难人民一个交代。各大媒体微博也纷纷发布微博称对恐怖主义活动要零容忍。比如：@新疆日报：暴恐分子是各民族的公敌；@新京报：无惧暴恐威胁，不必"谈疆色变"；@环球时报：对恐怖主义活动及其支持者应零容忍等。

2. 微博意见领袖与议题关注度

经在线参与式观察发现，人民网测量出的百名微博意见领袖几乎都参与到对该事件的关注中，并进行转发和评论。此外，许多官方媒体微博也积极关注该议题。媒体微博越来越受到网友的信任，许多媒体微博拥有数额可观的粉丝量，已经成为微博意见领袖，表明媒体微博的公信力在逐步增强。"昆明火车站暴恐案"的议题在众多微博意见领袖的关注、转发和评论的推动作用下，迅速成为讨论的焦点话题。

在该议题的发展过程中，微博意见领袖发挥了极其重要的作用。具体体现在议题发展的几个阶段（如表1所示）。

— 437 —

表1 "昆明火车站暴恐事件"议题不同发展阶段中意见领袖的表现和作用

议题发展阶段	日期	事件	意见领袖表现和作用
议题萌芽期	3月1日21：20—3月2日07：00	在微博网友现场直播该事件,且经过媒体微博证实该事件后,微博意见领袖开始介入,关注该议题,并进行转发和评论。这一阶段的焦点主要围绕通报事故状况,以发布紧急救援信息为主	@张泉灵在1：48分,转发@央视新闻微博,称要救伤者,查元凶。快狠准查清打击恐怖袭击者,才能让更多人免于不明所以的恐惧,防止不明方向的仇恨成为可被利用的凶器。@韩寒在2：39,转发一条老微博。并发布微博谴责恐怖主义行为,奉劝人们不要将仇恨记在他人的整个民族或者宗教上。诸恶莫作,众善奉行。该微博一经发出,截至3月2日9：43分,被转发210258次,被评论13339次
议题升温期	3月2日07：00—12：00	由于该事件发生在晚间,许多微博意见领袖在3月2日早晨陆续对该事件表达观点。截至12点,新浪微博有关该事件的讨论共计494万条。"昆明火车站"、"祈福昆明"等成为热门话题	@张泉灵、@评论员杨禹等微博意见领袖对该事件所表达的观点和看法,都得到大量的转发和评论。该事件迅速升温
议题高潮期	3月2日12：00—24：00	这一时期,微博上出现了各类声音,有为英雄呐喊的,有呼吁惩治暴徒的,也有针对该恐怖事件进行政治扩大化的言论,也有为民众所唾骂的反动言论。总之,各种声音汇集在一起。形成对该议题讨论的高潮期	微博意见领袖群体仍然是以发出正面的声音为主,同时也有杂音。主要以@李承鹏、@作家—天佑、@司马南、@姚晨所发的不和谐言论为代表但这种声音随即遭到围攻,该类账号被注销。同时,微博意见领袖也呼吁,为遇难者默哀。比如,@罗金耀V、@宋鸿兵：建议两会第一项议程,全体代表委员为昆明恐怖事件遇难者默哀。同时,微博意见领袖也呼吁献血,救助在事件中需要救助的人
议题消退期	3月3日12：00—24：00	3月3日下午,政协会议开幕,微博意见领袖的视线逐渐从该议题转移,3月3日下午逃跑的暴徒被抓获后,微博意见领袖对该议题的关注趋于消退	比如,在政协开幕式为遇难者默哀之后,@石述思发布微博称："参加政协会议的全体委员为昆明遭恐怖分子袭击死难同胞集体默哀,这种生命意识和人本精神值得称道。一个文明的国度,全民应该有责任义务反对任何伤害无辜生命的恐怖行动,并且倾尽全力去制止。但这并不妨碍我们去认真反思恐怖虐杀背后的复杂成因,并对失职渎职者问责严惩。"他针对该事件提出了自己的思考

肆 公众获享

可以说，意见领袖对议题的关注程度在很大程度上影响着该议题的传播速度，尤其是在议题的萌芽期，微博意见领袖的关注往往能够带动许多网友的关注，使议题呈现出"蒲公英式"的扩散传播态势，从而推动议题迅速升温并形成论争的高潮。就"昆明火车站暴恐袭击事件"来说，微博意见领袖最初是震惊，然后开始对暴徒加以谴责，随后要求政府极力追捕并严惩暴徒。同时，微博意见领袖还通过微博呼吁网民对该事件中需要帮助的民众提供援助，并对该事件进行反思。微博意见领袖的关注贯穿着整个议题的传播过程。从整个舆论走势来看，3月2日，关于该议题的舆论达到峰值。

本文从100个微博意见领袖中随机抽取了30位微博意见领袖，选取时间段为3月1日21:20分至3月3日24点，所选微博为这30位意见领袖微博主页上与该议题相关的微博，就这些意见领袖对该议题的关注内容做统计分析。需要说明的是，一些长期没有进行微博更新的意见领袖不在样本抽选范围内。在抽选的30位意见领袖中，有6人在选定的时间段内未针对该议题发布任何与之相关的微博内容。笔者对余下的24人发布相关微博的情况（如表2所示）做了统计分析，分别对这24个微博意见领袖进行编码，并用英文字母按顺序编排。

表2　　　　　　微博意见领袖针对该议题所发相关微博数量　　　（单位：条）

编码	A	B	C	D	E	F	G	H	I	J	K	L
微博总量	2	4	14	4	1	3	5	5	4	2	12	14
编码	M	N	O	P	K	R	S	T	U	V	W	X
微博总量	1	4	2	3	6	3	18	1	7	3	1	3

由上表可以看出：两天多来，微博意见领袖发布相关微博数量存在差异，发布微博条数的最大值为18条，最小值为1条，表明微博意见领袖针对该议题在发表言论的量次方面是有差距的。通过分析意见领袖的微博文本可知，发布相关微博数量较少的微博意见领袖中，不少人持有的观点是：应该尽可能地多发有用的信息，以免造成信息干扰。比如，当昆明医院血库紧张，呼吁市民献血并公布采血地点后，多数微博意见领袖都转发了该条微博，以扩大影响力。

对相关微博截图及24位微博意见领袖两天多来微博文本的分析发现，对"昆明火车站暴恐袭击事件"，微博意见领袖从议题萌芽期至议题消退期主要从以下内容实现对该议题的传播（如表3所示）：

表3　　　　　微博意见领袖在不同时期对议题内容的建构

议题内容 \ 框架类总量	第一阶段（萌芽期）微博（条）	第二阶段（升温期）微博（条）	第三阶段（高潮期）微博（条）	第四阶段（消退期）微博（条）	总量
传播昆明火车站砍人事件相关信息，对遇难人数进行实时更新，为遇难者哀悼、祈福	12	12	1	1	26
谴责恐怖主义的行为，表达震惊和愤怒情感	11	10	3	2	26
建议措辞要准确表述：用"东突分裂势力"，而不是"新疆分裂势力"，呼吁要民族团结	1	4	1	2	8
血源不足，呼吁援助	2	2	7	0	11
分析暴徒行凶手段、工具，提醒互相注意在逃的暴徒	2	1	2	0	5
各地出现了砍杀谣言，意见领袖呼吁不传谣，不信谣	1	0	1	0	2
批评CNN在新闻报道中恶意扭曲昆明恐怖袭击事件	0	1	0	0	1
赞美与暴徒斗争的平民英雄和警察	0	0	3	1	4
宣扬市民互助行为，比如火车站附近饭店主动为民警提供免费餐，甚至送餐	0	0	2	0	2
国家领导人、联合国秘书长以及其他国家领导人对该事件的关注	1	3	5	1	10
呼吁为遇难者降半旗默哀	0	0	2	0	2
呼吁意见领袖不只是在微博上大声呼喊，还应提出专业性意见和建议。当面临突如其来的灾难事件时，民众应如何防范恐怖袭击	0	0	2	0	2
爱不分民族：许多新疆人在事发后积极献血。很多意见领袖将之前曾经遇到过的新疆好人好事发布到微博上	0	1	4	9	14
恐怖案件成功告破，抓捕逃跑暴徒	0	0	0	3	3

由表3可以看出，第一，微博意见领袖对该议题的关注是多角度的，涉及有关该事件的多方面内容。除了传播信息，微博意见领袖多在议题的高潮期，积极主动发表言论，对恐怖事件强烈谴责，对试图破坏民族团结的言论加以批判，并用自己身边的人和事来说明东突分子并不代表新疆人，表达对新疆同胞的友好情感。微博意见领袖在主流传播方向上，坚持了维护民族团结的正确舆论导向。第二，在事件发展的不同阶段，微博意见领袖表现了不同的关注重点。多数意见领袖从媒体官方网站转发该事件，第一时间进行信息传播，尽可能地做到不传谣、不信谣，并表达了对暴徒不义行为的愤怒情绪以及对遇难群众的同情和哀悼。在议题的萌芽期，多数意见领袖的视线集中于发布信息，随后，便将对议题的关注点转移到了倡议献血、呼吁民族团结等有利于引导公众的方向上来，体现了微博意见领袖在推动议题的快速扩散方面的巨大能量。比如，@张泉灵在事发后发布的一条微博[①]，在极短的时间内便得到了大量的转发和评论。此外，微博意见领袖针对议题中出现的每个讨论内容进行引导，能够调动公众充分参与到议题协商与讨论之中，也有利于议题朝着正面积极的方向发展。

通过对这30位微博意见领袖在所选定的时间段的全部微博文本内容进行整理，利用ROST News Analysis Tool这一软件分析工具[②]，对该文本进行词频统计后，可以得到一个词频文本。这里只列出部分高频词汇，其余出现频率较低的词汇不再一一列出（如表4所示）。

表4　微博意见领袖在选定时间段内的微博文本部分高频词汇统计

恐怖	135	火车站	45	暴徒	37
昆明	37	受伤	30	民族	30
暴力	29	群众	27	新疆	27
无辜	23	伤者	20	献血	20
恐怖分子	19	平民	18	广场	18

[①] @张泉灵："此时当用雷霆手段，方显菩萨心肠。恐怖分子无非三个诉求：吸引关注以期表达政治诉求，引发恐惧以期搞乱社会，以仇恨裹挟更多人形成族群对立。他们要什么，我们坚决不给什么。不给他们任何表达政治诉求的途径，这样的暴徒凶手，不配以人言言人事。我们当更爱自己的生活。"

[②] 笔者利用ROST News Analysis Tool这一软件工具，对"昆明火车站砍人事件"中的部分微博意见领袖的微博内容进行了文本分析，软件获取自武汉大学沈阳老师微盘。沈阳老师的微盘链接：http://vdisk.weibo.com/u/1652867473，2013年12月20日查阅。

续表

恐怖	135	火车站	45	暴徒	37
砍杀	16	击毙	16	遇难	15
分裂势力	15	恐怖袭击	14	持刀	13
逝者安息	12	严重案件	12	蒙面歹徒	12
统一着装	10	医院	10	策划	10
谴责	9	愤怒	9	东突组织	9
扭曲	9	传播	9	血腥	9
祈祷	8	媒体	8	献血车	7
严惩	8	市民	8	手段	7
围捕	7	家属	7	英雄	7
民警	6	祈福	6	同胞	6

二 微博意见领袖关于议题的博弈——以"东莞扫黄"事件为例

在议题的构建过程中,微博意见领袖之间存在着各种言论的博弈,由此也形成了不同的意见群体。比如,在"昆明火车站暴恐袭击事件"中,就微博意见领袖所传播的观点而言,明显存在着两个对立的意见群体,即正方:"声讨和严惩暴徒",反方:"隐晦表达暴徒行为是事出有因的",存在着对恐怖分子报以同情心的表达倾向。这是在这个议题中,微博意见领袖观点的冲突点。然而,在对该事件的讨论中,由于公众对正义的期盼,使正方的声音以绝对的压倒性优势占领了舆论制高点,反方微博意见领袖的观点遭到公众的唾弃。这与正确的舆论观点的积极引导是分不开的,此外,自媒体也日益彰显其自我净化的功能。对微博上煽动民众不良情绪的言论,几乎大部分的微博公众持一边倒的看法,只有极少数粉丝群体支持与其观点相同的意见领袖,但这不是舆论的主流。而且,随着自媒体不断发展,在大多数微博意见领袖的引领作用下,公众逐渐摒弃或疏远那些刻意与主流舆论唱反调的言论,从各种极端化的语言攻击转向理性的论辩。

(一)"东莞扫黄"事件回放

2014年2月9日上午11:15分,央视新闻频道《新闻直播间》栏目对东莞市部分酒店经营色情业的情况进行了报道,曝光了广东东莞多个娱乐场所存在招嫖卖淫行为。新闻播出之后,东莞市委、市政府迅速召开会议,统一部署全市查处行动。广东省委书记胡春华批示,对全市拉网式排查，先治标，再治本。东莞市从9日下午开始，共出动6525名警力对全市所有桑拿、沐足以及娱乐场所同时进行检查，并针对节目曝光的多处涉黄场所进行清查抓捕。在东莞国安酒店，警方查处了多对涉嫌卖淫嫖娼的人员。

2月10日，广东省公安厅部署公安机关，开展3个月扫除娱乐场所涉黄问题专项行动。

2月10日，公安部派出督导组赶赴广东，对案件查处、问题整治和责任追究指导督办。

2月10日17时56分，市政府新闻办官微称，9日，警方共检查娱乐场所1948间，带回162人审查。①

该议题在微博上的发酵始于@新浪新闻视频。在央视新闻频道播出该事件18分钟后，2月9日11：33分，@新浪新闻视频把节目视频转发至新浪微博，该议题的传播迅速从传统媒体波及自媒体。微博上掀起了狂热的舆论反弹，一时间，关于东莞色情业的关键词搜索量呈现出井喷之势。"东莞挺住"、"东莞不哭"、"太子酒店"、"莞式服务"等关键词的搜索量高居热搜榜首。2月9日下午14：00，广东省东莞市人民政府新闻办公室官方微博@莞香花开发布微博称："东莞下了场不小的雨…"。

2月9日晚19：59分，@那个野和尚，发起了♯东莞挺住♯这一话题，短短的几个小时内，该话题跃居热门话题榜首，讨论量超过30万人次。这一话题迅速得到了许多微博意见领袖的簇拥，比如，@作业本，@琢磨先生等。而诸如♯东莞挺住♯之类的话题还有♯东莞不哭♯、♯央视无情，人间有爱♯、♯天佑东莞♯、♯众志成城，东莞加油♯、♯一方有难，八方支援，东莞挺住！♯、♯今夜，我们都是东莞人！♯、♯平安东莞♯等等。当许多传统媒体还在复制央视的报道时，在微博这一自媒体舆论场上，关于东莞的话题已经多达十几个，该议题得到迅速发酵，形成继微博的低迷状况被春晚打破之后的又一次公共话题的议论浪潮，微博上形成一个由微博意见领袖和各大媒体官方微博以及普通公众集体大讨论的有关该议题的强大的舆论漩涡。2月10日，"东莞"的微指数热议度达到102

---

① 参见百度百科：东莞扫黄，百度百科（http：//baike.baidu.com/link?url=qk_8se29lYOO019u50tcO6tQv5kOybzEBJz-LTgw2Zny9f9wosiWCCo1aXNUY7f7YXLjU1VtoC-_vX7t8mRIQq），2014年2月19日查阅。

万,其中广东地区热议度明显高于其他省份,占全国的17%。在热议人群当中,加V用户占到4.8%,约有22000名加V用户参与讨论发表看法,东莞本地加V用户微博言论数约为830条①。在整个议题的讨论中,大V显然占据了民间舆论场。

在"东莞扫黄"议题中,集中了一些话题性基本元素,比如,性、妇女、嫖客(大款、高富帅)、警察、涉黑等。其中,有"毁三观"(世界观、人生观、价值观)的错误认知,也有一些没有特定政治内涵的情绪化宣泄②,还有从不同角度对地下产业的观点式解读,于是,在微博上形成了舆论的争锋。

(二) 意见争锋

在这种爆发式的公众议题中,微博表现出了强大的议题设置能力。@武大沈阳认为,东莞事件是微博的集体记忆,"东莞事件中,万千零碎记忆极易被舆论热潮触发形成翻箱倒柜式的表达洪流。'在东莞'书籍作者袁磊的经历介绍,贾樟柯电影东莞选妃片段曝光,@段郎说事的旧帖新热,《英国每日电讯报》的历史报道,性社会学家潘绥铭的历年研究,这种回忆叙事体现了微博的积聚性、多态性、话题主导性"③。

关于该议题的讨论,形成了以支持央视报道与支持"东莞挺住"两个舆论场和两个话语系统的对立。这既是微博意见领袖之间的博弈,也是民间舆论场与官方舆论场的一场对峙。有的微博意见领袖认为东莞扫黄缺乏人性化,对待色情产业应该更加人性化;有些意见领袖认为东莞扫黄只能治标,不能治本。即使是扫黄,也不应该以此种不人道的方式进行。这种态度折射在微博这一自媒体上,便是微博意见领袖对"#东莞挺住#"这一"仿救灾体"的戏谑与狂欢。比如,微博意见领袖@作业本发布称:

2月9日21:00

@作业本V:平安东莞!!! 天佑东莞!!! 东莞挺住!!! 东莞不哭!!!

@作业本的这条微博在不到三个小时的时间内,便被转发3万多次,

---

① 参见武汉大学教授沈阳的微博(http://weibo.com/p/1005051652867473/weibo?profile_ftype=1&key_word=东莞&is_search=1#_0),2014年2月12日查阅。

② 参见百度百科:东莞扫黄,百度百科(http://baike.baidu.com/link?url=qk_8se29lYOO019u50tcO6tQv5kOybzEBJz-LTgw2Zny9f9wosiWCCo1aXNUY7f7YXLjU1VtoC-_vX7t8mRIQq),2014年2月19日查阅。

③ 参见武汉大学教授沈阳的微博(http://weibo.com/p/1005051652867473/weibo?profile_ftype=1&key_word=东莞&is_search=1#_0),2014年2月12日查阅。

评论2万多次。微博公众跟帖回复中更是融入了各种调侃和戏谑。该条微博将对该议题的狂欢推至高潮。2月9日晚,《南方都市报》官方微博发布微博称:"东莞挺住!舆论对央视暗访东莞色情业的揶揄和反弹,不仅是对报道本身的不满,更是对权力僭越要管住公民下半身的恐惧的本能反应。媒体不是不能报道色情业,这个原始行业是否仍存在暴力血泪、娼妓们的生存状态,及其屡禁不止背后的权力庇护,更需要媒体关注。只有真相,东莞小姐才能真正不哭。"但该微博随即被删除。

支持"东莞挺住"这一话语系统的微博意见领袖对于"东莞扫黄"事件的表达方式多为揶揄、嘲讽、谩骂、戏谑等,这些表达似乎构建了一个污秽的画面。但拂去语言的泡沫,其矛头指向非常明确,即在这种表达的背后,是对民众基本权利的保护诉求。针对该议题而言,就是性交易不被"入罪"的诉求,他们谴责和抑制公权力对私生活的介入①。中国社会科学院社会学研究所研究员、博士生导师李银河发布长微博称,"这一二十年来,不知扫了多少次,也不知又复生了多少次。原因何在?就是因为每次扫黄都是头痛医头脚痛医脚,没有除病根。"她认为,一味地打击会导致黑社会插足、警察腐败等社会问题,完全使之非法化、想彻底解决这个问题是不可能的,否则会转入地下。长期从事性社会学调查的她认为,媒体的暗访缺乏专业性,应从地下性行业的真实状况出发,做更为深入、更具专业性的全面调查,掌握更多统计资料,而不应该止于现在这种"猎奇式"的报道。"治理卖淫嫖娼现象,是必要的,也是应该的,但应采取更为科学的做法,比如给性工作者健康教育和培训,并帮助其掌握合法的谋生技能"②。

而意见交锋的另一方,即持对立话语态的部分意见领袖,与官方舆论的观点具有一致性。在央视对该事件进行报道以后,主流媒体迅速跟进,比如,新华网在2月9日晚发布评论:《阳光之下,谁打造了法外"色情特区"》,文中沿着央视报道所设置的议程对东莞色情业以及当地的执法监管

---

① 参见共识网报道《孙立平论"东莞事件":改革遭遇转型导致"南娼起义"》,共识网(http://mp.weixin.qq.com/s?_biz=MzA5MTE0MTExNg==&mid=200028977&idx=4&sn=511384f4aa51ada98950f8dd6f631bf6&scene=1&from=singlemessage&isappinstalled=0#rd)发布时间,2014年2月15日查阅。
② 参见财新网报道《李银河:东莞"扫黄"警示何在?》,财新网(http://opinion.caixin.com/2014-02-10/100636903.html),2014年2月15日查阅。

状况展开批评。而《人民日报》更是连发"'东莞扫黄风波'的思考"系列四文：《是非界限岂能模糊》、《文明底线不容亵渎》、《媒体责任岂能丢弃》、《治理责任不可含混》。除此之外，《人民日报》还在头版刊出《"无良大V"的歪理邪说》。文中认为一些人以娱乐心态看待东莞扫黄，甚至对"东莞服务"叫好，为色情业张目，是"令人诧异的杂音怪论"，不仅"无视法治常识，更是罔顾社会良知。"微博上的一些大V理应自省无节操之论对网络生态的扭曲，对世道人心的污染。对于网络上"一些'网络大V'对扫黄行动极尽调侃、冷嘲热讽，甚至公然唱起了'嫖娼有理、色情无罪'之类的反调……"，文中批评称，如若没有是非标准，没有言行底线，那么迷失方向的狂奔，就会成为法律和道德双重失重的沉沦，最终只能滑向绝望的深渊。新华网评也发表了文章《重拳扫黄也要清扫某些人的思想黄流》，中国青年网发表文章《大V不该为"东莞色情"选边站》，对部分微博意见领袖的言论提出批评。

　　两种不同的价值观塑造了两种截然对立的观点，一个嬉笑怒骂，一个义正词严，官方舆论场和民间舆论场进行了激烈的交锋和碰撞。以官方为代表的舆论场认为，扫黄是合理的正义之举，绝大多数主张弘扬社会正气的老百姓支持扫黄。扫黄契合反腐整风这一政治议题。而持有反向看法的微博意见领袖则认为，扫黄是将普通人"逼良为娼"后进行的二次伤害，此举是避重就轻不去调查官场腐败，却利用民众的税收和资源将矛头对准社会弱势群体[①]。这两种对立的观点在论争中体现出价值观的"断层"，这种价值观"断层"的外化，即是官方舆论和民间舆论对话语权的争夺。

　　尽管民间舆论场起初时呈现出狂欢的话语情景，但后期逐渐趋于理性，舆论双方从多方面触及与该议题相关的社会问题，这实际上更有利于问题的解决。只是论争更需要理性，尤其是微博意见领袖更应以身作则，净化网络语言，为公众营造一个良好的舆论环境。

三　微博意见领袖对公共政策的影响

　　微博的广泛使用使公众有了参与公共政策更加便捷的途径。对微博使

---

① 参见国际关系小站报道《东莞扫黄沦为价值观之争　官民舆论场交火》，国际关系小站（http：//zhan.renren.com/irstudy？gid＝36028884980466619228&checked＝true），2014年2月20日查阅。

用者而言，转发即参与。公众可以通过转发、评论等信息共享的方式积极参与公共政策问题的评价和讨论。对于微博意见领袖而言，"当其发展到一定程度，往往就有一种冲动，把线上的话语权转变为线下的话语权"①。由于微博意见领袖在微博上掌控着话语权，他们更能将公众的诉求传播出来，向公共政策制定主体表达利益诉求和愿望，因此，更可能影响公共政策的走向。

近年来，微博意见领袖通过参与公共议题，从而对公共政策的形成产生影响，推动国家的公共政策做出调整和改变的事件不断出现。比如"免费午餐事件"，2011年3月，《凤凰周刊》记者部主任邓飞通过其微博向社会呼吁关注我国贫困山区小学生的免费午餐计划，并将其在贫困山区小学考察的实时情况在微博上直播，还建立了微群，招募志愿者。他的这一举动随即引起公众强烈的反响，微博意见领袖也纷纷跟进。2011年4月份，邓飞联合全国500名记者和10余家媒体，与民政部主管的中国社会福利基金合作，正式启动免费午餐基金，建立了"免费午餐"这一官方认证账号，发起募捐活动并接受监督。随后，河南第一所免费午餐学校开餐。邓飞与志愿者积极推动该项活动，最终使这一计划得到公共政策制定者的回应。仅7个月后，即2011年10月，国务院常务会议决定实施农村义务教育学生营养改善计划。

在江西"宜黄拆迁"事件中，微博意见领袖对公共政策的形成同样起到了重要作用。

2010年9月10日，江西抚州市宜黄县钟如翠的母亲罗志凤、妹妹钟如琴以及大伯叶忠诚因抵制当地政府的强拆行为，在自家房屋顶上引火自焚，致使拆迁户1人死亡，2人被烧成重伤。钟如九作为强拆事件中的直接受害者，在事发之后，通过新浪微博实名注册，以当事人的身份在微博上发布强拆事件相关信息，并及时更新跟进事态发展，引起媒体和公众的广泛关注，并"顺利嵌入微博意见领袖群体的网络中，与其形成频密的互动"②。

在议题扩散期，意见领袖@慕容雪村起到重要作用。2010年9月16

---

① 荣婷、刘怡：《新媒体与社会发展：2012首届新媒体与社会发展全球论坛综述》，《新闻记者》2012年第9期。
② 曾繁旭、黄广生：《网络意见领袖社区的构成、联动及其政策影响：以微博为例》，《开放时代》2012年第4期。

日，钟家女儿钟如翠和钟如九准备在江西南昌机场乘坐8：15分的飞机到北京接受凤凰卫视《社会能见度》栏目的采访，7：10分左右，钟如翠打电话告知《新世纪周刊》记者刘长，说自己和妹妹钟如九被围困无法登机。当日7：39分，刘长发布微博：

@刘长：【紧急求助！】今天上午7点，抚州自焚事件伤者钟家的两个女儿在南昌昌北机场，欲买机票去北京申冤，被一直监控她们的宜黄当地四十多个人控制在机场，家属报警无用，现仍在机场，处于被扣状态中，泣血求助网友【民航江西机场公安局昌北机场派出所　电话：（0791）7112285】

刘长的这条微博发布之后，被关注和转发的数量并不多。但20分钟之后，该条微博被慕容雪村转发，随后不到一个小时的时间里，这条信息被转发1000多次，公众对该事件的关注度逐渐上升。

而随着《凤凰周刊》记者邓飞对钟家姐妹在昌北机场的"机场女厕攻防战"的微博直播，这一议题进入升温期。在邓飞微博直播钟家姐妹被围困在昌北机场女厕中的信息时，潘石屹、封新城、任志强等微博意见领袖也纷纷在线上就该事件发表言论，呼吁地方政府"放人"。据统计，有50个加V认证的名人转发了邓飞的微博。在关注该事件的微博意见领袖中，媒体记者、编辑和评论员以及专栏作家所占比例排在前三位，占56%[1]。由于微博意见领袖在线上的齐声疾呼形成了强大的舆论压力，宜黄县领导不得不尽快介入对此事的调查。9月17日晚，抚州市委对宜黄县'9·10'拆迁事件相关责任人作出处理。

当获知钟家母亲病情告危时，意见领袖在微博上积极互动，并充分利用线下资源，给钟家母亲寻找治疗烧伤较好的医院，并积极帮助钟家母亲联系有关医生。

由于微博意见领袖对于该议题的介入，使得该议题成功实现了多个舆论场的互动，在微博上产生了强大的社会舆论压力，推动行政强拆问题进入政府决策视野，并最终赢得政策回应。2011年1月21日，《国有土地上房屋征收与补偿条例》公布并实施，明确取消了行政强制拆迁。

---

[1] 同前注。

近年来抗议性谣言的传播特点及其应对建议

雷 霞[①]

本文所考察、描述和讨论的"抗议性谣言",系指与公权机构、主流媒体发布的信息,或与社会上广泛流传的信息、现象、行为规范、社会期许、意见表达及采取的行动等相左的,旨在提出质疑、猜测、非议的不确定性信息。

传统媒体因为有把关人的存在,并且新闻源相对集中,其舆论引导力强,议程设置也相对简单。到了新媒体时代,个人用户成为发布信息的重要源头之一,用户通过包括随身携带的手机在内的各种新媒介平台更新即时通讯软件、个人网页、微博、微信等,可以随意而快捷地发布各种信息。同时,微博、微信与即时通讯工具的捆绑"同步"功能使得信息的即时、多点传播成为可能。而快速转发使得新媒体信息能够在瞬间以几何数量无限扩散,信息的聚合效应凸显。新媒体使每个用户都成为信息发布者,而且用户发布的信息有很强的贴近性和互动性。这样,每个用户都可能成为大量信息的制作者、发布者和接收者、互动者。这种互动性、即时性、便捷性以及粘合性极大地促进了新媒体的传播效果,使信息以圈子化、熟人化的方式、以更加具有"确定性的"姿态出现在大量的新媒体平台上。由于信息来源多样,信息传播者众多,信息内容多元,信息到达迅捷,信息互动即时,信息传播范围广泛,各种各样的谣言也便隐藏于信息海洋中,更加难辨真伪。而线上信息对线下行动的影响和推动作用也已经有目共睹,在此情形下,抗议性谣言因其本身具有非议性、异议性,更加值得重视。那么,充斥在各新媒体平台上的抗议性谣言信息,究竟有些什

---

① 雷 霞,中国社会科学院新闻与传播研究所助理研究员。本文系中国社会科学院"新媒体管理与舆论导向问题研究"课题阶段性成果。

么样的特点呢？

本文试对国内 2003 年至 2013 年之间出现的 33 例较有影响的抗议性谣言进行初步的考察、梳理和分析①。需要说明的是，以下各部分内容分析中的百分占比仅适用于笔者所梳理的 33 例抗议性谣言，不能推论到抗议性谣言的总体，但作为通过部分了解整体的一种认识路径，本项研究或能提供些许参考或新见。

一　抗议性谣言的基本特点

本文所讨论的抗议性谣言，首先将所有娱乐性、广告性、游戏性等非抗议性的谣言排除在外。抗议性谣言有恶意的，也有非恶意的，有故意的，也有非故意的。抗议性谣言在维权、突发事件、群体事件、环境保护议题中更多出现。

非恶意的抗议性谣言，大多是对那些在社会上广泛流传的信息的质疑与猜测，其本身的抗议性成分较少，但在某些特殊语境中，包含了某些抗议性成分。比如 2013 年夏天高温，有些地方的网友就传出了"马路上热得可以煎鸡蛋"的谣言，实际上反映了民众对自身生活环境恶化、气温升高等的恐惧、担忧与抗议。中央电视台《是真的吗？》栏目指出，谣传图片中老人的篮子中的鸡蛋打烂掉到地上，但却没有蛋壳，因此对该视频的真实性提出了质疑，有效回应了谣言。该栏目还公布了征集的各地网友拍的视频，均证明在井盖和马路上煎鸡蛋的信息不属实，鸡蛋在地上三十分钟后凝固是因为风干，而不是因为高温。类似这样的一些谣言，都不是完全恶意的。因此，提到抗议性谣言，不能过于一刀切地简单对待，也不能不假思索地认为抗议性谣言就是有害信息。

必须要指出的是，有一些抗议性谣言是弱势群体或相对处于弱势的人群对于强权、不公正现象、不合理政策等的抗议；还有一些抗议性谣言则是某些人失于审慎自律甚至是恶意制造的谣言。比如，2008 年 "5.12" 地

---

① 这 33 例抗议性谣言的选取方法是：从 2003 年到 2013 年，选取其中每个年度出现的 3 条抗议性谣言，合计共得 33 例，这些被选取的对象大都在慧科新闻和网络搜索中被高度关注，且与同时期社会热点事件相关谣言相比在门户网站、论坛、微博等媒介平台上热度排名靠前；同时，选取时还参照了主流媒体的一些评判，如《人民日报》总结的当年十大谣言中的抗议性谣言等。也就是说，选取的研究对象大多是近年来同时活跃于传统媒体和新媒体上的、引发广泛关注的抗议性谣言。

震发生后,网上热炒的针对红十字会的抗议性谣言:"中江县红十字会人员购买了1万多元救灾药品,要求开5万多元发票",经四川省中江县检察院查明,该文章原文是网名为"中心两点"的网民在麻辣社区博客中所发,其内容为"我以前在成都市荷花池批发药品,一天有两个中江县红十字会的人来我们这里购买了1万多元的救灾药品,但要求我们开5万多元的发票。我们(成都制药一厂)没有答应,结果由隔壁通化一家药厂经营部开给他们了,该事件发生在1991年10月份"。而中江县红十字会批准成立的时间为1992年1月。"5.12"地震发生后,该文又被网民断章取义地发布到网上,引起众多网民及社会各界人士的强烈反应。中江县检察院通过成都市工商局查询,该文章中提到"通化一家药厂经营部",而成都市只有"通化市第二制药厂成都经营部"和"通化盛安堂制药厂成都经营部",且两家经营部均于2002年注销工商登记[1]。因此,网上流传的中江县红十字会有关人员在抗震救灾期间涉嫌贪污行为的内容不实。再如,2013年在全国公安机关集中打击网络有组织制造传播谣言等违法犯罪的专项行动中被抓获并刑拘的秦志晖、杨秀宇,曾利用"郭美美炫富事件"蓄意炒作,恶意攻击中国的慈善救援制度,他们长期在网上炮制虚假新闻、故意歪曲事实、制造事端等,甚至声称要"谣翻中国"。[2] 因此,抗议性谣言有其复杂的一面,需要理性、客观和全面的认识与判断。

有学者根据谣言对社会和谐与稳定的影响程度,将谣言分为硬谣言、软谣言和介于两者之间的谣言三大类,认为与灾难、治安、食品、财经、政策法规、政治外交、官员腐败有关的谣言直接影响社会和谐与稳定,可以视作硬谣言;而和娱乐体育相关,主要作为老百姓茶余饭后谈资的谣言则是软谣言;另有一部分科技健康和民生谣言,影响程度介乎两者之间。见图1[3]。

抗议性谣言大多包含了"硬谣言"和介乎"硬谣言"与"软谣言"之间的谣言。在2012年的谣言传播中,属于娱乐和体育相关的"软谣言"占全部统计谣言总数的23.7%[4]。但是,目前我们对谣言的认识往往偏于一

---

[1] 刘德华、邹明斌:《中江县检察院:红十字会买药虚开发票系谣传》,《检察日报》2008年5月25日第4版。
[2] 朱继东、李晓梅:《网络谣言泛滥的根源及对策》,《新闻爱好者》2013年第9期。
[3] 周裕琼:《2012年中国谣言传播特征解析与应对策略》,《新媒体蓝皮书·中国新媒体发展报告(2013)》,社会科学文献出版社2012年版,第98页。
[4] 同上。

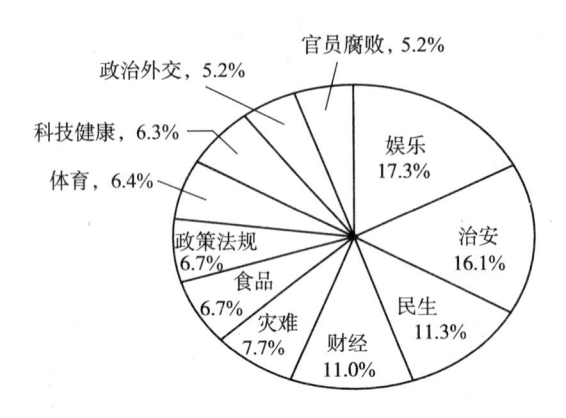

图 1　2012 年出现在媒体上的谣言类别

娱乐 17.3%
治安 16.1%
民生 11.3%
财经 11.0%
灾难 7.7%
食品 6.7%
政策法规 6.7%
体育 6.4%
科技健康 6.3%
政治外交 5.2%
官员腐败 5.2%

律，在治理上也多取法强硬。实际上，不同类型的谣言对社会造成的影响（或者伤害）不尽相同，对待不同类别与性质的谣言不宜简单采取一律的态度和做法。

在新媒体时代，各种信息的传播与分享成为时代的特征，对谣言需要区分不同类型和性质，进行不同层次的治理。在治理谣言的同时，也要保留信息正常流动和民众公共表达的活性空间，对那些给社会造成严重危害和不良影响的抗议性谣言、没有造成严重危害和不良影响的抗议性谣言，以及没有造成严重危害和不良影响的非抗议性谣言应予区辨，分而治之。

（一）抗议性谣言的主要类型

抗议性谣言的类型按照不同的标准有不同的区分方法，本文以谣言的制造与传播者是否恶意、是否故意为标准，对于 2003 年至 2013 年间有代表性的 33 例抗议性谣言进行了区分。实际上，对于主观的故意或者非故意、恶意或者非恶意，有时很难完全确证，本项考察只能根据已有媒体报道中提供的判断和结论进行定性和归类，结果表明：在 33 例抗议性谣言中，有 32 条是故意制造与传播的，占近 97％，其中，21 条可被定性为恶意，约占 64％；11 条为非恶意，约占 33％，见图 2。

在抗议性谣言的制造与传播中，故意制造与传播的谣言占绝对多数，因为只要是制造谣言，就会有故意的成分，不然就不叫"造谣"了，需注意的是，在这些故意制造和传播谣言的案例中，有相当一部分虽属故意，但是却是非恶意的，也就是说，虽然是故意造谣，但不一定所有的造谣都是恶意的。另外还需要注意到的是，这是针对谣言的制造与首发者（首先

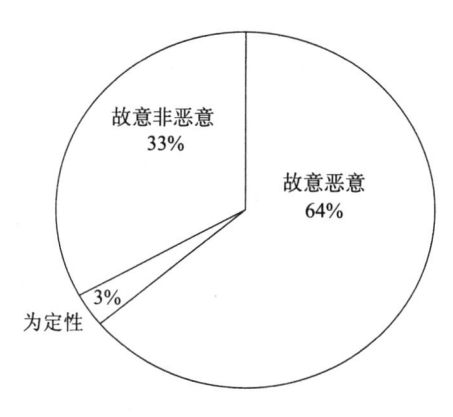

图 2　抗议性谣言的性质

传播者）的定性和分类，并不包含所有传播谣言的人，如果加上所有传播谣言的人，那么，非故意因素可能就会占有相当的比例，因为在很多情形下，多数人可能在无意间传播了谣言而不自知。

（二）抗议性谣言主要涉及的领域

抗议性谣言涉及的领域包括国家、民族、政治、治安、法制、民生、健康、医疗、环保、安全、灾难、事故、经济以及学术腐败等，合并起来，大概包括国家民族政治经济类、健康医疗类、人身安全类、食品安全类、民生法制类、灾难事故类、环境污染类、社会腐败以及社会道德等9大类。其中，排前三位的是涉及民生法制的、人身安全的和灾难事故的：涉及民生法制的有 10 条，约占 30%；涉及人身安全的有 10 条，约占 30%；涉及灾难事故的有 8 条，约占 24%。其余的依次是：涉及国家民族政治经济的有 5 条，约占 15%；涉及社会腐败的有 5 条，约占 15%；涉及环境污染的有 3 条，约占 9%；涉及健康医疗的有 2 条，约占 6%；涉及食品安全的有 2 条，约占 6%；涉及社会道德的有 1 条，约占 3%，见图 3。

一般来说，一些涉及民生法制方面的谣言多少包含有对司法公正的质疑和不信任；而灾难事故类的谣言往往伴有对人身安全的担忧与恐慌。总的来看，民生法制、灾难事故和人身安全三类话题相关的谣言数量在抗议性谣言中所占比例较大。

（三）抗议性谣言主要的首发渠道

在笔者梳理的 2003—2013 年间 33 例抗议性谣言中，最多的首发渠道是网络（包括论坛、贴吧、政府网站和微博等），有 18 条，约占 55%；其

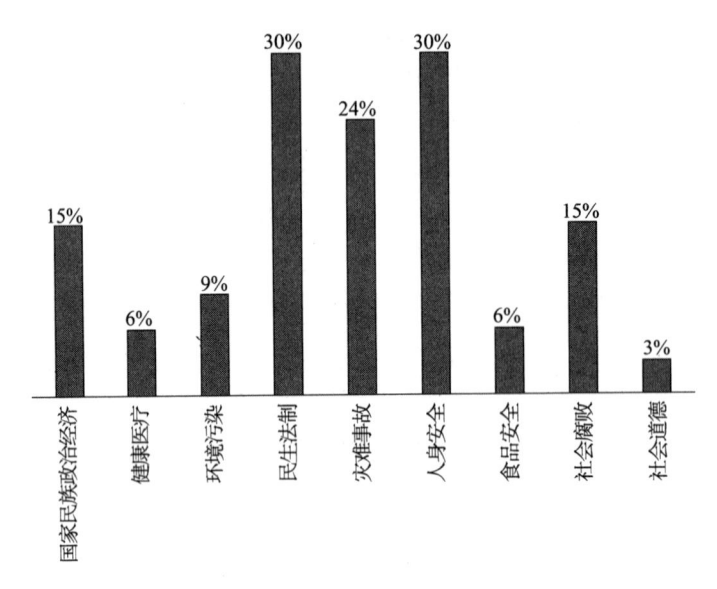

图 3 抗议性谣言涉及领域及占比

次是始发于口耳相传（包括面对面和电话），有 6 条，约占 18%；再次是从传统媒体（报纸）首发，有 5 条，约占 15%；接下来是手机短信首发，有 3 条，约占 9%；最后是通过信函首发，有 1 条，约占 3%，见图 4。

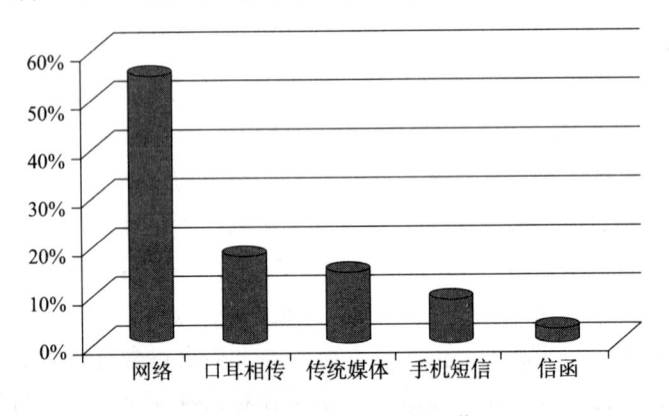

图 4 抗议性谣言首发渠道

在新媒体时代，网络论坛、贴吧、政府网站、微博等确实成为了相当一部分抗议性谣言的首发平台，但也有 45% 的抗议性谣言是经由口耳相传或传统媒体等首发的，这个比例也是不低的。杜骏飞通过两次主题为

"SARS 流行的公众反应与社会后果"的有关舆情民意的跨学科调查也发现,在灾害事件中,民众接受流言的渠道,有 56.7% 的受访者表示是通过"道听途说",而通过网络的只有 14.2%。[①] 因此,各种新媒体网络平台并非是传播和扩散谣言的专属平台,口耳相传作为谣言的传播途径,在新媒体时代依然奏效,而传统媒体也并非是谣言传播的绝缘地带。新媒体对谣言的传播确实有推动作用,但是不能过度放大这种作用,同时,也不能忽略其他传播载体和渠道的作用与影响。

(四)抗议性谣言的处理结果

在 33 例抗议性谣言的处理结果中,造(传)谣者涉及被刑事拘留的有 6 条,约占 18%;涉及被行政拘留的有 4 条,约占 12%;涉及被治安拘留的有 3 条,约占 9%;涉及被警方抓获的有 1 条,约占 3%;涉及被警方查处的有 2 条,约占 6%;涉及被批准逮捕的有 1 条,约占 3%;有明确辟谣或道歉的有 11 条,约占 33%;无明确处理的有 6 条,约占 18%,见图 5。

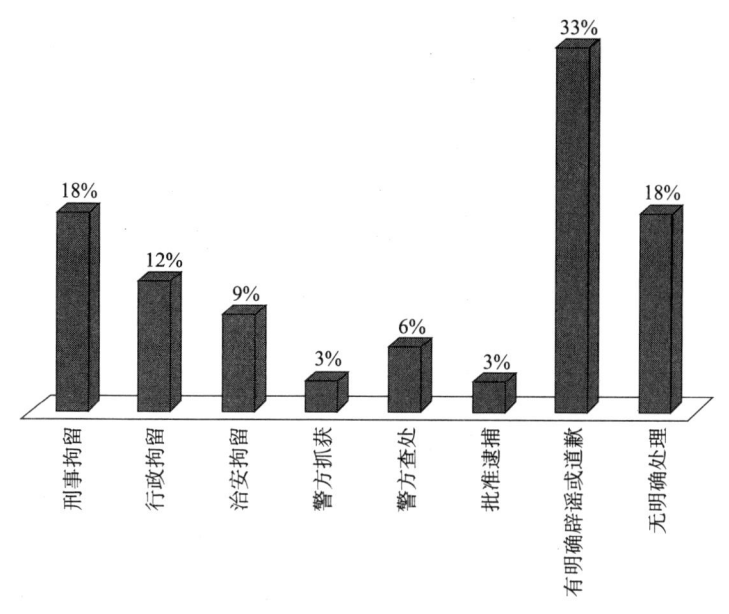

图 5 抗议性谣言的处理结果

---

① 杜骏飞:《流言的流变:SARS 舆情的传播学分析》,《南京大学学报》(哲学·人文科学·社会科学)2003 年第 5 期。

需要指出的是，有的谣言同时涉及不同的处理结果，因此除去重复计算，造（传）谣者涉及被刑事拘留、行政拘留、治安拘留、警方抓获、警方查处、批准逮捕等"硬"处理的涉及16条，约占49%；以辟谣或道歉等方式"软"处理的有11条，约占33%；但有6条是既没有"硬"处理，也没有"软"处理的，这个比例占18%。

（五）抗议性谣言的持续时间

在33例抗议性谣言中，其持续时间持续数年的有3条，约占9%；持续数月的有9条，约占27%；持续数日的有21条，约占64%，见图6。

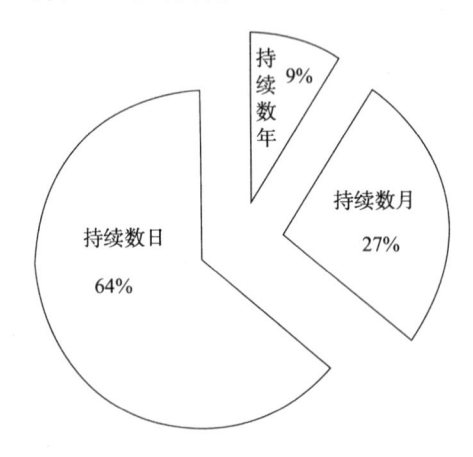

图6 抗议性谣言的持续时间

多数情形下，由于社会问题复杂性和新媒体技术发展提供的信息流通的便捷性等因素的共同作用，抗议性谣言的制造与传播涉及社会问题的方方面面，谣言的持续时间也因是否被及时处理而不同。造谣者一旦被处理，尤其是涉及刑事拘留、行政拘留、治安拘留、警方查处和警方抓获，多数情况下谣言的扩散作用也会很快终结；此外，一旦提供了针对特定谣言的辟谣和澄清，其可信度也会下行降低，不再具有反复扩散的传播活力。但是，如果迟迟没有明确的辟谣和澄清，对恶意的造谣者也没有任何处理，则其谣言可能会持续数年，很多民众依然会在信息或知识（包括常识）缺乏的情形下信谣传谣，甚而采取某些相关的行动。

二 "信息拼图"在抗议性谣言传播中的作用

在信息传播的过程中，无论信息的可靠性是否被确认，只要能与其他已有信息相互契合，就能形成"信息拼图"。"信息拼图"在拼合事件原貌的过程中，不合适的拼块自然被淘汰，合适的信息版块被填充，而且，这种拼图还原是立体的，多侧面的和多维度的。"信息拼图"在不实信息的拼接和被策划的舆论宣传中同样发挥作用。这就给有意利用"信息拼图"来故意传播不良、虚假、危害性谣言信息的人以可乘之机，造谣者可以见缝插针地散播各种信息来填补信息空白和缝隙，以达到各种不良目的。

如果关于事件的信息一开始是不实的和不全面的，而所谓"了解真相"的网友也只是凭借道听途说和自己的猜测来发布信息，这样的信息一旦被迅速拼接，少量的真实信息往往就会被排异，那么，不实的信息可能主宰舆论的主氛围。另外一种情形是谣言的编造者有意地地宣传造势，比如网络营销公司利用水军造势，选择性地发布信息，甚至编造信息，再由其他水军发布与之能够拼接的"支援性"信息，从而迅速形成"信息拼图"，形成所谓的"舆论"。

在新媒体时代，编制和发布一条信息的程序、手段和渠道更加多样、易得和便捷，"信息拼图"也随之变得更加开放，而开放，就意味着有更多可能的信息拼接与整合，其中难免有更多失真的、不确定的信息渗入到"信息拼图"之中。有时候，抗议性谣言信息会被作为新闻的由头提供给新闻记者，谣言制造者甚至发出"钓鱼"式的邀请，故意让记者"上钩"来报道某事件，即便是通过"辟谣"的方式来澄清谣言所指涉的事件，也已经通过大众媒体推动该事件到达大众的视野，博得了大众的关注。

三 群体思维在抗议性谣言传播中的作用

抗议性谣言大多涉及多数人的利益或者与多数人相关，因此可以导入群体思维理论来分析在抗议性谣言的流传中，产生作用的某些群体性特征。

（一）群体思维在抗议性谣言传播中的作用

凯文·凯利指出，网络"代表了所有的电路，所有的智慧，所有的相互依存，所有经济的、社会的和物质的东西，所有的通信，所有的民主制度，所有的群体，所有的大规模系统，没有开始、没有结束、也没有中心，或者反之，到处都是开始、到处都是中心。无数的个体思维聚在一起，形成了无可逆转的社会性。"① 这是一种对群体思维"网络化"的概括性描述。但有些时候，群体并不代表"所有的智慧"的叠加与拼接，反而是对于某些错误信息或判断的叠加与扩散。并且，通常来说，群体很容易忽略单个个人，尤其是处于信息弱势地位的个人的意见或观念，同时，群体会迅速就某些代表性意见达成一致并采取大体一致的行动。

桑斯坦指出，当社会流瀑效应（social cascades）发生时，信念和观点从一些人那里传播到另一些人，以致许多人不是依靠自己实际所知，而是依靠（自己认为）别人持有什么想法。在此基础上，桑斯坦继而提出了"群体极化"现象，具体来说，"群体极化"是指进行讨论的一个群体的成员通常到最后所采取的立场，与讨论前成员所持有的倾向总体相同，而且更为极端。② 实际上，在群体进行分化的过程中，往往很容易形成持有大致相同意见的个人组成的圈子，尤其是在网络化的各种新媒体平台上，各种论坛，各种QQ群，各种朋友圈，各种移动应用App等等，都能够迅速形成不同的群体，这些群体迅速聚合，又随着信息的进一步分化而分化，重新组合，又重新分化，进行着无数的裂变与重组。在这个过程中，持极端意见的个体聚合在一起，往往更加容易产生群体极化，因而在很多社会议题和事件中，不同的群体"极化"出不同的意见与行动。而那些处于摇摆不定的"墙头草"式的个体，往往成为不同群体争取的对象，因为他们或许不经过认真思考而直接接受群体的意见。

在新媒体时代，各种新的媒介平台和社交化网络平台上的个人与个人形成网络，其信息传递可以形成超链接网状结构，无论是抗议性谣言信息还是其他各种类型的信息，都可能以病毒式传播特征聚合扩散。人与机器、介质之间交互融合，不同的介质与介质之间融合，不同个体与个体之间融合，尤其是在突发事件中，有一定信任基础的个体之间能够迅速形成整体，达成共识。但基于某事件的某些信息与某些观念暂时聚合起来的个人形成的群体，联结起来非常迅速，分化起来也同样迅速。其成员之间的关系是易变的、短暂的、临时的和随机的。

这种群体思维模式很好地解释了抗议性谣言产生后被迅速传播、扩散

---

① ［美］凯文·凯利：《失控》，新星出版社2010年版，第39页。
② ［美］凯斯·R. 桑斯坦：《极端的人群：群体行为心理学》，尹宏毅、郭彬彬译，新华出版社2010年版，第126页。

至各个社交圈子与论坛，又会随即产生分化，产生新的谣言，或者终止谣言，或者其关注点又迅速转移到新的信息或新的谣言，这是新媒体时代信息传播的一种现实样态。

（二）中国"关系"文化与群体思维的叠加

中国文化对于人际关系的讲求与重视由来已久。新媒体时代，信息交互技术的革新促进了各种具有社交功能的新媒体平台的发展，人与人之间的关系在新媒体平台上得到延伸和拓展。人们通过电子邮件、QQ、微博、微信、新闻跟帖、网络论坛、各种移动应用App等建立起了一个个不同的圈子，这些圈子有的以年龄为划分界限，有的以行业为界，有的以兴趣为界，有的以话题为界，有的以观点为界，有的以领域为界，有的以个性为界，形成了一个个或重合，或不重合的圈子。圈子内成员之间的关系有亲有疏，有近有远，而谣言的典型的"听说"模式在这种"熟人"化的圈子中有了很大的扩散和信任空间。相同的关注和探讨话题、相同的兴趣圈子、相同的被关注对象等全都有利于分化形成一致性的观点与合力。因此，一旦某谣言承载的信息或观点在一定圈子中传播开来，其他相左信息或观点的传播往往便难以展开，除非圈子中的成员有不同于圈内大多数成员的知识、经验或观点。

随着新媒体越来越日常化的发展，线上与线下逐渐融合，无论是个人身份，还是个人的关注话题与行动，都有了更多的融合。新的信息方式与人际交流方式正在形成，并不断改变。权威人士、信息提供源、网络推手、营销水军、社会名人、网络名人（红人）等"意见领袖"成为信息传播过程中关键节点。"意见领袖"在很大程度上决定了群体思维的深度与广度。

（三）主动围观的人群与群情激昂

现实事件中的抗议性因素诱发了现实中的抗议性事件的发生和发展，同时也会诱发抗议性谣言的产生与传播。但有些时候，先是有了抗议性谣言信息的传播，继而才有了现实中的抗议性因素的产生，继而引发现实中的抗议性事件。而现实中的抗议性事件与新媒体平台上的各种相关抗议性谣言信息之间互相影响，互相激发。有些抗议性谣言在新媒体平台和社会现实语境中同时传播，并对社会现实产生影响，社会现实反过来又促使抗议性谣言信息不断更新和传播。随着抗议性社会现实事件的结束，抗议性谣言信息也随之消亡，但其有时也会在其他的抗议性事件中再生，或者在未来的同类抗议性事件中被再度利用。

值得注意的是，在新媒体的使用上，大众具有选择性和主动性，因而也就更加倾向于选择和接近、接受、分享与自己的观点和看法相近的信息，因此，也就更加容易产生桑斯坦提出的社会流瀑效应，而中国网民比较喜欢围观的特性使得社会流瀑效应愈发明显。围观产生不断扩大的人群，人群中又扩散开来谣言，于是谣言茁壮成长起来。当一则抗议性谣言信息被少数人制造与传播开来，大多数的人实际上不知道自己传播的抗议性谣言信息的真伪，也不是刻意地要传播虚假的信息，更多地是探寻真相与求辟谣式地参与到该谣言信息的探讨与传播扩散过程中，也有极少数的大众拥有与抗议性谣言信息相关的权威信息，或拥有相关知识的积累或经验，从而能够理性分析，澄清谣言。

当然，不排除以"求辟谣"的形式来传播和扩散明知是虚假或可能是虚假信息的谣言。但在大多数情形下，谣言的制造者、故意编纂虚假信息者、对信息的故意增添、删减等重新加工者往往是少数，而通过各种新媒体平台分享、传播和扩散谣言信息者是多数，能够澄清真相或者有效辟谣者，是更少数。需要惩戒的，是谣言虚假信息的故意制造和传播者；需要引导和得到理解与尊重的，是谣言信息的真相探寻者，有些真相探寻者虽然也传播和扩散了谣言，但同时也在传播过程中通过"信息拼图"挖掘和还原了部分真相。

还有一种情形是，有些传播不确定的谣言信息的人不明白真相，也不想明白真相，只是为了起哄式的、娱乐式的宣泄，这种情形在泄愤性的谣言信息和娱乐性的谣言信息传播中尤为明显。

四 抗议性谣言的应对建议

（一）以"信息稀释"阻断抗议性谣言的传播

"信息拼图"能够使人们更深刻地认识到在新媒体平台上各种可能的信息拼接，其中既包含有"自清"功能的信息拼接，也包含有被营销公司和网络水军利用来营造舆论氛围的信息拼接。从"信息拼图"的角度出发认识谣言信息的传播，能够帮助我们以更加客观和中立的立场对待谣言信息的传播与扩散。在此思路下，可以尝试采用"信息稀释"的应对策略，在保障正常信息传播通畅的同时，阻断不实谣言信息的拼接与扩散。

稀释信息的填充可以包含两个方面的内容：一方面是谣言所涉及事件

相关的更加真实的信息,另一方面是与该谣言所涉及信息有关联的或者无关联的新的热点话题的聚合。采用"信息稀释"方式来冲淡谣言信息的拼接与传播,不是回避失实谣言信息所指涉的问题,而是用更加真实的信息来冲淡失实的信息;不是阻断大众对于不确定性信息的讨论、推测与质疑,而是要激发和鼓励大众对信息的理性交流和讨论。一方面,讨论者越多,越容易提出合理、合法的解决问题的方式;另一方面,各种大量的确定性信息能有效稀释当前的失实或不确定性的谣言信息。当然,"信息稀释"过程中填充的信息,一定要真实和有价值,不能是滥竽充数的灌水式的填充,更不能以虚假的信息来以假充真,已假乱真。

(二) 增强政府公信力

1. 导入善治理念

中共十八大报告提倡的"社会主义协商民主"就是要"在城乡社区治理、基层公共事务和公益事业中实行群众自我管理、自我服务、自我教育、自我监督。以扩大有序参与、推进信息公开、加强议事协商、强化权力监督为重点。"而新媒体的特征能够使其成为民众有序参与、协商民主的表达和交流平台,这种表达和交流平台可以有效降低沟通成本,迅速而有效地凝聚社会各界的力量,激发各种社会组织与个人的活力。在这一背景下,导入"善治"理念来应对谣言的传播是切合时宜的。

善治是在公共管理和公共治理基础上提出来的新概念,其根本特征就是认可民众自身的作用,并且呼吁形成合作的、平等的、协商的氛围,使得社会各机构和个人协同治理社会事件。善治需要在一定的法律、法规范畴内推行民主的、协商的合作治理机制。政府传播是政府的行为及其行为的解释,而传媒是解释政府行为的主要机制,从而也是政府与大众之间的主要沟通者和协调者。从某种程度上说,对于一些谣言的有效应对和处理,可以成为增进政府与民众互相信任的契机,关键要看怎么应对、怎么处理,以及以什么态度应对、以什么方式处理。

2. 把握恰当的"信息拼图"时间,及时发布主导信息

在谣言广泛流传之前,只要及时发布真实的信息,形成真实信息主导的舆论氛围,那么非真实信息自然被淘汰,这种谣言的治理成本最低,但需要准确把握舆论氛围,及时发布主导信息。在一定情形下,其他的信息都可能是围绕主导信息进行的"拼图",一旦"拼图"贴合,便会广泛传播。如果主导信息未被及时发布,非真实的信息一旦占据主导舆论中心位

置,那么,"拼图"机制反而会排斥滞后发布的真实信息,使真实的信息得不到广泛传播和扩散,这时候的解释和治理成本将是高昂的。

3. 快速、及时回应并解决谣言所指涉的问题

对于一些涉及民众利益的事件或问题的处理,要做到回应快速、及时并尽量快速解决,让民众满意,这是避免谣言,尤其是抗议性谣言产生与传播的有效手段。如果民众所担心或质疑的问题能够快速、及时得到回应和解决,民众自然会减少抗议性的言论或抗议性的行动。对民众反映的问题,要认真探寻根源,重视民众的诉求,及时回应民众的质疑和关切,尽最大的可能化解矛盾,解决问题。

4. 对不同性质的造谣、传谣行为进行分类治理

造谣和传谣行为所涉及的事件与社会根源不同,造谣者和传谣者的心理动机和社会诉求也不同,应当针对不同性质和种类的造谣、传谣行为与造谣者、传谣者进行分类治理。一方面,要避免"一刀切"的"严打"产生负面效应;另一方面,也不能让故意的、恶意的造谣和传谣者逍遥法外,造成恶劣的社会影响。分类回应和治理不同性质的造谣、传谣行为,既是保障健康舆论生态环境的现实需要,也是提升和维护政府公信力的必然选择。

(三)提升主流媒体的权威性和公信力

没有权威性,就谈不上舆论引导。只有当主流媒体具备了足够的权威性,其针对广泛传播的谣言信息所发布的辟谣信息才能得到大众的认可和信任。随着新媒体的发展,其日益凸显的舆论阵地作用被广泛认知,尤其是新华网、人民网等各大新闻门户网站及其新闻客户端、官方微博、微信等等都已经取得了很高的社会评价,并与传统的主流媒体形成了良好的互动与互补。结合以往"主流媒体"概念内涵与外延的演变与延伸,可以重新界定"主流媒体"为:与主流思想和价值观一致,面向主流人群,关注社会发展的主流问题,成为权威的资讯来源和思想来源的各种传统媒体和新媒体的统称。

科学是发展的,科学知识也在发展,媒体在报道有争议的科学知识时,要尽可能做到客观和公正,也就是说,需要报道争议的两方或是多方意见,而不是简单的一边倒,只报道或只强调某一方的观点。比如媒体采用辟谣手法报道转基因相关信息,不但没有消除大众对于转基因食品的抵触,反而加剧了大众对转基因食品的恐惧与防范。大众媒体的科普,需要更加理性的知识宣传,而不是支持转基因无害或者有害理念的"一边倒"的"科普"。简

单的"一边倒"往往难以获得多数理性受众的确信。

有观点认为,在谣言传播开来的时候,首先要重视传统媒体的权威信息发布。但在新媒体被普遍使用,而且使用人数越来越多的今天,轻视新媒体平台的作用显然不是明智的选择。事实上,无论是传统媒体,还是新媒体,都可能成为主流媒体。如果仅仅专注于打造传统媒体的公信力而忽视新媒体,显然是落后于时代的,应当加大力量和投入重视新媒体的公信力建设,使新媒体成为传统媒体的信息共享与补充平台,从而在阻断和化解谣言传播的过程中发挥出更加有力、高效的正能量。

附　　　　　　2003—2013年主要抗议性谣言汇总表

时间	内容	类别	首发渠道	持续时长	次生谣言	权威认定	民众表现	处理结果
2003年	政府隐瞒非典病例;板蓝根等能抗非典	健康医疗疾病	网络	数月	有①	故意恶意	恐慌、②抢购	刑事拘留12人,治安拘留33人,罚款20人,行政警告25人,批评教育24人③
	新浪的股东是日本人;sina是日语的"支那"④	国家民族政治	网络	数年	有⑤	故意恶意	部分抵制部分澄清	无
	麦当劳、肯德基漏税⑥	爱国经济	网络	数年	无	故意非恶意	部分响应,部分理性分析、澄清	无⑦

---

① 例如,刚出生婴儿讲话说治"非典"要煮绿豆糖水和放鞭炮、烧香放炮能防治非典、"哑巴开口"、"烧香送瘟神"、北京将要"封城"和"用飞机洒药"、因得"非典"的中央电视台记者刘洪波去世等。

② 全国多地民众抢购板蓝根、抗病毒口服液、醋、绿豆、鞭炮等商品,部分民众烧香拜佛以"消灾"。

③ 北京、广东、河北等17个省市公安机关依法查处借非典之机利用互联网、手机短信制造传播非典谣言案件。截至5月7日,共查处案件107起,依法刑事拘留12人,治安拘留33人,罚款20人,行政警告25人,批评教育24人。参见翟惠敏、郭贝《一批传播制造非典谣言者被查 警方希望广大群众不信谣不传谣》,《法制日报》2003年5月9日。

④ 在日语罗马字里,"sina"就是"支那",是部分日本人对中国带有侮辱性的称呼。

⑤ 2003年11月至2004年初,有人在网上质疑新浪没有报日本人在珠海买春的消息;2004年7月,网上有人发帖说新浪没有关于"七七事变"的任何消息。

⑥ 多名网友通过网站论坛、QQ群等转发消费麦当劳、肯德基等洋快餐后一定要索要发票,防止国家税收流失的消息,指出麦当劳、肯德基每年在中国因为消费者不习惯要发票的原因而掠走将近10亿元(也有说20亿元等其他数字)的税收。

⑦ 网友理性分析;淮安市地方税务局等回答网友关于此问题的疑问等,但未见报道有官方的正式辟谣。

中国新闻传播的发展

续表

时间	内容	类别	首发渠道	持续时长	次生谣言	权威认定	民众表现	处理结果
2004年	大批"毒面粉"流入黄石①	健康食品安全	楚天都市报等	数天	无	故意恶意	恐慌、担忧、质疑	辟谣②
	"我国第二代居民身份证由国外企业印制"③	民族信息安全	中国青年报	3天	无	故意非恶意④	抗议、疑问	道歉⑤
	180万买辆宝马砸着玩	社会法制仇富	重庆商报现代快报	数年⑥	无	故意恶意⑦	愤怒、忧虑、质疑	无
2005年	泰山惊现老虎⑧	人身安全	口耳相传	数月	无	故意非恶意⑨	惊恐；害怕⑩	无

① 称一种增白剂严重超标的"毒面粉"流入黄石部分学校和企业食堂，一些面粉店也公开销售。

② 武汉市江岸大智工商所于10月10日委托市粮油食品中心检验站检测结果显示：报道中的面粉增白剂并未超过国家标准。

③ 《中国青年报》记者史某看到雅虎中国8月20日转载《国际先驱导报》驻东京记者的报道，称中国6个试点城市的第二代身份证的印制业务将交由一家日本企业担任。第二代身份证采用彩色数码照相技术，而这个日本企业的打印机在所有的测试、比较和论证过程中表现优异，因而被选中。事实是，为确保证件质量，经公开招标，选用包括富士施乐、惠普在内的打印设备，用于第二代居民身份证表面照片和文字信息的打印，但所有的第二代居民身份证均由公安机关制证中心（所）印制，制证过程是在安全可控环境下进行的，不存在身份证由外国企业印制的问题。

④ 《中国青年报》记者史某只看到雅虎中国的转载，没有查看来源，也没有进一步查证，出于对个人信息安全的担忧和民族主义情绪而发表该报道。

⑤ 《中国青年报》8月26日就此问题表态：媒体的确应该负有这样的义务：以理性、建设性的声音，在社会上建立一道防止某些极端倾向或者思潮的"防火墙"。

⑥ 数年间，时不时有网站论坛网友发贴称自己目睹了类似事件整个过程，该谣言为典型的"潜水谣言"。

⑦ 11月8日，《法制晚报》发表杜冰的评论："这是一条假新闻！"从2004年的8、9月份开始，全国各大网站的BBS里就很'火'地流传过这样一个类似的故事。

⑧ 2005年6月8日早上，东岳泰山东麓东御道景区附近的上梨园村，一名金姓女孩称"发现老虎"。8日至10日间，泰山景区公安分局110指挥中心接到了不下20个"发现老虎"的报警电话。

⑨ 金姓女孩在没有看到"黄毛黑花纹的动物"的头部的情况下，便报警说发现了"老虎"。而相关部门未作仔细查实便做出草率结论。

⑩ 泰安市立即成立了搜虎领导小组和专门工作机构。泰山管委会、公安、武警等有关部门人员及广大干部群众共1000多人，于6月11日展开拉网式搜寻。泰安市在景区和泰山东麓各地张贴了上千张紧急公告，在重点部位设立了警戒点，并临时关闭了上梨园村一带20多家饭店，景区的进山大门也曾一度关闭。为防虎饿伤人，泰安市工作机构还在山林里拴上了羊和鸡供其捕食，有的地方还布下了一些牛肉、羊肉做饵料。当时，该谣言信息严重影响了当地旅游。

肆　公众获享

续表

时间	内容	类别	首发渠道	持续时长	次生谣言	权威认定	民众表现	处理结果
	吉林石化公司双苯厂发生爆炸,剧毒污染松花江水源	事故环境污染	口耳相传	数日	有①	故意非恶意	恐慌,抢购饮用水、啤酒、牛奶等商品;外出避难	环保部门认可,吉林市委、市政府未表态;黑龙江省和哈尔滨市政府启动突发事件应急预案
	3万元兜售"院士"②	社会学术腐败	"中国管理科学院"的申报信函	3个多月	无	故意恶意	质疑	辟谣③
	垃圾场惊现儿童残肢	民生法制人身安全	兰州晨报	数日	无	故意恶意	惊恐、质疑	《兰州晨报》对采写失实报道的两名记者予以开除,并对相关责任人做出处理
2006年	"广东高州物管打死考上清华学生",引发游行示威	社会民生法制	网络	数日	无	故意恶意④	同情、愤怒、质疑	发帖两人受治安处罚
	张志坚揭露"官药勾结"	医疗腐败法制	网络	1年3个月	无	从故意恶意到故意非恶意	愤怒;质疑	刑事拘留——获得赔偿⑤
2007年	"病猪肉"谣言	食品安全	手机短信	数日	无	故意恶意	质疑、愤怒、担心	北京警方称,发"病猪肉"谣言短信可判5年以上徒刑
	"太湖水致癌物超标200倍"	环境污染人身安全	手机短信	数日	无	故意恶意⑥	恐慌、质疑、担心	发信的无锡市民丁某被无锡警方处以治安拘留

① 出现"哈尔滨人赖以生存的松花江水系被污染"和"要发生大地震"等次生谣言。

② 2002年,关制钧与妻子注册了"中国管理学院有限公司",并向全国各专业领域人士邮寄了3000到4000封"评选院士的信函"。使该谣言浮出水面的是,2005年9月,湖北宜昌医生蒋地厚向媒体反映,他接到了"中国管理科学院"申报信函并对上面内容表示怀疑。

③ 中国工程院专门派出学部工作局于2005年10月底在中国工程院网站上发布相关说明指出:"所谓的'中国管理科学院'在国内聘请院士和兜售院士的行为,已经超出了它的经营范围,而且带有明显的欺骗性质。"

④ 发帖人仅凭"听说"而"编造"炮制而成,失实。南方都市报记者调查得知高州一市场16天前发生一起摊主与市场物业管理人员冲突事件,5人受轻微伤,未有人死亡;当事学生为高州二中学生,高考成绩总分524分,并非传闻中的"高考状元"和"刚考上清华的学生"。

⑤ 先是认定为"涉嫌损害商业信誉罪";然后认为被错误羁押,最后获得赔偿。

⑥ 北京警方:发"病猪肉"谣言短信可判刑5年以上。

续表

时间	内容	类别	首发渠道	持续时长	次生谣言	权威认定	民众表现	处理结果
2008年	"济南银座广场因大水死了不少人"	事故安全	网络	数日	无	故意恶意	质疑、猜疑	发帖人"红钻帝国"被治安拘留
	贵州瓮安事件相关谣言①	社会民生法制	口耳相传	数日	有②	未定性	同情、质疑、群众上街，聚集围堵政府部门，打砸抢烧	无③
	抵制家乐福④	国家民族	网络	20多天⑤	有	故意非恶意⑥	部分支持抵制，并网下展开抵制活动；部分表示不赞成抵制活动	无
	汶川地震谣言⑦	灾难	网络（含百度贴吧、政府部门网站）	数日	有⑧	故意恶意⑨	民众恐慌、质疑、千家网络媒体发布共同抵制汶川地震中各类谣言倡议书	张某被行政拘留5天；贾志攀以编造、故意传播虚假恐怖信息罪，被刑事拘留

---

① 贵州省瓮安县部分群众因对女中学生李树芬（6月22日溺水）死因鉴定结果不满，认为女学生是被奸杀后投入河中，元凶是县委书记的亲侄女，女学生李树芬的幺叔、瓮安玉华乡中学教师李秀忠在与公安人员的争执中被打死。

② 例如，死者妈妈失去理智，爷爷、奶奶、叔叔、姑姑等被打重伤；公安局要给家属2万元私了，强制其掩埋尸体；公安多次破坏现场；河边发现带血卫生纸（被强奸的证据）；死者家属组织游行为女儿申冤等。

③ 与该谣言相关的发生于6月28日的打砸烧事件主要犯罪嫌疑人熊教勋被抓获；当地主要领导干部被撤职，瓮安最大黑帮"玉山帮"主要头目被缉拿归案，但未见报道有针对造谣和传谣者的处理。

④ 抵制理由：家乐福大股东路易威登曾给达赖捐巨资，家乐福支持"藏独"。背景：北京奥运火炬在法国传递中受辱，激怒了众多中国民众；法国巴黎市长表示将要求市议会授予达赖"荣誉市民"进一步激怒中国民众。

⑤ 例如，因抵制活动，家乐福将在五一进行促销活动；家乐福新加坡分支机构资助过达赖；家乐福与记者无国界组织有关联；武汉家乐福在门前降半旗以对"藏独"表示同情；家乐福官网被黑，留下抵制诗歌等。

⑥ 2008年4月15日，中国外交部发言人姜瑜表示，法方应对中国民众合理、合法表达的情绪和意见进行深思和反思。

⑦ 2008年5月12日17时左右，张某在百度"贴吧"上发布《具（据）说这次地震是认（人）为的，和美国有关系》等关于地震的有害虚假信息，并转发到其他贴吧；2008年5月28日23时38分，西安某学院大学生贾志攀多次入侵陕西省地震信息网，并在网站上发布了"23时30分陕西等地会有强烈地震发生"的消息。23时51分网站恢复正常，虚假信息被删除。来源：西部网：《陕西地震信息网遭黑客攻击 紧急发布信息辟谣》，2008年5月30日，http://news.cnwest.com/content/2008-05/30/content_1256007.htm。

⑧ 汶川地震三周年时出现"汶川111788人，重建花费8851亿元，人均7917665元，天下奇闻！"的谣言。

⑨ 贾志攀认为自己是在开玩笑，想看看周围人有多紧张。

肆　公众获享

续表

时间	内容	类别	首发渠道	持续时长	次生谣言	权威认定	民众表现	处理结果
2009年	杭州"5·7"交通肇事案出庭被告人胡斌是"替身"	法制腐败	网络	数日	无	故意恶意	愤怒、质疑	捏造、散布谣言的熊忠俊被湖北鄂州市公安机关依法行政拘留10天
	河南杞县核泄漏谣言	事故人身安全	口耳传播	2天	有①	故意非恶意	恐慌、外逃	辟谣②
	新疆人针刺致死亡谣言	社会治安人身安全	网络	数日	无	故意恶意	对针头的恐惧、对新疆人的排斥与戒备	公安机关将多名造谣者行政拘留
2010年	山西地震门③	灾害人身安全	手机短信	数日	有④	故意非恶意	焦虑、恐慌、上街"等地震"	辟谣⑤
	李刚在保定市有5套房产、河大车祸案已和解	社会法制	网络	数月	有⑥	故意恶意⑦	愤怒、对司法公正的质疑和担忧	河北省公安厅官方微博辟谣
	钱云会"因捍卫百姓权利被谋杀"⑧	民生征地官民对峙	口耳相传	数月	有⑨	故意恶意⑩	猜疑、村民与警方发生冲突；网友展开独立调查团工作，并呼请中央成立调查组介入	警方控制多名寨桥村以及邻村的村民，刑事拘留6名寻衅滋事的嫌犯

---

① 例如，"两个机器人被核辐射烤化了，专家都连夜坐飞机回北京了"。

② 开封市环保局联合杞县人民政府发布辟谣消息："杞县钴60辐射源处在控制状态，没有危险，请大家不要相信谣言，要保持安定"。杞县县长李明哲站在辐照厂前说，"谣言不属实，钴60未泄漏"。开封市政府召开新闻发布会，环保部专家陈凌在会上称放射源处于安全状态。

③ 2010年1月15日，家住太原的王先生收到朋友转发的一条手机短信，短信称："最近各大医院正在搞防震演练，并且储备恐慌的市民驾车外出医疗用品，还选派很多医生和护士作为地震应急人员，看来太原近期会发生大地震，请做好防震准备，尽量不要在建筑物内逗留"。2月21日凌晨，山西太原、晋中、长治、晋城、阳泉等地市民、村民传播将发生破坏性地震的谣言，导致各市、各村居民半夜从家里跑到街头、公园躲避灾难。

④ 2010年4月15日，廊坊地区谣传出下午1点出现地震，周边地区人心惶惶。

⑤ 2010年2月21日上午，山西地震局发布公告："2010年2月21日凌晨，太原、晋中、长治、晋城等地市民传播将发生破坏性地震的谣言，请大家不要信传。保持正常生活、生产秩序。"

⑥ "李一帆（即李启铭）因交通肇事罪被判有期徒刑3年，监外执行"等。

⑦ 实际上，警方认定李启铭构成交通肇事罪，法院判处李启铭有期徒刑6年。

⑧ 2010年12月25日，浙江省温州市乐清市蒲岐镇寨桥村原村委会主任钱云会被工程车碾压致死，村民中间流传"村主任是被4个人抬起，扔在工程车前轮下压死的"传言。在天涯论坛浙江板块上，"ZF公然sha人"于当天中午13时11分发表《蒲岐——苦难的村长，为民办事的好村长，今早被杀》的帖子。事后有关方面的调查中，"证人"钱成宇表示，他只是在十四五米远处看到有4个人，没说过钱云会被"摁住"碾死。"证人"黄迪燕承认，是有人诱使她说自己看到了事情经过，她根本就没有在事故现场。

⑨ 有网民称"就在案发的头一天，该路段的摄像头被拆掉了"；还有网民称"钱云会为了告发官员豪夺他们村146公顷土地，一直奔波上访了六年之久，受过多次牢狱之灾"；当地村民说钱云会手上戴着一块手表，手表有录像功能，事故后手表被人藏起来了等。

⑩ 被认定为"网络推手恶意误导网络舆论"。

续表

时间	内容	类别	首发渠道	持续时长	次生谣言	权威认定	民众表现	处理结果
2011年	"中非希望工程"是借慈善牟利	公益腐败	网络	数月	无	故意恶意	愤怒、质疑①	相关各方辟谣②
	日本核电站爆炸对山东海域有影响，一年内不能吃海产品；"食用碘盐可防核辐射"	事故食品安全	网络	数月	有③	故意恶意④	恐慌、抢购食盐、担心"买不到食盐和食盐价格飞涨"	主流媒体辟谣；对发布信息的"渔翁"行政拘留10天，罚款500元
	江苏响水县化工厂爆炸谣言⑤	事故人身安全	口耳相传	数日	无	故意非恶意⑥	恐慌、外逃；引发多起车祸，多人受伤，个别死亡	谣言散布者刘某被警方抓获
2012年	军车进京，北京出事	政治军事	网络	12天	无	故意恶意	恐慌、猜疑	刑事拘留造谣者，新浪和腾讯微博关闭评论功能3天，16家网站被查处
	80顿黄金储备下落不明⑦	经济腐败	香港《动向》	数日	无	故意恶意⑧	部分网友不相信该报道；部分网友相信，并质疑央行⑨	中国人民银行辟谣，并保留对造谣、传谣者追究法律责任的权利

---

① 新浪微博搜索卢星宇与卢俊卿，一度显示"根据相关法律法规和政策，搜索结果未予显示"。

② 青基会、北京大学非营利组织研究中心以及参与发起人卢俊卿和其女儿卢星宇辟谣。12月份，卢俊卿在其微博悬赏1000万，希望媒体或知情人给出他利用慈善牟利的证据，未有回应。

③ 例如，"12名自卫队员遇难"、"核辐射蔓延亚洲国家"、"女优被海啸吞没"、"知名漫画家葬身火海"、"日本核泄漏将扩散到我国境内"、"海水受到核污染，海盐会不安全"等。

④ 被认定为："造谣惑众、恶意囤积、哄抬价格、扰乱市场等不法行为"。

⑤ 2011年2月10日凌晨，江苏省盐城市响水县有人传言，陈家港化工园区大和化工企业要发生爆炸，导致陈家港、双港等镇区部分民众陆续离家外逃，引发多起车祸，造成4人死亡、多人受伤。响水县公安部门于10日下午4时初步确定并抓获此案件的谣言来源者刘某。

⑥ 2011年2月9日晚10时左右，刘某给响水生态化工园区新建绿利来化工厂送土时，发现厂区一车间冒热气，便打电话告诉桑某，称绿利来厂区有气体泄漏，告知快跑。桑某等在场的20余人，随即又通知各自亲友，并告知转移避难。在多级传播过程中，绿利来化工厂被置换为园区另一家企业大和氯碱厂，而严重程度也逐渐在口耳相传中变得严重。

⑦ 据香港《动向》报道，财政部、央行、监察部和审计署已经成立专案组，调查存放在八个省市国库内的黄金储备有八十吨下落不明。列作调查的有山东济南三号黄金库、江西南昌五号黄金库、福建三明七号黄金库。

⑧ 中国人民银行表示，"该报道无中生有"。

⑨ 由网友发表评论："这种事打死也不会承认的！既然说媒体报道是谣言，为什么不直接起诉，还说保留追究权利，这一看就知道有软肋！"来源：http://news.10jqka.com.cn/20120823/c529033777.shtml。

肆 公众获享

续表

时间	内容	类别	首发渠道	持续时长	次生谣言	权威认定	民众表现	处理结果
2013年	"末日谣言"①，"2012.12.21地球会有连续3天是黑夜"	灾难人身安全	微博	数月	有②	误读③故意恶意④	恐慌；抢购蜡烛；商家借机炒作；大众年底狂欢	遍布16省的1300余人被公安机关查处
	一女青年被京温服装城七个保安轮奸后跳楼自杀，警察拒不立案	民生法制	微博	约7天	有⑤	故意恶意	质疑警察"草率"定性为自杀；近百人在丰台区京温商城门前聚集讨说法	13名犯罪嫌疑人被批准逮捕
	雾霾可使鲜肺6天变黑肺	环境污染健康	网络	约23天	无	故意非恶意曲解误读⑥	对食品安全、健康环保等问题的焦虑，恐慌	11月18日下午，该报道中的项目负责人、复旦大学宋伟民教授接受《新京报》记者采访，辟谣
	北京老外扶倒地大妈被碰瓷	社会道德	网络	2天	无	故意非恶意	质疑和讨伐大妈，知道真相后向大妈道歉	媒体道歉、摄影记者道歉

说明：

1. 2003年至2013年间抗议性谣言的筛选以在当年引起广泛关注的、大多在百度搜索相关结果大于100000条的为主。
2. 信息来源除单独注明之外，主要采纳了新华网、人民网、环球网等主流媒体网站的报道，原因有二：一是新华网、人民网、环球网等本身具有主流媒体属性，二是新华网、人民网、环球网等的文章经由多家媒体和网站转载，因此，其报道带有主流媒体态度的普遍性。
3. 信息采集的截止日期为2013年12月31日。

---

① 末日谣言包括厄尔尼诺灾难威胁生命、玛雅预言地球毁灭、地外行星引发海啸、中微子搅热地球、小行星撞击地球、行星连珠给地球带来灾难、黑洞吞噬地球、尼比鲁行星（Planet-X）撞击地球、超级火山爆发摧毁生命、超级太阳风暴袭击地球、伽马射线暴摧毁地球、地球磁极翻转引发大陆板块移动造成混乱、全球大瘟疫等。

② "全能神"邪教组织人员聚集、散发宣传资料，散布世界末日谣言，鼓吹"只有信教才能得救保平安"。

③ 考古学家认为是对玛雅历法的误读，科学家认为谣传的"末日"场景不可能发生。

④ 邪教组织利用谣言骗敛钱财、编造歪理邪说等，进行非法活动。

⑤ 例如，传女子死前曾与一群男人独处于密室，保安中已经有5个潜逃，服装城为了息事宁人付给受害家属2万元等。

⑥ 多篇相关报道都来自于10月25日中国新闻网健康频道的一篇报道，文章被转载时题目有所改变，有的题目是"复旦大学最新研究敲警钟，雾霾致国民健康亮红灯"。